K-방역은 없다

코로나 징비록

K 방역은 없었다

이형기 외
15명 지음

골든타임

CONTENTS ● ● ●

K-방역은 없다

전 인류를 공포로 몰아넣은 코로나 팬데믹이 시작된 지 벌써 거의 2년이다. 어느 누구도 이렇게 코로나 팬데믹이 오래 지속되리라고는 예상하지 못했다. 피해도 막심했다. 2021년 11월 11일 현재, 전 세계 코로나 확진자 수는 2억5,000만 명을 넘었고, 무려 500만 명 이상의 환자가 코로나로 사망했다. 그러나 앞으로 얼마나 더 오랜 기간이 지나야 팬데믹이 종료될지, 얼마나 더 많은 사람이 코로나로 희생될지 아무도 모른다.

어디 그뿐인가. 코로나 팬데믹은 우리네 삶을 속속들이 송두리째 바꿔 놓았다. 이전에는 당연하던 일이 더 이상 당연하지 않은 세상이 됐다. 사람을 만나는 것도, 일상을 벗어나 여행길에 오르는 일도 자유롭지 않거나 꺼리게 됐다. 대면, 즉 서로 얼굴을 마주보고 진행하던 대부분의 업무가 비대면으로 바뀌었다. 그 때문에

'코로나 블루Corona Blue'라는 우울증을 앓는 사람도 많아졌다. 그래서 성급한 이는 이제 인류의 역사를 코로나 팬데믹 이전Before Corona, BC과 코로나 팬데믹 이후After Disease, AD로 나눠야 한다고 말한다. 마치 서양 달력에서 연도를 기독교 식으로 기원 전Before Christ, BC과 기원 후 또는 서기(西紀)Anno Domini, AD로 나누는 것처럼 말이다.[1]

　코로나 팬데믹 초기에 한국은 비교적 잘 대처하는 듯 보였다. 확진자 숫자도 급격하게 증가하지 않았고 무엇보다 치명률, 즉 코로나 환자 중에 사망한 사람의 비율이 다른 나라와 비교할 때 낮았다. 가뜩이나 경제정책, 특히 부동산 가격 안정화에 계속해서 실패한 현 정권으로서는 실정을 만회할 천운 같은 기회였다. 이를 놓칠세라 정부는 재빠르게 'K-방역'이라는 말로 코로나 방역의 치적을 홍보하기 시작했다.

　하지만 K-방역정책의 약점과 문제점이 드러나는 데 오랜 시간이 필요하지는 않았다. 코로나 팬데믹 초기부터 정부가 시행해 온 3T 방역정책, 즉 신속한 검사 및 확진Test, 역학·추적Trace, 그리고 격리 및 치료Treat는 확진 환자가 많지 않을 때에는 비교적 잘 작동했다. 하지만 확진자 수가 급증하면서 3T 전략은 곧 한계에 직면했다. 그럼에도 불구하고 초기의 방역 성공에 취했던 정부는 여전

1　서양 기독교 문화권에서는 예수 탄생의 원년을 전후로 각각 '예수 탄생 이전(Before Christ, BC)'과 '우리 주의 해(Anno Domini, AD)'로 구분하는 기력을 사용해 왔고 오늘날 전 세계가 이 방법으로 연도를 표시한다.

히 3T 전략을 고집했다.

'사회적 거리두기social distancing'는 중요한 방역 수단이다. 하지만 과학적 근거가 뒷받침되지 않은 채 거리두기의 기준을 정부가 엿가락처럼 적용함으로써 사람들의 신뢰는 떨어졌다. 결국 '굵고 짧게'라던 문재인 대통령의 다짐과는 달리 끝없이 늘어지기만 한 사회적 거리두기에 피로감은 누적됐다.

한편 사회적 거리두기의 직격탄은 자영업자와 소상공인에게 집중됐다. 그러나 정부가 전국민에게 쥐꼬리만한 재난지원금을 나눠주면서 포퓰리즘의 극치 또는 매표 행위라는 비판의 목소리도 함께 커졌다.

K-방역을 전가(傳家)의 보도(寶刀)처럼 휘두르면서 민주화 이전의 독재정권에서나 볼 법한 정권의 압제 조치도 빈번해졌다. 사회적 거리두기는 정치적 입장이 다른 이들의 자유로운 의견 표출을 억제하는 통제 수단으로 전락했다. 8.15 집회에 나온 사람을 '살인자'라고 매도하던 현 정권은 자신들의 정치 기반인 민노총의 집단 시위에는 이렇다 할 비판을 삼갔다.

현 정권은 자기네와 정치적 입장이 다르면 아무리 맞는 이야기를 하더라도 '소 귀에 경 읽기'로 일관했다. 백신 확보는 팬데믹 종식에 가장 중요한 관건이다. 그러나 정부의 입맛에 맞는 말만 하는, 가짜 전문가가 읊어 주던 귀에 순한 말에 혹해 소위 '국뽕' 국산 치료제 개발에 힘을 실음으로써 정부는 적기에 백신을 도입하지 못했다.

이 와중에도 현 정권과 문재인 대통령은 내 편과 네 편을 가르는 국민 갈라치기로 국론의 사분오열을 주도했다. 초기 팬데믹의 집중포화를 맞은 대구는 마치 한국이 버린 도시처럼 취급을 받았다. 위로가 필요한 대구시민에게 정부가 앞장서서 혐오감을 조장했다. 코로나와 사투에 몸을 던진 의료진에게 돌아온 것은 문 대통령의 편 가르기 조롱이었다. 이 와중에 정부는 코로나 퇴치와는 무관한 공공의대 문제를 들고나와 그렇지 않아도 지쳐있던 의료계의 힘을 뺐다.

처음에는 이 책의 제목을 '코로나 징비록(懲毖錄): K-방역의 영욕(榮辱)'으로 정할 예정이었다. '징비록'은 임진왜란 당시 영의정과 도체찰사를 맡아 전시의 조선을 이끌었던 류성룡이 전쟁 후 벼슬에서 물러나 '과거를 반성하고 앞날에 대비하기 위해' 임진왜란의 원인과 전황, 피해, 실책을 기록한 책이다. 『시경(詩經)』 소비편(小毖篇)에 나오는, '미리 징계하여 후환을 경계한다(豫其懲而毖後患)'라는 구절에서 '징비'라는 단어를 따 왔다고 알려진다. 한편 영욕은 시간이 흐름에 따라 영광과 치욕이 점철되는 상황을 가리킨다. 따라서 '코로나 징비록: K-방역의 영욕'은 코로나 팬데믹이 할퀴고 간 한국의 피해 상황과 이에 맞선 K-방역이 잘한 점과 문제점 또는 실책을 기록함으로써 미래에 유사한 역병이 창궐할 때 동일한 잘못을 반복하지 않도록 경각심을 높이려 기획된 이 책의 의도에 매우 적절한 제목처럼 보였다.

하지만 원고를 써내려 갈수록 K-방역에 영보다는 욕이 더 많다는 사실이 분명해졌다. 정부가 신물이 날 정도로 K-방역의 성과를 자랑했음에도 불구하고 허물을 덮기는 어려웠기 때문이다. 더군다나 지금까지 그런 것처럼 앞으로도 정부는 백서나 보고서 발간을 통해 K-방역의 업적을 더 많이 홍보할 게 분명하다. 따라서 이 책은 정부 발간 백서에는 담길 가능성이 거의 없는 K-방역의 문제점, 실패, 굴욕에 초점을 맞추는 것이 적절하다고 판단했다. 이 책의 제목을 'K-방역은 없다'로 바꾼 이유이다.

물론 K-방역에 점수를 줄 부분이 아주 없지는 않았다. 코로나 검사법을 확립하고 이를 전국으로 확산하는 과정은 신속했다. 한국에서 처음 나온 아이디어는 아니었지만 드라이브스루 검사 방식을 도입하고 확대하는 과정도 빨랐다. 질병관리본부를 질병관리청으로 승격한 것도 K-방역의 긍정적인 부산물이라고 할 만하다.

백신 도입이 늦었고 중간 공급이 원활하지는 않았지만 2021년 하반기부터는 백신이 동나는 상황은 드물었다. 그러나 백신을 확보했다고 접종률이 자연히 올라가지는 않는다. 따라서 2021년 10월 말까지 2차 접종을 마친 사람이 인구 대비 75%에 근접했다는 통계는, 한국인이 위기 앞에서 얼마나 일사불란하게 움직이는지 잘 보여준다.

뿐만 아니라, 과학적 근거로 뒷받침되지 않는 사회적 거리두기

기준이 발표될 때마다 사람들은 혀를 찼지만 대부분은 정부가 시키는 대로 희생하고 따랐다. 따라서 정부가 자화자찬하는 K-방역은 분명히 실체가 없지만, 국민의 자발적인 협조와 순응, 희생 위에 쌓아 올린 K-방역의 토대마저 부인할 수는 없다. 요컨대 K-방역이 '혹시'라도 있다면 그것은 정부의 공로가 아니라 국민의 희생이 뒷받침됐기 때문이다.

이 책의 집필을 처음 기획한 때는 작년, 즉 2020년 말이었다. 나를 비롯해 여러 사람이 팬데믹을 종식시키려면 백신을 확보하는 게 가장 중요하다고 입을 모으던 시기였다. 하지만 정부는 매우 느긋했다. 급기야는 "서둘러서 백신을 확보하지 않아도 된다"고 말하던 이가 청와대의 방역기획관으로 임명되는 일까지 벌어졌다. 그리고 그 뒤 약 1년 동안 사회 곳곳에서 드러난 K-방역의 민낯과 참사는 우리 모두가 목도한 그대로다. 이렇게 말도 안 되는 일이 빈번하게 일어나는 한국의 상황을 보며 기억이 아직 남아 있을 때에 기록으로 남겨야 할 책임과 필요를 크게 느꼈다.

코로나 팬데믹이 아직 현재진행형임에도 이 책의 출간을 서두른 이유가 있다. 사람들의 불만은 끓어 오르고 자영업자의 '살려 달라'는 신음 소리는 높아만 갔지만, K-방역에 목을 맨 정부의 입장에 전혀 변화가 감지되지 않았기 때문이다. 물론 정부가 이 책의 메시지에 귀를 기울일 가능성은 크지 않지만 적어도 일반 국민에게 무엇이, 왜 잘못됐는지 서둘러 알려야 한다는 조바심에 출간을 뒤로 미루기 어려웠다.

하지만 구체적으로 책에 포함될 집필 주제를 가다듬으면서 한 사람이 도맡아 이 책을 집필하는 게 도저히 가능하지 않음을 금 방 깨달았다. 아울러 가능하면 우리 사회의 다양한 목소리를 책에 담아야 한다고 생각했다. 그래서 나는 2021년 9월 23일에 페이스 북에 다음과 같이 공저자 모집 글을 올렸다.

> "… 공저자를 공개적으로 모집합니다… K-방역이라는 이름 하에 지 난 1년 9개월여 동안 한국에서 시행됐던 각종 코로나 관련 정책이 나 제도를 중심으로 과학, 시스템, 사회, 문화, 언론, 예술… (또 있을 겁니다)을 아우르는 현황을 살펴보고 무엇을 잘했고, 무엇이 문제였 으며, 그래서 앞으로는 어떻게 할지 논의하는 장을 제공하는 게 이 책의 목적입니다…"

일종의 집단지성이랄까, 사람들의 반응은 제법 뜨거웠다. 공저 자로 참여하겠다는 사람도 있었고 이러저러한 공저자가 좋겠다 며 적극적으로 제안을 해 주시는 분들도 많았다. 예를 들어 이 책 의 공저자 중 한 명인 유영찬 군은 현재 고등학교 3학년인데, 다 음과 같이 이메일을 보내 참여 의지를 밝혔다.

> "… 어린 학생들의 이야기는 빠져 있는 게 아쉽고, 고등학교 생활의 대부분을 코로나와 함께 보내면서 관련 소식들을 접할 때마다 대한

민국 정부와 어른들에게 답답함을 느끼고 그것을 토로하고 싶어…"

공저자 중의 한 분인 이재태 교수(경북대학교의과대학 핵의학교실)는
여러 분야를 망라하는 공저자와 연결해 주셨다. 이재태 교수 덕분
에 이 책의 주제와 내용이 더 다양해질 수 있었다.

몇 분은 공저자로 참여하기로 약속했다가 정부와 각을 세울 경
우 소속 기관이나 단체의 입장이 난처해지리라는 염려에 결국은
고사했다. 아쉬웠지만 그분들의 입장은 충분히 이해할 수 있었다.
하지만 온전한 표현의 자유를 얻기 위해 이 사회가 넘어야 할 산
이 아직 높다는 깨달음이 이 책의 출간을 서둘러야 할 또 다른 이
유가 됐다.

이 책은 모두 4부로 구성됐다. 제1부에서는 코로나 팬데믹의
도전에 맞서 험난한 역경을 극복한 현장과 삶의 모습을 담담히
전달했다. 괄호 안은 각 장을 기술한 공저자의 이름이다. 먼저 코
로나 팬데믹과 관련해 그동안 어떤 일들이 국내외에서 일어났는
지 일별하기 위해 통계 수치 및 그림을 곁들여 일지 형태로 요약
한 뒤(원정현, 홍예솔, 이형기) 2020년 봄 대구를 강타했던 코로나 감
염의 공포를 어떻게 대구시민이 성공적으로 극복했는지 자세히
살펴본다(이재태). 이어 K-방역정책의 직격탄을 맞은 소상공인의
눈물겨운 참상과 생존의 아우성을 통해 자영업자 지원대책의 실
효성을 따진다(배훈천). 제1부의 마지막 장은 코로나 팬데믹의 위

험에 자유롭지 않았던 교육현장의 실상을 고등학생의 눈으로 따라가며 들여다본다(유영찬).

제2부에서는 각 분야 전문가의 눈을 통해 K-방역의 빛과 그림자를 분석했다. 먼저 K-방역의 부실한 의학적 근거가 한국의 응급의료를 어떻게 무너뜨렸는지 응급의학전문의의 생생한 현장 고발을 듣는다(권인호). 이어 한국이 다른 나라들보다 백신 확보에 뒤처진 이유가 못 구해서라기보다는 적극적으로 구하지 않았기 때문이었다는 충격적인 실상에 마주하고(이형기), K-방역에 명멸했던 전문가에 누가 있는지 살펴봄으로써 정부가 왜 특정한 사람의 말만 귀담아들었는지 분석한다(서민). 한편 K-방역에서 질병관리청의 역할과 한계, 코로나 방역을 둘러싼 전문가와 정치권의 갈등 중재 및 대응 방안을 질병관리청의 전신인 질병관리본부의 전직 수장이 직접 제시한다(정기석). 제2부의 마지막 두 장에서는 각각 전직 판사와 검사를 역임한 두 분의 변호사가 백신 도입이 늦어지면서 헌법의 기본권인 생명권이 어떻게 수호받지 못했는지(신평), 그리고 K-방역이 어떻게 개인의 자유권을 침해했고 방역과 자유권의 균형 지점은 과연 없는지(임무영) 예리한 법의 칼을 들이댄다.

제3부에서는 각국의 코로나 방역 대응을 소개하면서 K-방역과 어떤 차이가 있었고 어떤 결과를 초래했는지 비교했다. 100년 전(스페인 독감)과 5년 전(메르스)의 기억을 소환해 미국과 한국이 보이지 않는 적과의 싸움을 어떤 식으로 치렀고 준비했는지, 특별히

국가적 방역 위기에 미국과 한국 두 나라는 어떻게 다르게 대응했는지 분석한다(윤주홍). 현 정권의 반일 선동은 유별난데 코로나 팬데믹 대응에서 과연 K-방역은 J-방역을 넘어섰는지 실증적으로 따져 본다(장부승). 이어 백신 및 치료에서 성공했지만 다른 코로나 대응 분야에서는 그다지 좋은 결과를 내지 못한 영국의 사례를 통해, 한국의 방역정책을 단순히 성공 또는 실패로 평가하는 게 적절하지 않을 수 있다는 지적에도 귀를 기울인다(윤영호). 이어 전면 락다운을 실시하지 않고 오롯이 자기만의 길을 간 스웨덴의 방역이 실패가 아니라 유일한 이성적 선택이었다는 주장에도 마음을 연다(이덕희). 마지막으로 국내 개발 코로나 진단키트의 명암과 부침을 돌아봄으로써 정치가 과학에 개입할 때 어떤 부작용이 발생하는지 비판한다(박승민).

제4부는 공저자가 참여한 이메일 대담회를 정리했다(홍예솔, 원정현, 이형기). 원래는 줌Zoom을 이용해 온라인 비대면 대담회를 계획했지만, 시차가 달라 시간 조율이 어려웠다. 그래서 미리 이메일로 질문을 보내고 여기에 답변하는 식으로 대담회를 구성했다. 돌이켜보면 이 또한 코로나 이후에 변화된 일상의 하나가 아닌가 싶다.

이 책이 출간이라는 빛을 보기까지 여러분께서 수고해 주셨다. 집필 의도에 동의하고 기획저자인 내 요청과 조율에 따라 기꺼이 초고를 쓰고 피드백에 따라 최종 옥고를 완성해 주신 총 열

다섯 분의 공저자가 당연히 제일 수고하신 분들이다. 서울대학교 융합과학기술대학원 분자의학및바이오제약학과의 석박통합과정에 재학 중인 원정현, 홍예솔은 이 책의 공저자이며 다른 공저자의 원고를 모두 일일이 읽고 정리했다. 선뜻 출판을 결정하고 책이 나오기까지 상세하게 안내해 주신 '청년의사'의 박재영 편집주간에게 특별히 고마움을 전한다. '청년의사'의 유은경 선생도 교열과 조판에 큰 도움을 주셨다. 모두 고마움을 전한다.

우리의 미래가 꼭 어둡지만은 않다. 실패를 교훈 삼아 다음에는 더 잘하면 되니까. 이 책이 교훈을 깨닫는 데 작은 도움이 되면 좋겠다. 코로나로 귀중한 생명을 잃은 모든 분들께 이 책을 바친다.

2021년 11월 11일
공저자를 대표해 기획저자 **이형기**

공저자(가나다순)

권인호 · 박승민 · 배훈천 · 서　민 · 신　평 · 원정현 · 유영찬 · 윤영호
윤주홍 · 이덕희 · 이재태 · 임무영 · 장부승 · 정기석 · 홍예솔

1부

코로나 팬데믹,
험난한 역경 극복의 현장

코로나19가 앗아간 지난 2년의 기록

원정현[1] 홍예솔[2] 이형기[3]

| 코로나19 팬데믹 발발 |

2019년 12월, 중국 후베이성 우한의 한 수산물시장 내 시민과 상인 사이 원인 미상의 집단 폐렴 증상이 발생했다. 원인불명 폐렴

---

1 중앙대학교에서 동물생명공학과 바이오메디컬공학을 전공했다. 학부 시절 외국계 제약회사인 GSK에서 인턴으로 근무했으며, 서울대학교 융합과학기술대학원 분자의학및바이오제약학과(MMBS)에서 실시한 2020년 하계 스마트인턴십을 수료하고, 이후 MMBS 내 신약개발융합연구센터(CCADD, 이형기 교수)에서 학생 연구원으로 다양한 연구 활동을 진행했다. 현재는 서울대학교 융합과학기술대학원 분자의학및 바이오제약학과에서 석·박 통합과정에 재학 중이다.

2 숙명여자대학교 경제학과를 졸업했다. 2009년 11월부터 2020년 8월까지 릴리(Eli Lilly), 노바티스(Novartis oncology), 아스트라제네카(Astrazeneca)의 영업 및 마케팅 부서에서 근무하며, 여러 신약의 국내 출시를 지휘했다. 2020년 9월부터 서울대학교 융합과학기술대학원 분자의학및바이오제약학과에서 석·박 통합과정에 재학 중이다.

3 서울대학교 의과대학을 졸업했고, 서울대학교병원에서 가정의학과전문의 수련을 받았다. 2000년 도미해 조지타운의과대학병원 임상약리학 펠로우, 조지타운의과대학 조교수, 피츠버그의과대학 조교수, 캘리포니아주립대학 약학대학 부교수, 미국 FDA 객원연구원을 역임했다. 2014년부터 서울대학교 융합과학기술대학원 분자의학및바이오제약학과, 의과대학 임상약리학교실, 서울대학교병원 임상약리학과 교수로 재직 중이다. 저서에 『FDA vs. 식약청』, 『잊지 말자 황우석』, 『신화의 추락, 국익의 유령』(공저), 『제약의학 개론』(공저), 『Preclinical Drug Development』(공저), 『바이오의약품 시대가 온다』(공저)가 있다.

의 원인은 신종 코로나바이러스_{severe acute respiratory syndrome coronavirus 2,} SARS-CoV-2로 밝혀졌고, WHO(세계보건기구)는 이를 COVID-19_{corona virus disease-2019}(이하 코로나19)로 명명했다. 코로나19는 중국 우한에서 중국 전역을 거쳐 주변 아시아 국가와 전 세계로 급격히 확산됐다. WHO는 2020년 1월 30일에 국제적 공중보건 비상사태[4]를 선포하며, 국제 사회의 공동 대응을 요청했다. 그러나 각국의 방역 조치에도 불구하고 코로나19의 확산세는 쉽게 꺾이지 않았다. 114개국에서 11만8,000건이 넘는 코로나19 확진자가 발생했고 WHO는 마침내 2020년 3월 11일, 전염병 경보 단계 중 '최고 위험' 단계인 '팬데믹'을 선언했다.

▎국내 코로나19 발생 상황과 정부 대응: 사회적 거리두기 중심[5] ▎

감염병 위기 단계[6]는 관심_{Blue}, 주의_{Yellow}, 경계_{Orange}, 심각_{Red}으로 나뉜다.[7] 한국 정부는 코로나19의 감염병 위기경보 단계를 2020

---

4 국제적 공중보건 비상사태(PHEIC, Public Health Emergencies of International Concern)는 2009년 신종 인플루엔자 A(H1N1), 2014년 소아마비와 서아프리카의 에볼라, 2016년 지카 바이러스, 2019년 콩고민주공화국의 에볼라까지 모두 5번 선포됐으며, 코로나19는 6번째이다.

5 대한민국 정책브리핑, 질병관리청의 일별 브리핑과 보도자료를 기반으로 작성했다.

6 한국은 2004년에 33개 국가 위기 유형에 대해 관심(Blue)·주의(Yellow)·경계(Orange)·심각(Red) 4단계의 국가 위기경보체계를 도입했다. '관심(Blue)' 단계는 해외에서 신종감염병이 발생 및 유행하거나, 국내 원인불명·재출현 감염병이 발생할 때 경보된다. '주의(Yellow)' 단계는 해외에서 발생한 신종감염병이 국내에 유입되거나, 국내 원인불명·재출현 감염병이 제한적으로 전파될 때 경보된다. '경계(Orange)' 단계는 국내 유입된 신종감염병이 제한적으로 전파되거나, 국내 원인불명·재출현 감염병이 지역사회로 전파될 때 경보된다. '심각(Red)' 단계는 국내 유입된 신종감염병 혹은 국내 원인불명·재출현 감염병이 전국적으로 확산될 때 경보된다. '심각(Red)' 단계가 경보되면 범부처 대응과 중앙정부·지자체의 지원 체계를 강화해 감염병 확산을 막기 위한 모든 역량을 총동원한다. 2009년 신종인플루엔자 유행 당시 한국은 '심각' 단계를 11월 3일부터 12월 10일까지 약 한 달간 발령한 바 있으며, 2014년 메르스 때는 '주의' 단계였다.

7 질병관리청, 감염병위기대응. https://kdca.go.kr/contents.es?mid=a20301020300 (2021.10.14. 접속).

년 1월 20일 '주의' 단계로 상향했고, 2020년 1월 27일에는 '경계' 단계로 격상했다. 또한 코로나 19확산에 총력으로 대응하기 위해 '신종 코로나 바이러스감염증 중앙사고수습본부'를 설치했다. 코로나19의 지역사회 전파가 시작되자 정부는 감염병 위기 경보를 '심각' 단계로 격상했고(2020.02.23), 사회적 거리두기와 집합금지 조치를 중심으로 코로나19 사태에 대응했다. 2020년 1월에서 2021년 10월까지 22개월 동안 한국은 코로나19 팬데믹으로 어떤 일을 겪었고, 정부는 코로나19에 어떻게 대응했는지 자세히 살펴보자.

2020년 1월~3월: 신천지 대규모 집단 감염, 1차 유행

2020년 1월 20일 한국으로 입국한 중국인 여성이 코로나19로 확진됐다. 국내에서 코로나19 확진 환자가 발생한 첫 사례다. 이후 약 한 달간 일일 확진자 수가 1~2명의 적은 폭으로 증가했다. 대구 신천지교회 신도인 '31번째 확진자'를 시작으로 대규모 집단 감염이 발생했고(2020.02.18), 일일 확진자 수는 급증했다. 2020년 2월에 본격적인 지역사회 전파 양상을 보이며, 하루 최대 확진자 수는 909명에 달하며 1차 유행이 시작됐다.

대구 신천지교회를 중심으로 발생한 대규모 집단 감염에 대응하고자 정세균 중앙재난안전대책 본부장은 사회적 거리두기의 가장 높은 단계인 '강도 높은 사회적 거리두기'에 따른 방역 조치를 시행했다(2020.03.22~2020.04.05). 정부는 '강도 높은 사회적 거리두기'의 방역 조치로 노래방, PC방, 종교시설과 같이 감염 위험이 높다고 판단되는 업종의 운영을 제한했다. 또한 6대 국민행동지침인 (1) 모임·외식·여행 등은 연기 또는 취소, (2) 발열·기침 증상 있으면 출근 금지, (3) 생필품 구매 등 꼭 필요한 경우 아니라면 외출 자제, (4) 악수 등 신체접촉을 피하고 2m 건강거리 지키기, (5) 손씻기, 기침 예절 등 개인위생 수칙 준수, (6) 사무실, 집 등 매일 주변환경 소독·환기를 준수하도록 권고했다.

2020년 4월~6월: 사회적 거리두기 3단계 개편

2020년 4월 말부터 대구 신천지교회 중심의 대규모 집단 감염이 안정돼, 일일 확진자 수가 10명 안팎으로 줄었다. 정부는 이를 반영해 사회적 거리두기의 가장 낮은 단계인 '생활 속 거리두기'로 생활 방역정책을 변경했고, 운영을 제한했던 시설의 제한 조치를 단계적으로 해제했다(2020.05.06~2020.06.27). 아울러 코로나19 유행 정도와 방역 조치 강도에 따라 3개 단계로 세분화한 사회적 거리두기 개정안을 발표해 단계별 명칭을 '사회적 거리두기 1단계', '사회적 거리두기 2단계', '사회적 거리두기 3단계'로 구분했다(2020.06.28).[8]

2020년 7월~9월: 2차 유행, 마스크 착용 의무화와 취식 금지

전국적으로 '사회적 거리두기 1단계'가 시행되던 2020년 7월 학

---

[8] 단계를 전환할 때는 ① 일일 확진자 수(지역사회 환자 중시) ② 감염경로 불명 사례 비율 ③ 관리 중인 집단 발생 현황 ④ 방역망 내 관리 비율의 단계별 기준을 모두 충족해야 한다. 예를 들어, 단계별 일일 확진자 수 기준은 1단계 50명 미만, 2단계 50명~100명 미만, 3단계 100~200명 이상(1주일 2회 이상 일일 확진자 배 이상 증가 포함)이다.

원과 요양병원을 중심으로 소규모 집단 감염이 이어졌다. 또한 청장년층 사이 무증상 확진 사례가 다수 발견됐고, 각종 모임(운동 동호회)과 다중이용시설에서 연쇄감염(N차 감염[9])이 지속 발생했다. 두 자릿수의 일일 확진자 수를 유지하던 중 155명으로 일일 확진자 수가 증가했고, 155명 중 수도권에서 확인된 확진자 수는 139명이었다(2020.08.15). 사실상 2차 유행이 시작됐다. 정부는 서울과 경기 지역에 한해 2주간 사회적 거리두기 조치를 2단계로 격상했으며(2020.08.19), 이후 전국으로 확대했다(2020.08.23). 또한 13개 시·도에 마스크 착용을 의무화하도록 행정조치를 발령했다(2020.08.24). 그러나 코로나19 확산세가 꺾이지 않았고, 2020년 8월 30일에 종료 예정이던 수도권 '사회적 거리두기 2단계'가 '강화된 사회적 거리두기 2단계'로 변경되어, 2020년 9월 13일까지 시행됐다. 정부는 음식점·프랜차이즈형 음료전문점·제과제빵점·아이스크림 및 빙수 전문점의 이용을 제한해 포장과 배달만 허용했다. 학원·체육시설의 운영과 이용을 제한했고, 서울 지역에서 10인 이상 집회를 전면 금지했다. 수도권 교회 예배를 비대면으로만 허용했고, 젊은 층에게는 외부 활동을 최소화하도록 권고했다. 2020년 9월 14일부터 27일까지 2주간은 '사회적 거리두기 2단계'가 시행됐다.

---

9 '엔(N)차 감염'은 감염의 전파 단계로, 감염자와의 접촉을 통해 전파·확산되는 연쇄적 감염을 의미하는 표현이다. 문화체육관광부와 국립국어원은 2020년 9월 '엔(N)차 감염'의 대체어로 '연쇄 감염, 연속 감염'을 선정했다.

2020년 10월~12월: 3차 유행, 5단계 사회적 거리두기 개편안

정부는 추석 연휴를 고려해 2단계의 핵심 조치는 유지하면서, 코로나19 감염 위험이 높은 시설의 방역 조치는 더욱 강화하는 '추석 특별 방역 기간 거리두기'를 실시했다(2020.09.28~2020.10.11). 이에 실내 50인·실외 100인 이상 집합·모임·행사가 금지됐고, 모든 스포츠 행사는 무관중 경기로 이루어졌다. 수도권에는 고위험시설[10]의 집합금지 조치를 기존대로 유지했다. 아울러 목욕탕, 학원, 오락실 등 위험도가 높은 다중이용시설에서는 핵심 방역수칙(마스크 착용, 주기적 환기와 소독, 출입자 명단 관리) 준수가 의무화됐다. 사회적 거리두기 조치는 1단계로 조정됐고(2020.10.12), 수도권에서는 일부 2단계 조치가 유지됐다. 또한 '가을 단풍철 여행 방역 집중 관리 기간(2020.10.17~2020.11.15)'을 운영하며 전세버스 탑승객 명단 관리를 의무화하고, 운행 전후로 방역을 실시하도록 했다.

기존 3개 단계로 나뉘었던 '사회적 거리두기'에 1.5단계와 2.5단계가 추가되고 각 단계별 정밀한 방역체계를 보완한 '5단계 사회적 거리두기'가 시행됐다(2020.11.07). 또한 중점관리시설 9종[11]에서 전자출입명부 사용이 의무화됐다. '5단계 사회적 거리두기'로 개편 이후 1단계 수준의 방역체계를 유지하다 수도권 및 강원도 일부 지역에 사회적 거리두기 1.5단계를 적용했다(2020.11.19).

---

10 음식점(헌팅포차, 감성주점), 유흥주점(단란주점, 콜라텍, 클럽, 룸살롱), 여가시설(노래연습장), 체육시설(실내집단운동), 공연시설(관객석 전부 또는 일부가 입석으로 운영되는 공연장)이 고위험시설에 해당한다.

11 유흥시설 5종(클럽·룸살롱, 단란주점, 감성주점, 콜라텍, 헌팅포차), 노래연습장, 실내 스탠딩 공연장, 방문판매 등 직접판매홍보관, 식당·카페(일반음식점, 휴게음식점, 제과영업점)가 중점관리시설에 해당한다.

이후 일일 평균 확진자 수가 300명대로 증가하며 사회적 거리두기 조치를 수도권 2단계(2020.11.24~2020.12.07)와 비수도권 1.5단계(2020.11.29~2020.12.07)로 격상했다. 아울러 마스크 착용을 권고하고자 주민센터와 대중교통시설에 마스크를 비치했으며(2020.11.09), 마스크를 착용하지 않은 사람에게 10만 원 이하 과태료를 부과했다(2020.11.13). 또한 정부는 지방자치단체(지자체) 거리두기 단계 조정 가이드라인을 마련하고 「국민 모두가 지켜야 할 3가지 실천 사항」, 즉 ⑴ 모든 모임과 약속 연기 또는 취소, ⑵ 실내 다중이용 시설과 마스크 착용이 어려운 시설 이용 삼가 ⑶ 발열, 호흡기 증상 시 신속한 검사 원칙을 발표하며 코로나19 위기에 대응했다(2020.11.20).

정부는 성탄절과 연말연시를 대비해 12월 8일부터 28일까지 사회적 거리두기 조치를 수도권 2.5단계, 비수도권은 2단계(일부 지역 1.5단계)로 시행했다. 대표적인 방역 조치로 수도권의 카페에서는 음료와 디저트류만 주문하는 경우 포장과 배달만 허용됐고, 무인 카페의 경우도 포장과 배달만 허용됐으며, 매장 내 착석이 금지됐다. 아울러 지역사회 감염을 최대한 빠르게 발견하고자 증상의 유무와 상관없이 원하는 사람은 전국 모든 선별진료소에서 무료로 코로나19 검사를 받게 했다(2020.12.11). 수도권 선별진료소 운영시간도 야간과 휴일까지 연장했다. 또한 '연말연시 특별 방역 대책(2020.12.24~2021.01.03)'을 전국에 공통 시행하며, 고위험시설 종사자의 코로나19 진단검사를 의무화하고 해맞이 관광지를 폐쇄했다. 또한 정부는 전국적으로 5인 이상의 모임을 금지했고, 파티

룸과 겨울 스포츠시설(스키장, 빙상장, 눈썰매장)[12]의 집합도 금지했다. 2020년 12월 28일 종료 예정이던 수도권 거리두기 2.5단계와 비수도권 사회적 거리두기 2단계 조치는 '연말연시 특별 방역 대책'에 맞추어 2021년 1월 3일까지 연장됐다. 하지만 이러한 정부의 특별 방역 대책에도 불구하고 추석 연휴, 가을 단풍철, 크리스마스 연휴, 설 연휴가 이어지며 3차 유행이 시작됐고, 한달 누적 확진자 수는 2020년 10월에 2,714명, 2020년 11월에 7,768명에서 12월에 2만6,564명으로, 두 달 만에 약 10배 가까이 폭증했다.[13]

2021년 1월~3월: 방역 조치 완화

정부는 2020년 12월 시행했던 '수도권 사회적 거리두기 2.5단계', '비수도권 사회적 거리두기 2단계' 조치를 2주씩 두 번 연장하여 2021년 1월 31까지 시행했다. '5인 이상 사적 모임 금지 조치'는 2021년 1월 한 달간 유지됐다. 정부는 방역수칙 준수를 권고하고자 집합금지 및 방역 위반 행위에 무관용 원칙을 적용해 엄정하게 대응하겠다고 밝혔다(2021.01.13). 그러나 사회적 거리두기와 집합금지 조치가 장기화되자 자영업자와 소상공인들은 생업의 어려움을 호소했다. 특히 카페를 운영하는 자영업자의 경우, 카페와 식당을 구분해 적용하는 방역 지침이 형평성에 어긋난다며 억울함을 호소했다. 이에 정부는 사회적 거리두기 조치를 수도권 2.5

---

12 전국 스키장 16개소, 빙상장 35개소, 눈썰매장 128개소가 해당한다.

13 통계청. 코로나19. https://kosis.kr/covid/covid_index.do. (2021.10.26. 접속)

단계, 비수도권 2단계로 유지하되 노래연습장과 학원, 실내 체육시설의 집합금지 명령은 해제하고 오후 9시까지 운영을 허용했다 (2021.01.18). 배달과 포장만 가능했던 카페에서의 식사도 식당과 마찬가지로 오후 9시까지 허용했다.

'수도권 사회적 거리두기 2.5단계', '비수도권 사회적 거리두기 2단계', '5인 이상 사적 모임 금지 조치'는 다시 한번 연장돼 2021년 2월 14일까지 시행됐다. 다만 서민 경제의 어려움을 고려하여 거리두기 단계는 조정하지 않되 방역수칙을 완화하여 비수도권 지역의 음식점 및 카페 운영시간을 오후 9시에서 오후 10시로 조정했다.

정부는 장기화된 사회적 거리두기에 지친 국민의 피로도를 고려하여 사회적 거리두기 단계를 한 단계 완화해 2021년 2월 28일까지 '수도권 2단계', '비수도권 1.5단계'로 시행했다. 수도권 지역 음식점, 카페, 실내체육시설의 운영시간 또한 오후 10시로 연장했으며, 비수도권 지역의 다중이용시설 운영 제한 조치를 해제했다. 아울러 기존 2단계의 방역수칙으로는 유흥시설의 영업이 금지되지만 유흥시설 자영업자의 생업 문제를 고려해 수도권 유흥시설의 전자출입명부를 의무화하고 방역수칙을 지키는 조건으로 유흥시설의 운영을 오후 10시까지 허용했다. 5인 이상 사적 모임 금지 조치는 유지됐다. 2021년 2월 28일 종료 예정이던 사회적 거리두기 2단계, 비수도권 사회적 거리두기 1.5단계, 5인 이상 사적 모임 금지 조치는 연장돼 2021년 3월 28일까지 시행됐다. 아울러 정부는 추가 방역수칙으로 음식점 및 카페에서 대화 금지와 1시간 이내 이용을 권고했고, 영화관, 목욕시설, PC방에서 취식, 그리고 공연 및 경기장에서 응원과 함성 행위도 금지했다. 목욕탕을 통한 코로나19 집단 감염이 잇달아 발생하자 목욕탕 특별 방역지침을 마련해 목욕탕의 이용시간은 1시간 이내로 제한했고, 목욕탕 내 공용 물품과 공용 용기 사용도 금지했다(2021.03.22). 목욕탕의 월정액 이용권인 '달 목욕'의 신규 발급도 금지했다.

2021년 4월~6월: 4단계 사회적 거리두기 개편안 마련

2021년 3월 28일 종료 예정이었던 수도권 사회적 거리두기 2단계, 비수도권 사회적 거리두기 1.5단계의 5인 이상 사적 모임 금지 조치는 예상 종료일에서 2~3주씩 계속 연장돼 2021년 7월 4일까지 시행됐다. 정부는 방역 효과를 극대화하고자 9대 취약시설[14]이 방역수칙을 위반하면 무관용의 원칙으로 과태료를 부과하기 시작했다(2021.04.16).

2021년 6월 20일 기존 사회적 거리두기보다 방역수칙을 완화하고, 처벌은 강화한 '새로운 사회적 거리두기(개편안)'가 발표됐다(그림1).[15] 정부는 기존 5단계로 나눴던 거리두기 단계를 4단계[16]로 간소화했다. 사회적 거리두기 개편안에서는 감염 발생 위험에 따

---

14 학원·교습소, 종교시설, 체육시설, 어린이집, 목욕장, 건설현장, 방문판매, 유흥시설, 식당·카페가 해당된다.

15 중앙사고수습본부 보도자료(2021.6.20.). http://ncov.mohw.go.kr/tcmBoardView.do?contSeq=366125.

16 정부는 대국민 행동 메시지를 명확하게 하기 위해 억제(1단계), 지역유행/인원 제한(2단계), 권역 유행/모임금지(3단계), 대유행/외출금지(4단계)로 구분했다. 단계와 상관없이 모든 단계에서 기본적으로 준수할 기본방역수칙(마스크 착용, 방역 수칙·이용 인원 게시 및 안내, 출입자명부 관리, 주기적 소독 및 환기, 음식 섭취 금지, 증상 확인 및 출입제한, 방역관리자 지정·운영)을 의무화했다.

	1단계	2단계	3단계	4단계
격상기준	인구 10만명당 1명 미만	1명 이상	2명 이상	4명 이상
전국	500명 미만	500명 이상	1,000명 이상	2,000명 이상
수도권	250명 미만	250명 이상	500명 이상	1,000명 이상
사적모임	방역수칙 준수	8명까지	4명까지	4명(저녁 6시 이후 2명)까지
행사·집회	500인 이상 집회금지 행사는 사전 신고	100인 이상 금지	50인 이상 금지	행사 금지 1인시위 외 집회금지
유흥시설 콜라텍·무도장 홀덤펍	시설면적 $6m^2$당 1명 클럽·나이트 $8m^2$당 1명	자정 이후 운영제한	저녁 10시 이후 운영제한	클럽, 나이트, 감성주점, 헌팅포자 집합금지
식당·카페 노래연습장 목욕장업 실내체육시설	테이블간 거리두기 시설면적 $6m^2$당 1명	식당·카페 노래연습장 자정 이후 운영제한 *식당·카페 포장 배달 가능	저녁 10시 이후 운영제한 수영장 저녁 10시 이후 제한	
영화관, 공연장	음식섭취 금지	한칸 띄우기, 회당 최대 관객수 5,000명		저녁 10시 이후 제한
결혼식, 장례식	$4m^2$당 1명	100인 미만	50인 미만	친족만 허용
스포츠관람장	실내 50% 실외 70%	실내 30% 실외 50%	실내 20% 실외 30%	무관중
실외체육시설	운동종목별 경기인원의 1.5배 초과금지, 음식섭취 금지			
숙박시설	정원기준 초과금지(직계가족 예외)		전 객실의 3/4 운영	2/3 운영
종교	인원제한 50%	30%	20%	비대면

[그림 1] 2021년 6월 20일 발표된 사회적 거리두기 개편안(새로운 사회적 거리두기) (출처: https://mobile. newsis.com/view.html?ar_id=NISX20210618_0001481845, 자료: 중앙방역대책본부)

라 다중 이용시설을 1그룹, 2그룹, 3그룹으로 나누고[17] 단계별 방역수칙을 제시한다. 5인 이상 사적 모임 금지 조치 또한 사회적 거리두기 개편안에 포함됐다. 정부는 2021년 7월 1일부터 2주간

---

17 1그룹은 유흥시설, 콜라텍·무도장, 홀덤펍, 2그룹은 식당·카페, 노래연습장, 목욕장업, 실내체육시설(고강도·유산소), 방문판매 등을 위한 직접판매홍보관, 3그룹은 영화관, 공연장, 학원, 결혼식, 장례식, 스포츠관람장, PC방, 오락실·멀티방, 독서실 · 스터디카페, 놀이공원·워터파크, 상점·마트 · 백화점, 카지노, 실내체육시설(고강도·유산소 외)에 해당한다.

'새로운 사회적 거리두기(개편안)'에 따라 수도권은 '2단계', 비수도권은 '1단계' 조치를 이행할 계획이라고 발표했다.

2021년 7월~10월: 4차 유행, 새로운 사회적 거리두기 4단계

2021년 6월 평균 300~500명대를 기록하던 코로나19 일일 확진자 수는 794명(2021.06.29)으로 급증하며 4차 유행이 시작했다. 정부는 확진자 수 급증에 대응하기 위해 2021년 7월 1일부터 시행 예정이던 완화된 방역 조치인 수도권 '새로운 사회적 거리두기 2단계', 비수도권 '새로운 사회적 거리두기 1단계' 대신, 기존 거리두기 체계를 강화해 2021년 7월 14일까지 시행했다. 그러나 코로나19 확진자 수는 감소하지 않았고 오히려 더 증가해 평균 1,000명대를 기록했다. 수도권 확진자가 국내 발생 확진자의 85%를 차지했다. 이에 정부는 2021년 7월 12일부터 2주간 수도권에 '새로운 사회적 거리두기'에서 최고 단계인 '새로운 거리두기 4단계'에 따른 방역 조치를 시행했다.[18] 서울, 경기, 인천의 모든 유치원, 초등·중·고등학교가 전면 원격 수업으로 전환됐고, 사적 모임은 오후 6시 이전에는 코로나19 예방 백신 접종자 포함 최대 4인까지, 오후 6시 이후에는 코로나19 예방 백신 접종자 포함 2인까지 허용됐다. 유흥시설의 집합은 다시 금지됐으며 음식점·카페를 포함한 모든 다중이용시설의 운영시간은 오후 10시로 제한됐다. 하지만 수도권의 코로나19 사태는 쉽게 진정되지 않았고 2,859명

---

18 비수도권의 경우, 지역의 유행 상황을 고려해 새로운 사회적 거리두기 2단계 혹은 3단계가 시행되고 있다(2021.07.15 ~2021.10.31).

			2차 개편 (12월 13일 예정)	3차 개편 (내년 1월 24일 예정)
다중 이용 시설	학원, 영화관, 공연장, 독서실, 피시방	이용시간 제한 해제 ※영화관은 상영관 내 접종완료자, 음성확인자, 18살 이하 등으로 구성되는 경우에만 취식 가능	-	-
	식당, 카페	영업시간 제한 해제 미접종자 이용 규모 제한	-	-
	노래연습장, 목욕장업, 실내체육시설 등	영업시간 제한 해제 접종증명·음성확인제 도입	-	-
	유흥시설, 콜라텍, 무도장, 홀덤펍 등	자정까지 운영 가능 접종증명·음성확인제 도입	영업시간 제한 해제 검토	-
	야구장 등 경기관람	미접종자 포함 때 정원 50% 접종완료자 전용구역은 정원 100% 및 취식 가능	-	-
행사 집회	미접종자 포함	100명 미만 가능		인원 제한 해제
	접종완료자, 음성확인자만	500명 미만 가능	인원 제한 해제	
사적 모임	접종 구분 없이 10명까지 가능			인원 제한 해제
마스크 착용	최후까지 유지될 핵심 수칙	실내 착용 의무, 실외 2m 이상 거리 유지 때만 미착용 가능	실외 마스크 착용만 해제 검토	-

[그림 2] '코로나19 단계적 일상 회복 이행계획 초안' 주요 내용 (출처: https://www.hani.co.kr/arti/society/health/1016467.html 자료: 보건복지부 중앙사고수습본부)

(2021.09.29), 2,539명(2021.09.30)의 확진자가 발생했다. 2021년 10월 한 달 동안 연일 평균 약 1,000명대 이상을 기록했으며, 많게는 2,400명대의 확진자가 발생했다. 2021년 7월 25일에 종료 예정이었던 수도권 '새로운 거리두기 4단계'에 따른 방역 조치는 지속해서 연장됐고, 정부는 2021년 10월 31일까지 시행할 예정이라고 밝혔다(2021.10.15).

다만 정부는 거리두기 단계와 방역수칙은 유지하되, 2021년 7월에서 10월까지 세 차례 사적 모임 기준을 완화했다. 2021년 8월 23일부터는 코로나19 백신 예방접종 완료자가 추가되는 경우

4단계 기준 4인까지의 사적 모임이 허용됐다. 2021년 9월 6일부 터는 사적 모임 예외 적용 범위가 더욱 확대돼 코로나19 백신 예 방접종 완료자는 식당·카페 및 가정에서 6인까지의 사적 모임이 허용됐다. 2021년 10월 18일부터 2주간은 오후 6시 전후 구분 없 이 백신 접종 완료자 4명을 포함해 최대 8명까지의 모임이 허용 됐다.

정부는 '코로나19 단계적 일상 회복 이행계획(안)'을 발표하며, 3차례에 걸쳐 방역 조치를 완화하겠다고 밝혔다(2021.10.25, [그림 2] 참조). 그러나 이는 중앙사고수습본부와 중앙방역대책본부에서 아직 논의 중인 초안으로 향후 사회적 논의를 거쳐 변경할 예정 이라고 밝혔다(2021.10.25).

요약

한국의 코로나19 팬데믹은 2020년 1월 30일부터 시작돼 4차례의 큰 유행으로 이어졌다. 대구와 경북을 중심으로 대규모 집단 감염 이 발생했던 1차 유행(2020.02.18.~2020.05.05)과 2020년 8월 학원가와 대규모 집회를 중심으로 수도권 중심 감염이 지속됐던 2차 유행 (2020.08.12~2020.11.12), 2020년 성탄절을 전후를 중심으로 3차 유행 (2020.11.13~2021.01.20)이 있었다.[19] 앞선 1~3차 유행보다 규모가 훨씬 큰 4차 유행은 2021년 7월 시작돼 현재(2021.10.27) 진행 중이며, 코 로나19 일일 확진자 수 연일 평균 1,000여 명대를 기록했다.

---

19 관계부처 합동(2021.10.29). '한 걸음 한 걸음씩, 새로운 일상으로' 단계적 일상회복 이행계획.

정부는 코로나19 확산에 대응하기 위해 사회적 거리두기 중심의 방역 조치를 시행해 왔으며 2021년 11월 19일 기준 평균 52.47의 엄격성 지수Stringency Index[20]를 유지해왔다.[21] 2020년 3월부터 시행된 사회적 거리두기 조치(생활 속 거리두기-사회적 거리두기-강화된 사회적 거리두기)는 단계별 명칭, 기준과 방역수칙이 조금씩 변경돼 현재까지 시행되고 있다. 정부는 2020년 6월 모든 거리두기 단계의 기본 명칭을 '사회적 거리두기'로 통일했고, 감염 유행의 심각성 및 방역 조치의 강도에 따라 1~3단계로 구분한 조치를 시행했다.

2020년 11월 단계별 방역수칙과 조건을 세분화하고 1.5단계와 2.5단계를 추가하여 '5단계 사회적 거리두기' 조치를 시행했고, 동일한 단계여도 지역별 감염 확산 양상과 서민 경제의 상황에 따라 단계별 방역수칙을 달리 적용했다. 아울러 2020년 12월부터 시행된 '5인 이상 사적 모임 금지' 조치는 (지역마다 일부 차이가 있지만) 2021년 7월까지 시행됐다.

2021년 7월 정부는 사회적 거리두기 단계를 기존 5단계에서 4단계로 통합하고 사적 모임 제한 기준을 추가한 개편안을 마련해 2021년 7월 12일부터 개편안에 따른 방역 조치를 시행했다.

---

20 영국 옥스퍼드대학교 블라바트닉 행정대학원(Blavatnik School of Government)의 연구진이 국가별 코로나19 대응 수준을 수치화한 자료로, 11가지 항목으로 각 나라의 코로나19 대응조치의 엄격성 수준을 평가한다. 11가지 항목은 학교 폐쇄, 직장 폐쇄, 공공 이벤트 취소, 대중교통 폐쇄, 방역 홍보, 국내 이동 제한, 해외여행 통제, 재정 정책, 통화 정책, 보건 분야 긴급 투자, 백신 투자 등으로 구성된다. 전세계의 엄격성 지수의 최대는 62.4, 최소는 13.7, 평균은 41.2 정도이다. 미국, 프랑스, 이탈리아는 한국보다 엄격성 지수가 높고, 대만, 일본, 독일은 우리보다 엄격성 지수가 낮다.

21 Our World in Data에서 제공하는 COVID-19 Stringency Index 데이터(2021.01.22.~2022.11.19.)를 기반으로 저자가 계산했다.

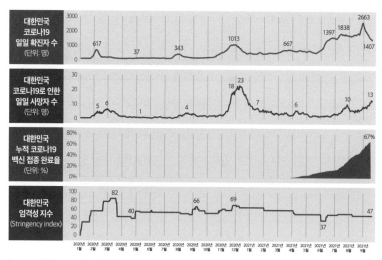

[그림 3] 한국 코로나19 일일 확진자 수 추이, 코로나19로 인한 일일 사망자 수 추이, 누적 코로나19 백신 접종 완료율, 엄격성 지수 추이 [출처: (그래프) 저자 제작, (데이터) Hannah Ritchie, Edouard Mathieu, Lucas Rodes-Guirao, Cameron Appel, Charlie Giattino, Esteban Ortiz-Ospina, Joe Hasell, Bobbie Macdonald, Diana Beltekian and Max Roser(2020)-"Coronavirus Pandemic (COVID-19)". Published online at OurWorldInData. org. Retrieved from: https://ourworldindata.org/coronavirus(2021.10.1& 접속).]

2021년 7월 12일부터 시작되어 2021년 7월 25일 종료 예정이었던 수도권 '새로운 거리두기 4단계'에 따른 방역 조치는 연장되어 2021년 10월 31일까지 시행됐다. [그림3]은 약 2년 동안의 한국의 코로나19 상황을 나타낸 그래프다.

| 해외 주요 국가의 코로나 19 팬데믹 상황 및 대처 |

중국: 코로나19 바이러스 최초 발생지

중국 우한시는 코로나19 바이러스가 최초로 발생한 곳이다. 2019년 12월 8일 우한시에서 원인 불명의 폐렴 환자가 처음 보고됐다. 2020년 1월 5일 원인불명의 폐렴 환자 59명이 보고됐고, 그중 7명이 중증이었다. 2020년 1월 7일 원인 불명의 폐렴이 신종 코로나 바이러스에 의해 유발됐다는 사실이 밝혀지며 중국 우한시는 봉쇄됐다(2020.01.23).[22] 중국의 코로나19 일일 확진자 수는 1만5,133명에 달했고(2020.02.13), 이 중 133명이 코로나19로 사망했다.[23] 2020년 2월 26일 코로나19 일일 확진자 수는 405명이었지만, 중국 정부는 중국 내에 해당하는 지역의 코로나19 경보를 완화했다.[24] 2020년 3월에는 코로나19 최초 발원지가 중국이 아니라는 주장을 펼쳐 코로나19 팬데믹 사태의 책임을 회피하려 했다.

중국 정부는 코로나19 확진자 수가 0명이라고 발표했다(2020.03.22). 그러나 우한에서 근무하는 한 의사가 중국 정부가 발표하는 코로나19 확진자 수 집계가 거짓이라 주장했고,[25] 이어서 중국의 코로나19 무증상 감염자 4만3,000여 명이 중국 정부가 발표한 확진자 수 집계에 포함되지 않은 사실이 밝혀졌다.[26] 중국이 코로나19 사태와 관련하여 발표한 수치가 실제 축소·은폐됐는지는 알 수 없지만 의혹은 여전하다.

중국 정부는 2020년 7~8월 동안 중국 본토에서 코로나19 확진

---

22 위키백과, 중국 대륙의 코로나19 범유행.(2021.10.13. 접속).

23 Our World in Data.(2021.10.20. 접속).

24 김윤구(2020.02.26). 중국 지역 3분의 1, 코로나19 대응 수준 하향 조정, 연합뉴스.

25 송무빈(2020.03.21). 우한의사 "中, 신규환자 '0명' 발표는 거짓"주장, TV chosun.

26 이현택(2020.03.24). "中 코로나 무증상 감염 4만 3000명, 확진자에 포함 안돼", 《조선일보》.

자가 발생하지 않았다며, 코로나19 종식을 선언했다(2020.09.08).[27] 그러나 중국 정부의 코로나19 종식선언 이후에도 코로나19 확진자는 계속 발생했고, 2021년 1월 코로나19 일일 확진자 수가 100명을 넘어 베이징을 부분 봉쇄했다.[28] 2021년 10월 24일까지도 중국의 코로나19 확진자는 여전히 발생 중이다.[29]

중국은 코로나19 백신을 개발한 나라 중 하나다. 중국 정부는 코로나19 팬데믹 이후 첫 대규모 대면 행사로 '국제서비스 무역교류회CIFTIS[30]'를 개최하고, 이 자리에서 코로나19 백신을 공개했다. 2021년 10월 25일 기준 중국이 개발을 완료한 코로나19 백신은 4개다.[31] 2021년 6월 중국 베이징의 코로나19 백신 접종 완료율은 90.2%를 달성했고, 2021년 9월 18일 기준 중국 전역의 코로나19 백신 접종 완료율은 약 71%이다.[32]

일본: 아베 총리도 무너뜨린 코로나19

일본에서 출발해 홍콩, 베트남, 대만을 항해할 예정이던 대형 크루즈 선(다이아몬드 프린세스호)에서 코로나19 확진자가 발생했다. 다이아몬드 프린세스호는 출항 이틀 만에 일본 요코하마항에 다시 정박했고(2020.02.03), 3,711명의 탑승자 전원은 다이아몬드 프린

---

27 삼재훈(2020.10.10). 중국 '사실상 코로나 종식선언' 들여다보니, 연합뉴스.

28 권영미(2021.01.20). 중국 베이징 부분 봉쇄…코로나 확진자 7명 발생, News1.

29 Our World in Data, Ibid.

30 CIFTIS(China International Fair for Trade in Services)는 2020년 9월 2일에서 7일까지 개최됐다.

31 Carl Zimmer, Jonathan Corum and Sui-Lee, Coronavirus Vaccine Tracker, The New York Times, Updated Oct. 19, 2021

32 Our World in Data, Ibid.

세스호에 통째로 격리됐다. 격리된 탑승자 전원은 일본 요코하마항에 정박한지 28일만에 하선했다(2020.03.02).[33] 다이아몬드 프린세스호 사건은 712명이 코로나19 확진을 받은 일본 내 첫 집단감염 사례. 이후 일본의 코로나19 확산세는 심화돼 2020년 3월에는 2020 도쿄올림픽 개최 연기를 결정했다. 2020 도쿄올림픽은 1년 연기돼 2021년 7월에 개최됐는데 올림픽 역사상 개최 연기는 처음이다. 2020년 4월에는 코로나19 일일 확진자 수가 300명을 넘었다.

아베 신조 총리는 재사용이 가능한 천으로 제작한 마스크 2장을 가정마다 배포했다(2020.04.01). 그러나 마스크 사이즈가 작고품질이 불량하여 '아베노마스크'라고 불리며 조롱거리가 됐다.[34]일본 정부는 코로나19 사태로 경제적 어려움을 겪는 국민을 지원하기 위해 특별정액부금(재난지원금)을 국민 1인당 10만 엔(한화약 113만 원)씩 2020년 5월 중 지급하겠다고 발표했다. 그러나 복잡한 신청 및 수령 방법과 늦은 행정 처리로 애초 약속한 기간보다 4개월 지연된 2020년 8월 말이 돼서야 특별정액급부금 지급률 98.6%를 달성했다.[35] 2020년 7월 코로나19 일일 확진자 수가1,000명을 돌파했고, 11월에는 코로나19 일일 확진자 수가 2,000명을 넘었다. 2021년 1월과 4월에는 코로나19 일일 확진자 수7,000명을 넘었고 정부의 긴급사태 선언에도 불구하고 코로나19

---

33 YTN(2021.03.02). 日 정박'다이아몬드 프린세스'호 전원 하선 마쳐.

34 이현택(2020.07.28) 안쓰는데 또 8000만장 배포 '아베노마스크'…예산 낭비 비판 나와.《조선일보》.

35 최연재(2020.08.26). 한국은 2주만에 준 '재난지원금; 일본은 넉달 걸렸다.《머니투데이》.

확산세는 지속됐다. 2021년 8월 20일 역대 최고 수치인 코로나19 일일 확진자 수 2만5,892명을 기록했다.[36]

일본 정부는 코로나19의 재확산을 막기 위해 수도 도쿄에 2020년 1월부터 2021년 9월까지 네 번의 긴급사태선언을 발령했다.[37] 긴급사태선언 기간 동안 음식점의 주류 판매는 금지됐고 영업시간도 제한됐다. 이 외에도 대중교통 운영시간이 제한되고 스포츠 경기는 무관중으로 열렸으며 상업 시설 영업은 중단됐다.[38] 2020년 도쿄올림픽도 전 경기 무관중으로 개최됐다.

일본은 의료종사자를 대상으로 백신 접종을 시작했다(2021.02. 17).[39] 일본 정부는 코로나19 백신 접종 완료율 60% 달성과 코로나19 확진자 수 감소 추이를 바탕[40]으로 19개 지역에 발령했던 긴급사태선언을 해제했다(2021.10.01). 전국 8개 현에 적용 중이던 긴급사태보다 낮은 방역 단계인 만연 방지 등 중점 조치[41]도 종료했다. 일본은 27개 지역에서 코로나19 관련 조치를 모두 종료하며 사실상 위드 코로나로 방역 체계를 전환했다.[42]

36 Our World in Data, Ibid.

37 조기원(2021.07.08). 일본, 올림픽 기간에 도쿄 네번째 긴급사태 선언. 《한겨레신문》.

38 최진주(2021.04.23). 日 세번째 긴급사태선언 발령…음식점에서 술 못 마신다. 《한국일보》.

39 고정민(2021.02.17). 일본, 코로나19 백신 접종 시작…1호 접종자는 공공병원장. 《청년의사》.

40 2021년 10월 24일 코로나19 일일 확진자 수가 236명이었다.

41 만연 방지 등 중점 조치는 음식점의 영업시간 단축을 요청 또는 명령할 수 있지만, 긴급사태 선언과 달리 휴업 요청은 못한다.

42 MBC뉴스(2021.10.01). 일본 '방역 조치' 완전 해제…사실상 '위드코로나' 도입.

싱가포르: 아시아 최초로 코로나19와 공생을 선택

싱가포르는 코로나19 팬데믹 상황 초반에 방역 모범국으로 꼽혔다. 하지만, 2020년 4월 이주 노동자 숙소에서 집단 감염이 발생하며 코로나19 감염자 수가 가파르게 증가했다.[43] 코로나19 상황에 대응하기 위해 신설된 범정부 코로나19 태스크포스팀은 여러 정책을 시행했다. 하나의 예인 '서킷브레이크(2020.04.07~2020.06.01)'에 따라 개인의 이동을 제한했고 필수 산업 분야를 제외한 모든 사업장을 임시 폐쇄했다.[44] 또한 마스크 착용을 의무화해 마스크를 쓰지 않아 적발되면 벌금을 부과했다(2020.04.14).[45] 싱가포르의 코로나19 일일 확진자 수는 596명(2020.04.19)까지 증가했으나, 적극적인 방역 조치에 힘입어 2020년 8월부터 코로나19 확산세가 줄었고 10월에는 7개월만에 코로나19 확진자 수가 한 자리 수로 떨어졌다.[46] 그러나 싱가포르 정부의 모든 방역 조치가 성공적이지는 않았다. 싱가포르 교육부는 성인보다 어린이가 코로나19 바이러스에 감염될 위험성이 낮다고 판단해 개학을 감행했다(2020.03.23). 하지만 개학 3일만에 유치원에서 집단 감염이 발생했고 무리한 개학 조치라는 비난을 받았다.[47]

싱가포르 정부는 2020년 한 해 동안 싱가포르 GDP의 20%에

---

43 Our WorldinData, Ibid.

44 정예은(2020.05.22). 싱가포르, 코로나19 서킷브레이커 이후 단계적으로 경제활동 재개, Kotra 해외시장 뉴스(2021.10.13. 접속)

45 고찬유(2020.04.15). 안하면 26만 원, 또 걸리면 86만 원 벌금 싱가포르도 마스크 의무화.《한국일보》.

46 Our World in Data, Ibid.

47 배준호(2020.03.26). 싱가포르, 개학하자마자 유치원서 집단 감염…19명 코로나19 양성 판정.《이투데이》

해당하는 1,000억 싱가포르 달러(약 87조 원)를 코로나19 대응을 위한 예산으로 편성했다.[48] 코로나19로 경제적 어려움을 겪는 근로자를 지원하기 위해 여러 프로그램을 시행했는데 2021년 8월 발표된 CRGCovid-19 recovery grant 프로그램이 한 예이다. CRG 프로그램은 비자발적 실직을 경험했거나 월급의 50% 이상 손실을 입은 근로자에게 2021년 12월까지 매월 보조금을 지급한다.[49]

싱가포르 정부는 지난 2021년 6월 6일 코로나19와 공존을 위한 뉴노멀로드맵new normal road map을 발표했다. 뉴노멀은 코로나19의 중증 환자 수만 집계하고 마스크 착용 지침과 거리두기 조치를 점진적으로 완화해 코로나19 팬데믹 이전 일상생활로의 복귀를 목표로 한다.[50] 하지만 싱가포르 정부의 바람과 달리 2021년 9월부터 코로나19 확진자 수는 증가해 2021년 10월에는 코로나19 일일 확진자 수가 3,000명을 넘었다.[51] 2021년 10월 23일 기준 싱가포르의 코로나19 백신 접종 완료율은 82.6%이고, DORSCON(disease outbreak response system condition, 질병확산대응단계) 경보를 최고 단계에서 하나 아래인 '경계 orange'로 유지 중이다.[52]

---

48 Grace Ho(2021.02.06). Budget 2021: More targeted support for firms, workers to seize new opportunities, THE STRAITS TIMES.

49 Ministry of social and family development, COVID-19 recovery grant-temporary,(2021.10.13. 접속).

50 Shoma Bhattacharjee(2021.07.02). Explained: Singapore's roadmap to 'new normal' of living with COVID-19, CNBCTV18.

51 Our World in Data, Ibid.

52 COVID-19 situation report, ministry of health singapore.(2021.10.21. 접속).

영국: 방역 대책의 실패를 스스로 인정

영국의 코로나19 누적 확진자 수는 881만 명(2021.10.24)으로 유럽 국가 중 1위다. 코로나19로 인한 누적 사망자 수는 16만1,798명으로 전체 영국 인구수 6,820만 명에 비해 매우 많다.[53] 영국은 자체 평가에서 많은 수의 코로나19 확진자와 사망자가 발생한 이유를 코로나19 팬데믹 초반의 성공적이지 못한 방역 대책으로 꼽았다.[54] 2020년 3월에서 5월까지 코로나19 일일 확진자 수는 2,000~4,000명대를 웃돌았다. 2020년 3월 27일에는 영국의 보리스 존슨 총리도 코로나19 확진 판정을 받아 치료를 받고 한 달 뒤인 4월 27일 총리 업무에 복귀했다.[55] 2020년 10월부터는 본격적인 대유행이 시작되며 코로나19 일일 확진자 수가 2만 명을 넘어섰다. 2020년 12월 29일에는 코로나19 일일 확진자 수가 무려 8만1,483명으로 집계됐다.

영국 정부는 옥스퍼드대학과 백신을 공동 개발한 제약 회사인 아스트라제네카의 코로나19 백신을 자국민에게 접종하기 시작했다(2021.01.04).[56] 2021년 4월 코로나19 일일 확진자 수가 2,000명대로 감소했지만 5월부터 다시 코로나19 확산세가 상향하면서 6

---

[53] GOV.UK Coronavirus(COVID-19) in the UK, https://coronavirus.data.gov.uk/details/cases, (2021.10.14. 접속).

[54] House of Commons Health and Social Care, and Science and Technology Committees(2021.10.12). Coronavirus: lessons learned to date, Sixth Report of the Health and Social Care Committee and Third Report of the Science and Technology, Committee of session 2021-22.

[55] BBC NEWS 코리아(2020.03.27). 보리스 존슨: 영국 총리 코로나19 확진.

[56] 김덕훈(2021.01.04). 영국, 아스트라제네카 백신 세계 최초 접종 시작. KBS NEWS.

만 명의 코로나19 일일 확진자가 발생했다(2021.07.15).[57] 2021년 7월 16일에 코로나19 일일 확진자 수는 5만4,238명이었지만 영국 정부는 영국 전역에 방역 규제를 없애고 위드 코로나로 방역수칙을 전환했다. 영국 정부의 방역 규제 해제에 맞서 4,200여 명의 과학자, 의사, 간호사는 영국의 방역 규제 해제의 위험성을 경고하는 의견서를 영국 의학 학술지인 「THE LANCET(란셋)」에 전달했다.[58] 영국이 위드 코로나로 방역수칙을 전환한 지 3개월이 지났다. 2021년 10월 23일 기준, 영국 국민의 백신 접종 완료율은 67.8%이다. 그러나 2021년 10월 현재도 코로나19 일일 평균 확진자 수는 5만 명에 가깝다.[59]

영국 정부는 코로나19 확산을 막기 위해 영국 전 지역에 세 차례 봉쇄령을 발령했다. 봉쇄령이 발령된 기간 동안 영국 국민은 필수 구매, 필수 업무 여행, 진료나 간호 필요 상황, 하루에 한 번 운동을 제외하고 집에 머물러야 했다. 그러나 임페리얼 칼리지의 연구결과에 따르면, 정부의 첫 번째 봉쇄령이 1주일만 빨랐어도 2만6,800여 명의 사망을 예방할 수 있었다.[60] 영국 하원 과학기술 위원회House of Commons Science and Technology Committee와 보건·사회복지 위원회Health and Social Care Committee는 영국 정부의 코로나19 팬데믹 대응 과정을 평가한 「Coronavirus: lessons learned to date」 보고서를 발

---

57 GOV.UK Coronavirus(COVID-19) in the UK, Ibid.
58 김세원(2021.07.08). "英 코로나 봉쇄 해제, NO!"…과학자·의사 수천명, 정부에 항의, NewsI.
59 GOV.UK Coronavirus(COVID-19) in the UK, Ibid.
60 정은혜(2021.01.27.) 英총리 "최선 다했다" 사과했지만 전문가들 "실패는 정부 탓",《중앙일보》

간했다(2021.10.12). 이 보고서는 영국 정부가 코로나19 팬데믹 초반에 목표로 한 감염을 통한 집단 면역 도달 전략을 비판하며 영국 정부의 코로나19 팬데믹 사태 대응을 명백한 공중보건 실패로 규정했다.[61]

이스라엘: 백신접종 모범국

이스라엘의 첫 코로나19 확진자는 이탈리아를 방문했던 남성으로 2020년 2월 27일에 판정을 받았다. 이스라엘 정부는 코로나19 확산을 막기 위해 코로나19 사태 초반부터 강력한 이동 제한 조치를 취했다(2020.03.19). 이동 제한 조치에 따라 이스라엘 국민은 일주일간 식료품·약품 구매를 위한 외출을 제외하고 집에만 머물러야 했다.[62] 일주일의 강력한 이동 제한 조치에도 불구하고 이스라엘의 코로나19 일일 확진자 수는 2,000명(2020.03.25)을 넘었다. 이스라엘 정부는 집에서 100m 이내 거리의 이동만 허용하는 조치를 발표했다.[63] 유대교 최대 명절인 '유월절'을 앞두고 2020년 4월 7일 오후 4시부터 10일 오전 7시까지 이스라엘 국민이 거주 도시를 떠나지 못하도록 이동을 제한했다.[64] 잠시 코로나19 확산세가 감소하는 듯했지만 2020년 7월 6일부터 9일까지 사흘 연속

---

61 House of Commons Health and Social Care, and Science and Technology Committees(2021.10.12). Coronavirus: lessons learned to date, Sixth Report of the Health and Social Care Committee and Third Report of the Science and Technology, Committee of session 2021-22.

62 백나리(2020.03.20). 이스라엘, 식료품·약품 구매 빼고 일주일간 외출금지령. 연합뉴스.

63 노재현(2020.03.25). 이스라엘, 코로나19 확산에 "집 밖 100m 넘게 가지 마라". 연합뉴스.

64 노재현(2020.04.07). 이스라엘 네타냐후, 유월절 맞춰 전국 이동제한령 발표. 연합뉴스.

코로나19 일일 확진자 수가 1,000명을 넘었다. 이에 이스라엘 총리와 보건부는 코로나19 확산세를 막기 위해 확진자 수가 많은 5개 도시에 일주일간 봉쇄령을 내렸다(2020.07.10).[65] 적극적인 이동 제한 조치에도 불구하고 이스라엘의 코로나19 일일 확진자 수는 2,048명을 기록했다(2020.07.27).[66]

코로나19 일일 확진자 수가 4,429명으로 집계되자 이스라엘 정부는 코로나19 확산을 억제하기 위해 선진국가 중 처음으로 2차 전국 봉쇄령을 2주 동안 시행했다(2020.09.10).[67] 그러나 9월 14일과 15일 연달아 코로나19 일일 확진자 수는 4,000명을 넘었고, 이스라엘 정부는 2020년 9월 18일 오후부터 3주간 전국 봉쇄령을 연장했다. 2020년 5월에 확진자 수가 감소하면서 정부가 성급하게 방역 조치를 완화한 결과라는 비판이 제기됐고, 이스라엘 대통령은 대국민 연설에서 코로나19 방역 조치 실패를 인정하고 사과했다.[68] 2020년 10월 25일 이스라엘의 코로나19 누적 확진자 수는 30만 명을 넘었다.[69] 이 수치는 이스라엘 인구(약 883만 명) 대비 매우 높다.

이스라엘은 전세계 다른 나라보다 압도적으로 빠른 백신 접종 속도를 보였다.[70] 이스라엘은 의료인을 대상으로 코로나19 백신

---

65 노재현(2020.07.10). '코로나19재확산' 이스라엘, 5개 도시 일주일 봉쇄. 연합뉴스.

66 Our World in Data, Ibid.

67 선한결(2020.09.11). 이스라엘, 2차 코로나 전국 봉쇄한다…"선진국 중 첫 사례".《한국경제》.

68 노재현(2020.09.17). 이스라엘 코로나19 신규확진 6천명 넘어…대통령, 정책실패 사과. 연합뉴스.

69 Our World in Data, Ibid.

70 김연하(2021.04.07). 이스라엘 100만 명 백신 접종했는데…프랑스 4일간 겨우 138명.《한국경제》.

접종을 시작했고(2020.12.20), 백신 접종을 시작한 지 열흘 만에 백신 접종자 수는 100만 명을 돌파했다(2021.01.01). 이스라엘의 백신 접종 속도가 빨랐던 이유는 이스라엘 정부가 화이자와 협의를 통해 필요한 양만큼의 백신을 빠르게 공급받았기 때문이다. 화이자는 빠른 백신 공급의 대가로 이스라엘의 백신 접종 결과 데이터에 접근할 수 있는 권한을 받았다.[71] 2021년 3월부터 코로나19 일일 확진자 수가 300명대 안팎으로 감소했다. 2021년 4월 15일 이스라엘 국민의 57%가 백신 접종을 완료하며 실외 마스크 착용 의무가 해제됐다.[72] 2021년 5월과 6월 코로나19 일일 확진자 수는 두 자릿수로 감소했고, 6월 15일 학교를 제외한 실내 마스크 착용 의무도 해제됐다.[73] 2021년 7월 13일 세계 최초로 부스터샷 접종을 시작했다.[74]

그러나 선도적인 백신 접종에도 불구하고, 2021년 8월 말 이스라엘의 코로나19 일일 확진자 수는 1만 명을 돌파했다. 2021년 9월 8일 코로나19 일일 확진자 수는 2만2,291명으로 사상 최대를 기록했지만 이후 확산세가 누그러져 2021년 10월 24일에는 약 966명의 확진자가 나왔다. 백신 접종 시작 초반의 빨랐던 백신 접종 속도에도 불구하고, 2021년 10월 24일 코로나19 백신 접종 완료율은 전체 인구 대비 62%로 2021년 4월 백신 접종 완료

---

71 Tunku Varadarajan(2021.03.12). "How Israel Became the World vaccine Leader". Wall Street Journal.

72 김재영(2021.04.19). 이스라엘, 세계 최초 '집단 면역' 선포…1년만에 실외 마스크 벗었다. 《이투데이》.

73 박석호(2021.06.07). 이스라엘, 15일부터 실내 마스크 착용 의무 해제, KBS NEWS.

74 김상훈(2021.07.13). 이스라엘 세계 첫 코로나 백신 부스터 샷…대상은 심장이식 환자, 연합뉴스.

율과 비교했을 때 많이 증가하지 않았다.[75]

미국: 코로나19 확진자 수와 백신 개발 속도 세계 1위, 언뜻 이해하기 어려운 모순으로 점철

미국의 방역 조치는 조 바이든 대통령 취임 이전과 이후로 구분된다. 미국의 코로나19 사태 초반에 집권했던 도널드 트럼프 대통령은 코로나19 사태의 심각성을 인정하지 않았다. 전문가의 조언을 무시하며 마스크 착용을 거부했고 백악관 회의에서 "코로나19 검사를 할수록 확진자 수가 증가하니 검사 속도를 늦춰야 한다"는 망언까지 했다.[76] 2020년 7월 4일 독립기념일 행사 연설에서 "코로나19 케이스의 99%는 완전 무해하다"라고 연설해 규탄을 받았다.[77] 결국 2020년 10월 1일 도널드 트럼프 대통령과 영부인 멜라니아 여사가 코로나19 확진 판정을 받았다. 도널드 트럼프 대통령은 입원 3일만인 2020년 10월 5일 퇴원하며 "코로나19를 두려워하지 말라"는 메시지를 소셜네트워크 서비스에 게시했다. 트럼프 정부는 코로나19 팬데믹 사태를 더 이상 통제하지 않겠다고 발표했다(2020.10.25).[78] 이날 미국의 코로나19 일일 확진자 수는 8만3,288명, 누적 코로나19 확진자 수는 866만 명 그리고

---

75 Our World in Data, Ibid.

76 Maeve Reston(2020.07.21). White House officials on the defensive after Trump says he wanted testing slow down, CNN.

77 Veronica Stracqualursi and Sarah Westwood(2020.07.05), FDA commissioner refuses to defend Trump claim that 99% of Covid-19 cases are 'harmless, CNN.

78 Devan Cole(2020.10.26). White House chief of staff: 'WE are not going to control the pandemic', CNN.

누적 사망자 수는 25만5,500명을 기록해 도널드 트럼프 정부의 발표는 많은 이의 공분을 샀다.[79]

2021년 1월 미국의 코로나19 일일 확진자 수가 30만 명으로 최대치를 기록한 상황에서 조 바이든 대통령이 취임했다(2021.01. 21). 바이든 대통령은 코로나19 사태에 대응하기 위해 차량 이동형 선별진료소 수 확대, 역학조사관 증원, 마스크 착용 의무화, 영업 제한 그리고 취임 후 100일 내 1억 명 백신 접종 완료 계획을 발표했다. 또한 코로나19 대응 과정에서 과학적 조언을 중요하게 생각해 과학정책실장에 유전학자인 에릭 랜더 매사추세츠 공과대학교Massachusetts Institute of Technology, MIT 교수를 임명하고 직책을 장관급으로 격상했다.[80] 바이든 정권의 적극적인 방역 조치로 2021년 6월에는 코로나19 일일 확진자 수가 1만 명 안팎으로 떨어졌으나, 2021년 9월 7일 다시 코로나19 일일 확진자 수가 27만 7,028명을 기록했다.[81]

바이든 대통령은 100인 이상 사업장 내 코로나19 백신 접종을 의무화하는 긴급 규칙을 발표했다(2021.09.09). 이 조치로 백신 접종을 하지 않은 노동자는 최소 주 1회 코로나19 검사 결과를 제출해야 한다.[82] 또한 바이든 대통령은 백신 접종을 독려하기 위해 9월 27일 공개적으로 코로나 백신 부스터 샷을 맞았다.[83] 2021년

---

79 Our World in Data, Ibid.

80 정유진(2021.01.20). 마스크 의무화·영업제한 등 방역 조치 '공화당 협조' 끌어내야.《경향신문》.

81 Our World in Data, Ibid.

82 박가영(2021.09.15). 벌금 내도 괜찮다…'백신 의무화' 환영하는 美기업들, 왜?.《머니투데이》

83 김수경(2021.09.28). 78세 바이든, 화이자 부스터 샷 접종 장면 공개.《조선일보》.

10월 코로나19 일일 확진자 수는 10만 명 안팎이다. 2021년 10월 18일 미국의 누적 코로나19 확진자 수는 약 4,500만 명으로 전 세계 1위다.[84]

　미국의 화이자, 모더나, 존슨앤존슨, 노바백스 사는 코로나19 백신을 개발했다.[85] 미국의 백신 물량은 충분했지만 백신 접종을 부정적으로 생각하는 미국 국민의 인식 때문에 초기 백신 접종률은 지지부진했다. 뉴욕시 퀸스에 있는 롱아일랜드 주이시병원의 간호사 샌드라 린지가 미국에서 최초로 코로나19 백신을 맞았다(2020.12.14). 미국 국민의 백신 접종을 권고하기 위해 린지 간호사가 화이자 백신을 맞는 장면이 TV로 생중계됐다. 2020년 12월 19일 미국 테네시주 CHI 메모리얼병원의 티퍼니 도버 간호사가 백신을 맞는 장면도 생중계됐는데, 도버 간호사가 백신을 맞은 후 실신하는 장면이 보도됐다.[86] 다행히 도버 간호사는 몇 분 후 깨어났고, "신경계 과민반응이 있어 작은 통증에도 기절한다"고 설명했다. 그러나 도버 간호사가 실신하는 장면이 퍼지며 백신의 안전성 문제가 대두되자, 미국 질병통제예방센터Centers for Disease Control and Prevention 관계자는 백신은 문제가 없으며 기절은 백신 접종 후 일어날 수 있는 반응이라고 설명했다. 2021년 10월 24일 기준 미국 국민의 57.8%가 백신 접종을 완료했다.[87]

84　Our World in Data, Ibid.

85　The New York Times, Ibid.

86　장구슬(2020.12.20). 백신 맞고 실신한 美간호사…"카메라 앞 긴장해 졸도한 듯". 《이데일리》.

87　Our World in Data, Ibid.

| 코로나19 팬데믹, 과연 종식될까? |

전 세계를 공포로 몰아넣은 코로나19가 발병한 지 벌써 2년이 되어간다. 전 세계 모든 나라는 다양한 방역정책을 통해 코로나19 팬데믹에 대응했다. 국내외 공공기관과 민간기업은 코로나19에 대응하기 위해 이례적인 속도로 코로나19 백신을 개발했다. 2020년 12월 11일 화이자와 바이오엔테크가 개발한 Comirnaty®는 전 세계 최초로 코로나19 백신으로 미국 FDA의 긴급사용승인Emergency Use Authorization, EUA[88]을 획득했다. 모더나가 개발한 코로나19 백신인 Spikevax® 또한 2020년 12월 18일 미국 FDA의 긴급사용승인을 획득했다. 2021년 1월에는 10개의 코로나19 백신이 일부 국가에서 긴급사용승인 혹은 조건부 허가를 받았다.[89] WHO가 코로나19 팬데믹을 선언한 지 약 10개월 만이었다.

2020년 12월 말부터 전 세계에서 코로나19 백신 접종이 시작돼 2021년 10월 25일 전세계인의 49.2%가 코로나19 1차 백신 접종을 완료했고, 37.7%가 백신 접종을 모두 완료했다. 한국은 2021년 2월 26일[90] 코로나19 백신 접종을 시작했다. 백신 접종의 효과인지 확인되지는 않았지만 2021년 10월 5일자 WHO의 코로나19 주간 보고서에 따르면 최근 코로나19 신규 확진자 수는

---

88 긴급사용승인(EUA, Emergency Use Authorization)은 미국 식품의약국(FDA, Food and Drug Administration) 신약 또는 새로운 적응증(indication)에 대해, 임상시험을 생략하고 긴급한 사용을 허가하는 것을 의미한다.

89 이형기(2021.02.08). [진단③] 코로나19, 치료제·백신 개발 현황과 과제.《의협신문》.

90 한국은 2021년 2월 26일부터 요양병원 및 요양시설, 의료기관 입소 및 종사자를 대상으로 코로나19 백신 접종을 시작했다. 그 후 코로나19 취약시설 입소자 및 종사자, 60세 이상 고령층, 학교 및 돌봄 공간 종사자, 만성질환자, 보건의료인과 사회필수 인력(코로나19 1차 대응요원, 의원급 의료기관 및 약국 종사자, 경찰, 해경, 소방, 군인, 항공 승무원), 30세 미만 대상자 순으로 코로나19 백신 접종을 해왔다.

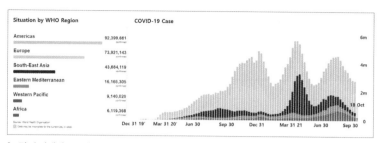

[그림 4] 전세계 코로나19 일일 확진자 수 변화 추이 (출처: WHO, 2021년 10월 18일 기준)

감소세를 보인다(그림4).[91]

아울러 7%대까지 올랐던 코로나19의 치명률[92]은 백신 접종이 시작된 이후 중환자 수와 사망률이 줄어들어 약 2.03%로 기록됐다(2021.10.25). 코로나19의 치명률은 계절성 독감(인플루엔자)의 치명률로 알려진 0.05~0.1%를 향해 지속해서 낮아지는 추세다(그림5).

치명률이 낮아지자 코로나19를 독감 수준의 질환으로 관리할 수 있다고 확신한 국가, 특히 높은 백신 접종률을 기록한 이스라엘, 싱가포르, 영국, 독일, 덴마크, 노르웨이, 스웨덴은 코로나19와 공존을 택하고 '위드 코로나'로 방역체계를 전환하기 시작했다.[93] 한국은 2021년 10월 25일 현재, 70.3%의 코로나19 백신 접

91 서동준(2021.10.10). WHO "세계 코로나19 확진자 수 감소 추세…변이는 경계 대상". 《동아사이언스》.

92 치명률(case fatality rate)은 질병의 심각성을 나타내는 수치로, 확진자 가운데 사망한 사람의 비율을 의미한다. 코로나19가 유행하기 전 발병했던 사스는 9.6%의 치명률을, 메르스는 34.4%를 보여 코로나19보다는 3~10배 이상 높은 치명률을 보였다. [출처: 명승권(2021.09.28). 빠르면 6개월~1년 사이 마스크 벗을 수도. 《시사저널》.]

93 박민규(2021.10.21). [이슈크래커] "코로나와 잘 지내나요" '위드 코로나' 선언 국가들 살펴보니. 《이투데이》. 명승권(2021.9.28). 빠르면 6개월~1년 사이 마스크 벗을 수도. 《시사저널》.

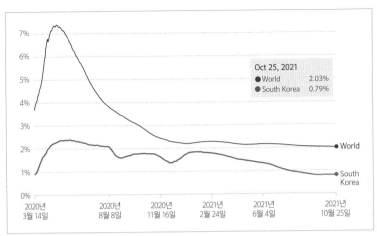

[그림 5] 전세계 평균 코로나19 치명률과 한국의 코로나19 치명률 [출처: Hannah Ritchie, Edouard Mathieu, Lucas Rodes-Guirao, Cameron Appel, Charlie Giattino, Esteban Ortiz-Ospina, Joe Hasell, Bobbie Macdonald, Diana Beltekian and Max Roser (2020)-"Coronavirus Pandemic (COVID-19)". Published online at OurWorldInData.org. Retrieved from: https://ourworldindata.org/coronavirus, 2021.10.25. 접속]

종 완료율과 약 0.78%의 치명률을 기록했다. 전 세계 평균[94]과 비교했을 때 비교적 높은 백신 접종 완료율과 낮은 치명률이다. 한국 정부는 '코로나19 단계적 일상회복 이행계획(안)'을 발표했지만(2021.10.25) 강력한 사회적 거리두기 조치를 지속할지 아니면 위드 코로나 정책을 펼칠지 (2021년 10월 25일 기준) 아직 확정하지는 않았다.[95]

　일부 국가가 시작한 '위드 코로나'로의 방역체계 전환이 적절한 시기와 상황에 이루어졌는지, 치명률이 낮다고 안전한 질병인지, 강력한 방역 수칙은 얼마나 유지해야 하는지, 코로나19 팬데

---

94 전세계의 평균 백신 접종 완료율은 37.7%, 치명률은 2.03%이다(2021.10.25. 기준).

95 김영훈(2021.10.25). 코로나19 단계적 일상회복 이행계획 공청회 개최. 보건복지부. 코로나바이러스감염증-19 중앙사고수습본부.

믹은 과연 종식될지, 전문가 사이에도 의견이 갈린다. 하지만 한 가지 확실한 점이 있다. 코로나19가 우리가 마주한 첫 감염병이 아니듯,[96] 만약 코로나19 팬데믹이 종식된다 해도 또 다른 신종 감염병이 틀림없이 인류를 위협하리라는 예상이다. 지난 2년 동안 코로나19에 어떻게 대응했는지 냉정하게 평가하고 보완해 언제 우리 사회를 뒤흔들지 모르는 또 다른 감염병에 준비해야 한다. 정치 논리에서 벗어나 과학에 근거를 둔 대응 전략을 준비해 지금보다 더 현명하게 헤쳐 나갈 수 있기를 기대한다.

---

96 나병(12세기), 흑사병(14세기), 매독(16세기), 천연두(16세기), 결핵(19세기), 스페인독감과 에이즈(20세기), 사스와 메르스(21세기) 등은 과거 인류를 공포로 몰아갔던 전염병이다.

온몸으로 물리쳤던 2020년 봄 대구 코로나19가 준 교훈

| 2020년 대구의 코로나19 팬데믹 개관 |

우리나라의 첫 코로나19 확진자는 우한에서 일본으로 가던 중국인 환승객으로 2020년 1월 19일 진단되어 인천의료원에서 입원 치료 후 퇴원했다. 이후 우리나라의 코로나19 상황은 소강상태였으나 2월 18일 대구의 61세 여성 환자(31번)가 확진된 이후 신천지교회를 중심으로 폭발적으로 확산된다. 밀집된 공간에 많은 신도들이 모여 크게 소리 내어 기도하고 노래하는 예배 방식이 엄청난 전파력으로 나타난 것이다.

동시에 청도의 요양병원을 중심으로 집단 감염이 발생해, 20

---

1 경북대학교 의과대학을 졸업하고 1989년 이후 동 대학의 교수로 재직 중이다. 대한핵의학회와 대한갑상선학회 회장, 국가과학심의위원회 위원, 대구·경북 첨단의료산업진흥재단 이사장을 역임했다. 2020년 봄 코로나19 발생 시 대구 1, 2 생활치료센터의 의료책임자로 일했다. 저서로 『57! 세상에 말을 걸다』, 『다른 생각 같은 길』(공저), 『세상 속의 종소리』, 『그곳에 희망을 심었네』(편저)가 있다.

일에는 첫 사망자도 나타난다. 다음 날부터 신규 확진자 수가 10명, 23명, 50명, 70명, 148명으로 매일 2배씩 증가했고, 2월 29일에 741명으로 최고 정점을 찍었다. 결국 3월까지 대구의 확진자는 전수 검사한 신천지 교인 1만459명 중 4,266명을 포함하여, 6,700여 명에 달했다. 이때는 유럽과 미국에서 대규모 집단 감염이 일어나기 전이라 세계적 뉴스가 됐고, 많은 국가가 한국을 여행위험 국가로 지정하고 한국인의 입국을 제한했다.

확진자가 급속하게 증가하자 대구는 의료체계 붕괴에 직면했고, 이틀 만에 정부에 방역과 행정 및 재정 지원을 요청했다. 대구와 청도는 특별재난지역으로 선포됐고 도시는 공포와 적막 속에 휩싸였다. 확진자가 내원한 의료기관의 응급실과 병동이 폐쇄되고 접촉한 의료진들이 격리돼 일반 환자를 진료할 수 없는 의료 공백이 발생할 정도였다. 당시에는 코로나19 환자에 대한 별도의 방역지침이 없었으므로, 2015년에 경험한 메르스MERS 방역지침에 따라 진단된 모든 환자를 순서대로 병실에 입원시켰다. 그러나 폭발적으로 증가한 확진자로 음압병실은 즉시 포화됐고, 집에서 기약 없이 입원 대기 중인 환자 수가 최고 2,270명에 달했다. 그중 4명이 집에서 사망하는 일이 발생하자 시민들의 공포감은 커져만 갔다.

코로나19 환자 치료는 진료 인력 확보와 함께 의료진을 감염으로부터 보호하는 것이 필수적이다. 초기에는 보호구 없이 환자와 접촉한 의료진이 감염되거나 반복적으로 격리돼 진료 인력 부족이 심해졌다. 병실과 의료장비가 부족했을 뿐만 아니라 확보된 장비의 공급과 배치도 유기적이지 못했기에 업무 혼선과 갈등도 많았다.

상황의 심각성을 인식한 정부가 대구를 집중 지원하고 질병관리본부 중심의 대책본부가 대국민 상황보고를 하면서 관련 부처도 정책을 공유하기 시작했다. 대한중환자의학회가 전문의를 파견했고 국무총리는 이 기간 20일 동안 대구에 상주했다. 방역 상 중요 내용은 방역상황실을 중심으로 공유와 소통 과정을 통해 조금씩 정리가 됐다. 또한 메르스에 준한 치료 지침을 코로나19에 맞게 변경하고, 의료진을 위한 보호구도 확보해 진료진을 안심시켰다. 특히 폭발적으로 증가한 환자 수를 감당하지 못하는 병실을 확보하기 위해 비어 있던 대구동산병원을 비롯한 10개의 병원이 감염병 전담병원으로 지정돼 3,124개 병상을 확보함으로써 비로

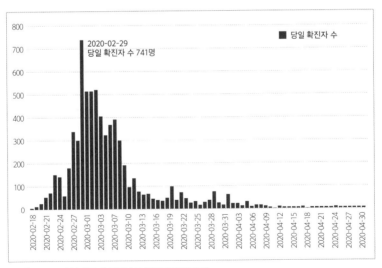

[그림 1] 2020년 봄 대구시 코로나19 확진자 발생 추이

소 숨통이 트였다. 3월 2일 경증환자들의 소개 시설인 생활치료센터가 도입돼 병원에 입원한 경증환자를 이송할 수 있어 의료체계 붕괴를 막는 데 결정적인 도움이 됐다. 코로나19 상황을 안타까워한 지역 의료인뿐만 아니라 전국의 자원봉사 인력이 대구로 달려오고 공중보건의, 군병원 및 공공병원 의료 인력이 선별진료소와 생활치료센터에 집중적으로 투입됨으로써 상황이 점차 안정되어갔다.

생활치료센터 운영은 대구의 코로나19 상황 해결에서 '신의 한수'였다. 중증 환자용 병상 부족 문제를 해결하고 지역사회로 감염이 전파되는 것을 막기 위해 기획된 생활치료센터는 중앙교육연수원에 최초로 문을 열었다. 생활치료센터는 경증환자를 수용한 후 관리하고 증상 변화에 따라 유연하게 대처할 수 있도록 했으며 치료보다는 바이러스 검사와 입소한 환자의 심리적 안정감을 찾는 데 집중했다. 2020년 4월 말까지 총 18개 센터에 대구·경북의 코로나19 환자 4,000여 명을 수용 치료했는데, 입소자는 바이러스 검사에서 음성으로 판정되면 격리가 해제됐다. 그러나 생활치료센터는 진료가 필요한 환자 격리시설이지만 행정체계로 편재돼 초기에는 의료진과 행정요원들 사이를 연결하고 업무를 조율할 주체가 없었다.

신규 확진자 수는 3월 중순 이후 두 자리로 줄었고, 이어 격리해제된 환자가 신규 확진자 수 보다 많아지는 골든크로스가 일어났다. 첫 환자 발생 50일 이후 신규 확진자는 10명 이하로 감소했고 4월 10일에는 처음으로 확진자가 없었다. 대구의 확진자는

4월 28일까지 6,171명이고, 사망자는 162명이었고, 경상북도는 1,322명이 확진돼 56명이 사망했다, 결국 대구·경북권에서 7,493명이 확진되어, 사망 218명(치명율 2.9%)이었으니 처음 경험하는 엄청난 규모의 역병의 방역 성적으로는 외국의 사례와 비교해도 비교적 성공적이라고 할 수 있다. 이 기간 동안에는 대구·경북의 환자를 통해 수도권과 타지역으로 대규모 전파는 일어나지 않았기에 4월 말 생활치료센터는 임무를 종료했다.[2]

입원한 중환자는 병원에서 인공호흡기와 에크모ECMO, extracorporeal membrane oxygenation(체외막산소공급장치) 치료를 받았고, 고위험군의 사망도 이어졌다. 병원에 입원한 중등도 중상 이상의 환자 대부분은 실험적 약제를 투여 받았다. 당시에 미지의 병에 효능이 검증된 약은 없었기 때문이다. 항 코로나바이러스 목적으로 에이즈 치료제 칼레트라, 에볼라바이러스 치료제 렘데시비르, 말라리아 치료제 하이드록시클로로퀸, 항생제 에리스로마이신이 사용됐다. 그러나 클로로퀸은 2020년 6월, 칼레트라는 7월부터 효과가 없다며 WHO가 사용 중단을 권고했다. 렘데시비르도 바이러스 제거나 호흡기능 개선 및 항염증 효과를 보이지 못하여 2020년 말 사용 중지됐다. 그러나 렘데시비르는 미국의 코로나19 입원 환자 절반에게 투여되었고, 제조사 길리어드는 이미 28억 달러의 매출을 기록했으니 그야말로 혼동의 시기였고 아이러니였다.

---

2 이경수·정해용(2021). 『대구가 아프다. 그러나 울지 않는다』 지식과 감정.

| 미지의 신종 전염병이 초래한 공포와 혼란 |

팬데믹pandemic은 그리스어로 '모두pan'와 '사람들demos'이 합해진 단어다. 누구도 자유롭지 않아 모두가 아프고 힘들었던 2020년 봄 대구의 코로나19 대유행을 설명하는 데 적절한 용어다. 이 상황에서는 법과 규범이 제대로 작동되지 않았고, 각종 응급 및 비상조치가 이어졌다.

초기에는 미지의 역병 코로나19가 초래한 공포감이 엄청났다. 신천지라는 특정 종교집단이 가진 폐쇄성과 불확실성이 공포를 더 키웠다. 정보가 통제된, 코로나19 발원지인 중국의 상황을 알 수 없는 가운데 도시가 봉쇄되고 공포감으로 몸서리치는 우한 시민의 모습이 우리의 미래일지도 모른다는 불안도 사람들을 힘들게 했다. 특히 병원에 후송되지 못한 환자가 집에서 사망하자 불안감은 더욱 증가했다. 누구도 믿을 수 없다는 생각이 드니 시민들은 외출을 삼가 도로는 한산했고 버스와 지하철은 텅텅 비었다.

성숙한 시민의식으로 매점매석 행위는 없었으나 개인 보호구 공급이 원활하지 않아 방역 마스크 구입 행렬은 끝없이 이어졌다. 특히 누구의 도움도 받지 못한 채 집에서 입원 대기 중이던 확진자의 공포는 상상을 초월했다. 생활치료센터에 입소한 환자들의 일성은 '이제 살았다, 의사를 만나 너무 행복하다'였다.

중국은 코로나19 정보를 철저히 통제했고 국가의 책임도 회피했다. 그 와중에 코로나 방역에 집중해달라고 정부에 호소하던 우한의 안과의사 리원량이 코로나19로 사망했다는 소식은 의료진을 크게 위축시켰다. 코로나 병동 근무자라는 사실을 알면 동네주민들이 동요하고 또 가족을 차별할 수 있다며, 병원은 코로나19 진료 인력을 기숙사나 호텔을 빌려 격리했으므로 간호사와 직원들은 길게는 한 달 이상 가족과 생이별을 해야만 했다. 적막하고 황량한 도시의 분위기에 더한 정치권의 도시 폐쇄 같은 위협적인 발표에 시민들은 고립감과 더불어 팬데믹에도 국가가 우리를 보호해주지 않는다는 상실감에 이중고를 겪었다.

코로나19로 의심되는 환자가 응급실에 내원하여 양성으로 판정되자, 접촉한 의료진과 입원 환자들이 동시에 격리되면서 응급실 운영이 마비됐다. 첫날 청도에서 후송된 환자가 양성으로 판정되며 경북대병원 응급실은 바로 폐쇄됐고 의료진과 직원 88명이 격리됐다. 이어 인구 250만 명 대구시의 5개 상급종합병원 중 4곳의 응급실이 반복적으로 폐쇄됐다. 3월 중순 이후 각 병원이 환자 특성에 따른 응급실 대응체계를 수정한 뒤에야 폐쇄 횟수가 줄었다. 한 번도 경험하지 못한 사태이긴 하나, 컨트롤타워 없이 수동적 대응으로 응급실이 폐쇄되면 전체 의료체계가 질식된다는 점을 제대로 학습했다. 향후 감염병이 다시 대유행할 때를 대비해 각종 대응체계를 명확히 하는 표준지침이 마련돼야 하는 이유이다.

대구의 코로나19 유행이 확산되어가자 코로나가 창궐한 중국을 차단하지 않은 정부의 방역정책을 비판하는 목소리가 커져갔다. 실제로 중국은 부인과 책임회피에만 급급했고 1월 20일이 돼서야 코로나19의 사람 간 전파 가능성을 인정하고 우한과 인근을 봉쇄했다. 그러니 정보를 공유하지 않던 폐쇄국가 중국에 대하여 선제적 진단, 격리, 여행 제한 조치를 일주일만 일찍 시작했더라도 감염자 수를 많이 줄일 수 있었다는 주장이 대두된 것이다. 중국인이 많이 살던 북부 이탈리아도 우한과 직항은 금지했으나, 입국자의 동선과 상태를 추적하지 않았고 감염의심자가 우회해 입국하는 것도 막지 않았다. 그 결과 유럽 중에서 북부 이탈리아가 가장 먼저 의료체계가 붕괴됐고, 2020년 3월부터 이 지역은 물론 전 세계에 코로나19의 대유행이 일어났다.

사드 도입과 관련된 중국 정부의 한한령(限韓令) 전에는 우리나라 방문 외국인의 30% 이상이 중국인이었으며, 매년 그 수가 증가해 2017년 총량 기준으로 중국에서 온 방문객은 우리 인구의 80%에 상당하는 약 4,000만 명이었다. 그러므로 우한 후베이성에서 발생한 신종감염병이 우리나라로 빠르게 유입될 게 분명했으나 경제적인 상황을 고려해 입국금지 조치를 취하지 않았다.

당시 의사협회는 감염원 차단을 위해 중국 발 입국자들의 입국금지 조치가 필요함을 여섯 차례나 권고했지만 정부는 받아들이지 않았다. 중국이 2020년 1월 23일에 우한을 폐쇄했는데, 대만은 1월 25일부터 중국인에 대한 입국을 제한하고 자국민의 중국 여행을 금지했으나, 우리는 2월 4일에 후베이성 입국만 차단했고 2월 7일이 돼서야 중국에서 입국하는 내외국인을 대상으로 특별입국절차를 시행하는 정도였다.

이후 4월 13일 중국을 포함한 90개국의 입국자에게 비자 면제와 무비자 입국을 제한했다. 이는 자국으로 입국을 차단한 싱가포르와 대만의 정책과 비교가 됐다. 입국 금지 시기도 늦었지만, 제한된 범위로 시행했기에 우리나라의 코로나 발생자와 사망자 숫자를 줄일 기회를 놓쳤다는 아쉬움을 표하는 학자들이 많았다. 모기장을 활짝 열어둔 상태에서 '3T 정책'을 시행하여 효율적이지 못했다는 것이다.

한편 2020년 6월 초까지 우리나라는 확진자 1만1,600여 명, 사망자 273명이었으나, 인구 2,300만 명인 대만은 각각 443명, 7명에 불과했다. 마스크와 방호복의 중국 수출과 중국인 방문객을 통한 해외 방출도 2월 26일이 되어서야 제한 조치를 취했는데, 이 때문에 한동안 의료진에게조차도 마스크를 충분히 공급하기 어려웠다. 이는 4.15 총선이 다가옴에 따라 서둘러 코로나 조기 종식 조치를 시행하려 한 일, 그리고 해외여행 이력을 신속하게 제공하지 않았던 점과 함께 초기 대응에서 미흡한 부분이었다고 지적되는 부분이다.[3]

공포는 방역에도 큰 어려움을 주었다. 방역 업무와 생활치료센터 근무로 차출된 공중보건의사의 진료 거부, 코로나19 진료시설로 예정된 지역 주민의 조직적인 반발과 학생들의 반대로 생활치료센터의 개설이 늦어지거나 취소되기도 했다. 감염 경로나 치명률도 짐작할 수 없는 미지의 역병이었으니, 이해는 되나 참 난감한 상황이었다. 의료기관도 코로나 확진으로 시설을 폐쇄하거나

---

3 이은혜 편저(2021). 『코로나는 살아있다』 북앤피플.

의료인의 감염을 막기 위해 발열 환자의 진료나 입원을 허용하지 않아 원활한 진료를 받지 못했던 17세 학생이 바이러스폐렴으로 사망하기도 했다. 병원은 심근경색이나 뇌졸중, 중증 외상환자가 조금이라도 열이 나면 받아주지 않았기에 코로나19가 창궐하였던 이 기간 동안 다른 질병의 사망률이 유의미하게 증가했다는 보고도 있다.

| 정부와 대구시의 방역체계 |

정부는 중앙정부 중심의 방역체계 거버넌스를 만들고, 지자체가 협력하는 체계를 구축했다. 정부와 지자체가 연계하여 감염병 벌금형 등의 내용으로 법률이 생활치료센터 확보에 노력했고, 인력수급에도 효과를 발휘했다.

2020년 봄 대구의 코로나19 대유행을 겪으면서 우리나라의 방역과 관련된 법과 제도에도 큰 변화가 생겼다. 2020년 2월에 감염병 예방-관리법, 검역법, 의료법이 개정됐다. 이전에는 법정 감염병을 신고하지 않거나 환자가 특정 장소에서 무단이탈해도 500만 원 이하의 벌금형이 최고였으므로 환자를 강제 격리할 수 없었다. 따라서 팬데믹 초기에는 병원과 생활치료센터에서의 환자 탈출 소동에도 이들을 신체적으로 격리시킬 근거가 없었다. 그러나 감염병 의심자를 대상으로 격리 및 강제처분 가능, 입원 및 격리 조치 위반 시 징역형과 강화된 벌금형으로 개정돼 강제적 신체격리가 가능해졌다.

또한 국가가 방역비품과 약제를 전략적으로 관리하고 예방과 방역에 필요한 의약품의 공급이 부족할 때 이들을 전략물품으로 지정해 수출과 국외 반출을 통제할 수 있게 됐다. 또한 환자의 출입국 관리 기록 등 정보 확인 의무, 사회복지시설의 감염 취약계층에게 마스크를 지급하는 법적 근거도 마련됐다. 비싼 대가를 치르고 얻은 소중한 지적재산이다.

우리나라의 의료보험은 강제지정제도이고 요양급여의 대상으로 등재되는 것이 매우 중요하다. 그러나 코로나19 치료에 사용되는 환자의 격리실, 음압설비실, 에크모ECMO 치료는 팬데믹 초기에 보험 적용대상이 아니었다. 이후 이들 항목에 급여 혜택을 부여했고, 선별진료소가 의약분업 예외 적용의 대상이 됐고, 생활치료센터 입소자들의 의료 처치와 약물 처방도 보험급여를 받게 됐다. 코로나19 선별 검사는 국가 예산으로 지원됐다.

한편 코로나19로 인해 일반 환자의 병원 방문은 감소하였으나, 코로나19 감염자의 검사, 격리, 치료 비용으로 인해 국민건강보험 재정에는 큰 부담이 되었다. 그러나 생활치료센터 입소자들은 약제 처방을 받아도 확진자가 발생하면 동거가족이 자동으로 자가격리 대상이 돼 환자들에게 약을 전달할 길이 없었다. 이 때문에 의료계가 고혈압이나 당뇨병 같은 만성병 환자에게 처방한 약물의 병원 내 조제를 인정해 주도록 복지부에 요청했다. 그러나 복지부는 의약분업을 핑계 삼아 직역(職役) 갈등을 회피하는 듯한 태도로 일관했고 끝까지 승인하지 않았다.

우리나라 코로나19 방역정책은 3T라는 검사Test-추적Trace-치료Treat 체계가 근간이다. 치료 못지 않게 중요한 것이 환자와 접촉한 사람을 발견하는 일이다. 이를 위해 신천지 신도, 요양병원 및 정신병원 의료인과 환자, 간병인, 사회복지생활시설 종사자 등 고위험 집단을 대상으로 전수검사를 추진했다. 이러한 방역정책은 메르스 위기를 겪으면서 아프게 쌓았던 경험에 기반을 둔 것이다.

2015년 메르스 당시에는 진단검사를 관장할 별도의 정책이 없었기에 초기 대응이 부실해 결국 186명의 환자가 발생하고 이 중 38명이 사망했으며, 1만2,000명이 격리됐다. 이후 정부는 국가 방역체계를 개편했고 관련 부서를 신설해 효율적인 진단검사 전략을 준비함으로써 코로나19 유행 초기에 비교적 효율적으로 대처할 수 있었다.

2020년 1월부터 코로나19 바이러스 전체 염기 서열과 검사법이 기업에 공개됐고, 질병관리청은 응급 상황에 대비한 진단키트의 긴급사용 승인제도를 도입함으로써 1개월 이내에 대량생산 체제가 구축됐다. 과거 메르스 확산 때와 비교하여 정보 공유와 유관기관 간의 협조가 좋아졌고, 대구시와 질병관리본부(이하 '질본')가 실시했던 일일 브리핑과 팩트 체크는 재난상황에서 시민사회의 동요를 막는 심리 방역으로도 성공적이었다. 드라이브스루라는 비대면 진단 시스템의 도입 역시 혁신적이라 할 만하다.[4]

2015년 메르스 사태 이후 질병관리 본부장을 차관급으로 승진

---

4 경제·인문사회연구회 국책연구전략센터, 한국교통연구원(2020.5). 한국의 COVID-19 대응보고서

시키고 국가지정 음압병실을 31개에서 79개로 증설했으나, 내부 행정체제는 여전히 정리되지 못했다. 이런 체제에서는 정은경 질본 본부장이 방역정책 결정권자로서의 단호한 조치를 취하기 어려웠다. 질본은 보건복지부 산하 기관이라 주요 인사권이 없고, 예산이 독립되지 않았기 때문이다.

또한 실질적인 방역 업무를 수행하는 보건소도 복지부 산하 조직이어서 명령이나 조치가 즉각 파급되기 어려운 구조이다. 2020년 1월 18일 우리나라에서 첫 확진자가 발생하자 질본이 위기경보를 '관심'에서 '주의' 수준으로 향상했고, 단계별 조치에 따른 관할 기관의 변경이 발생한다. 이에 따라 컨트롤타워가 된 중앙사고수습본부(이하 '중수본')가 2월 2일 중국에서 들어오는 사람의 입국을 차단하기로 결정했으나, 정부가 번복하여 후베이성 입국만 차단한 것이 한 예다. 환자 발생 후인 2월 23일 위기경보가 '심각' 수준으로 상향돼 중앙재난안전대책본부(이하 '중대본')가 가동된 것은 대만보다 한 달이나 늦은 시점이었다. 그래서 방역 당국보다는 정치권의 관점이나 입장이 더 강조된 조치라고 지적하는 전문가들이 많았다.

2020년 3월 초 정부는 생활치료센터를 개설하고 홍보를 위해 대국민 정책안내서를 배포했다(그림2). 생활치료센터 운영 안내 공고문은 수도권 전파 차단을 강조하고 있는데, 당시 생활치료센터에 자원 근무하던 필자도 정부가 중국인의 입국은 차단하지 않고 수도권으로 확산을 차단하는 데에는 최선을 다하겠다며 강조한 본문의 내용이 심히 불편했다.

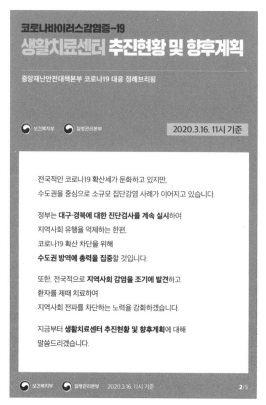

[그림 2] 정부의 생활치료센터 운영 안내 공고문.

대구시는 전 시민과 행정력을 동원하여 코로나19에 맞섰으나, 초기 인력 확보와 자원 운용의 업무 분장은 효율적이지 못했다. '격리병상 관리팀', '격리자 지원팀', '코로나19 총괄지원반'과 같은 부서로 나누어졌으나, 각 조직의 업무가 중첩돼 행정 혼선이 야기됐고 소관부서가 어딘지 명확하지 않던 자원봉사자 봉급 지연 지급 논란은 여론의 질타를 받았다. 역학조사관도 메르스 당시의 1명에서 3명으로 확대했으나 의사 출신 조사관은 채용하지 못했으니 비상 상황에 대응하기는 어려웠고 공공 의료 인력의 확보와 운용 계획도 마련돼 있지 않았다. 그러나 대구 방역의 성공 및 실패 경험은 이후 중앙 방역부서와 타 지역으로 전파돼 이후 2차, 3차, 4차 유행에도 적극적으로 대처해 사회적 혼란을 막는 근간이 됐다.

▌국민과 대구시민의 대응: 차별과 연대 ▌

팬데믹 초기에는 사람들이 중국인을 혐오하거나 신천지 교인을 비난했지만, 점차 대구와 대구시민이 혐오와 차별의 대상이 됐다. 대구에서 첫 환자 발생이 보도된 다음 날, 대구를 봉쇄하는 강경 대응을 해달라는 청와대 청원이 접수됐다. 대구에서 밖으로 나가는 전 도로를 통제하고 방역에 집중해 감염이 타 지역으로 전파되지 못하게 해야 한다는 주장이었다. 며칠 뒤 여당의 수석대변인은 고위당정협의 후 "코로나19가 빠르게 확산되고 있는 대구·경북은 통상의 차단 조치를 넘는 최대한의 봉쇄 조치를 고민하고 있고, 이동에 관한 부분은 어느 정도 행정력을 활용하는 것을 검토하여 국무회의에서 의결되면 정부가 발표할 것"이라고 했다.

미증유의 재난으로 힘들어하던 대구시민들은 중국 우한처럼 지역을 봉쇄한다는 소식이 이어지자 경악했다. 여론이 악화되자 문 대통령이 나서서 지역 봉쇄가 아니고 전파와 확산을 최대한 차단하겠다며 한발 물러서는 양상의 입장문을 냈다. 그러나 충남과 전북 전주, 경기도 안성시가 대구행 시외버스 노선을 중단했

[그림 3] 대구봉쇄 조치를 요구한 청와대 청원.(2020.02.19.)

고 제주도도 대구발 항공기의 입도를 금지한다는 소식이 잇따랐
다. 대구를 향한 차단과 혐오의 행렬은 계속됐고 시민들의 분노
게이지도 상승했다. "대구 사람이 죄인인가?", "스스로 가게 문도
닫고 감염병 생활수칙을 지킨 시민을 나라가 버렸다", "정부가 안
일하게 대처하다가 일이 커지자 이제 와서 모든 원인이 대구·경
북에서 비롯됐다고 한다", "봉쇄라니 화가 난다"라는 의견이 빗발
쳤다. 이러한 배척은 대구시를 더욱 유령도시처럼 보이게 해 시민
들 마음에 큰 상처를 주었다.

대구 혐오 현상도 넘쳐났다. '대구 사람이라면 치가 떨린다', '대구·경북 탈출은 지능 순이다', '대구시민들은 항상 미안한 마음 갖고 살아라'라는 글이 넘쳤고 일부 기업은 대구의 응시자에게 입사 면접시험 응시를 불허했다. 서울 병원에서 암수술이 예정된 대구 환자들의 입원이 무더기로 취소됐고, 대구 확진자가 특정 장소를 다녀갔다는 허위 글로 수도권의 특정지역이 폐쇄되는 일도 일어났다. 대구 코로나 확산 저지를 위한 의료진과 시민들의 노력을 지원하기는커녕, 여당에서 '우한 봉쇄'처럼 대구를 봉쇄해야 한다는 철없는 소리까지 나와 대구시민의 상실감이 컸다. 그러나 대구시민들은 자의로 역봉쇄를 선택했다고 할 만큼, 만남을 줄이고 개인 방역에 집중했다.

제도권 언론의 부정확한 기사는 물론, 댓글에 공포와 불안을 조장하는 자극적 표현, 확진자와 소수자에 대한 혐오 조장이 많았다. 뿐만 아니라 유튜브, SNS를 통한 유언비어도 도를 넘었다. 팬데믹 상황에서는 언론사 협의체와 같은 모임을 가동해 불필요한 보도경쟁을 자제함으로써 오보를 줄이고 정확한 정보를 줄 수 있었음에도 오히려 언론이 불난 집에 부채질을 하는 격이었다.

대구시의 신천지교회를 중심으로 집단 감염이 발생했기에 3월 초까지 매일 전국의 확진자 중 대부분은 대구 경북 거주자였다. 감염 경로를 알 수 없는 확진자도 있었고, 요양병원과 정신병원 내 집단 감염도 확산됐다. 대구시장은 대구지역 내 신천지 교인의 코로나19 검체채취를 강제하는 행정명령을 내렸고, 전국의 약 30만 명의 교인을 대상으로 진단검사도 진행됐다. 그러나 초기에 특정 종교인을 향한 차별의식과 신천지 교인임을 밝히려 하지 않은 교인들의 비협조로 전수 진단검사가 지체됐고, 이 시기에 지역 확산이 심해지자 대구시장이 단호하지 못했다는 비난을 받았다.

신천지 교인들은 코로나 감염자에 사이비 종교인이라는 이중 비난으로 힘들어했다. 생활치료센터에서 마주했던 젊은 신천지 교인의 호소는 처절했다. "저는 신천지인이지만 자랑스런 대한민국 국민이기도 합니다. 코로나 확산으로 피해를 끼쳐서 모든 분들에게 죄송합니다. 그리고 이런 저희들을 치료해 주서서 대단히 감사합니다. 저희들도 코로나19 확산을 방지하기 위해 적극적으로 협조 중이고, 저도 빨리 완쾌하는 것이 나라와 대구시민들에게 도움을 주는 것임을 알고 있기에 노력했습니다. 의료진분들의 보살핌 덕분에 저는 이제 퇴원합니다. 제발 부탁드립니다. 언론 보도로 인하여 신천지인들을 너무 증오하지 말아 주십시오. 그러나 오해가 있으실 텐데도 저희를 잘 치료해 주서서 정말 감사합니다. 저희를 도와주십시오."[5]

그렇다. 신천지 교인이라는 이유로 증오의 대상이 된 이들도 엄연히 우리 국민임을 기억해야 한다. 실제로 코로나 치료 후 퇴원했던 신천지 교인의 상당수는 자발적으로 혈장 공여 프로그램에 참여해 이웃에 도움을 주었다.

---

[5] 이재태 엮음(2020). 『그곳에 희망을 심었네. 코로나19 대구의료진의 기록』, 학이사.

| 혹세무민과 미망의 선동: 정치와 과학 |

대구의 코로나19 대유행은 총선을 불과 2개월 앞둔 시점에 시작됐다. 당시 정권심판론과 적폐청산론으로 여야가 대치하던 상황이라 국가적 재난과 국민의 고통도 차별과 정쟁의 도구로 소환될 수 있다는 아픈 경험을 했다. 예를 들어, 2020년 2월 25일 집무실에 간이침대를 두고 방역업무를 챙기던 대구시장을 향해 유시민은 "대구시장은 우한 코로나를 열심히 막을 생각이 없는 것 같다. 피해가 엄청나도록 방관하여 정부에게 책임을 돌리려는 작전인 것 같다"는 비난을 퍼부었다. 방역 당국과 경찰이 수행하는 신천지 사무소 압수수색에 사이다 발언으로 유명해진 이재명 경기도지사가 직접 경찰을 지휘하는 쇼와 같은 장면이 방송을 타자, 대구시장은 그와 대비돼 온갖 비난의 화살을 맞았다.

그뿐만이 아니었다. 부산의 민주당 인사는 "신천지와 코로나19가 대구·경북에서만 아주 심각한 이유는 야당을 광신하는 지역민들의 엄청난 무능도 큰 몫을 한 것"이라 했고, "한국당 소속 지자체장인 대구 경북에만 어떤 사달이 나고 있는지 눈 크게 뜨고 보라"며 선동했다. 같은 당의 젊은 정치인조차도 "어차피 대구·경북은 야당 지역이다. 그곳은 이미 폐쇄된 지역이고, 대통령 덕분에 지금 다른 지역은 안전하니 대구는 '손절'해도 된다"고 썼다. 국민 세금으로 운영되는 라디오 방송의 진행자 김어준도 끼어들어, '중국이 정말 문제였다면 수도권은 왜 10만 명당 1명꼴로 확진자가 나오겠나. 대구는 환자 숫자가 명백히 말해준다', '이번 코로나 사태는 대구 사태이자 신천지 사태'라고 국민 갈라치기를 선동했다.

심지어 소설가 공지영은 '코로나19 지역별 현황'과 '지방선거 광역단체장 선거결과' 사진을 동시에 올린 뒤 "투표 잘 합시다"라며, 마치 대구·경북 지역이 투표를 잘못해 코로나로 고통을 받고 있는 양 왜곡했다. 관변 역사학자 전우용은 "대구시민들은 자기 도시가 왜 아베의 일본과 비슷한지, 깊이 생각해야 한다"는 글을 올렸고, 요양병원 집단 감염에 "대구는 무슨 짓을 해도 되는 곳이고, 무슨 일이든 일어날 수 있다"고 했다. 모두 총선에서 표를 얻으려는 정치적 갈라치기였다.

이들은 국가적 위기와 비극마저도 선거에 이용하려고 했다. 최소한의 도덕과 규범도 없었다. 총선을 앞두고 편 갈라치기를 강화하여 자신들의 지지층을 결집시켜 선거에서 승리하려고 했다. 국정을 이끌어 나가는 여권이 자신들을 지지하지 않는다는 이유로 코로나19의 직격탄을 맞은 특정 지역을 조롱하고 비하하며 국민을 갈라치기하는 발상으로 표를 얻으려 한 모습은 추악했다. 8월 공공의대 설립 파동에서 의사들이 파업을 불사하고 학생들이 휴학하며 저항하자 심지어 대통령은 '코로나19 방역에는 의사보다는 간호사의 공헌이 더 크다'라며 공공연하게 편가르기를 했다. 나라 전체가 투견장이 된 느낌이었다.

코로나19 팬데믹에서 미국 정치인이 보여준 행태도 비슷했다. 트럼프 대통령은 코로나19 환자 중 엄청나게 많은 수의 사망자가 발생하고, 도시를 봉쇄해야 할 정도로 피해가 발생하던 순간에도 "코로나는 무해하다. 마스크를 쓰는 것은 비겁한 것이다. 미국은 엄청나게 잘 방어하고 있다. 젊은 층은 엄청난 면역력을 갖고 있기에 코로나19는 감염도 드물고 감염되어도 거의 영향이 없다. 살균소독제 락스가 1분이면 바이러스를 죽이는데 인체에 소독제를 주입하는 방법을 연구해보면 어떻겠느냐"라는 유치한 발언을 했다. 심지어는 '식품의약국이 나의 재선을 방해하려고 고의로 백신 개발을 지연시키고 있다'라는 식의 음모론까지 제기했다. 다른 정당과 그 정당 지지자를 수단과 방법을 가리지 않고 공격하며, 오로지 선거 승리만을 목표로 둔 셈이다.

트럼프 대통령의 당파적 접근은 인종과 문화적인 갈등으로 확대됐고 이후 무차별 공격을 당한 아시아계 미국인들은 눈물을 삼켜야 했다. 그러나 미국 사회는 전문가가 주도하는 복원력이 작동했다. 백악관 코로나19 의료자문관인 안토니 파우치 박사는 대통령의 발언 후에는 언제나 '그는 그의 일을 하고 나는 나의 일을 한다'며 과학적 증거에 따르는 일 외에는 어떤 정치적 헛소리에도 말려들지 않겠다고 강조했다.

우리나라 언론과 국민은 정치적 목적으로 혹세무민하는 선동에 넘어가지 말아야 한다.[6] 그러나 우리나라에서 방역 전문가가 공공의 자리에 나서서 정부 정책에 반대 의견을 내거나 정치권 인사의 망발을 비판하는 것은 보지 못했다. 방역을 책임지는 지도자는 전문가들의 조언에 기반을 둔 합리적이고 미래지향적인 정책을 수립해야 한다. 오직 내 편과 내 생각을 옹호하는 집단만을 의식한 극단적 양극화가 방역정책 수립에 끼어들었다는 비판에

---

6 스티븐 레비츠키·대니얼 지블랫 지음, 박세연 옮김(2020). 『민주주의는 어떻게 무너지는가?』 어크로스.

도 겸허하게 귀를 기울여야 한다.[7] 실제로 코로나19가 시작된 지 벌써 2년이 되어가지만 정부가 적기에 백신을 확보하지 못해 사회적 거리두기 강화에만 의존함으로써 개인의 자유는 속박됐고, 서민의 생계는 핍절되고 있다. 그럼에도 불구하고 국가 방역책임자의 진솔한 미래 예측과 해결책 제시보다는 여전히 K-방역 성공으로 우리나라가 전 세계의 존경과 질투를 받는다는 정부의 대국민 홍보가 난무하고 있는 점은 아쉽다.

| 님비 현상과 노블리스 오블리주 |

인간의 진면목은 극심한 위기 상황에서 나타난다. 팬데믹에서는 '아무리 사회가 어려워도 나는 혐오스럽고 어려운 일은 거부한다' 는 님비NIMBY, not in my backyard 현상과 '자신의 위험을 감수하며 솔선수범하여 공공 봉사에 나서는' 노블리스 오블리주Nobless Oblige가 동시에 등장한다. 2020년 3월 1일에 대구의 코로나 전장으로 파견된 공중보건 의사들은 생활치료센터 예정지에서 방역과 환자 진료 업무 교육을 받았으나 밤새 모두 줄행랑을 쳤다. 당시 코로나도시 대구에 대한 공포가 상상을 초월했으니 충분히 이해될 수 있는 행동이다. 중국 우한에서 코로나19를 처음 알렸던 우한 중앙병원 안과의사 리웬량의 사망 소식에 가장 민감한 사람도 의사들이었기 때문이다. 방역당국은 급하게 외딴 섬에서 근무 중이던

---

7 제임스 볼 지음, 강신영 옮김(2020), 『개소리는 어떻게 세상을 정복했는가: 진실보다 강한 탈진실의 힘』 다산초당.

공보의를 새로 차출했으나, 갓 결혼하여 가족이 있는 젊은 의사들도 코로나19 진료에 투입된다는 소식에 너무나 긴장하여 한동안 아무 말이 없었다.

목숨이 아깝지 않은 사람이 어디 있겠는가? 극심한 공포와 위험에도 자신을 기꺼이 헌신하는 것은 대단한 용기이나 모두에게 강요할 수는 없다. 그러나 도움을 청하는 이웃 앞에서 일부 의료진이 보인, 지극히 인간적인 대응은 아쉬웠다. 환자 격리시설을 반대하는 '님비 현상'도 부끄럽기는 마찬가지였다.

그러나 대구는 코로나 팬데믹 중에도 인간의 아름다움이 얼마나 꽃필 수 있는지 보여줬다. 코로나19 진료시설에는 국민들의 뜨거운 성원이 쏟아졌고, 자원봉사 문의가 쇄도했다. '돼지저금통을 털어 응원한다'던 초등학생들, '저보다 더 어려운 이들을 위해 마스크 구입을 양보한다'라며 손수 면마스크를 제작해 쓰던 시민들, 자신의 병원 문을 닫고 또 근무지에 휴가를 내고 전국에서 달려온 자원봉사 의료진들, 119 요원들과 군인, 그리고 공무원들의 헌신적인 봉사와 모든 불편함을 감내하고 방역에 능동적으로 참여한 시민들의 노력이 코로나19 극복의 원천적인 힘이었다. 언론도 '정부가 잘했다. 지자체가 잘했다' 대신에 '국민과 대구시민들이 잘했다'라고 칭찬했다. 병원과 생활치료센터에 입원했던 환자들은 퇴소하며 건물 곳곳에 "감사합니다", "고생하셨다", "잊지 않고 기억하겠다"라는 메시지를 남겼다. 나이 든 환자분들은 생전 처음으로 "내 주위에 위대한 우리나라와 대구시가 있구나. 의사들이 이렇게 고마운 분이구나 하는 생각이 들었다"라고 고백했다.

대구가 코로나19를 극복할 수 있었던 가장 큰 원동력은 시민들의 자발적 방역 활동과 함께 초기에 환자들의 전화 진료와 검체 검사 참여, 그리고 코로나병원 근무를 자원한 대구 의료인의 아름다운 헌신이었다.[8] 노블리스 오블리주를 실천했던 이성구 대구시의사회장의 2020년 2월 25일 자 격문을 보라.

"존경하는 5,700 의사 동료 여러분! 지금 대구는 유사 이래 처음 경험하는 엄청난 의료재난 사태를 맞고 있습니다. 코로나19 감염자가 1,000명에 육박하고 매일 100명 이상의 확진자가 발생하고 있습니다. 우리의 사랑하는 부모, 형제, 자녀들은 공포에 휩쓸렸고, 지역 경제는 마비되고 도심은 텅 빈 유령도시가 되어가고 있습니다. 위중한 환자를 돌보아야 할 응급실은 폐쇄되고 선별검사소는 불안에 휩싸인 시민들로 넘쳐나는데도 의료 인력은 턱없이 모자라서, 신속한 진단이 어렵고, 확진된 환자들조차 병원에 가지 못해 자가격리를 하는 실정입니다. 우리의 형제자매들은 공포와 불안에 어찌할 바를 모르고 의사들만 초조하게 바라보고 있습니다. 저도 동료 여러분도 우리 시민들과 같이 두렵고 불안하기는 마찬가지입니다. 그러나 대구는 우리의 사랑하는 부모형제 자녀가 살아가는 삶의 터전입니다. 모두 질병과의 싸움에 최전선 전사로 나섭시다. 우리를 믿고 의지하는 사랑하는 시민들을 위해 소명을 다합시다. 한 명의 생명이라도 더 구합시다. 어떤 대가도, 칭찬도 바라지 말고 피와 땀과 눈물로 우리 대구와 시민들을 구

---

8 대구광역시의사회(2021). 2020 코로나19 백서: 대구광역시의사회의 기록(2020 COVID-19 White Paper: The records of Daegu Medical Association). 대구광역시의사회.

합시다. 제가 가장 앞장서겠습니다."

　그땐 그랬다. 아무리 위험해도 코로나 팬데믹에 맞서는 게 가족과 이웃의 일이었고, 누구도 대신하지 못할 절박한 임무였다. 우리 국민 모두가 위대했다.

| 누구를 먼저 살릴 것인가: 코로나19 의료윤리의 성찰 |

의료에는 4개의 윤리 원칙이 있다. 환자의 자율성 존중, 환자에 피해를 주는 악행 금지, 어려운 상황을 방관하거나 회피하지 않는 선행을 행하는 온정적 간섭주의, 그리고 자원과 의료를 정의롭게 분배하고 집행하는 것이다. 그러나 코로나19 팬데믹 상황에서는 전술한 의료윤리의 원칙들을 재점검하고 변화하는 시대에 맞추어 성찰해야 할 필요성이 제기됐다.

　의료인은 합당한 의학적 이유가 없으면 위급한 환자의 진료를 거부를 할 수 없다. 그러나 중국과 유럽처럼 많은 의사 간호사가 사망한 코로나19 대유행 초기 상황과 같은 공포 속에서 의료진에게 의무감과 성실함만으로 방역 일선에 들어가라고 요청할 때 과연 이를 거부할 수 있는가라는 원천적인 의문이 제기됐다. 2002년에 중국과 홍콩에서 사스SARS가 유행할 때 개인 보호장구와 설비가 갖추어지지 않은 가운데 현장으로 투입된 의료진의 활약이 컸으나, 결과적으로 사스 감염환자의 43%가 이들 의료종사자였다. 생활치료센터에 처음 투입된 공중보건의들뿐만 아니라, 대유행의 초기에는 혼돈 속에서 현장 의료진 모두는 이 딜레마로 가

습앓이를 했다. 그러므로 위험에 맞서는 의료진을 보호하는 사회적 조치가 항상 최우선이 돼야만 한다.

한편 지금까지 시민들이 당연하게 여기는, 특별한 사유가 없는 한 먼저 온 사람이 먼저 진료를 받는 원칙도 감당할 수 없는 규모로 환자가 발생한 팬데믹 와중에는 작동하기 어렵다. 세계는 코로나19 팬데믹 중 병상과 인공호흡기, 그리고 심지어 마스크에 이르기까지 의료자원의 정의로운 배분 원칙을 새롭게 확정해야 했다. 특히 2020년 3월 중순 갑자기 2만 명 이상의 확진자가 발생하여 10% 이상이 사망한 이탈리아에서는 더욱 심각했고, 우리도 환자가 조금만 더 발생했다면 심각하게 고민했어야 할 일이었다.

인공호흡기와 에크모ECMO 등의 장비를 '노인과 기저질환으로 치명률이 높은 환자를 살리는 데 사용해야 할지', 아니면 '젊고 회복 가능성이 높은 사람에게 우선 배분함으로써 사회체계 유지에 힘써야 할지'라는 어려운 질문에도 답변을 준비해야 한다. 특정 종교단체나 죄수처럼 '사회적 공분의 대상인 집단도 같이 치료해야 하는가'라는 차별의 문제와도 겹친 윤리의 문제다.

이탈리아는 생존 가능성이 높은 사람에 치료를 집중한다는 대원칙 하에 보건, 통신, 사회기반 필수 사업장 근무 환자를 우선 치료하여 사회체계 붕괴를 막기로 결정했고, 80세 이상 고령자는 산소호흡기를 부착하지 않았다. 우리도 이 경우에 어떻게 할지 미리 고민해야 한다.

전통적으로 환자가 어느 수준 이상으로 넘쳐나면 의학 및 사회 전체 관점에서 최선의 결과가 나타날 수 있는 환자를 먼저 치료해야 한다는 주장이 힘을 얻었다. 하지만 어떤 경우든 팬데믹 상황에서 의료자원을 분배하는 원칙을 재설정하고 사회적 합의가 이뤄져야 한다. 의료자원 할당에도 공정해야 하고, 선행, 연대, 공리, 형평, 관리, 신뢰와 같은 윤리적 원칙을 잘 지켜야 한다.[9]

1960년대 미국은 새로 개발된 신장투석기로 우선 치료를 받을 수 있는 환자의 순위를 결정할 때 품위와 사회적 자질을 갖춘 사람뿐만 아니라, 전과와 이혼 여부, 공적자, 근면한 노동자, 한 분야에서 성공한 사람, 봉사활동을 한 사람을 고려했었다. 이런 기준이 아직도 유효하지는 않다. 그러니 사회 각층의 의견을 수합(收合)할 필요성이 커졌다. 이는 코로나19 백신 접종의 순서 결정에도 마찬가지로 작동한다.

| 맺으며 |

2020년 봄 대구의 코로나19 팬데믹에서 우리나라는 도시봉쇄처럼 극단적인 조치에 의존하지 않고도 일상을 유지하면서 잘 대응했다. 의료시스템도 붕괴하지 않았다. 정부의 지원뿐만 아니라 지자체와 지역사회, 의료진이 신속하게 협력시스템을 구축하고, 신축적으로 치료 형태를 마련한 것이 주효했다. 이번에도 감염 전파를 막기 위해 인내하고 자신을 희생한 국민의 저력이 빛을 발했

---

9 McGuire AL, Aulisio MP, Davis FD, Erwin C, Harter TD, Jagsi R, et al, and The COVID-19 Task Force of the Association of Bioethics Program Directors(2020). Ethical challenges arising in the COVID-19 pandemic: An overview from the association of bioethics program directors(ABPD) task force, The American Journal of Bioethics, 20:15.

다. 그러나 초기 중국발 입국 통제나 종교집단에 대한 초동 대응
실패, 마스크 대란, 가짜 뉴스와 정치적 편향에 의한 갈등 조장과
같은 새로운 문제점도 경험했다. 따라서 이제는 교훈을 잊지 말고
유연하면서도 과학이 바탕이 되는 세상을 만들어야 하는 과제가
남았다.

K-방역의 직격탄에 쓰러진 소상공인

배훈천[1]

┃ 생존의 아우성, 죽음과 폐업의 참상 ┃

2021년 9월, 서울 마포에서 23년간 맥줏집을 운영하던 한 자영업자가 살고 있던 원룸을 빼 직원에게 월급을 주고, 극단적인 선택을 했다. 곧이어 전남 여수의 치킨집 사장과 강원도 원주의 유흥업소 사장이 경제적으로 힘들다며 스스로 세상을 떠났다. 올해 새해 첫날 대구의 한 헬스장 관장이 숨진 채 발견된 데 이어 인천 남동구에서 라이브카페·룸 형식의 주점을 운영하던 50대 자영업자가

---

1 전남대학교를 졸업하고 '교육용품 종합 대여업'을 시작으로 자영업의 길에 들어섰다. 이후 20여 년 동안 입시, 외국어, 컴퓨터 학원 등 교육사업을 하다가 지금은 직접 커피를 볶으며 외식업에 종사한 지 12년이 지났다. 커피의 세계에 대한 호기심이 커서 일과 연구를 병행하며 쉰이 넘은 나이에 전남대학교에서 식품공학 박사학위를 취득했다. 지난 6월 광주지역 만민토론회에서 '소상공인으로서 바라본 문재인 정권의 경제정책'이란 발표를 통해 세간의 화제를 모으기도 했다. 현재 전남 담양과 광주에서 '커피루덴스'란 카페를 운영하며, '호남대안포럼'과 '광주시민회의' 단체 활동을 통해 풀뿌리 민주주의를 실천하고 있다.

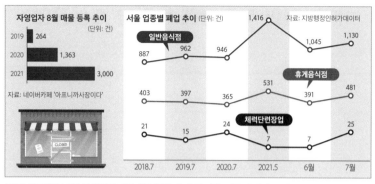

[그림 1] 2021년 8월 자영업자 8월 매물 등록 추이 및 서울 업종별 폐업 추이 (출처: 서울경제(2021.08. 12). "폐업이 곧 탈출"…주점·철물점·볼링장 업종 안 가리고 '패닉 매물'.)

생활고를 호소한 후 숨졌다는 소식이 들렸다. 2020년 9월에도 경기도 안양시에서 노래바를 운영하던 자매가 업소에서 극단적 선택을 시도해 언니가 숨졌다는 뉴스도 있었다. 전국 자영업자비상대책위원회에 따르면 2021년 9월 12일부터 14일까지 단 사흘 만에 최소 20명이 극단적 선택을 한 사례를 파악했다[2]고 한다.

"방역 실패의 책임을 왜 자영업자들에게만 전가하는가?", "이대로 나가 죽으라는 소리냐", "제발 우리를 살려 달라"며 절규하는 소상공인 자영업자들의 고통을 애써 외면한 결과 빚어진 이들의 죽음은 자살이 아니라 '사회적 타살'[3]이라는 진단에 동의할 수밖에 없다.

무너져 내리는 자영업자의 삶과 고통은 통계로도 그 절절함이

---

2 프레시안(2021.09.15). 코로나시대 자영업자의 죽음 "사흘만에 20건 접수"

3 프레시안(2021.09.18). 코로나가 초래한 '자영업자 타살'…이 유행병에 국가는 왜 손을 놓는가.

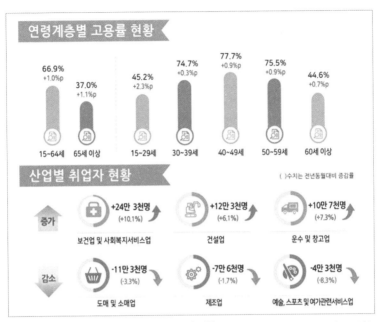

연령계층별 고용률 현황

15~64세	65세 이상		15~29세	30~39세	40~49세	50~59세	60세 이상
66.9% +1.0%p	37.0% +1.1%p		45.2% +2.3%p	74.7% +0.3%p	77.7% +0.9%p	75.5% +0.9%p	44.6% +0.7%p

산업별 취업자 현황 ( )수치는 전년동월대비 증감률

증가
+24만 3천명 (+10.1%) 보건업 및 사회복지서비스업
+12만 3천명 (+6.1%) 건설업
+10만 7천명 (+7.3%) 운수 및 창고업

감소
-11만 3천명 (-3.3%) 도매 및 소매업
-7만 6천명 (-1.7%) 제조업
-4만 3천명 (-8.3%) 예술, 스포츠 및 여가관련서비스업

[그림 2] 연령계층별 고용률 현황 및 산업별 취업자 현황 (출처: 통계청 보도자료(2021.09.15). 2021년 8월 고용동향.)

확인된다. 국내 최대 자영업 커뮤니티 '아프니까 사장이다'의 매물 장터에는 하루 평균 101개씩의 점포 매물이 쏟아지고 있다. 코로나19 발생 전인 2019년 8월 한 달간 매물은 264개였지만, 2020년 8월에는 1,363개로 5배 가까이 늘었고, 2021년 8월에는 3,000개에 달한다.[4]

통계청 '2021년 8월 고용동향'에 따르면 전년 동월 대비 비임금 근로자 중 고용원이 없는 자영업자는 5만6,000명(1.3%) 증가하였으나, 고용원을 둔 자영업자는 6만1,000명(-4.5%), 무급 가족 종사

---

4 서울경제(2021.08.12). "폐업이 곧 탈출"…주점·철물점·볼링장 업종 안 가리고 '패닉 매물'.

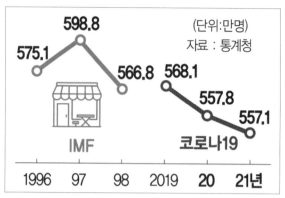

[그림 3] 연도별 2분기 자영업자 수 추이(1996~2021년) (출처: 통계청 보도자료(2021.09.15). 2021년 8월 고용동향.)

자는 2만3,000명(-2.2%)씩 감소한 것으로 나타났다.[5] 임금근로자 중 상용근로자가 32만4,000명(2.2%), 임시근로자가 31만2,000명(6.9%)으로 각각 증가한 것과 비교했을 때, 전년도와 같은 코로나 상황임에도 불구하고 유독 일용근로자(-6.7%)와 자영업자의 처지가 더욱 열악해지고 있음을 알 수 있다. 전 연령층에서 고용률이 증가했지만, 자영업자들은 고용원을 내보내고, 고용원 없는 자영업자로 견디거나 폐업으로 내몰린 것이다. 코로나 이전과 비교해보면 2019년 2분기에 568만 명이었던 자영업자 수가 2021년 2분기에는 557만 명으로 줄어들어, 11만 명의 자영업자가 삶의 터전에서 밀려난 셈이다.

사회적 거리두기와 집합금지, 영업제한 행정명령은 자영업자들에게 부채와 매출 절벽이라는 폭탄을 안겼다. 통계청 가계금융

---

5 통계청 보도자료(2021.09.15). 2021년 8월 고용동향.

복지조사 마이크로데이터 분석에 따르면, 2020년 수도권에서 직원을 두고 일하는 자영업자 가구의 부채가 평균 3억 원을 넘은 것으로 나타났다. 이는 전년 평균 부채(2억9,488만 원) 대비 3,659만 원이나(12.4%) 증가한 것으로, 직장인의 2배 수준이다.[6] 전국 70만 자영업자의 카드 매출을 관리하는 한국신용데이터에 따르면 2021년 8월 9일~15일 전국 소상공인 매출은 코로나19 사태 전인 2019년 같은 기간보다 11%나 줄었다.[7] 전국 주점 매출액은 2019년 대비 50% 안팎의 하락세를 보여[8] 말 그대로 '반토막'이 났다.

코로나로 소상공인 자영업자들이 느끼고 있는 절망적인 상황은 '소상공인시장진흥공단'의 '경기동향조사' 결과를 통해서도 확인할 수 있다. 경기동향조사는 매달 소상공인 사업체 2,400개사를 대상으로 매출(판매), 자금 사정, 재고, 고용, 경기 전반을 조사한다. 체감경기지수(BSI) 100이상은 경기 호전, 100미만은 경기 악화를 의미한다. 코로나 기간 소상공인 체감경기지수를 살펴보면, 재난지원금이 지급될 때 잠깐씩 반등하기도 했지만[9], 2021년 들어서는 메르스 사태가 정점에 달해 역대 최저치를 기록했던 2015년 6월의 43.5포인트보다 낮게 조사되는 경우가 잦아, 코로나19의 장기화로 인한 자영업자들의 절망감이 한계상황에 도달했음을 여실히 보여준다.

---

6 이데일리(2021.09.19). 코로나 후폭풍⋯수도권 자영업 3억3,000만 원씩 빚냈다.

7 한국경제(2021.08.22). "자영업 큰일났다"⋯4단계 후 서울 중심가 저녁 매출 40%↓.

8 서울경제(2021.08.12). "폐업이 곧 탈출"⋯주점·철물점·볼링장 업종 안 가리고 '패닉 매물'.

9 2021년 3월에는 4차 재난지원금(소상공인 버팀목자금 플러스)이, 2021년 8월에 5차 재난지원금(소상공인 희망회복자금)이 지급되었다.

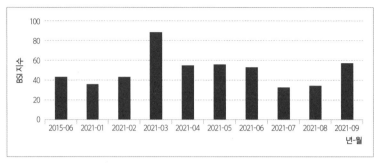

[그림 4] 시기별 소상공인 체감 경기 BSI (출처: 소상공인마당 https://www.sbiz.or.kr/sup/sbzieconomy/knEconomyList.jsp)

코로나19 이후 소상공인 자영업자들의 고단한 삶의 현장을 가장 종합적으로 보여주는 통계 지표로는 한국경제연구원이 통계청 가계동향조사 마이크로데이터 분기별 자료(비농림어가, 1인 이상 가구)를 분석하여 제시한 '자영업자 가구소득계층별 비중 변화'가 있다. 자료를 살펴보면, 코로나 이후 자영업자 가구의 고소득층과 중산층 비중은 각각 1.3%p, 1.2%p 감소한 반면, 저소득층 비중은 2.5%p가 증가하였다. 가구 수 기준으로는 고소득층과 중산층이 각각 4만7,588가구, 7만4,091가구 감소한 반면, 저소득층은 6만 4,577가구가 증가했다고 추정됐다. 한국 전체 가구 수를 기준으로 할 때 중산층 가구가 1.4%p 증가한 것과 비교해보면, 코로나19 피해는 고스란히 자영업자 가구에 집중됐음을 확인할 수 있다.[10]

---

10 한국경제연구원 보도자료(2021.10.12). 코로나19 전후 자영업자·근로자 가구 소득계층 변화 분석.

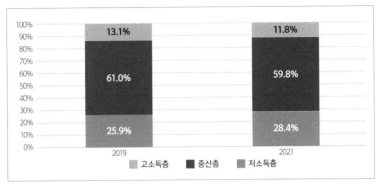

[그림 4] 2019년 2분기 vs. 2021년 2분기 자영업자 가구 소득계층 비중 변화 추이 (출처:한국경제연구원 보도자료(2021.10.12). 코로나19 이후, 자영업자 저소득층 6.5만 가구 증가, 중·고소득층 12.2만 가구 감소.)

| 소상공인 자영업의 희생 위에 쌓은 K-방역의 금자탑 |

문재인 정부는 코로나19 방역에 개방성·투명성·민주성의 3대 원칙을 세워 '전면적 봉쇄 없이 유행을 억제한 유일한 나라'가 되었으며, 국가적 역량을 집중해 코로나 이전으로 회복한 거의 유일한 나라로 발돋움하였다[11]고 자평했다. 그러나 매출 절벽에 부닥쳐 폐업과 죽음으로 내몰린 소상공인 자영업자의 입장에서 볼 때, K-방역에 대한 정부의 이러한 평가는 삶과 죽음, 하늘과 땅만큼이나 차이가 난다.

백신이나 치료제가 없는 상황에서 사회적 거리두기를 실천하여 감염병의 확산과 의료체계의 붕괴를 예방해야 한다는 데에는 소상공인 자영업자들도 사회구성원의 일부로서 이의가 있을 수 없다. 그러나 사회적 거리두기라는 규제 정책의 피해가 특별히 자

---

11 대한민국 정부(2021.05.10). 문재인 정부 4년 정책사용설명서.

영업과 취약계층에게 집중될 수 있음을 충분히 인식하지 않고 대비책 없이 막무가내로 이뤄진 데에는 문제를 제기하지 않을 수 없다. 서울복지재단의 연구에서도 자영업자, 프리랜서 및 특수형태 고용근로자 그리고 실업자가 코로나19로 인한 경제적 어려움이 특히 큰 것으로 분석됐다.[12] 사회적 거리두기 행정명령으로 급격한 매출감소를 겪은 자영업과는 달리 비대면 소비가 활성화되면서 K-방역의 성과를 누려 매출과 소득이 증가한 수출 대기업과 임금근로자가 존재함을 감안할 때, 소상공인 자영업자들의 상대적 박탈감은 클 수밖에 없다.

정부는 코로나 대유행에도 불구하고 시민의 권리 제약을 최소화하기 위해 영업시간 제한, 일부 업종 영업금지, 집합 인원수 제한의 조치만 내렸지 시민의 외출 자체를 통제하지는 않았다는 것을 큰 성과로 내세운다. 그러나 이러한 평가는 정부가 코로나19 확산세가 나타날 때마다 '짧고 굵은 방역'을 앞세웠던 것과 배치된다. 락다운 수준의 과감한 방역조치가 필요할 때조차 어중간한 단계조정으로 일관하여, 결과적으로 소상공인 자영업자들을 말려죽이는 방역이 되고 말았다. 코로나19 초기에 중국인 입국금지 조치를 취하지 않아 초동대응에 실패한 것조차도 치적으로 포장하더니, '짧고 굵은 방역'을 위해 일시적으로 취할 수 있었던 락다운 조치를 실행하지 않은 것까지 K-방역의 성과로 포장하는 기술이 신통하기만 하다.

---

12 서울복지재단(2020.12.31). 서울시 재난긴급생활비 성과평가 연구.

국내에서 코로나19 확진자가 처음 발생한 2020년 1월 20일부터 2021년 3월 31일까지 약 1년 3개월 동안 수도권에서 발생한 코로나19 확진 현황을 토대로 분석한 자료에 따르면, 개별 시설 관련 감염사례 중 가장 큰 비중을 차지하는 곳이 '사업장'이라고 한다. 특히 2차 유행 시기까지는 사업장 감염이 수도권 내 확진자 추이를 넘어서는 모습까지 나타났다[13]고 한다. '짧고 굵은 방역'이 되려면 자영업자들의 '개점휴업' 상태를 유도하는 것에 불과한 애매모호하기 짝이 없는 '3단계 기준 강화된 2단계'나 '5단계 기준 2.5단계'와 같은 사회적 거리두기 단계의 미세조정이 아니라, '락다운'에 준하는 조치가 필요했다는 것을 보여주는 자료이다. 락다운에 준하는 조치를 선제적으로 실행하여 바이러스 밀도를 대폭 낮춘 다음 개인 방역과 시설별 방역 수칙을 준수하는 방식으로 관리해나갈 수 있었다면 집합금지와 영업제한 조치 아래 기약 없이 개점휴업 상태를 이어가던 소상공인들에게 보다 희망적인 상황을 만들 수 있었을 것이라는 아쉬움을 지울 수 없다.

정부의 방역체계는 사회적 거리두기를 단계별로 1단계부터 4단계까지 설정하고, 다중이용시설을 위험도에 따라 1그룹~3그룹 시설과 기타 시설로 구분한 다음,[14] 각 단계와 시설 그룹에 따라서

---

13 이진희·박민숙·이상원(2021.06). 수도권 지역 코로나바이러스 감염증-19 발생 시기별 감염경로 다이나믹스. 보건사회연구 41(2).

14 1그룹 시설: 유흥시설, 콜라텍, 무도장, 홀덤펍, 홀덤게임장. 2그룹 시설: 식당, 카페, 노래(코인)연습장, 목욕장업, 실내체육시설, 방문판매 등을 위한 직접 판매 홍보관. 3그룹 시설: 학원, 영화관, 공연장, 독서실, 스터디카페, 결혼식장, 장례식장, 놀이공원, 워터파크, 오락실, 멀티방, 상점, 마트, 백화점, 카지노(내국인), PC방. 기타 시설: 스포츠경기(관람)장, 경륜·경정 경마장, 박물관·미술관·과학관, 실외체육시설, 숙박시설, 파티룸(공간대여업), 도서관, 키즈카페, 전시회·박람회, 마사지·안마소, 이미용업, 국제회의 학술행사, 종교시설.

구분	시기	방역수준	주요 방역 지침
단계 구분 없음	20. 1. 20~3. 22	하	• 만남 자제, 개인 위생 수칙 준수 독려
강력한 사회적 거리두기	20. 3. 23~4. 19	상	• 영업중인 유흥업소 집합금지 • 외출 자제 요청, 국립 다중이용시설 운영중지
완화된 사회적 거리두기	20. 4. 20~5. 5	하	• 공공시설 단계적 운영재개
생활 속 거리두기	20. 5. 6~8. 15	하	• 영업중인 유흥시설 집합금지
3단계 기준 2단계	20. 8. 16~8. 29	중	• 어린이집 휴원 • 고위험시설 집합제한 및 방역수칙 준수 명령
3단계 기준 강화된 2단계	20. 8. 30~9. 13	상	• 음식점 등 밤 9시 이후 영업금지 • 프랜차이즈형 커피전문점 포장 및 배달면 허용 • 학원 비대면 수업만 허용, 실내체육시설 집합금지 • 편의점 밤 9시 이후 취식 금지, 한강공원 인근 출입 통제
3단계 기준 2단계	20. 9. 14~10. 11	중	• 프랜차이즈형 카페 이용 인원 제한 • PC방 내 취식 제한
3단계 기준 1단계	20. 10. 12~11 .18	하	• 고위험시설 일주 집합제한으로 전환 • 공공시설 운영 재개
5단계 기준 1.5단계	20. 11. 19~11. 23	중	• 모임, 약속 취소 및 연기 권고 • 다중이용시설 내 고위험활동 금지
5단계 기준 2단계	20. 11. 24~12. 7	중	• 유흥시설 5종 집합금지 • 음식점 9시 이후 포장 및 배달만 허용 • 카페 포장 및 배달만 허용
5단계 기준 2.5단계	20. 12. 8~	상	• 노래연습장, 실내체육시설, 학원 일부 집합금지 • 5인 이상 사적 모임 금지 • 패스트푸드점 내 식사 이외 포장 및 배달만 허용

* 주: 상, 중, 하 중 가장 높은 수준의 방역은 '상'으로 다수 시설에 대한 집합금지와 운영제한 등이 적용됨

[표 1] 코로나19 방역 기간 구분 [출처: 이진희·박민숙·이상원(2021.06). 수도권 지역 코로나바이러스 감염증-19 발생 시기별 감염경로 다이나믹스. 보건사회연구 41(2). 자료: 보건복지부 보도자료, 이진희(2021, p.17)를 토대로 저자 작성]

방역수칙을 적용하도록 되어 있다. 사회적 거리두기의 단계와 시설 구분이 대단히 복잡하게 구성돼 있음에도 불구하고, 사회적 거리두기 4단계 시, 1그룹 시설에 적용되는 집합금지 조치 외에는 모두 '영업시간과 모임 인원을 늘렸다 줄였다'하는 것이 방역수칙의 거의 전부라 할 수 있다. 영업시간과 출입 인원제한에 치중한

방역대책은 필연적으로 형평성 시비와 실효성 논란을 불러일으킨다. 가령, 22시 영업제한의 경우 식당은 기존 영업시간에 침해를 받지 않는 경우가 대부분이지만 주점이나 노래방의 경우에는 기존 영업시간의 대부분을 금지당하는 것이어서 형평성에 문제가 생긴다.

출입 인원제한의 실효성도 문제다. 가령 한 매장에 5인 가족 한 팀이 출입하는 경우와 2인씩 두 팀이 출입하는 경우 중 어느 쪽이 더 감염 위험을 높이냐는 의문이다. 늘 같은 공간에서 생활하던 사람들이 식당이나 카페에 갈 때에는 출입 인원제한 때문에 각자 다른 공간을 이용해야 한다면, 오히려 불특정 다수를 접촉할 수 있는 경우의 수가 늘어나 감염 확률이 높아지는 역설을 피하기 힘들다.

코로나19 1, 2차 유행시기에는 출입 인원과 영업시간을 제한하는 조치가 인구이동을 줄이고 사회적 경각심을 높이는 효과를 기대할 수 있다. 그러나 3차 유행을 지나 1년 이상 지속되는 상황에서는 이러한 긍정적인 효과가 소멸되었다. 오히려 시간제한을 함에 따라 특정 시간대에 사람이 몰려 방역의 위험요소로 작용할 소지가 있다. 영업시간 제한은 폐지하고 집합금지나 포장 및 배달만 허용하는 조치만 남겨두는 것이 옳다. 출입 인원제한도 3인 또는 5인 이상 금지와 같은 방식을 버리고 밀집도를 낮춘다는 취지에 맞게 각 단계별로 동시 수용인원의 몇 퍼센트로 일원화하는 것이 합리적이다.

우리나라 방역체계는 업주에게 지나친 책임과 부담을 지운다. 반갑게 손님을 맞이하는 것으로 생활하는 업주들에게 개인과 국가가 나누어 져야 할 책임까지 강요했다. 일례로 위반사항이 적발될 경우, 개인은 과태료 10만 원이지만 업주는 영업정지에 과태료 300만 원까지 부과되며, 심지어는 재난지원금을 회수당할 수 있다. 정부가 자랑스러워하는 K-방역의 금자탑이란 한숨과 눈물로 무너져내린 소상공인의 희생탑에 다름 아니다. 소상공인 자영업자들을 말려 죽이는 영업시간과 출입·인원제한 위주의 K-방역은 개편돼야 한다. 손실보상을 확실히 보장한다는 전제 아래 '집합금지(배달 및 포장만 허용)' 조치를 확대하고, 집합금지 이외의 시기에는 영업제한을 대폭 완화하는 대신 개인과 시설의 방역 수칙을 강화하는 쪽으로 개편하는 것이 필요하다.

▎코로나19 소상공인 자영업 지원대책의 실효성▎

코로나19 초창기에 정부의 소상공인 지원대책은 금융 세제 지원을 확대하는 방안을 활용한 간접지원에 머물렀다. 사회적 거리두기가 강화되고 마스크 대란과 같은 사회적 위기감이 고조되어 소비가 얼어붙은 시기였지만 정부의 소상공인 대책은 저금리 대출, 대출 원금 상환 만기 연장, 세금납부 연기, 특별재난지역 내 소상공인 전기요금 50% 감면 등의 간접지원에 지나지 않았다.

직접적인 현금 지원은 2020년 5월이 되어서야 비로소 시행됐는데, 숱한 논란 끝에 전 국민에게 재난지원금을 주는 것으로 확대됐다. 가구원 수에 따라 1인 가족 40만 원부터 4인 가족 이상은 100만 원까지 지급됐다. 전 국민 지원방식이 재난지원금의 성격에 맞지 않는다는 논란에도 불구하고 사용처를 지역 내 업소로 제한함으로써 소상공인 매출이 일시적으로 회복되기는 했다.[15] 1차 대유행 이후 사회적 거리두기 조치가 일부 완화된 상황에서 이루어진 1차 전국민 재난지원금은 소상공인을 지원하기 위한 소비 진작책의 일환으로 이해될 수 있었다. 이어서 5월에는 고용노동부가 일정 소득수준 이하인 특수형태근로종사자, 프리랜서, 영세 자영업자, 무급휴직 근로자를 대상으로 지급하는 1차 '긴급 고용안정지원금' 시행을 발표했다. 일부 영세 자영업자들은 이 긴급 고용안정지원금을 통해 최초로 150만 원의 현금을 지원받아 숨통을 텄다.

2차 재난지원금은 총 7조8,000억 원이 편성되었는데, 소상공인에게는 '소상공인 새희망자금'이라는 명칭으로 2020년 9월 말부터 총 3조3,000억 원이 직접 지원됐다. 집합금지 업종은 200만 원, 영업제한 업종은 150만 원, 매출이 감소한 일반업종은 100만 원씩 지급됐다. 2차 재난지원금부터는 피해를 입은 소상공인에게 직접 현금으로 지원하는 항목이 생겼다는 점에서 진일보한 측면이 있다. 그렇지만 8월 대유행에 따라 '사회적 거리두기 3단계 기준 강화된 2단계' 행정명령에 따르느라 혹독한 매출감소를 겪은 소상공인의 피해를 보상하는 측면에서는 현실과 한참 동떨어진 것이었다. 특히, 2개 이상의 매장을 운영할 경우, 1개의 매장만 지원하고 임대료, 인건비 등 고정비용이나 매출 규모와 상관없이 일률적으로 지급하는 방식은 국가의 영업금지 조치에 따른 피해를 보상하

---

15 한국경제(2020.06.10). 재난지원금 어디에 썼나보니….

는 것이 아니라 일종의 시혜를 베푸는 '위로금' 성격이라는 치명적인 한계를 가졌다.

3차 재난지원금은 2021년 1월에 9조3,000억 원 규모로 편성돼 그 중 4조1,000억 원을 '소상공인 버팀목 자금'으로 집합금지 업종에 300만 원, 집합제한 업종에 200만 원, 매출 감소 일반업종의 소상공인에게 100만 원씩 지원됐다. 2021년 3월에는 19조5,000억 원 규모의 4차 재난지원금이 편성됐으며 이 중 6조7,000억 원이 '소상공인 버팀목자금 플러스' 자금으로, 집합금지 업종은 400~500만 원, 영업제한 업종은 300만 원, 매출감소 업종은 100만 원씩 소상공인에게 지급됐다.

5차 재난지원금은 2021년 8월에 15조7,000억 원 규모로 편성돼, 소득 하위 88%에 해당하는 가구에 1인당 25만 원씩 지원했다. 이중 소상공인 희망회복자금으로는 3조3,000억 원이 편성돼 2020년 8월 16일부터 2021년 6월 30일까지 피해를 본 소상공 업주 113만 명에게 지급됐다. 지원금은 집합금지 이행 기간과 매출 규모에 따라 300~2,000만 원, 영업제한 이행 기간과 매출 규모에 따라 200~900만 원, 경영위기 업종의 매출 감소율과 개별 사업체의 매출액 규모에 따라 40~400만 원이 차등 지급됐다.[16]

소상공인에게 직접 현금으로 지급된 재난지원금은 모두 네 차례로 17조 원에 달한다. 1차의 전 국민 재난지원금이나 5차의 소득 하위 88%에게 지급된 코로나 상생 국민지원금 또한 궁극적으

---

16 중소벤처기업부 공고 제2021-539호(2021.09.29). 「희망회복자금」 시행 공고.

명칭	지급시기	전체규모	소상공인 대상 항목	소상공인 지원 세부내용
1차 재난지원금	2020. 05	14조3,000억 원	전국민 재난지원금	1인 40만 원 2인 60만 원 3인 80만 원 4인 이상 100만 원
1차 긴급 고용안정지원금	2020. 07	35조1,000억 원	긴급 고용안정지원금	1차 100만 원 2차 50만 원 합계 150만 원 지급
2차 재난지원금	2020. 09	7조8,000억 원	소상공인 새희망자금 (3조3,000억 원)	매출감소 일반업종 100만 원 영업제한 업종 150만 원 집합금지 업종 200만 원
3차 재난지원금	2021. 01	9조3,000억 원	소상공인 버팀목자금 (4조1,000억 원)	매출감소 일반업종 100만 원 영업제한 업종 200만 원 집합금지 업종 300만 원
4차 재난지원금	2021. 03	19조5,000억 원	소상공인 버팀목자금 플러스(6조7,000억 원)	일반업종 100~300만 원 영업제한 업종 300만 원 집합금지 업종 400~500만 원
5차 재난지원금	2021. 08	15조7,000억 원	소상공인 희망회복자금 (3조3,000억 원)	매출감소 40~400만 원 영업제한 200~900만 원 집합금지 300~2,000만 원

[표 2] 재난지원금과 소상공인 지원 내용

로는 소상공인을 지원하기 위한 대책이라고 본다면 한국 정부 차원에서는 전례 없는 거대하고 신속한 재정 투입이라고 할 만하다. 그러나 5차 재난지원금에서 약간의 개선은 있었지만 대부분의 소상공인 지원 금액이 임대료, 인건비 등 고정비용을 감안한 손실 금액과 크게 상관없이 일률적으로 소액을 지급하는 방식이어서 소상공인 자영업자들의 고통을 줄이는 데에는 한계가 있었다.

한국의 고용유지 및 자영업자 지원 규모가 주요국에 턱없이 못 미친다는 연구결과도 주목할만하다. 배규식 전 한국노동연구원장의 분석에 따르면, 각 나라의 국내총생산GDP 대비 코로나19 대응 추가 재정 지출 규모에서 한국은 3.4%로 중국의 4.7%보다 작고, 프랑스(7.7%)의 절반에도 못 미친다. 더군다나 독일(11.03%)과는

3배, 미국(16.7%), 영국(16.3%), 일본(15.6%)과는 5배 이상 차이가 났다.[17] 이들 국가에 비해 한국의 자영업 비중이 크게 높다는 사실까지 감안한다면, 코로나19에 대응한 정부의 소상공인 지원정책은 가히 언 발에 오줌 누기 수준을 벗어나지 못했다는 혹평에서 벗어날 수 없다.

이처럼 재정지원 규모가 열악한 수준임에도 불구하고, 피해 여부와 상관없이 전 국민 또는 소득 하위 88%의 국민에게 재난지원금을 살포한 데 비판이 제기된다. 2020년 5월에 집행된 1차 전국민 재난지원금의 경우, 제21대 국회의원 선거를 맞아 정치적 목적에서 비롯됐다는 의구심에도 불구하고, 코로나가 이렇게까지 장기화되리라는 예측이 어려웠으며 사회적 거리두기 조치가 완화된 상태에서 이루어졌기 때문에 소비 진작을 통한 경기부양이라는 정책 목적으로 이해할 수 있는 측면이 있었다. 그러나 5차 재난지원금의 경우에는 소상공인 자영업자를 비롯하여 고용 취약계층에게 집중하여 두텁게 지원해야 할 필요성이 높았다. 코로나19로 인한 소득 감소나 경제적 어려움을 더 크게 경험한 집단은 가구 형태상으로는 1인 가구와 한부모 가구, 고용 형태상으로는 자영업자, 프리랜서 및 특수고용, 실직자, 무급 가족노동자, 그리고 일용직 순[18]으로 확인됐기 때문이다. 더욱이 사회적 거리두기 조치가 수도권 4단계, 비수도권 3단계로 강도 높게 지속되는 상황에서

---

17 한겨레신문(2021.03.03). "한국 코로나 대응 재정지출 비율, 주요국에 턱없이 못 미쳐".
18 서울복지재단(2020.12.31). 서울시 재난긴급생활비 성과평가 연구.

88%의 국민에게 지원하는 것은 소상공인 경기부양 효과와도 거리가 먼 조치였다.

이런 상황에서 '소상공인 보호 및 지원에 관한 법률 개정안(소상공인 손실보상법)'이 2021년 7월에 국회를 통과했다. 정부의 집합금지와 영업제한 조치를 이행하느라 입은 손실을 보상하도록 법률로 정해 놓은 것이다. 정부의 의지만 있다면 기존의 법률로도 충분한 보상이 가능하다는 의견도 있었지만, 거지 적선하듯 주어지는 피해 지원금이 아니라 법률로 보장된 손실보상을 받을 수 있게 됐다는 점에서 진일보한 제도로 평가된다. 손실보상심의위는 2021년 3분기 손실보상 비율을 80%로 확정하고 업체별 손실액에 비례하여 맞춤 보상하기로 하였다.[19] 그러나 이 역시 과제는 남았다. 자영업자들은 손실보상의 '소급적용'과 손실보상 비율의 100% 인정을 요구하고 있다. 소급적용이 위헌논란 때문에 힘들다면 최소한 손실보상 비율을 병원과 약국의 손실과 동일한 100%로 조정해 달라는 것이다.

현재 손실보상의 신청과 지급에 앞서 최우선 해결해야 할 과제는 손실보상 지급대상에서 제외된 업종을 구제하는 일이다. 손실보상금 지급대상 업종과 비슷하거나 더 심한 손실을 입고도 보상을 받지 못하는 사각지대가 생겼기 때문이다. 이러한 문제는 손실보상 지급대상을 영업금지와 영업시간 제한 업종으로만 국한하였기 때문에 발생한 현상이다. 정부는 손실보상 대상에서 제외된 업

---

19 중소벤처기업부 보도자료(2021.10.08). 소상공인 손실보상금 10월 27일(수)부터 신청·지급.

종들을 위한 별도의 지원 방안을 마련하겠다[20]고 하였으나, 시행령을 고쳐 손실보상법의 지급대상을 '영업금지와 영업시간 제한 업종'뿐만 아니라 '인원제한이나 시설 사용제한을 당한 업종'에까지 넓혀서 해결하는 것이 보다 안정적인 대책일 것이다.

포스트 코로나 시대, 자영업의 과제

2021년 8월 현재 국내 자영업자 수는 555만 명으로, 전체 취업자의 21.1%를 차지한다. 여기에 무급 가족 종사자까지 포함하면 661만 명이 자영업을 통해 생계를 유지하고 있는 셈인데, 이는 국내취업자의 23.9%에 해당하는 규모로 우리 경제에서 차지하는 비중이 상당하다. 그런데 자영업자 수는 2002년 620만 명으로 정점을 찍은 후 2019년에 568만 명에서 2021년 555만 명으로 현재 10%이상 감소했다. 우리나라 자영업 비율이 지속적으로 감소하는 추세이지만 OECD 평균과 비교해서 아직도 매우 높은 편에 속한다. OECD 자영업 비율 평균은 1970년대부터 지금까지 평균 10% 중후반대로 거의 일정한 수준을 유지하고 있는데 우리나라 자영업비중(23.9%)은 미국(6.3%)이나 일본(10%)보다 월등히 높고 이탈리아(22.5%)와 칠레(23%)보다 약간 더 높은 편에 속한다.[21]

한국개발연구원 보고서에 따르면, 우리나라 자영업자의 적정

---

20 뉴시스(2021.10.08), '소상공인 손실보상' 비율 80% 확정…보상금 10만~1억 원.

21 OECD(2021), Self-employment rate (indicator), doi: 10.1787/fb58715e-en.(2021.10.18. 접속)

비중은 14.5%이고 적정 규모는 388만8,000명이며 과잉 공급 규모가 175만 명에 이른다고 추산하였다. 특히 과잉 공급은 도소매업(60만9,000명), 음식숙박업(35만5,000명), 교육업(24만4,000명)에 편중됐다.[22] 우리나라 자영업은 이러한 구조적인 공급과잉과 함께 경제성장률의 하락과 소비세대 인구의 감소, 최저임금 인상 요인이 작용해 코로나19 이전부터 심각한 경영난과 수익성 하락에 직면해 있었다. 2019년 '신생기업 5년 생존율'을 보면 숙박·음식점업(20.5%), 도소매업(27.9%), 스포츠 여가(20.5%) 등으로 전체 평균 31.2%를 크게 밑돈다.[23] 이런 위기상황에서 느닷없이 닥친 코로나19 팬데믹은 자영업의 몰락을 재촉하는 직격탄이 됐다.

코로나 사태까지 겹쳐 생존의 위기에 직면한 지금의 상황에서는 자영업자를 위한 긴급대책이 절실하다. 그러나 위기가 닥칠 때마다 단기적인 지원으로 자영업 문제를 해결할 수는 없다. 근본적인 대책이 되려면 자영업의 구조적인 공급과잉을 해소하는 방향으로 정책이 마련돼야 한다. 최근 코로나19발 자영업의 휴·폐업이 증가하고 있다. 따라서 회복 불능의 상황에 처한 영세 사업자들을 위한 탈출구가 마련돼야 한다. 폐업 지원자금과 생활안정자금과 같은 긴급 지원대책은 물론이거니와 이들이 최대한 임금 노동시장으로 흡수될 수 있도록 자영업 정책방향을 설정해야 한다.[24] 영세 자영업자 맞춤형 일자리를 만들고, 재취업 교육을 확대하여 고

---

22 이진국(2020.06). 자영업에 대한 종합적 분석과 정책제언. KDI 연구보고서.

23 통계청 보도자료(2020.12.09). 2019년 기업생멸행정통계 결과.

24 더미래연구소(2020.05.20). 2020 대한민국 자영업 보고서.

용 시장에서 이들이 흡수될 수 있도록 하는 실질적인 대안이 필요한 것이다.

문재인 정부는 출범 당시부터 소상공인·영세 중소기업 지원대책으로 대규모 점포의 신규 출점을 제한하고, 복합쇼핑몰까지 영업규제 대상에 포함하기로 했다.[25] 골목상권과 자영업을 보호하기 위한 취지는 좋았지만, 마치 서민의 주거안정을 위해 각종 규제를 쏟아부은 게 오히려 집값 폭등을 유발했던 것과 같은 효과를 내어 상권의 쇠락을 초래했다. 애초에 소비자의 편의와 혜택을 제약하는 방식으로 상권을 보호한다는 것은 효과적이지도, 지속 가능하지도 않기 때문이다.

친여 성향이 강한 호남 지역에는 지금까지 대형 복합쇼핑몰이 하나도 들어서지 못하고 있다. 이런 복합쇼핑 문화공간 소외 지역에 대기업 복합쇼핑몰이 들어설 수 있도록 행정적인 뒷받침을 하는 것이 포스트 코로나 시대 소상공인 자영업 대책 중 하나가 될 수 있다. 쇼핑 대기업과의 상생협약을 통해 대형 복합쇼핑몰에 자영업자 맞춤형 일자리를 창출하고, 한계상황에 직면한 자영업자들을 임금근로자로 수용하는 방안이 있을 수 있다. 코로나19를 거치며 한계상황에 직면한 소상공인들에게 새로운 일자리를 제공하면서 동시에 자영업계의 구조적인 취약점으로 꼽히는 공급과잉 문제를 부분적으로나마 해소할 수 있는 방안이 되는 것이다. 한국유통학회의 '대규모 점포 증축 및 신규 출점이 상권에 미치는 영향'이

---

25 이종현(2021). 문재인 정부의 소상공인 정책 평가: 위기 대응의 특징 그리고 한계.《동향과 전망》 113호. pp.114-142.

라는 연구 보고서에 따르면 대형복합쇼핑몰이 외부 고객을 끌어 들이면서 인근 상권 활성화에 도움을 주는 것으로 드러났다.[26] 조 춘한 경기과학대 교수가 주도한 이 연구는 11곳의 신규 및 리모 델링 대형복합쇼핑몰을 대상으로 출점 1년 전과 1년 후의 변화를 신용카드 가맹점 매출 데이터와 고객의 카드 이용 데이터를 분석 해 조사했는데, 원거리 고객 70%를 끌어와 상권 확대 효과가 있 고, 인근 식당·편의점 등의 매출은 33%가 뛰었으며, 전통·재래시 장 유동 인구도 오히려 증가한 것으로 나타났다. 소상공인과 지역 상권에 부정적인 영향을 미칠 것이라는 통념에서 벗어나 대형 복 합쇼핑몰이 자영업의 공급과잉을 해소하고 지역상권의 활성화를 꾀할 수 있는 자영업 대책의 하나가 될 수 있음을 보여주는 결과 다.

한계상황에 직면해 있지만 폐업이나 재취업을 꺼리는 자영업 자를 위한 대책도 필요하다. 포스트 코로나 시대에는 사람과의 접 촉을 최소화하고 외부활동을 자제하면서, 집에 머무는 시간이 길 어지고 온라인을 이용한 소비 활동이 크게 증가한 것이 가장 큰 변화 중 하나이다. 홈코노미와 언택트 소비가 확산되는 현상이 다.[27] 자영업 시장의 변화에 맞춰 업종을 전환하거나 배달과 온라 인 판매를 추가할 수 있도록 '자영업 맞춤형 교육 프로그램'을 마 련하여 적극적으로 실행할 필요가 있다. 정부는 자영업자에게 미

---

26 서울신문(2020.06.24.) '상권킬러' 취급받던 복합쇼핑몰, 오히려 상권 살려냈다.

27 김태환(2020.06.18). 포스트 코로나 시대, 자영업 시장의 변화. 〈KB지식비타민〉 KB금융지주 경영연구소. https://www.kbfg.com/kbresearch/vitamin/reportView.do?vitaminId=2000163

래 성장 가능성이 있고 소비 수요가 있는 업종을 발굴하여 장려하고, 상권분석 시스템을 정교하게 가동하여 상권별로 과잉 공급이 일어나지 않도록 적절한 관리를 해야 한다.

감염병의 유행과 공급과잉으로 자영업이 구조적인 위기에 있음을 분명히 할 필요도 있다. 청년취업이 어렵다고 경험 없이 창업에 나서는 경우가 없도록 청년창업 지원제도를 재정비해야 한다. 마찬가지로 은퇴자들이 진입 장벽이 낮은 업종으로 준비 없이 뛰어들지 않도록 창업 정보와 재취업 정보를 충실히 제공하고, '신중년 재취업·재창업 교육'에 보다 많은 노력을 기울여야 한다.

소상공인 자영업계는 문재인 정부의 무리한 최저임금 인상과 소득주도 성장 정책으로 침체의 수렁에 빠져 있다가 코로나 팬데믹과 K-방역의 직격탄을 맞았다. 이런 재난 상황은 고통스럽지만 자영업의 구조적인 위기를 해결할 수 있는 기회를 제공한다. 문재인 성부는 소상공인 자영업 분야를 "기업과 노동으로만 분류할 수 없는 또 하나의 독자적인 산업 정책의 영역으로 봐야한다"며 독자적인 정책단위로 격상시켰다.[28] 우리나라 경제의 기반이자 전체 취업자의 24%에 해당하는 자영업을 독립적인 정책단위로 설정한 것은 매우 적절하다. 그러나 이를 실감할 수 있는 구체적인 정책은 아직까지 어디에서도 찾아볼 수 없다. 자영업을 독자적인 산업 정책의 영역으로 격상하기 위해 필요한 첫 번째 과제는 영세 자영업이 포스트 코로나 시대 시장의 변화에 적응하도록 유도하는 적극

---

28 이종현(2021). 문재인 정부의 소상공인 정책 평가: 위기 대응의 특징 그리고 한계.《동향과 전망》113호, pp.114-142.

적인 대책 마련이다. 자영업을 독자적인 산업 정책의 영역으로 격상하는 궁극적인 목적은 공급과잉에 빠져 있는 자영업의 구조조정이 절망과 죽음을 동반하며 정글의 법칙에 따라 자연발생적으로 해소되도록 방치하지 않고 연착륙할 수 있도록 실효성 있는 정책을 마련하고 이를 정교하게 구사하는 것이다.

| 맺으며 |

코로나19 팬데믹은 '소상공인 자영업의 위기'를 전 국민적인 주요 의제로 부각시켰다. 감염병 위기의 시대에 '손실 보상법'과 같은 제도적인 장치를 마련한 것은 매우 값진 성과이다. 재난에 대비한 보험이 마련된 것과 같다. 그러나 소상공인 자영업의 본질은 치열한 경쟁을 뚫고 시대의 변화에 적응해 많은 효용을 제공한 대가로 시장의 선택을 받아 부와 성장을 이루는 것이다. 국가의 배급과 국민의 동정에 기대어 연명하는 것은 상인의 속성에 맞지 않는다. 따라서 자영업을 '취업시장에서 밀려난 사람들의 사회적 안전망'으로 인식하는 경향을 경계해야 한다. 부분적으로 그러한 역할을 자영업이 맡고 있는 현실을 부정할 수는 없지만 이를 전제로 한 자영업 보호정책은 자영업의 위기를 지속시킬 뿐이다. 국가는 '자영업으로 내몰리는 취업자'와 '자영업에서 탈출하고 싶은 소상공인'을 받아낼 일자리가 생겨나도록 시장의 자유를 확대해야 한다. 많은 소상공인들은 코로나 이후에도 자영업의 위기가 계속되리라 전망한다.[29] 이대로 가면 자영업계는 국가와 국민의 짐으로 전락하고 만다. 소상공인 자영업이 국가경제의 허리가 되고, 중산층 양산의 저수지가 되기 위해서는 자생력 강화와 구조조정이라는 혁신의 다리를 건너야만 한다.

---

29 아시아경제(2021.09.29). 자영업자 86% "코로나 방역 수칙 완화에도 골목상권 효과없다".

학교에서 K-방역은 성공했을까?

유영찬[1]

한국에서 코로나19 팬데믹으로 가장 크게 영향을 받은 분야를 말하라면, 대부분 자영업이나 소상공업, 문화예술계를 이야기한다. 실제로 코로나19로 사회적 거리두기 시행 때문에 이 분야에 종사하는 분들은 생계가 흔들릴 정도로 심각한 타격을 받았다. 그러나 필자는 교육계도 이들 못지않게 코로나에 큰 영향을 받았다고 생각한다. 이 장에서는 현재 고등학생인 필자가 학생으로서 바라본 교육부와 학교의 코로나19 대응에 관해 서술하고, 잘한 점과 아쉬운 점을 정리하려고 한다.

---

1 세종특별자치시 소재 고등학교 3학년에 재학 중이다. 인문, 사회, 철학, 컴퓨터그래픽, 심리학에 관심을 갖고 있으며, 이 분야의 생각을 글로 정리해 SNS와 블로그에 올리는 창작 활동을 즐긴다. 여담이지만, 이 책의 대표 저자인 이형기 교수가 아무도 관심을 보이지 않던 필자의 글에 처음으로 '좋아요'를 눌러 줘 이형기 교수가 올린 이 책의 공동저자 모집 글을 보고 지원하게 됐다.

| 불안정한 온라인 개학 |

2020년 2월 23일 국내에서 코로나 상황이 악화되자 감염병 위기 경보가 '심각'으로 격상됨과 동시에 유은혜 교육부 장관은 코로나 19 범정부대책회의 브리핑에서 개학을 3월 9일로 1주일 연기한 다고 발표했다. 이후 두 차례의 추가 연기 이후에 교육부는 학교 에서 지정한 학습관리시스템LMS 사이트 등에서 원격 수업을 통해 대체 학습하는 조건으로 아래와 같이 순차적으로 온라인 개학을 시행하겠다고 밝혔다(표1).

LMS 사이트 구축은 빠르게 진행됐다. 교육부는 EBS와 함께 여러 IT업체와 연계해 LMS 사이트를 두 달 남짓한 시간 만에 구 축해냈다.

교육부는 이틀간 학교와 학생에게 '적응 기간'을 주면서 출결을 문제 삼지 않았다. 하지만 이틀은 학생과 학교가 온라인 등교와 원격 수업에 적응하기에는 너무나 짧은 시간이었다. 학부모와 학 생, 학교에 있는 교직원들 모두가 난생 처음 경험한 온라인 개학 은 혼돈 그 자체였다. 더군다나 코로나 때문에 급하게 만든 사이 트임을 증명하듯, 불친절하고 조잡한 LMS 사이트는 원격 수업에 적응을 더욱 어렵게 만들었다.

내용	날짜	대상
1차 온라인 개학	2020년 4월 9일	중학교 3학년, 고등학교 3학년
2차 온라인 개학	2020년 4월 16일	초등학교 4~6학년, 중학교·고등학교 전학년
3차 온라인 개학	2020년 4월 20일	초등학교·중학교·고등학교 전학년

[표 1] 2020년 1학기 온라인 개학 시기 및 대상

대부분의 학교는 LMS 사이트에서 원격 수업을 진행했기 때문에 해당 사이트의 아이디가 없는 학생이라면 일단 가입부터 해야 했다. 컴퓨터 이해도가 떨어지는 학생은 벌써 어려움을 느꼈고, 카카오톡 학급 단체 방은 사이트 이용 방법을 묻는 질문으로 도배되기 시작했다.

사이트에 가입한 이후에는 본인이 들으려는 과목을 찾아서 일종의 수강신청을 해야 했는데, EBS 온라인 클래스를 기준으로 이제 막 회원가입을 마친 학생이 수강신청을 하려면 온라인 클래스에 접속해 로그인하고, 클래스 찾기 항목에서 지역-학교급-학교명을 입력해 자신이 재학 중인 학교를 찾은 후 수십 가지 과목 중에서 자신이 수강하려는 과목을 찾아 선택하고, 학년, 반, 번호를 입력해 수강신청을 누르면 과목 하나의 수강신청이 끝나게 되는 식이었다.

따라서 십 수 개나 되는 과목을 이러한 과정을 거쳐서 신청하기란 너무 복잡했고, 이렇게 전부 신청을 마치더라도 만약 담당교사가 자리를 비우거나 클래스 가입 승인 처리를 못 하는 상황이라면 하염없이 앉아서 대기하거나, 학교 교무실 혹은 담임교사에게 전화를 걸어 사정을 설명하고 담당 교사에게 전해달라고 부탁하는 수밖에 없었다. 이런 복잡하고 불친절한 시스템 탓에 수업 시간표를 맞추는 건 당연히 불가능했다. 결국 학교에서는 당일 저녁 9시나 다음날까지 학습 완료를 하면 출석이 인정되는 식으로 수업을 진행했다.

문제는 이뿐만이 아니었다. 등교 개학이 시작되면서 전국 530

만의 학생이 LMS 사이트에 일시에 접속하자 서버가 먹통이 되기 시작했다. 예를 들어 EBS 온라인 클래스는 중·고등학교 3학년이 원격 수업을 시작하는 1차 온라인 개학 첫날인 2020년 4월 9일에 30분 가까이 접속 장애가 발생했다.[2] 교육부는 서버 외부 장치에 의한 문제였을 뿐 앞으로 서버 오류가 일어나는 일은 없다고 단언했으나, 교육부의 해명 이후 일주일도 안 되는 2020년 4월 13일에 또다시 2시간 30분 동안이나 접속 장애가 발생했고,[3] 2차 개학 첫날인 4월 16일과 그 다음 날인 17일에도 여러 가지 오류와 접속 장애가 발생했다.

더욱이 허술한 사이트 보안 때문에 1차 온라인 개학 2주일도 안 되는 시점부터 키보드의 F12 버튼을 누른 후 단어 몇 개만 입력하면 학습 완료 처리가 되는 '꼼수'가 이미 많은 학생에게 널리 퍼져있던 상태였다. 학생들이 자주 이용하는 커뮤니티 등지에서는 "얼마나 허술하게 만들었으면 이것조차 막지 않았냐"는 조롱 섞인 이야기들과 '온라인 클래스 꼼수 정리해서 올린다', '온라인 클래스 전부 학습 완료 처리되는 매크로 프로그램 뿌린다'는 내용의 게시물 수십 개가 올라왔다.[4]

교육부와 EBS가 이러한 꼼수를 막겠다고 업데이트를 하자, 이번에는 정상적으로 학습을 완료한 학생도 완료 처리가 되지 않거나 학습 도중에 갑자기 로그아웃되는 오류가 빈번하게 발생하기

2 오상헌·김주현(2020.04.09). '온라인 개학 첫날…EBS 온라인클래스 오전 한때 먹통(상보)'. 《머니투데이》.
3 김진화(2020.04.13). 'EBS 온라인클래스 또 접속 불안정…학생들 '불편'. KBS NEWS.
4 신무경·곽도영(2020.04.27). '매크로 돌려 "학습률 100%"…꼼수 판치는 원격수업. 《동아일보》.

시작했고 그때마다 또 교과 담당 교사에게 전화를 걸어서 상황을 설명해야 하는 불편함을 겪어야 했다.

어린 자녀를 둔 학부모들은 자녀 대신 이러한 문제를 해결하기 위해 자녀가 원격 수업을 받는 동안 계속해서 옆에 붙어 있어야 했고,[5] 급기야 청와대 국민청원 게시판에는 정부가 나서서 원격 수업이 이뤄지는 동안 기업에 워킹맘의 재택근무를 권고해 달라는 청원까지 올라왔다.[6]

교직원들의 상황은 더 심각했다. 이들은 위에서 설명한 문제 때문에 수업 중에도 하루에만 수십 통씩 학생이나 학부모의 전화를 받으면서 수업에 미참여하는 학생에게는 일일이 전화를 걸어 수업 참여를 독려해야 했고,[7] 주말이나 퇴근 후에는 다음날 수업에 사용할 강의 영상과 자료를 만들어야 했다. 교사 10명 중 7명이 코로나 이전보다 초과근무 빈도가 늘었다고 말할 정도로 교직원들은 원격 수업으로 인한 격무에 시달렸다.[8]

이러한 문제를 EBS 온라인 클래스에서만 겪은 건 아니다. 오히려 학생과 교직원 사이에서 여러 LMS 사이트 중에서 그나마 EBS 온라인 클래스가 제일 안정적이라는 평가를 받기까지 했을 정도니 다른 LMS 사이트들의 상태가 얼마나 처참한 수준이었는

---

[5] 초등학교 저학년은 이러한 문제들 때문에 얼마 후 특정 사이트에서 수업을 듣는 대신 TV로 EBS 방송을 보도록 지침이 바뀌기도 했다.

[6] 청와대 국민청원(2020.04.02). '온라인 개학에 맞춰 워킹맘들의 재택근무를 기업에 권고해주세요'.(2021. 10.08. 접속).

[7] 필자가 재학 중인 학교의 교과 담당 교사와 진행한 인터뷰에서는 평균적으로 하루 40통 이상의 전화를 했다는 답변을 받았다.

[8] 김소라(2020.09.24). '모닝콜, 유튜버, 콜센터…교사도 지쳤다'.《서울신문》.

지 굳이 설명하지 않아도 짐작할 수 있을 것이다.

"이러한 상황에 무엇을 했느냐"는 필자의 질문에 교육부는 LMS 사이트에 대한 지속적인 개선과 수행평가나 출결 여부 등에 대한 지침을 주기적으로 교직원들에게 안내하고 원격 수업에 대한 여러 자료집을 개발해 원격 수업의 질을 향상하기 위해 노력 중이라고 밝혔다.[9] 그러나 이러한 교육부의 조치는 사실상 효과가 없는 듯 보인다. 원격 수업을 시작한 지 거의 1년이 지난 2021년 3월까지도 EBS 온라인 클래스는 접속이 지연되거나 주요 기능이 먹통이 되는 등 계속해서 문제를 일으켰다.

원격 수업의 막바지였던 2021년 7월 19일에 서울시 중학교에 근무하는 교사는 한 언론과의 인터뷰에서 LMS 사이트에 대한 불신으로 사설 업체 원격 수업 플랫폼인 '줌Zoom'으로 수업을 진행하고 있는 실정이며, 대다수 교직원이 사설 업체를 이용하자 사설 업체의 서버까지 먹통이 되면서 수업을 진행할 수 없는 지경이라고 밝히기도 했다.[10]

요컨대 교육부는 학생과 교직원이 온라인 등교에 적응할 기간을 충분히 주지 않았고 LMS 사이트의 서버와 시스템이 불안정하며 원격 수업을 준비하는 교직원의 업무가 지나치게 많아지는 문제를 전혀 고려하지 않은 상태에서 온라인 개학을 성급하게 강행

---

9 2021년 10월 15일 필자가 진행한 교육부와의 전화 인터뷰 내용 중 일부이다.

10 황윤서(2021.07.20). '원격수업 2년의 현주소…끝이 보이지 않는, 아이 엄마와 교사들의 고충'. 《에듀인뉴스》.

했으며, 결국 원격 수업이 사실상 종료될 때까지[11] 이러한 문제들을 해결하지 못했다.

| 무책임한 등교 개학 |

등교 개학의 시기가 적절했는지 아직도 의견이 분분하다. 불안정하고 불편한 원격 수업을 계속해서 유지하기에 무리가 있었고 교육의 질도 대면 수업보다 떨어지기 때문에 불가피했다는 의견과 학생의 안전을 위해 등교 개학은 시기상조였다는 의견 둘 다 일리가 있다. 한 가지 분명한 점은, 교육부는 등교 개학에 대해 학부모, 학생, 교직원의 편의나 불만 사항들을 전혀 고려하지 않았다는 사실이다. 그리고 교육부의 이러한 태도는 등교 개학 한참 이전부터 학생과 학부모, 교직원에게 혼란을 안겨주었다.

유은혜 교육부 장관은 등교 개학 일정이 발표되기 한참 전인 2020년 4월 7일 대전의 한 고등학교를 방문해 "하루 확진자 수 50명 이하가 일주일 이상 지속되면 원격 수업과 등교 수업을 병행할 수 있을 것으로 본다"고 밝혔다.(이하, 밑줄로 강조한 내용은 저자가 추가함) 이미 50명 이하의 일일 확진자 수가 지속되던 상황이었기 때문에 1~2주 후에 등교 개학이 시작된다는 이야기들이 떠돌기 시작했고, 이러한 상황은 나흘이 지난 4월 11일 중앙사고수습본부 윤태호 방역총괄반장이 브리핑에서 등교 개학 논의는 시기상조

---

11 전국 등교율은 2021년 9월 27일 81%, 2021년 10월 14일 99.1%로 사실상 2021년 하반기에 원격 수업은 막을 내리게 됐다.

라는 입장을 밝힐 때까지 지속됐다.[12]

2020년 5월 4일 교육부는 고등학교 3학년부터 순차적으로 등교 개학을 시행할 계획이라고 밝혔다. 이어진 기자회견에서 '등교 개학의 당사자인 학생들의 의견수렴 과정이 있었느냐'는 질문에 유은혜 교육부 장관은 이렇게 답했다. "학부모와 교직원의 의견은 일반 여론조사나 교육부 내의 자체적인 조사를 했으나 <u>학생들의 의견은 여론조사나 설문조사를 하지 못했다.</u> 하지만 학부모나 교직원들의 여론조사에 학생들의 의견이 일정 부분 반영돼 있을 것으로 이해한다."

교육부의 등교 개학 지침에 반대하는 부정적인 반응이 학생과 학부모 사이에서 폭발적으로 이어졌다. 곧 등교 개학이 시작된다는 소식은 빠르게 퍼져 나갔고, 기자회견 영상의 댓글 창은 학생들의 항의로 가득 찼다.

"학생들 설문조사를 못 했는데 학생들 의견이 반영됐다는 게 대체 무슨 소리인가"

"말은 똑바로 해야지, 조사를 못 한 게 아니라 교육부 너희가 안 한 거잖아"

"다들 개학 미루자고 다시 생각해달라고 하는데, 의견수렴이 제대로 되고는 있는 건가, 진짜 내가 왜 여름에 마스크 쓰고 확진자가 나올지 모르는 교실에서 공부해야 하는지 모르겠다"

---

12 김소라(2020.04.12). 등교 개학 시점 신호 엇갈리는데…원격수업 '플랜B' 없는 교육부.《서울신문》

등교개학 시 지켜야할 매뉴얼 요약입니다.

1) 에어컨, 선풍기, 공기청정기, 엘리베이터, 정수기 모두 이용금지
2) 교내에서 마스크 항시 착용(점심시간 제외)
3) 학생 이용 화장실 반별, 지정시간에 이용
4) 점심시간 대화 금지
5) 쉬는시간 및 점심시간 2인 이상 이동금지
6) 이동수업 금지, 다른 반 학생과 접촉 절대 금지
7) 확진자 발생 시 해당 학년 또는 전교생은 보건소 조치가 있을 때까지 학교에서 대기 등 입니다.

[그림 1] 당시 학생과 학부모 사이에 돌아다니던 '등교 개학 매뉴얼'

교육부는 교내에서 코로나 감염에 대한 불안을 해소하기 위해서 등교 개학에 대한 일정을 발표함과 동시에 새로 개편될 교내 방역에 대한 가이드라인을 제시했어야 했다. 그러나 유은혜 교육부 장관은 기자회견에서 '기존 교육부 가이드라인에 학교에서 에어컨이나 공기순환 장치를 켜면 안 된다고 나와 있는데, 더울 때는 어떻게 하느냐'는 질문에 이렇게 답했다. "방역 당국과 논의할 계획이다" 그 후 3일이 지나서야 교육부는 새로운 가이드라인을 발표했지만, 이미 학생들과 학부모들 사이에서는 학교에 가게 된다면 에어컨과 선풍기 사용이 금지되고 화장실 사용조차 제한된다는 등의 이야기들이 걷잡을 수 없이 퍼져 혼란과 불안감을 증폭시켰다(그림1).

이러한 상황에 교육부가 당초 계획보다 1주일 연기된 2020년 5월 20일 순차적으로 학생들의 등교를 강행하자 등교 개학에 대한 여론은 더욱 악화됐다.[13] 청와대 국민청원 게시판에서는 자신

13 한국리서치(2020.05.27). '[코로나19] 등교 개학 찬성 38%, 늦춰야 한다 51%' https://hrcopinion.co.kr/archives/15650.

을 고등학교 보건 교사라고 소개한 청원인이 등교 개학에 대한 교육부의 무책임한 태도에 항의하는 청원을 작성해 18만 명 가까운 사람들이 동의하기도 했다. 아래는 해당 청원 글의 일부를 발췌한 것이다.

"2월부터 계속된 매뉴얼 변경, 학사일정 변경 등으로 학교는 무엇 하나 손댈 수 없었고 그럼에도 교사들은 묵묵히 학교를 지키고 또 학생들을 위해 담임교사들은 하루 6시간씩 전화 상담, 교과 교사들은 급작스럽게 시작된 온라인 수업으로 정말 맨땅에 헤딩하듯 무에서 유를 창조하며 지내왔습니다. 보건교사들은 학교 하나를 책임지는 방역, 감염병 책임자로 홀로 학교 매뉴얼을 짜고 홀로 물품을 시키고 정리하고… 나홀로 이 학교의 발열 체크는 어찌할지, 소독은 어찌할지, 체온계 구입은 어찌할지 등등 홀로 싸우고 있었습니다. 인력 지원은 전혀 없습니다."

"그럼에도 교사들은 아무 말 않고 교육부, 교육청을 따라왔습니다. 그런데 이제는 정말 참기가 힘듭니다. 고3 등교 개학을 한 오늘. 오늘의 상황을 장관님과 교육부 관계자는 아시나요?"

"정말 이건 아닙니다. 오늘 딱 하루, 딱 한 학년 왔는데도 전혀 통제가 안 되고 학교가 난장판입니다"[14]

교육부는 '등교 개학 초반 학생과 학부모들의 등교 개학 여론

---

[14] 청와대 국민청원 '등교 개학은 누굴 위한 것입니까?' (청원 시작: 2020.05.21)

이 좋지 않았던 것에 대해 어떤 입장이냐'는 필자의 질문에 "그 당시 설문조사에서 등교 개학에 찬성하는 의견이 많았고, 교육 결손을 막기 위해서도 등교 개학이 필요했기 때문에 불가피했으며, 아마도 코로나 확산의 불확실성에 대한 우려 때문에 등교 개학에 대한 여론이 좋지 않았던 듯하다"고 답변했다.

실제로 앞서 참조한 한국리서치의 여론조사에서도 등교 개학 이전에는 실제 등교 개학을 해야 한다는 의견이 하지 말아야 한다는 의견에 비해 비슷하거나 근소하게 앞섰다. 그러나 이는 등교 개학 이후 2주 만에 찬성 38%, 반대 51%로 크게 역전되었는데, 평균 일일 확진자 수가 23.4명으로 역대 최저치였던 2020년 5월에 단순히 코로나 감염에 대한 우려 때문에 여론이 급변했다는 말은 설득력이 떨어진다. 등교 개학에 대해 중립이던 여론이 등교 개학 반대로 급격하게 기운 이유는 학교 방역에 대한 불신이 생긴 탓이고, 그 원인에는 앞서 설명한 교육부의 무책임한 태도가 포함된 건 아니었을까?

| 학교 방역의 위기 |

학교에서는 학생들과 교직원들 사이의 코로나 감염을 막기 위해 여러 가지 방역 조치를 시행했다.

우선 학교에 가기 1주 전부터 매일 아침에 교사가 보낸 링크를 타고 들어가 건강상태 자가진단을 실시한 이후에 등교를 했다. 고등학교 3학년을 제외하고, 1, 2학년은 교육부의 등교 인원 ⅓, ⅔

지침에 따라 격주로 등교했다. 교문을 지나서 본관으로 들어가는 곳에는 교사가 학생들의 손에 소독제를 뿌렸고, 열 감지 장치가 설치돼 있어서 본관에 들어갈 때마다 한 명씩 그 앞을 지나가면서 체온을 측정해야 했다. 교실에서는 교사의 책상 위에 물티슈와 손 소독제가 비치돼 매시간 책상과 손이 닿은 부분을 닦아야 했다. 아침 조회, 점심, 종례 시간에는 학교 스피커에서 종소리 대신 코로나 예방 수칙을 안내하는 음성이 방송됐다. 이외에도 급식실에서는 투명 칸막이가 설치됐고, 물을 마실 때 쓰던 음수대는 사용이 중단됐다. 교내에서 마스크 착용은 당연한 일이었고, 열이나 기침 등의 증상을 보이는 학생에 대한 격리도 꽤 철저하게 이루어졌다.

등교 개학을 한 지 얼마 되지 않은 날, 필자가 학교 수업을 듣던 중 미열과 기침이 나와 담당 교사에게 보고했더니 곧바로 격리실에 보내졌다. 잠시 후 담임교사가 보건교사와 함께 '마스크와 전신 보호복을 입은 채' 책가방과 필통을 갖다 준 장면이 지금도 눈에 선하다.

마스크 착용의 답답함을 호소하는 학생들이 몇 명 있기는 했지만, 대부분은 방역에 부주의한 모습을 보이지 않았다. 학교에서 코로나 방역이 부실할 것이라는 우려와는 달리, 교사와 학생들의 철저한 방역 의식과 노력 덕분에 처음에는 학교 방역이 빈틈없이 지켜지는 듯했다.

그러나 이러한 상황은 오래가지 못했다. 점점 덥고 습해지는 날씨와 갈수록 느슨해지는 경각심 때문이었다. 2020년 7월에는 장마 때문에 비가 온 날이 유난히 많았고, 8월에는 폭염이 길게 이어져 이례적이라는 평가를 받을 정도로 습하고 더운 날씨가 지속됐다.

교육부는 바뀐 가이드라인에서 에어컨 작동 시 창문을 3분의 1 이상 열어 환기하라는 지침을 내렸지만 창문만 열어도 뜨겁고 습한 바람이 들어오는 여름에 그 지침이 잘 지켜질 리 만무했다. 또한, 일일 확진자 수가 두 자리로 줄어든 상황이[15] 지속 되면서 학생들과 선생님들의 경각심도 점점 더워지는 날씨와 함께 덩달아 느슨해지기 시작했다.

교내에는 에어컨이라도 있지만 등하교 시간이나 밖에서 진행해야 하는 체육 시간에는 더위 때문에 이른바 '턱스크'나 '입스크'를 하는 학생이 여럿 생겨나기 시작했다. 그리고 시간이 지남에 따라 그런 학생들의 숫자는 빠르게 늘어났다. 매시간 책상과 손 닿는 부분을 닦던 손 소독제와 물티슈는 어느새 장식품으로 전락했고 코로나 예방 관련한 안내 음성에도 귀 기울이는 학생들이 줄어들었다. 매일 아침 등교 전 실시돼야 할 건강상태 자가진단도 등교 전이 아니라 교실에 들어와 아침 조회 시간에 교사의 지시를 듣고 하는 경우가 많아졌다.

학교 내 방역에 다시금 경각심을 가지게 할 방안 마련이 시급했다. 그러나 학생들 대부분이 읽지 않는 가정통신문에 코로나와 관련된 형식적인 주의사항과 손 씻기 방법 등만 학생들에게 전달

---

15 2020년 4월부터 2020년 7월 말까지 일일 평균 확진자 수는 60명 이하를 기록했다.

됐고, 현실적으로 다시 방역에 주의를 기울이게 할 만한 조치는 없었다. 더욱이 계속된 개학 연기로 학사일정이 뒤로 밀려있던 터라 여름방학은 매우 짧았고, 그 탓에 2020년에는 더위가 절정에 달하던 8월 중순에 2학기가 시작돼 습한 날씨 때문에 방역이 더욱 소홀해졌고 폭염이 가라앉은 이후에도 이미 느슨해진 방역은 그대로였다. 오히려 시간이 갈수록 더 악화되는 듯 보였다.

2020년 10월 추석 연휴를 기점으로 학생들은 마스크를 제외하고는 방역에 더 이상 신경을 쓰지 않기 시작했다. 심지어 마스크마저도 교사 몰래 벗고 돌아다니는 모습이 흔했고 교실에 다 같이 모여 앉아 수다를 떨거나 장난을 치는 등 등교 개학 초반과 비교했을 때 확실히 방역 수칙이 제대로 지켜지지 않는 게 눈에 보일 정도였다. 대책 마련이 시급했다.

그러나 교육부는 다시금 코로나에 대한 경각심을 높이고 방역에 주의를 기울이게 할 대책 대신 2020년 10월 11일 브리핑에서 코로나로 인한 교육 격차를 줄여야 하고 학생과 교직원 확진자 숫자가 줄고 있다는 이유로 등교하는 인원을 늘리겠다고 발표했다. 일부 학교는 1, 2, 3학년 전면 등교도 허용한다는 방침이었다.

| 학교 방역의 붕괴 |

2020년 4월 원격 수업 당시 유은혜 교육부 장관이 일일 확진자 50명 이하가 지속될 경우 등교 개학을 시행하겠다고 밝혀 혼란을 초래했던 것과는 대조적으로, 2020년 12월 일일 확진자 수가 처음으로 네 자릿수를 돌파했을 때 교육부는 개학 연기는 없다는 뜻을 밝혔고, 결국 2021년 3월 일일 확진자가 400명씩 나오는 상황에서 개학이 진행됐다.

2021년 3월에 학교에 가니 이전과는 분위기가 또 바뀌어 있었다. 이제는 다들 코로나를 완전히 잊어버린 듯했다. 학교 본관 정문에 세워진 열 감지 장치는 등교할 때를 제외하고는 제대로 관리가 되고 있는지, 아니면 켜놓고 세워두기만 하는지 알 수가 없었다.

물티슈와 손 소독제는 이미 없어지거나 아무도 쓰지 않아 방치된 지 오래였고 학생들 간 거리두기는 이미 한참 전에 무의미해졌다. 의심 증상이 있는 학생의 격리가 제대로 이루어지는지도 의문이었다. 아직 쌀쌀한 날씨 탓인지 기침을 하는 학생들이 늘어났지만 환절기 감기 조심하라는 소리와 마스크에 대한 형식적인 이야기만 들었다.

교실 내에서 학생들 전체가 마스크를 내리고 음식을 먹는 일도 종종 발생했고,[16] 바로 옆자리에서 '어제 다녀온 음식점이 확진자 동선에 포함됐다'더라는 소리가 들려오기도 했다. 거의 매일 교실에서 마스크를 벗고 수다를 떠는 학생들의 모습을 볼 수 있었다. 점심시간과 등·하교 시간에 들리는 안내방송도 '그냥 그러려니' 할 정도로 무심해졌다.

교사나 학생 모두가 방역 수칙을 지키는 것에 느슨해질 대로

---

16 대부분은 학교에서 간식을 나눠주거나 급식 조리를 담당하는 분들의 파업 등의 이유로 부득이 급식을 하지 못하는 경우에 이러한 일이 발생한다.

느슨해진 상황이었다. 그나마 등교할 때에 손 소독제를 뿌리고 열 감지기 앞을 지나가는 정도만 무너지기 직전의 위태로운 상태로 유지됐다. 코로나에 대한 경각심 고취도 여전히 가정통신문에 손 씻기와 코로나와 관련한 주의사항이 적힌 채 배부되는 게 전부였고, 나중에는 이마저도 뜸해졌다.

결국 2021학년도 1학기 등교가 시작된 지 한 달도 안 되는 시점에서 학교에 코로나 확진자가 발생해 등교가 중지되고, 학생들이 코로나 검사를 받았다. 이후에도 확진자 동선에 학교가 포함되는 일도 생겼지만 달라지는 건 없었다. 몇 개월 후 또다시 학교에서 확진자가 발생했을 때는 학생 전체가 아니라 밀접 접촉자만 검사를 받았다. 방역 대책이 도대체 학교에서 지켜지는지 의심스러웠다.

기숙사가 포함된 학교의 상황은 더 심각했다. 아래는 기숙사 생활을 하는 다른 학교 학생의 인터뷰 내용이다.

질문: "기숙사에서의 방역은 잘 이루어지고 있는지?"
답변: "전혀 그렇지 않다. 코로나 방역에 대해 등교 개학 2~3주 만에 선생님들과 학생들 모두 무신경해졌다. 발열 체크 같은 경우, 비접촉 체온계를 사용해서 체온을 측정하고 종이에 이름과 체온을 적는 식으로 이루어지는데, 대부분은 귀찮아서 종이에 36.5도에 가까운 수치를 거짓으로 작성한다. 아예 발열 체크를 하지 않는 경우도 많다. 선생님들이 발열 체크가 잘 이루어지는지 감독하는 경우가 별

로 없기 때문이다. 손 소독제는 나름대로 관리가 잘 되고 사용하는 학생도 있지만 마스크를 착용하지 않은 상태에서 다른 학생과 가까이 접촉하는 일이 매우 잦다. 기숙사 내부에서는 마스크 착용이 거의 지켜지지 않는다. 특히 잠자는 공간에서는 한 방에 최대 4명까지도 함께 생활하는데, 그곳에서는 마스크를 전혀 착용하지 않기 때문에 누구라도 코로나에 걸리면 기숙사 내부에 전파되는 건 시간문제다. 열이 나는 학생의 격리는 잘 이루어졌다고 생각하지만 기침하는 학생은 격리 없이 그냥 넘어가는 분위기였다. 학교에 교육감이나 귀빈이 방문한다거나 학교 근처에서 확진자가 발생한다면 잠깐은 학교에서 코로나 방역에 신경을 쓴다. 하지만 전부 '하는 척'이다. 얼마 안 가서 다시 느슨해진다."

전국 학교의 99% 이상이 등교 수업을 진행하고 있는 현재, 2021년 10월 7일부터 13일까지 일주일 남짓한 기간에 학생들 사이에서만 1,500명 가까운 코로나 확진자가 발생했다. 하루에만 200명 넘는 학생 확진자가 발생하는 셈이다.[17] 필자가 보기에 학교는 이미 '위드 코로나'다.

| 교육부의 자화자찬 |

이 와중에 교육부는 2021년 5월 9일에 「2020 교육분야 코로나19

---

17 신현준(2021.10.14). '1주간 하루 평균 학생 212명 코로나19 확진_전국학교 99% 등교수업'. YTN.

대응」이라는 300페이지 분량의 백서를 발간했다.[18] 백서의 서론 중에 이러한 말들이 눈에 띈다.

> "원격 수업을 기반으로 한 온라인 개학은 한국의 의료시스템 못지않
> 게 K-방역의 성공적인 요인으로 손꼽히고 있다."
> "코로나19 유행 단계에 따라 방역 지침을 신속하게 제공하고…"

그러나 원격 수업에 기반한 온라인 개학은 시작과 동시에 서버 마비를 일으켰고, 불친절한 사이트 구성과 여러 기술적 오류로 원격 수업에 참여하는 모두가 크나큰 고통을 겪었다. 온라인 개학을 위해 빠르게 LMS 사이트를 구축한 일은 나름 성공적이었다고 평가할 수 있겠지만, 온라인 개학 자체는 전혀 성공적이지 않았다. 등교 개학 지침을 발표하고 3일이 지난 후에야 비로소 구체적 방안이 논의돼 화장실 제한과 에어컨, 선풍기 사용 금지에 대한 헛소문과 가짜 뉴스가 양산됐다. 요컨대 신속한 방역 지침의 제공은 결코 제대로 이루어지지 않았다.

백서의 소제목들 또한 현실과 너무나 동떨어졌다. '중단 없는 학습을 지원하기 위한 과감한 도전', '학생의 건강과 안전을 보장하기 위한 철저한 조치', '함께 이겨내기 위한 긴밀한 협력과 소통'이라니!

앞서 설명한 것처럼, 교육부의 '과감한 도전'은 학생, 학부모,

---

18 교육부(2021.05.06.). 2020 교육분야 코로나19 대응 백서. https://www.moe.go.kr/boardCnts/view.do?boardID=294&lev=0&m=02&boardSeq=84339.

교직원들의 혼란과 고충을 크게 가중시켰다. 교내에서의 '철저한 조치'는 적어도 필자가 눈으로 확인한 바로는 사실상 이루어지지 않고 있다. 아마 그 이유는 '함께 이겨내기 위한 긴밀한 협력과 소통'의 부재가 원인이지 않을까?

더욱 기가 막히는 건 백서의 300페이지 중에서 30페이지 정도만 그동안의 방역을 평가한 내용을 담고 있다는 점이다. 나머지는 그동안 정부와 교육부가 한 일들을 의미 없이 나열한 것이고, 중간마다 들어 있는 '주요 성과' 항목은 90페이지 정도나 되며 정부의 우수한 방역 조치가 전 세계의 호평을 받았다는 식의 자화자찬으로 가득하다.

앞서 설명한 교육현장에서 직접 목도한 여러 문제점에 대한 반성도, 성찰도 부족한 이 백서는 'K-방역'이라는 이름의 상품을 홍보하는 내용으로 가득하다. 그런데 교육부는 이 광고 잡지를 공공기관과 여러 대학에 보내는 것도 모자라서 아예 영문요약판으로 제작해 G20 교육장관회의에서 다른 나라에 공유하고, 경제협력개발기구OECD, 유네스코UNESCO 등의 국제기구, 재외공관, 주한대사관 등에 배포하기까지 했다.

결국 백서를 통해 분명해진 사실은, 교육부가 학교의 코로나 방역 실패 상황을 전혀 모르고 있거나, 알면서도 모른 척하고 있다는—제발 이건 아니라 믿고 싶다—것이다. 그래서 과연 어느 쪽인지 교육부의 입장이 궁금해져 직접 전화를 걸어 따져 물었다. 아래는 필자가 교육부 학교건강정책과와 인터뷰한 내용을 요약한 것이다.

필자: "학교 방역이 날이 갈수록 느슨해지고 있다는 비판을 교육부에서는 인지하고 있는지, 만약 그렇다면 어떤 대책을 세우고 있는지 알고 싶다."

교육부: "일일 코로나 확진자가 계속해서 변하고 있는 상황에 학교 방역이 느슨해졌다고 말할 수 있는지 의문이다. 또한 코로나 시국이 끝나지 않았기 때문에 현시점에서 학교 방역의 잘잘못을 답변해 드리기는 어려울 듯하다. 어떤 이야기를 해도 비판만 받게 될 것이다. 다만 기관을 막론하고 코로나 상황이 지속되면서 방역 자체가 느슨해진 게 아니냐는 이야기들이 있는데, 사회적 거리두기를 예로 들어 방역적인 측면만 고려한다면 사람들이 밀집하지 못하는 강도의 거리두기를 2년 내내 계속해서 유지해야 했을 텐데 국가 경제 같은 다른 부분들도 고려해서 거리두기 단계를 조율했던 것처럼 교육부에서도 방역적인 가치와 교육적인 가치를 적절하게 분배해야 했기 때문에 학교 방역 기준이 그동안 여러 차례 개성이 됐다. 코로나 방역이 느슨해진다고 느꼈다면 그건 방역에서의 소홀함이 문제가 아니라 사람들의 인식적인 부분이 문제일 것이다."

교육부 담당자의 답변에도 나온 것처럼 코로나 감염에 대해 느슨해지는 경각심을 다시 불러일으킬 교육부의 대책은 사실상 없어 보였다. 아직 코로나 상황이 어찌 될지 모르는 시기에 '교육부가 어떤 이야기를 해도 비판만 받게 될 것'이라는 말에는 전적으로 동의한다. 코로나 상황이 끝나지도 않았는데 함부로 자화자찬으로 가득 찬 백서를 발간해서 학교에서 실패한 K-방역의 성과를 홍보하는 우스꽝스러운 행동은 비판만 받게 될 테니까.

| 맺으며 |

코로나 시국은 끔찍했다. 수많은 불편과 불안을 겪는 게 끔찍했고, 무너져내린 학교 방역을 지켜보며 공포에 떠는 일도 끔찍했다. 그러나 정부에 대한, 국가에 대한 신뢰가 수없이 무너진 게 코로나가 주는 고통보다도 훨씬 끔찍했다. 필자는 코로나 팬데믹의 교육현장에서 마치 자연재해에 거꾸러진 농부가 된 기분을 느꼈다. 감염 공포에 더해 정부의 안일함과 소통의 부재라는 자연재해가 들이닥치는데도 불구하고 도저히 피할 길이 없어 여러 가지 고통을 겪을 수밖에 없었다.

누가 민주주의의 가장 큰 장점이 무엇이냐고 묻는다면 '국민이 지도자를 선택하는 시스템'이라고 답할 것이다. 학교에서 배운 민주주의는 단점 따위는 없는 완전무결한 시스템이었다. 그러나 지난 2년 남짓한 시간 동안 코로나 시국을 경험한 덕분에 민주주의의 장점을 상쇄하고 나아가 민주주의를 아예 무너뜨릴 수도 있는 치명적인 단점 하나를 발견했다. 깨어있지 않은 국민이 오만해지기까지 하는 상황을 말한다. 어리석고 오만하며 안일한 사람들이 국가를 운영한다면 끔찍할 것이다. 하지만 먼저 오만해지는 것은 언제나 국민이라는 사실이다.

요즘 들어 한국의 코로나 대응을 두고 이른바 '국뽕' 콘텐츠가 많아지는 추세다. 대한민국의 선진적인 코로나 대응을 전 세계가 부러워한다는 자랑이다. 당황스러운 건 그러한 콘텐츠를 정부에서 만들어내고 있다는 점이다. 앞서 이야기한 교육부의 백서나 K-방역, K-교육,[19] K-푸드 등 억지스러운 'K'붙이기를 예로 들 수 있겠다.

왕이 간신들의 사탕발림에 현혹당해 오만해진다면 나라에 재난이 닥칠 때 막아내지 못한다. 대통령이, 집권 여당이 '국뽕'에 취해 지난 2년간의 코로나 팬데믹 와중에 민낯을 드러낸 여러 방역 허점 앞에 겸손해지지 않고 허점을 관리하지 못한 이들에게 책임을 묻지 않는다면, 더 큰 위험이 도래하리라.

---

19 앞서 설명한 교육부의 '2020 교육분야 코로나19 대응'에 등장하는 단어다.

2부

K-방역,
빛과 그림자

K-방역의 의학적 근거는 얼마나 튼실했나?
: 코로나로 무너진 대한민국 응급의료

권인호[1]

| 코로나19 발병 이전 감염병 재난에 대한 응급의료의 대응체제 |

코로나19가 대유행을 시작하기 이전에도 인류는 여러 차례의 감염병 재난을 겪어왔다. 현행 응급의료체계가 어느 정도 완성된 이후 대한민국에는 두 번의 감염병 재난이 지나갔다. 2009년의 신종플루와 2015년의 메르스MERS가 그것이다.

2002년의 사스SARS 유행 때만 해도 대한민국은 나름 성공적으

1 경기고등학교, 연세대학교 원주의과대학을 졸업하고 공중보건의사로 농어촌의료서비스기술지원단에서 전국 보건기관 정보화 사업을 수행하였고, 이후 국민건강보험공단 일산병원에서 응급의학과 전공의, 서울아산병원에서 응급의학과 임상강사로 수련을 받았다. 이후 국립중앙의료원 응급의학과장을 거쳐 인제대학교 해운대백병원 응급의학과 조교수로 재직하였고 현재는 동아대학교 의과대학 응급의학교실 부교수로 재직 중이다. 응급의학 중 특히 응급영상학과 응급심장학에 관심을 가지고 진료 및 연구를 하고 있으며 현재는 디지털 헬스 및 의료 빅데이터 관련 연구들을 수행하고 있다. 현재, 대한의료정보학회 발간 ESCI 및 SCOPUS 등재지인 Healthcare Informatics Research의 Ethics Editor로 봉사하고 있으며, 대한의료정보학회 지역정보이사, 응급중환자영상학회 정보이사, 응급심장연구회 운영위원, 빅데이터임상활용연구회 이사 등으로 다양한 학회 및 연구회 활동도 하고 있다.

로 감염병의 전파를 막았다. 당시, 대한민국은 세계보건기구WHO 로부터 '사스 예방 모범국'이라는 평가를 받았고 이후 질병관리본부가 출범했다. 하지만 응급의료나 재난의학은 전염병보다는 탄저, 천연두 같은 생물학적 테러에 집중해왔다.

2009년 신종플루는 3월 말경 북미에서 시작돼 유행한 인플루엔자였다. 북미 지역에서 신종플루 유행이 공식적으로 확인된 2009년 4월부터 국내 지역사회 유행이 광범위하게 시작되기 전인 7월 말까지 신종플루에 대한 정부의 대응은 '전파 차단'이었다.[2] 이 시기의 공중보건 및 방역체계는 비교적 성공적이었다. 첫 확진 환자 발생 후 5월 말까지 국내에서 확인된 환자는 모두 외국에서 유입된 사례였으며 국내에서 2차 감염을 통해 발생한 사례는 확인되지 않았다. 그러나 이 시기에 방역 당국은 백신 확보나 의료인 및 의료기관에 대한 교육과 준비의 필요성에 효과적으로 대응하지 못했다. 따라서 일부 대형 의료기관을 중심으로 신종플루 환자의 병원내 유입을 막고 대량의 환자를 진료하기 위한 준비를 시작하게 된다.

하지만, 지역사회 전파가 이루어지기 시작하면서 환자가 급격하게 발생하기 시작한 2009년 7월 말 이후 정부의 대응은 '전파 차단'에서 '피해 최소화'로 전환된다. 2009년 8월 15일에 첫 사망자가 발생하고 환자 및 사망자가 늘어나기 시작하면서 국민들 사이에 신종플루에 대한 두려움이 확산됐고 또한 항바이러스제의 조기

---

2 Choi YS, et al.(2010) The Evaluation of Policies on 2009 Influenza Pandemic in Korea. J Prev Med Public Health 43(2):105-108.

투여를 요구하는 여론이 비등했다. 이에 정부는 항바이러스제를 보건소, 거점 의료기관 및 병원에 공급하고 항바이러스제 투여 지침을 배포했으며 확진을 위해 시행되는 RT-PCR 검사의 보험 적용 기준을 확대했다. 하지만, 이러한 조치들이 여론의 변화에 따라 추가적으로 변경되는 양상을 보였으며 신종플루의 위험과 실제 상황에 대한 적절한 정보전달을 위한 정부의 노력도 충분하지 않았다.

학교 등에서 신종플루의 집단 발병이 증가하면서 환자 발생이 절정에 이른 대유행 정점기에 이르러 정부는 국가 전염병 위기 단계를 '경계'에서 '심각'까지 격상시키면서 중앙대책본부를 설치하고 항바이러스제의 투약 기준을 완화했고, 10월 27일에는 백신 접종도 시작했다. 결국 맹위를 떨치던 신종플루는 예방접종 시행과 항바이러스제의 공급이 원활해진 후인 2009년 11월 중순부터 감소하기 시작해 2010년 2월에는 거의 상황이 정리됐다.

신종플루 유행에 대한 대한민국 방역 당국의 정책은 '초기 봉쇄', '백신 접종을 통한 전파 차단', '중증 환자 발생 감소'라는 관점에서 비교적 우수한 성적을 보였다. 특히, 유행 발생 초기에 해외 유입으로 국내 환자의 첫 발생 후 지역사회 감염 확산 전까지 시행한 각종 정책은 신종플루의 유행을 늦춰 각 분야가 대응할 수 있는 시간을 확보한 것으로 평가된다.

2015년의 중동호흡기증후군Middle East Respiratory Syndrome, 즉 메르스MERS는 사스나 신종플루와는 다른 양상으로 확산돼 응급의료 체계에 많은 영향을 미쳤다. 메르스는 2012년 사우디아라비아에서 처음 보고됐고 낙타가 숙주로 의심되며 낙타에서 사람으로 감염된 후에는 사람 사이에 전파가 될 수 있다고 알려졌다. 하지만, 2015년 5월 첫 환자가 진단되기 이전에 대한민국에서는 그리 알려진 적이 없었기 때문에 응급의료기관은 메르스에 대한 대비가 없었다.

2015년 한국의 메르스 범유행은 사업차 중동을 다녀온 1번 환자가 메르스에 감염된 채로 2015년 5월 4일 귀국해 5월 11일에 기침과 고열로 충남 아산시의 A의원에서 진료를 받으며 시작됐다. 환자는 A의원에서 치료 후에도 증상이 계속되자 평택시의 B병원에서 3일간 입원했다가 퇴원했다. 이후 서울의 C의원을 거쳐 삼성서울병원에서 메르스로 확진됐다. 결국 1번 환자를 진료한 4개 병원의 의료진, 간병인, 의료진과 간병인의 가족과 친지, 같은 병동 입원자 등 38명이 감염됐다. 1번 환자와 함께 평택시 B병원에 입원했던 14번 환자가 퇴원 후 평택시의 다른 병원을 거쳐 삼성서울병원 응급실로 오면서 삼성서울병원 응급실 환자 71명과 의료진 3명, 총 74명의 환자가 메르스로 확진됐다. 평택시의 B병원에 입원했던 16번 환자는 퇴원 후 대전 지역의 C병원에 입원했고, 16번 환자와 접촉한 총 22명이 메르스로 확진돼 전국으로 메르스가 확산하는 계기가 됐다. 2015년 한국의 메르스 범유행으로 발생한 환자 186명 중 92명(49.5%)은 응급의료서비스를 이용하는 중 메르스에 감염됐다.[3]

---

3 Lee KH(2015). Emergency medical services in response to the middle east respiratory syndrome outbreak in Korea. Journal of Korean Medical Association 2015 July; 58(7): 611-616.

한국에 메르스 범유행이 확산된 원인은 네 가지다. 첫째, 중동을 여행하면서 감염됐으리라 추정되는 1번 환자가 입국 검역 시 감염 사실을 알리지 않았고 검역소에서도 관심을 보이지 않아 메르스 유입을 인지하지 못했다. 둘째, 방역 당국이 1번 환자의 메르스 확진 후 신속한 역학조사와 검사, 격리 등의 조처를 할 시기를 놓쳤다. 셋째, 방역 당국은 평택시의 B병원과 삼성서울병원에서 메르스 확진자가 나왔고 병원 내에서 전염이 발생했다는 정보를 알리지 않아 다른 많은 병원이 이러한 사실을 모르고 환자를 입원시켜 전국 유행을 유발했다. 넷째, 정부는 메르스에 대해 낙관적으로 판단한 정보를 국민에게 제공해 이후 사태 전개에 대한 신뢰감을 주지 못했다.[4]

메르스가 응급실에서 확산된 원인은 첫째, 응급실 과밀화와 체류 시간 증가, 둘째, 감염에 취약한 응급실 시설, 셋째, 응급실 인력 부족 넷째, 응급의료 전달체계의 문제와 미흡한 응급환자 관리 체계를 원인으로 꼽을 수 있다.

2015년 메르스 범유행을 겪은 후 정부는 각급 응급의료기관에 격리실을 추가로 설치하고 병상 간격을 개선했다. 아울러 응급실 체류 시간을 줄이기 위해 응급의료기관 시설 기준 및 평가 기준을 개선해 각급 응급의료기관이 이러한 감염성 재난에 최소한으로 대비하도록 했다.

---

4 임경수 등(2018). 「재난의학」(2판). 군자출판사. pp.69-73.

| 대한민국 코로나19 방역 지침의 허실 |

중국발 입국금지를 시행하지 않은 이유는 무엇인가?

2009년 신종플루 위기 당시에는 1단계 조치가 '전파 차단' 조치였다. 반면에 코로나19 확산 초기 한국의 방역 당국은 발병지역에서 유입되는 상황을 차단하고 국내에서 2차 감염이 일어나지 않도록 막아야 한다는 전문가의 이야기에도[5] 중국발 입국 금지를 시행하지 않았다. 여러 전문가는 국내 의료계가 코로나19에 준비할 수 있을 때까지만이라도 감염이 만연한 지역에서의 입국을 막아 달라 요구했으나 받아들여지지 않았다.[6] 일부에서는 해당 국가에서 출입을 막을 경우 밀입국이 늘어나 오히려 감염병을 확산시킬 수 있다는 논리로 반대하기도 했고 일부 전문가 단체는 불안이 지나치다고 기자회견을 갖기도 했다.[7]

윤태호 교수(전 보건복지부 중앙사고수습본부 방역총괄반장, 현 부산의대 교수)는 성균관대학교 주관 감염병 대응 웹세미나에서 한국 방역 당국이 중국발 입국 금지를 시행하지 않은 이유를 아래와 같이 설명했다(2021.10.21). "많은 논의는 있었지만 중국과의 관계 때문에 중국발 입국 금지 시행을 결정하기 어려웠다. 결국 허베이성에서 온 입국자에 한해서만 금지하고 그 외에 대해서는 특별입국절차를

---

5 박태근(2020.02.24). 의협 "中 입국 금지 6번 건의했지만 무시…명백한 방역 실패" 《동아일보》.

6 대한감염학회(2020.02.02). 대한의료관련감염학회, 대한항균요법학회. 신종코로나바이러스 감염 대정부 권고안. (2021.10.17. 검색)

7 하경대(2020.02.10). 기자회견 자청한 예방의학회·역학회 "신종 코로나 의학적 원칙 분명히…불안 지나치다". 《메디게이트뉴스》.

134

만들었다."[8]

결국 이러한 안일한 상황인식과 방역 대응은 초기에 철저한 출입통제를 시행해 코로나19 대유행을 효과적으로 통제한 대만과 뉴질랜드와 비교되며, 2009년 신종플루 대유행 시기의 기민한 대처와도 비교된다.

사회적 거리두기 논란

코로나19 바이러스가 감염자의 비말로 전파되는 만큼 사람 간 거리두기가 예방의 핵심이다. 사회적 거리두기는 코로나19 발생 초기에 의료계가 먼저 제안했다.[9] 이후 방역 당국도 사회적 거리두기 실천을 국민에게 당부했다. 코로나19 발생 초기의 거리두기 수칙은 그리 복잡하지 않아 수칙을 지키기 어렵지 않았다. 대한의사협회가 제안한 3-1-1 캠페인,[10] 사회적 거리두기는 ① 마스크 착용 및 손 위생 등 개인 위생 관리 철저, ② 외출을 최소화하고 불필요한 접촉을 줄일 것, ③ 학생들의 개학이 연기된 3월 첫 주에는 집에 머무를 것, ④ 종교활동이나 모임, 행사는 취소할 것, ⑤ 기업은 직원이 재택근무 혹은 연차나 휴가를 사용해 집에 머무를 수 있도록 할 것, ⑥ 정부와 지방자치단체도 코로나19와 관련 없는 직원의 한시적 2부제 근무를 고려할 것과 같이 복잡하지 않은 여섯 가지 사항이었다.

---

8 성균관대학교 감염병 대응 웹세미나(2021.10.21).

9 윤상언(2020.03.02). 의사협회 "코로나 억제 위한 '3-1-1' 캠페인 제안".《중앙일보》.

10 '3-1-1'은 3월(3), 첫 주(1), 일주일(1) 동안 사회적 거리두기(social distancing)에 동참하자는 의미다.

하지만 방역 당국이 이후로 만들어낸 각종 사회적 거리두기 정책은 많은 논란을 불러일으켰다. 사회적 거리두기 정책이 시행되는 동안 몇 가지 조치는 과학적 근거가 크게 부족하고 오히려 감염 위험을 올린다는 비판에 직면했다.

첫 번째는 오후 9시 이후에 음식점 등의 영업을 제한한 영업시간 제한 조치다. 영업시간 제한 조치는 2021년 11월 '위드 코로나' 정책이 시행되는 시점까지 계속 제한과 완화가 반복돼 과학적 근거가 없다는 비판을 받았다. 또한 영업시간 제한 조치는 많은 자영업자에게 경제적 어려움을 가져왔고, 영업시간이 끝나는 시간에 일시적으로 대중교통의 밀집도가 올라가 오히려 감염을 조장한다는 비판을 받았다.[11]

두 번째는 사적 모임의 인원수 제한이다. 5단계로 개편된 사회적 거리두기로도 부족하다고 판단한 방역 당국은 2020년 연말연시 방역강화 대책을 내놓으면서 5인 이상 집합금지를 시행했다. 하지만 정작 감염을 낮추는 데 필요한 밀집도 관리는 시행하지 않아 4인 이하의 소그룹이 각종 음식점 안을 빼곡히 메우는 장면을 연출했다. 각 시설의 면적과 특성에 맞게 최대 수용인원을 조절하는 정책은 합리적이지만, 한 그룹의 인원수만 제한하는 사적 모임의 인원수 제한 조치는 이해할 수 없는 조치라는 비판을 받았다.

세 번째로 대중교통의 밀집도는 관리하지 않았다. 출퇴근 시간

---

11 방역 당국 영업시간만 제한한 것이 아니라 야간시간대의 대중교통을 감축하여 대중교통을 이용하는 시민들의 밀집도를 올린다는 비판에 직면하였다. 제한 시간에 일시에 영업장을 빠져나온 시민들이 대중교통을 이용하게 되므로 밀집도가 올라가는 것이 현실이었다.

대의 대중교통은 코로나19 감염을 대대적으로 유발할 수 있는 공간임에도 불구하고 매우 심각한 수준의 밀집도로 운영됐다. 대중교통의 밀집도는 관리하지 않고, 오히려 대중교통의 운영시간을 단축하고 운영 규모를 감축해 밀집도를 올리는 조치는 매우 이해하기 힘들었다.

▎코로나19의 시작과 응급의료: 초기 대응부터 1차 대유행까지 ▎

연말연시의 흥거움에 취할 여유도 없이 2020년 1월 1일 중국 우한시는 폐렴 감염 사태가 확산되어 화난수산시장을 무기한 폐쇄했다.[12] 2020년 1월 21일 대한민국에서 첫 확진자가 나오기 전 아시아 여러 나라에서 코로나19 확진자가 나타나기 시작했다. 이후 며칠 사이에 아시아권을 넘어 유럽, 미주 등 거의 전 세계로 이 신종 감염병이 확산되는 데는 그리 오랜 시간이 필요하지 않았다. 이후 한국에서도 주로 우한시 귀국자 혹은 그 접촉자에서 산발적 감염이 발생하는 데 그쳤지만, 의심 환자가 다녀간 응급실들은 폐쇄 후 역학조사를 진행하는 상황이 반복됐다.

2020년 2월 18일 대구에서 코로나19로 확진 받은 31번 환자에서 한국의 1차 대유행이 시작됐다. 바로 다음 날 대구-경북 지역에서 확진자 수가 15명 넘게 발생해 대구광역시 내 대학 부속 병원 5곳 중 4곳의 응급의료센터가 폐쇄됐다. 같은 날 중형병원 여러

---

12 정인환(2020.01.02). 중국 '원인 모를 폐렴' 확산…'사스 공포' 퍼지자 시장 폐쇄.《한겨레신문》.

곳의 응급실도 폐쇄돼 대구-경북 권역의 응급의료체계가 일순간에 붕괴됐다.[13]

사실 이 시점만 해도 코로나19라고 불리는 새로운 감염병에 응급의료체계가 어떻게 대응해야 하는지 어떠한 지침도 없었으며 선별진료소도 제대로 도입되지 않았다. 당시 상황을 경북대학교병원 응급의학과 이미진 교수는 이렇게 서술한다. "막상 환자가 도착하자 나를 비롯한 의료진은 우왕좌왕했다. 경북대병원 내에 신종코로나를 대처할 수 있는 매뉴얼도 없었다. 자체검사 시스템이 없어 검체를 어떻게 채취하고, 누가 검사하며, 어떤 옷을 입은 채 검사해야 하고, 어느 공간에서 해야 하는지 아는 사람도 거의 없었다."[14]

국내 코로나19 1차 유행 당시 대구 지역 확진자 수는 기하급수적으로 늘었고, 결국 중증 응급환자들이 응급실에 들어오지도 못한 채 주차장에서 심폐소생술을 받아야 했으며, 또한 응급환자들이 앰뷸런스에서 내리지도 못한 채 구급차 안에서 응급처치를 받는 상황이 벌어졌다.

감염병 상황에 대처하기 위해 2015년 메르스 사태 이후 권역응급의료센터는 강화된 감염관리 기준에 따라 병상 간격도 넓히고 음압 격리실과 일반 격리실을 추가로 설치했지만, 코로나19 범유행에 대응하기에는 너무나 부족했다. 정부는 권역응급의료센터

---

13 김선형(2020.02.19). 대구 대학병원 응급실 4곳 폐쇄…코로나19에 의료공백 우려. 연합뉴스.
14 대한응급의학회(2020.04.15). 이미진 응급의학과 전문의, 코로나19와 사투 일기. 대한응급의학회 뉴스레터.

이외의 지역응급의료센터를 중증 응급진료센터로 지정[15]하고 해당 기관에서 코로나19 증상이 있는 중증응급환자를 책임지고 진료하도록 했다. 중증 응급진료센터들은 사전 환자 분류소에서 증상의 중증도 및 코로나19 바이러스 감염여부를 분류해 중증 응급환자는 '격리진료구역'에서 응급처치하도록 했다. 증상이 경중인 환자의 중증응급진료센터 진입을 제한했지만, 코로나19의 특성상 경중환자들도 약간의 호흡곤란이나 발열이 있는 경우에는 격리해야 했다. 격리 병상이 없는 소규모 병원들은 경중환자의 수용을 꺼렸고 오히려 환자들이 중증 응급진료센터에 집중됐다.

대구와 경상북도 일부에서 많은 확진자와 사망자를 낳은 1차 대유행은 2020년 3월을 지나면서 어느 정도 마무리됐다. 사실 1차 대유행은 정부도, 의료진도, 각급 기관들도 코로나19에 속수무책으로 당했다. 하지만 이 시기 대한민국 정부의 방역 기조인 빠르게 추적해서 찾아내고 격리하는 방역 정책은 어느 정도는 성공적으로 작동했다. 2020년 2월 29일 하루에 813명의 확진자가 나왔던 1차 대유행은 2020년 5월 초에는 확진자 수가 하루 10명이 내로 감소했고 1차 대유행은 그렇게 마무리됐다.

▎코로나19로 응급의료체계에 걸린 과부하: 2차~3차 대유행 ▎

1차 대유행이 안정화하자 2020년 5월 6일부터 정부는 '사회적 거

---

15 정윤식(2020.03.11). 시·도별 2개 이상 코로나19 '중증응급진료센터' 운영.《메디칼업저버》.

리두기'를 '생활 속 거리두기'로 전환하기로 결정했다.[16] 하지만 정부의 완화된 거리두기 조치에도 불구하고 의료기관들의 자체 방역 지침은 완화되지 않았기에 응급의료기관들은 발열, 호흡곤란, 기침, 가래 등의 코로나19 의심 증상이 있는 환자를 격리 병상에서 진료하고자 했고, 코로나19 의심 증상이 있는 환자는 응급의료기관에서 진료받기 힘든 상황은 계속 반복됐다.

'코로나 의심 환자'의 코로나19 확진을 위해서는 RT-PCR$_{Reverse}$ $_{Transcription-Polymerase Chain Reaction}$ 검사를 진행해야 한다. RT-PCR 검사는 최소 6시간에서 최대 24시간까지 걸린다. 검사 수행 중에는 다른 검사를 시작할 수 없으므로 내원한 환자로부터 채취한 검체는 진행되고 있는 검사가 끝난 후 차례대로 검사한다. 그러므로 '코로나 의심 환자'는 코로나19 검사가 수행되는 동안 응급실의 격리 병상을 점유하게 된다. 일부 의료기관에서는 격리 병상의 회전율을 높여 조금이라도 많은 응급환자를 치료하기 위해 흉부 CT 촬영을 통해 폐렴 소견이 없는 환자를 격리 해제하는 방법을 도입했다. 하지만 흉부 CT 촬영 결과만으로는 폐렴 소견이 없는 코로나 19 양성 환자를 놓칠 가능성이 있었고 이 방법을 최대한 활용해도 격리 병상의 회전율은 하루 3~4회전이 최대였다. 소위 '코로나 의심 환자'를 수용할 수 있는 응급의료기관이 부족해 응급환자가 수 시간 앰뷸런스를 타고 이 병원, 저 병원을 떠도는 상황이 벌어졌다.

---

16 유덕기(2020.05.03). 6일부터 '생활방역'으로 전환…'초중고 등교' 4일 발표. SBS뉴스.

결국 한국의 응급의료체계는 코로나19가 초래한 진료 과부하를 견디지 못했고, 특히 병원 이송 전 단계의 응급의료를 책임지는 119구급대에도 심각한 과부하로 작용해 또 다른 문제를 야기했다. 의정부 지역에서 발생한 30대 심정지 환자는 의정부 지역 병원에 수용되지 못하고 양주까지 이송됐으나 사망했다.[17] 부산지역에서 약물 중독으로 119에 신고된 환자는 부산지역 병원서 수용되지 못하고 울산까지 이송돼 중환자실 치료 중 사망했다.[18]

응급의료체계가 붕괴되는 사이에 2020년 8월 15일부터 수도권 일부 교회를 중심으로 하는 2차 대유행이 시작됐다. 설상가상으로 코로나19로 엄중한 시기에 정부의 무리한 의사 정원 확대, 공공의대 추진에 반발한 전공의와 전임의들이 파업을 시작했으며 의과대학 학생들도 의사국가고시를 거부하며 파업을 진행했다.[19]

┃코로나19와 응급의료체계의 붕괴: 4차 대유행 이후┃

코로나19 발생 초기에는 코로나19에 대한 공포심으로 응급실을 내원하는 환자 수가 줄어, 격리 병상 수의 부족에도 불구하고 어느 정도 응급의료체계가 유지됐다. 4차 대유행 전후로는 응급실로 내원하는 환자 수가 평년 수준을 회복하거나 일부 응급의료기관의 경우는 오히려 응급실 내원 환자 수가 늘었다.

---

17 임명수(2020.08.28). 30대 심정지 환자…의정부지역 4개 병원 '수용불가' 결국 사망.《한국일보》.
18 박동민(2020.08.28). 부산서 농약 마신 40대 사망 '병원 13곳 거부, 3시간 허비".《매일경제》.
19 https://ko.wikipedia.org/wiki/2020년_의사_파업(2021.10.13. 접속).

2021년 7월 6일 코로나19 일일 확진자 수 1,000명이 넘어서는 4차 대유행이 시작된 이후 현재(2021.10.20)까지도 매일 1,000명이 넘는 확진자가 나오고 있다. 여전히 각 병원은 병원 내 방역 정책을 완화할 수 없는 상황이다. 문제는 격리 병상의 회전율만이 아니다. 병동으로 입원하는 환자도 코로나19 RT-PCR 검사에서 음성이 확인돼야 입원이 가능한데 병원이 하루에 수행할 수 있는 RT-PCR 검사는 최대 4~5번 정도다. 응급실 병상의 회전율이 떨어지고 환자의 응급실 체류 시간도 길어져 병상 부족 문제는 더욱 심화돼 응급의료체계에 부담으로 작용하게 됐다.

2021년 2월 말부터 시작되어 7월부터 본격화된 코로나19 백신 접종도 응급의료체계에 부담을 주었다. 코로나19 백신 접종 후 각종 증상을 호소하는 환자가 응급실로 내원하기 시작하며 이미 빈사 상태에 있던 응급의료체계는 마비됐다. 백신 접종자는 주로 흉부 불편감, 호흡곤란, 발열 등의 증상을 호소하면서 응급실로 내원한다. 이 증상들은 '코로나 의심 증상'과 유사하기 때문에 백신 접종 후 증상으로 내원한 환자도 격리 병상에 수용해야 해 부족한 격리 병상과 격리 자원을 소모하게 된다.

mRNA 기반 백신이 심근염을 유발한다는 것은 대중에게도 잘 알려진 사실이다. mRNA 기반 백신 접종 후 심근염이 의심되는 증상을 호소하는 환자는 의원급 의료기관에서 진단할 수 없어 대부분 응급실로 내원할 수밖에 없다.

응급의료체계가 마비되는 와중에 정부가 확진 환자가 많은 수도권은 2021년 8월 13일, 비수도권은 2021년 9월 10일에 행정명령을 내려 중증치료 병상을 추가로 확보하도록 했다.[20] 각 의료기관은 정부의 행정명령을 따라야 했고 중증치료 병상 추가 확보를 위해 병상과 의료인력을 중증치료 병상에 배정할 수밖에 없었다. 이미 부족했던 병상과 인력은 더욱 부족해졌다. 입원도 어려워지고 응급실 체류시간이 연장돼 응급실 병상 부족 문제를 더 심화했다. 설상가상으로 2021년 10월 17일부터 전국적으로 기온이 낮아졌다. 또한 2021년 겨울은 매우 추울 것으로 예보돼 2021년 겨울 응급의료체계에 꽤 심각한 부담으로 작용할 전망이다.[21]

응급실의 과포화 현상은 병원 전단계의 응급의료체계를 담당하는 119구급대에도 많은 영향을 미쳤다. 하지만 일부 권역 소방재난본부는 이를 모두 일선 의료기관의 탓으로 돌렸다.[22] 병상이 부족해 어쩔 수 없는 상황에도 불구하고 의료기관이 환자를 수용하지 않는다며 이 상황을 '살인'이라고 비난했다.[23]

보건복지부와 지방자치단체는 중증 응급환자 이송과 관련한 지침을 만들었고, 정치권에서도 응급환자 수용 거부와 관련된 입법을 시작했다.[24] 하지만 코로나19라는 초유의 감염병 재난 사태에서 어쩔 수 없이 생기는 일을 응급의료기관의 환경 개선과 응급

---

20 신형주(2021.09.17). 수도권 코로나 중증치료 병상 행정명령 89.5% 달성.《메디칼업저버》.

21 추운 날씨는 일반적으로 감기 및 인플루엔자 같은 호흡기 질환의 유행을 가져오고, 또한 뇌혈관질환 및 심혈관질환의 위험인자로 알려져 있다. 매년 겨울 응급실은 이런 이유로 환자들이 늘어나 병상확보에 어려움을 겪어왔다.

22 이종구(2021.09.15). "구급 환자 싣고 5시간 떠돌아" 구급대원 속타는 '병원 애걸'.《한국일보》.

23 안기승(2021.10.24). [기고] 의료기관 수용 거부, 명백한 살인행위.《경기일보》.

24 김민준(2021.09.16). 잇따르는 병원의 119 환자 수용 거부⋯거세지는 응급의료 개선 목소리.《메디컬투데이》.

실에 대한 인식 개선 없이 일선 의료기관의 책임으로 몰아가는 정부와 정치권의 행태에 대한 비판도 있었다.[25] 보건복지부와 지방자치단체가 마련한 중증 응급환자 이송 지침은 응급의료기관의 격리 병상은 추가로 어떻게 확보할지, 신속 RT-PCR는 어떻게 보급할지의 고민은 하지 않았다. 의료기관이 환자를 수용할 여력이 있지만 중증 응급환자의 수용을 거부한다고 판단해 만든 지침이라는 비판도 제기됐다. 또한 응급실은 응급환자를 위한 공간이지 빠른 진료를 위한 공간이 아니라는 인식의 결여는 더 말할 나위도 없이 아쉽다.

코로나19 백신 접종과 응급의료

2021년 10월까지 우리나라에서 사용된 코로나19 백신은 아스트라제네카와 얀센의 아데노바이러스 벡터 백신과, 화이자와 모더나의 mRNA 백신으로 모두 4개다. 아데노바이러스 벡터 백신은 발열, 전신 근육통과 같은 흔하고 상대적으로 가벼운 부작용과 희귀 혈전증, 횡단성 척수염의 심각한 부작용이 나타날 수 있다. mRNA 백신의 주요 부작용은 흉부 불편감, 발열, 호흡곤란, 근육통이며, 일부에서 심근염이 발생할 수 있다. 코로나19 백신 접종률이 증가하면서 백신 접종 후 각종 부작용을 호소하며 의료기관

---

25 김은영(2021.09.17). 코로나로 과밀화 심화된 응급실…'환자 수용 강제'로 논란.《청년의사》.

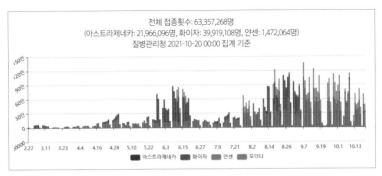

전체 접종횟수: 63,357,268명
(아스트라제네카: 21,966,096명, 화이자: 39,919,108명, 얀센: 1,472,064명)
질병관리청 2021-10-20 00:00 집계 기준

[그림 1] 대한민국 백신 종류별 접종 현황 [출처: 질병관리청(2021.10.20). 코로나19 실시간 상황판]

을 찾는 환자와 응급실로 내원하는 환자가 늘어났다.[26](그림1)

아데노바이러스 벡터 백신을 위주로 접종하던 시기(2021년 5월
~6월)에는 백신 부작용을 호소하면서 응급실로 내원한 환자를 관
리하기가 어렵지 않았다. 주로 발열과 근육통을 호소하므로 코로
나19 RT-PCR 검사와 흉부 방사선 검사(X-ray 혹은 CT)를 통해서 코
로나19 감염과 감별할 수 있었다. 그러나 2021년 8월부터 mRNA
백신이 주로 접종되면서 백신 부작용을 호소하는 환자의 증상이
흉부 불편감, 호흡곤란이라면 반드시 심근염이 아닌지 확인해야
했다. 심근염인지 확인하기 위해서는 심전도 검사와 심근효소 수
치를 반드시 측정해야 하며, 급성관상동맥증후군[27]의 증상과 구분
하기 위해 한 번이 아니라 적어도 3시간의 간격을 두고 반복 검사
를 해야 한다. 또한 코로나19와 관련성을 확인하기 위해 RT-PCR

26 고정민(2021.09.03). "혹시 나도 백신 부작용?" 병원 찾는 환자에 고민 빠진 의료기관들.《청년의사》.
27 급성관상동맥증후군(Acute Coronary Syndrome)은 심근경색이나 불안정형 협심증 등 관상동맥이
    갑자기 막혀서 생기는 급성 관상동맥질환을 의미한다.

와 흉부 방사선 검사도 시행해야 한다. 즉 mRNA 백신을 접종받은 환자가 흉부 불편감이나 호흡곤란을 호소해 응급실에 내원하면 적어도 6시간은 응급실에 체류해야 한다. mRNA 백신 접종 후 이상 반응으로 내원한 환자가 격리 병상을 사용한다고 가정하면 격리 병상 1개당 하루 3~4명의 환자만 수용이 가능하다. 결국, 응급의료체계의 과부하를 가져온다.

위드 코로나를 대비한 응급의료

4차 대유행이 아직도 진행 중인 2021년 10월 15일 정부는 2021년 11월 1일부터 소위 '위드 코로나' 정책을 시행하겠다고 나섰다.[28] 오명돈 신종 감염병 중앙임상위원회 위원장은 '위드 코로나'에 대해 이렇게 이야기한다.

"위드 코로나(with COVID, 코로나와의 공존)는 백신을 맞아 안심한 채 일상 회복이라는 선택지를 고르는 상황이 아닙니다. 위드아웃 코로나(without COVID, 코로나 없는 일상)에 실패해 어쩔 수 없이 바이러스와 같이 지내야 하는 상황입니다. 우리가 선택한 게 아니라, 바이러스가 선택한 겁니다."[29]

'위드 코로나' 정책은 앞으로 가야 할 길이라고 많은 사람이 동의한다. 하지만 현재까지 방역 당국이 제시한 위드 코로나 정책은

---

28 유근형·김소민(2021.10.16). 이르면 11월 1일부터 '위드 코로나'…백신 혜택 확대. 《동아일보》.
29 이창준(2021.10.04). "'위드코로나'는 어쩔 수 없는 '적과의 동침'…치명률 낮다고 안전한 질병 아냐". 《경향신문》.

'위드 코로나' 정책의 시행이 응급의료체계에 미칠 부담을 전혀 고려하지 않았다.

'위드 코로나'라는 정책에 긍정적인 면만 있지는 않다. '위드 코로나'의 핵심은 현재처럼 확진자 수를 관리하는 정책에서 코로나19 중증 환자들이 치료를 받을 수 있도록 정책을 전환하는 데 있다. 현재는 의료기관에서 확진자가 나오는 경우, 코호트 격리, 시설 폐쇄 등의 조치와 함께 접촉한 환자와 의료진 모두를 자가격리 하는 강도 높은 조치가 이루어진다. 위드 코로나 정책이 시행되면 필연적으로 원내 감염이 많아질텐데 현재 수준의 방역 조치를 시행하면 각급 의료기관들에 위드 코로나로 인한 부담이 그대로 전가될 수밖에 없다.

장기적으로는 의료체계의 정상화를 위해 중소병원이나 의원급 의료기관도 코로나19 환자를 진료해야 하는데, 의료기관 내에서 확진자가 발생했을 때 지금과 같은 강도로 코로나19 대응을 유지해야 한다면 이 역시 개별 의료기관에 부담이 된다.

2021년 10월 20일 한국의 백신 접종 완료율은 66.11%이다. 방역 당국은 10월 말까지 백신 접종 완료율이 70% 가까이 될 것으로 판단하고 '위드 코로나' 정책을 실행에 옮기려고 한다. 하지만 아직 백신 접종을 하지 않은 인구수는 500만 명이 넘는다. 방역의 완화는 코로나19 백신 미접종자의 감염 확률을 높이기 때문에 의료체계에 부담을 준다. 현재는 미접종자가 코로나19 예방접종을 받을 수 있도록 유도하는 게 우선이다.

결국 위드 코로나로 지역사회 방역 조치를 완화하면, 각 병원의 코로나19 대응 수준도 낮춰야 하는데 현재까지 방역 당국의 '위드 코로나' 정책에는 이러한 내용은 담겨 있지 않다. '위드 코로나'가 시행되면 응급의료체계에 매우 강력한 부하가 생길 수밖에 없다. '위드 코로나' 정책 중 하나는 경증 코로나 환자의 재택 치료이다. 하지만 재택 치료를 어떻게 할지 세부 내용이 준비되지 않아 여러 문제점이 지적됐다.[30] 재택 치료를 받던 환자가 병원 치료가 필요하게 되면 응급의료기관으로 이송될 수밖에 없는 구조다.

코로나 재택 치료자의 관리는 지방자치단체 주도형과 의료기관 주도형으로 나뉜다. 지방자치단체가 지정한 '재택치료 협력 의사'가 근무하는 요양기관(지방자치단체 주도형)과 '재택치료 관리 의료기관'으로 지방자치단체에서 지정 받은 의료기관(의료기관 주도형)이 코로나 재택 치료자의 관리를 수행한다.[31] 코로나 재택 치료자 관리의 원칙은 기본 정보, 병력 정보, 약 복용 여부, 건강상태의 확인 및 문진, 임상 수치 및 증상 발현 여부 모니터링 후 진료 기록 작성, 1일 2회 유선 모니터링이다. 재택 치료 환자에서 이상징후나 증상이 생긴 경우 재택치료관리 요양기관의 의사가 비대면으로 진료 및 처방을 한다. 재택 환자 관리에는 꽤 많은 자원이 소모되는데 일부 의료기관은 이 업무를 응급실에 상주하는 의료인에게 맡기려고 해 응급의료체계에 또 하나의 부하가 될 전망이다.

---

30 이선아(2021.10.17). 재택치료가 '위드코로나 열쇠'인데…현장선 "환자 방치".《한국경제신문》.

31 한해진(2021.10.12). 코로나 재택치료, 전화상담료 4,840원·환자관리료 8만860원.《데일리메디》.

2020년 1월 20일 국내에서 첫 코로나 확진자가 발생한 이후 각급 응급의료기관은 '우리가 뚫리면 병원이 뚫린다'는 생각으로 매우 많은 노력을 경주해왔다. 특히 응급실을 통한 코로나19 확산이 일어나지 않도록 노력했다. 정부와 방역 당국도 이제는 위드 코로나를 선언한 만큼 기존의 각급 기관별 방역 정책을 검토하고 위드 코로나 정책에 맞도록 수정해야 한다. 또한 위드 코로나는 필연적으로 응급의료체계에 매우 심각한 부담으로 작용하므로 대한응급의학회, 권역응급의료센터 협의체는 위드 코로나 대응에 필요한 정책과 지원을 적극적으로 정부에 요구해야 한다. 중증 응급의료센터 위주로 수용하고 있는 '코로나 의심 환자' 중 고도의 응급의료가 필요하지 않은 경증도의 '코로나 의심 환자'를 중소병원 응급실과 분담하는 방법도 마련해야 한다.

코로나 백신 확보,
못 한 것인가? 안 한 것인가?

이형기[1]

| 뒤처진 백신 확보 |

2020년 10월 10일, 나는 YTN의 〈더 이슈진단 코로나19〉 '글로벌 팬데믹, 불붙은 백신 전쟁' 편에 출연해 다음과 같은 내용을 주장했다(그림1). "2020년 말 또는 2021년 초까지 적어도 3~4종의 백신이 개발될 것이다. 그러나 백신 개발에 성공한 선진국이 백신민족주의vaccine nationalism 또는 백신자국우선주의를 발호할 가능성이 크다. 따라서 정부는 다양한 외교 채널을 통해 충분한 양의 백신을

---

1 서울대학교 의과대학을 졸업했고, 서울대학교병원에서 가정의학과 전문의 수련을 받았다. 2000년 도미해 조지타운의과대학병원 임상약리학 펠로우, 조지타운의과대학 조교수, 피츠버그의과대학 조교수, 캘리포니아주립대학교 약학대학 부교수, 미국 FDA 객원연구원을 역임했다. 2014년부터 서울대학교 융합과학기술대학원 분자의학및바이오제약학과, 의과대학 임상약리학교실, 서울대학교병원 임상약리학과 교수로 재직 중이다. 저서로 『FDA vs 식약청』, 『잊지 말자 황우석』, 『신화의 추락, 국익의 유령』(공저), 『제약의학개론』(공저), 『Preclinical Drug Development』(공저), 『바이오의약품 시대가 온다』(공저)가 있다.

[그림 1] 백신 확보의 중요성을 강조하는 저자(유튜브 화면)

확보하기 위한 조치를 서둘러야 한다."[2]

전문가가 아니더라도 코로나 팬데믹 상황을 예의주시해 왔다면, 백신이 팬데믹을 종결하는 데 가장 중요한 수단임을 모를 리 없다. 물론 정부도 아예 손을 놓고 있지는 않았다. 2020년 9월 15일자 국무회의에서 정세균 국무총리는 "국제기구와 해외기업과의 협상을 통해, 우리나라 인구의 60% 수준인 약 3,000만 명 분량의 백신을 우선 확보하겠다"고 발표했다.[3] 3,000만 명은 '인구의 60% 인구가 백신을 접종해야 집단 면역을 달성한다'는 가정 하에 나온 숫자다.[4]

하지만 정부가 백신을 확보하는 과정은 순탄치 않았다. 이를

2 https://youtu.be/B6X7LSm95bQ (2021.10.03. 접속).

3 대한민국 정책브리핑(2020.09.15).

4 코로나 감염의 '재생산수reproduction number, R0', 즉 감염자 한 명이 다른 몇 명에게 2차적인 전염을 일으키는지를 나타낸 숫자가 2.5라고 가정할 때 나온 값이다.

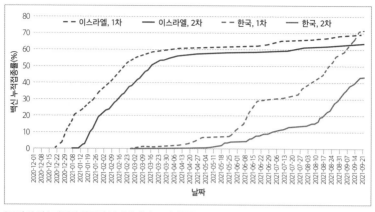

[그림 2] 이스라엘과 한국의 날짜별 백신 누적접종률 (출처: Our World in Data, 2021.09.22. 접속)

상징적으로 보여 주는 게 날짜 별로 이스라엘과 한국의 누적접종
률을 비교한 [그림2]다. 잘 알려진 대로 이스라엘은 영국, 미국과
같이 전 세계에서 가장 빠르게 접종을 완료한 국가이다. 2020년
12월 중에 코로나 백신 접종을 시작해, 3개월 이내에 전 국민의
50% 이상이 2차 접종을 완료한 모범 국가다. 1차와 2차 접종률을
나타내는 검은색 점선과 실선은 접종 초반부터 급격하게 상승하
며 이 둘의 차이는 적고 무엇보다 거의 평행하게 진행한다.

하지만 한국의 백신 접종 상황을 보여 주는 자주색 선은 사뭇
다른 양상이다. 일단 접종 시작이 이스라엘보다 3개월 이상 늦었
다. 더군다나 접종 초반기를 비롯, 중간 중간에 접종률이 정체된
기간이 여럿 나온다. 1차와 2차 접종률의 차이도 들쑥날쑥이며
둘의 차이가 거의 30%에 달할 정도로 크다. 백신 접종도 늦게 시
작했지만 접종을 시작한 이후에도 백신 공급이 원활하지 않았기
때문이다. 급기야 1차 접종률을 높아 보이게 하려고 2차 접종에

남겨 둬야 할 백신을 1차 접종으로 돌리는 바람에 백신이 모자라 권장 간격보다 늦게 2차 접종을 실시해야 했던 '슬픈' 역사가 그래프에 그대로 드러난다.[5]

그렇다면 도대체 왜 정부는 제때에 백신을 공급하지 못했을까? 혹자는 '자체적으로 백신을 개발하지 않은 (또는 못 한) 나라의 숙명이 아니냐'고 반문할지 모른다. 하지만 이스라엘도 그렇고 이스라엘처럼 원활한 백신 공급을 통해 빠르게 '위드 코로나With Corona'로 팬데믹 이전의 일상으로 복귀를 시도한 싱가포르도 백신을 자체적으로 개발하지 않은 나라다.

따라서 진짜 이유는 다른 데 있어 보인다. 이번 장에서 그 이유가 무엇인지 확인해 보자.

▌정부, 외국 개발 코로나 백신에 확신 없어 ▌

백신 확보를 공언한 2020년 9월 15일자 국무회의 브리핑을 더 들여다 보면 흥미로운 언급을 발견한다. 정세균 국무총리가 "아직 백신의 안전성과 효과성, 개발 성공 여부도 불확실해 무작정 투자하기에는 한계가 있다"라고 말한 대목이다(이후, 모든 밑줄은 저자가 강조하기 위해 추가함). 같은 날 브리핑에서 "많은 국가가 이미 백신 선구매 계약을 체결했는데 한국은 너무 늦은 것 아니냐"는 질문

---

5 모더나 백신 공급이 원활하지 않아 정부는 한시적으로 1, 2차 접종 사이의 권장 간격인 4주를 6주로 연장했다. 하지만 화이자 백신도 영향을 받아 일부 접종자는 권장 간격인 3주를 훨씬 뛰어 넘는 8주 만에 2차 접종을 받는 일도 벌어졌다(출처: 이진성·조현영(2021.08.12). 화이자·모더나 1차·2차 접종, 6주 간격 문제 없다? KBS 뉴스) .

에 정부는 "선구매 계약은 해당 백신의 안전성이 입증되지 않으면 날리는 돈이 된다"라고 답변하기도 했다.[6]

정 국무총리와 정부의 답변은 마치 여러 상황을 종합적으로 고려해 충분히 확신이 선 이후에 신중하게 백신 확보 유무를 결정하겠다는 말처럼 들린다. 하지만 이 당시에 미국, 캐나다, 영국, 유럽연합처럼 여러 나라가 이미 백신 선구매 계약을 맺은 상태였다. 백신 말고는 팬데믹 출구가 보이지 않았기 때문이다.

코로나19 팬데믹 초기에는 보건의료계 전체가 전대미문의 코로나 감염의 위력에 놀라고, 눌린 상태였다. 따라서 입원한 중환자의 사망률이나 후유증을 줄이려는 쪽으로 치료제 개발 노력을 경주했다. 하지만 팬데믹 이후 이미 6개월 이상의 시간이 흐른 2020년 9월 15일 당시에도 개발 가능성이 큰 코로나 치료제 후보는 부각되지 않았다.

실제로 2020년 9월 15일 이전에 미국 FDA Food and Drug Administration가 코로나 치료에 긴급사용승인EUA, Emergency Use Authorization[7]을 내 준 의약품은 단지 다섯 개에 불과했다.[8] 이 중에서 코로나 바이러스의 증식을 억제하는 항바이러스제는 렘데시비르remdesivir 하나 뿐이었다.[9]

---

6 백민정(2020.09.15). 미국·영국 등 백신 선구매 하는데 우리는?…정부 "2000만명분 확보 문제 없다"《중앙일보 일간스포츠》.

7 긴급사용승인은 마땅한 진단 검사 방법이나 치료제가 없는 위기 상황에서 제한된 안전성, 유효성 자료에 근거해 임시로 쓸 수 있게 해 주는 제도로 정식 허가와는 다르다.

8 원래는 항말라리아치료제인 하이드록시클로로퀸과 클로로퀸도 코로나 치료에 긴급사용승인을 받았지만 심혈관계 부작용을 비롯한 여러 안전성 문제로 2020년 6월 15일에 FDA가 긴급사용승인을 철회했다.

9 렘데시비르는 이후 2020년 10월 22일에 FDA로부터 최종 신약 승인을 받았다.

원래 렘데시비르는 에볼라 치료에 사용할 항바이러스제로 개발 중이던 약물이다. 하지만 별로 효과가 신통치 않아 에볼라 치료제로 허가도 받지 못 하고 관심도 별로 없이 방치된 상태였다. 그러다 혹시 렘데시비르가 코로나 치료에 효과가 있을까 싶어 임상시험을 했더니,[10] 위약placebo[11]보다 입원 기간을 며칠 줄여 주는 정도였다.

더군다나 렘데시비르는 정맥 주사로 투여해야 한다. 그래서 렘데시비르는 중등증 이상의 '입원' 환자에게만 쓸 수 있었다. 요컨대 코로나 감염 확산 방지에 큰 역할을 하는 '잠복기' 또는 '초기' 환자의 치료에 렘데시비르가 담당할 역할은 없었다.

별다른 치료제가 없고 새로운 치료제 개발도 기약하기 힘든 상황에서는 당연히 백신만이 팬데믹을 종식할 수 있는 거의 '유일한' 수단이다. 뿐만 아니라 2020년 9월에는 이미 화이자, 모더나, 아스트라제네카의 백신 후보 물질이 1~2상 임상시험에서 관찰한 희망적인 결과를 근거로 대규모 3상 임상시험을 수행하던 중이었고 특별한 문제가 없으면 연말까지 결과가 나오리라 예상됐다.[12] 따라서 외국에서 개발될 백신 말고는 딱히 기대할 게 없던 2020년 9월 15일에 정부가 '매우 신중하게 (외국에서 개발된) 백신을

---

10 이처럼 원래 다른 목적으로 개발했거나 개발 중인 의약품을 새로운 적응증의 치료제로 개발하는 신약개발 방식을 '신약재창출drug repositioning, drug repurposing'이라고 부른다.

11 흔히 '가짜약'이라고 부른다. 임상시험에 참여한 환자를 두 집단으로 나누고 한 집단에는 진짜 약을 주고 다른 집단에는 모양이 같게 만든 위약(가짜약)을 준 후, 두 집단의 효과와 안전성을 비교한다.

12 아스트라제네카의 백신 후보 물질은 '횡단척수염transverse myelitis'으로 의심되는, 기대하지 않은 이상 반응adverse event이 발생해 잠시 임상시험을 중단했다가 2020년 9월 12일과 9월 14일에 각각 영국과 브라질에서 임상시험이 재개된 상태였다.

확보할지 말지 결정을 내리겠다'고 남 얘기 하듯 말한 이유를 알기 어렵다. 찬밥 더운밥 가릴 상황이 아니었기 때문이다.

사실 이런 식의 허황된 '정신 승리'[13]는 문재인 정부 출범 이후에 너무 흔하게 보던 터라 딱히 새롭지도 않았다. 하지만 정말 뭔가 믿을 만한 다른 구석이 정부에 있었을까?

| '국산' 치료제·백신 개발에 무게 실은 정부 |

2020년 후반에 정부는 여러 가지 가능성을 고려하면서 다양한 대책을 강구했다고 보인다. 한 치 앞을 모르는 상황에서 '돌다리도 두드려 가는' 심정으로 여러 정책 카드를 만지작거릴 수밖에 없었던 정부의 고민이 이해된다. 위험을 분산하기 위해 균형 잡힌 정책 포트폴리오를 구성해야 했던 정부를 일방적으로 비난할 마음은 없다.

하지만 이러한 균형이 조금씩 무너지는 상황이 감지되기 시작한다. 2020년 8월 21일 보건복지부와 과학기술정보통신부(과기정통부)가 주관한 '제5차 코로나19 치료제·백신개발 범정부 지원위원회'는 "코로나19 치료제·백신 임상시험 지원 대상으로 총 8개 과제(치료제 5개, 백신 3개)를 (예비) 선정했다"고 밝혔다.

물론 이 회의에서는 "COVAX 퍼실리티를 통한 국제 배분 논의

---

13 본인에게 치욕스럽거나 불리하거나 나쁜 상황을 좋은 상황이라고 왜곡하여 정신적 자기 위안을 하는 행위로 실상은 자신의 망상으로만 이기고 있는 상황을 의미한다(출처: 나무위키). 중국 작가 루쉰의 소설 『아Q정전』에 나온 정신승리법(精神勝利法)이라는 용어에서 유래된 말이라고 한다.

에 적극 참여하고⋯ 백신 개발 선두에 있는 글로벌 기업과 개별 협상을 통한 백신 확보도 적극 추진한다"고 밝힘으로써 정부가 다각도로 코로나 팬데믹에 대처 중임을 분명히 했다. 그럼에도 불구하고 이 회의의 핵심 안건은 '국내' 기업이 개발 중인 치료제와 백신의 지원 방안 논의인데, 보도자료에 나온 다음 회의록 문장이 이 사실을 잘 드러낸다. "정부는 '끝까지 지원한다'는 원칙하에 치료제·백신 개발 지원에 총력을 기울이고 있다." 2020년 8월 21일에 지원이 결정된 국산 개발 치료제 중 하나가 이후에 허가를 받았고 백신 하나가 3상 임상시험에 진입함으로써 정부의 지원이 일부 효과적이었다고 보인다. 식품의약품안전처(이후 식약처)는 셀트리온의 CT-P59(상품명: 렉키로나주)를 2021년 2월 5일에 조건부로, 그리고 2021년 9월 17일에 최종 허가했다. SK바이오사이언스의 합성항원백신도 2021년 8월 말에 글로벌 3상 임상시험에 돌입했다.

| 셀트리온, '정부가 끝까지 지원?' |

누군가 이렇게 반문할 수 있다. '그래도 치료제가 국내에서 개발되면 좋은 게 아니냐?'고. 맞다. 당연히 천 배, 만 배 낫다. 더욱이 국내 회사가 개발했다면 더 자랑스러운 일이다. 따라서 셀트리온이 자체 개발한 항체신약이 코로나 치료제로 허가를 받은 사실은 쾌거다.

하지만 문제는 다른 데 있다. 셀트리온의 서정진 회장은 2020

년 11월 20일 《한겨레신문》과 대담에서 이렇게 호언장담했다.[14] "내년(2021년) 봄에는 한국이 전 세계에서 가장 먼저 국민이 마스크 없이도 일상생활을 할 수 있는 '코로나 청정국'이 될 것이다", "코로나 퇴치를 위해서는 먼저 치료제가 필요하고, 백신이 뒤따라와야 한다. '선 치료제, 후 백신'인 셈이다." 이런 저런 기행과 언사로 호사가의 입방아에 자주 오르던 서정진 회장이지만 이번에는 너무 나갔다. 모두 새빨간 거짓말이기 때문이다.

우선 서정진 회장의 예측과는 달리, 한국은 코로나 청정국에서 점점 더 멀어져만 갔다. 더군다나 '코로나 퇴치에 백신보다 치료제가 먼저 필요하다'는 서 회장의 말은 단순히 기업가의 자사 제품 홍보 발언이라고 보기 힘들 정도로 악의적인 왜곡이다. 게다가 같은 인터뷰에서 "미국은 자국민을 위한 치료제가 부족해, 바이든 행정부가 한국의 도움이 필요할 수 있다"고 한 부분에 이르면, 과연 서 회장이 제정신으로 한 말인지 의심스러울 정도다.

치료제, 특히 셀트리온의 렉키로나주와 같은 항체치료제로 코로나 팬데믹이 종식될 리 만무하다. 우선 항체 생산량을 무한정 늘릴 수 없기 때문에 공급이 제한된다. 따라서 환자가 급격히 증가하는 상황에서 항체치료제는 곧 한계에 도달한다. 더군다나 렉키로나주처럼 정맥 주사로 투여하는 약물은 입원이 필수다. 뿐만 아니라 항체치료제는 코로나 바이러스가 세포 안으로 들어가는 과정만을 방해하기 때문에 일단 감염이 되면 소용이 없다. 따라서

---

14 곽정수(2020.11.25). "치료제 내년 초 시판…한국이 세계 첫 '코로나 청정국' 될 것". 《한겨레신문》. 곽정수 논설위원이 서정진 셀트리온 회장을 인터뷰한 내용이다.

초기 감염, 특히 팬데믹 종식에 가장 중요한 무증상 시기에 항체 치료제로 추가 전염을 막기는 불가능하다. 항체치료제인 렉키로나주로 코로나 종식을 꾀한다니, 소도 웃을 일이다.

서정진 회장의 근거 없는 주장과는 달리, 코로나가 종식되려면 백신으로 감염 자체를 막거나 감염이 되더라도 치료가 가능한 다른 방법을 써야 한다.[15] 결국 환자의 입원 기간을 줄이고 경증 및 중등증 환자가 중증으로 악화하는 것을 막는 데 렉키로나주가 일부 도움이 되나 그 역할은 제한적이다. 심지어 렉키로나주의 2상 임상시험을 주도한 엄중식 교수(가천대 길병원 감염내과)조차도 렉키로나주 2상 임상시험 결과의 확대 해석을 경계하며, "치료보다는 예방으로 완전히 유행의 판세를 바꿔 놔야 한다. 예방은 백신으로 가능하다"고 강조했다.[16]

셀트리온의 또 다른 문제는, 언론 홍보를 할 때 임상시험 결과를 투명하게 공개하지 않는 폐쇄성이다. 셀트리온의 언론 보도자료를 보면 회사의 일방적인 효과나 안전성 주장에 그치는 경우가 많아 전문가라 하더라도 구체적인 진위를 판단하기 어렵다. 예를 들어 셀트리온은 2020년 12월 29일에 렉키로나주의 2상 임상시험을 마치고 식약처에 조건부 허가 신청을 하면서 "근거를 충분히 확보했다"고 주장했지만, 임상시험의 품질을 가늠할 수 있는

---

15 2021년 10월 11일 자로 미국 FDA에 긴급사용승인을 신청한 MSD사의 몰누피라비르(molnupiravir) 같은 약물이 여기에 해당한다. 셀트리온의 렉키로나와 달리 몰누피라비르는 경구 투여가 가능하고, 초기 감염 환자에게도 사용할 수 있어 코로나 팬데믹 종식을 앞당기는 데 큰 기여를 하리라 기대된다.

16 김현정의 뉴스쇼(2021.01.15). '셀트리온 코로나 치료제, 게임체인저 될까? CBS라디오.

연구방법이나 어떠한 구체적인 자료도 공개하지 않았다.[17]

　동료심사peer review[18]를 거친 논문 발표를 서두르지 않는 셀트리온의 행태도 이상하기는 마찬가지다. 렉키로나주의 2상 임상시험은 2020년 11월에, 그리고 3상 임상시험은 2021년 4월에 종료됐다. 그러나 2상과 3상 임상시험이 끝난 지 각각 거의 1년과 6개월이 다 되어가는 현 시점(2021년 10월 20일)에도 렉키로나주의 임상시험 논문은 건강인과 경증 환자에서 실시된 1상 임상시험의 결과를 보고한, 단 한 편에 불과하다.[19]

　셀트리온과는 달리 외국 바이오제약기업은 임상시험에서 얻은 유효성과 안전성 결과를 언론보도에 구체적으로 적시한다. 뿐만 아니라 임상시험이 끝나면 몇 주 또는 수 개월 이내에 신속하게 논문으로 발표한다. 따라서 셀트리온의 폐쇄성은 외국 바이오제약기업의 투명함, 또는 적어도 투명하게 보이도록 노력하는 행태와 크게 차이가 난다.

---

17 김찬혁(2020.12.31). 건약 "셀트리온 치료제 임상 결과 공개하라" 《청년의사》.

18 관련 분야의 전문가(흔히 '동료'라고 부름)가 학술지에 제출된 논문을 심사함으로써 논문의 질을 평가하고 자료나 방법론에 문제점은 없는지 확인하는 과정이다. 유수 학술지는 모두 동료심사 과정에서 살아 남아야 논문 게재를 최종 승인한다.

19 Kim JY, Jang YR, Hong JH, et al. Safety, Virologic Efficacy, and Pharmacokinetics of CT-P59, a Neutralizing Monoclonal Antibody Against SARS-CoV-2 Spike Receptor-Binding Protein: Two Randomized, Placebo-Controlled, Phase I Studies in Healthy Individuals and Patients with Mild SARS-CoV-2 Infection (published online ahead of print, 2021 Aug 23). Clin Ther. 2021;S0149-2918(21)00308-8. doi:10.1016/j.clinthera.2021.08.09.

| 백신 대신 국산 치료제? |

국산 치료제 개발만으로도 축하와 칭찬을 받아야 할 듯한데, 나는 왜 셀트리온의 거침없는 행보에 딴죽을 걸까? 원활한 백신 공급에 실패한 정부와 집권 여당이 점증하는 국민의 비판을 면할 요량으로 '국산' 치료제 개발을 띄워 관심사를 다른 데로 돌리려고 했다는 의혹 때문이다. 한마디로 백신은 제때 못 들여 왔지만 국산 치료제라도 개발했으니 문제 없다는 식으로 책임과 비난을 벗어나려는 게 아니냐는 의문이다.

고려대학교병원 감염내과의 김우주 교수는 '렉키로나주와 같은 항체치료제가 코로나 팬데믹에서 차지하는 역할이 크지 않다'라며 다음과 같이 비판했다. "(다른 항체치료제가 별다른 효과를 보이지 않았다는 선례에도 불구하고 여당) 정치인들이 셀트리온 렉키로나주가 상황을 중요하게 바꿀 것처럼 자화자찬하면서, 치료제를 투여하면 마치 팬데믹이 종식이라도 될 듯 헛된 희망을 대중에게 불어넣고 있다."[20]

실제로 정부는 렉키로나주의 마케팅 또는 홍보 담당이라도 된 듯 이해하기 힘든 행보를 보였다. 예를 들어, 2020년 9월 8일에 개최된 중앙방역대책본부의 정례 브리핑에서 권준욱 부본부장은 이렇게 말했다. "식약처에서 (셀트리온 렉키로나주의) 2상, 3상 임상시험 계획을 심사 중… 2상에서 탁월한 효능·안전성이 확인되면 연

---

20 Nam Hyun-woo. Why Celltrion's 'COVID treatments' unlikely be 'game changer'. The Korea Times, January 15, 2021. "Despite the precedents of other antibody treatments, politicians are trumpeting this as a significant shift in the situation, pumping up public expectation as if the pandemic may end when a treatment is administered."

말에 긴급사용 승인을 신청할 것⋯ 9월 중에는 항체치료제를 상업용으로 대량생산할 계획을 갖고 있다."[21] 정부 당국자의 브리핑이라기보다 마치 회사 '내부' 사람이 자사의 제품 발매 계획을 홍보하는 양상 아닌가. 실제로 권 부본부장의 회사 홍보(?)에 힘 입어 셀트리온 주식은 전일 대비 4.26% 상승으로 당일 종가를 마무리했다.[22]

셀트리온 서정진 회장은 한겨레신문과 대담에 이어 나흘 뒤인 2020년 11월 24일에 TBS 라디오 〈김어준의 뉴스공장〉에 출연했다. 이 자리에서 서 회장은 "국내에는 치료제를 원가에 공급하겠다, 자국 기업은 국가의 공공재"라고 말했다.[23] 서 회장의 감성 발언은 지속적으로 사회주의 정책을 펴 온 현 정권의 입맛에 맞았겠지만 동시에 정부의 '백신 대신 국산 치료제' 기조에 기름을 부은 격이 됐다.

이 방송에서 김어준은 서정진 회장의 말을 받아 이렇게 말했다. "백신 여부하고는 또 별개로 우리나라 상황은 굉장히 안정될 수가 있다, 빠른 시간 내에⋯ 내년(2021년) 상반기에는⋯ 치료제로 두려움을 떨치고⋯ 백신은 좀 기다렸다가, 여러 가지 종류가 경쟁하고 있는데 하반기에 가장 안정적이다 싶은 놈으로 하면 된다⋯ 하반기 정도되면 거의 과거 일상으로 돌아간다고 보면 된

21 송화선(2020.09.10). 국내외 코로나 치료제·백신 개발 어디까지? "연내 어렵다!". 《신동아》. 김민수(2020.09.08). 방역당국 "9월 중 코로나 항체치료제 대량 생산할 것". 《동아사이언스》.

22 신선미(2020.09.08). 당국 "이달중 코로나19 항체치료제 대량 생산⋯생산공정 검증용" 《연합뉴스》.

23 김어준의 뉴스공장(2020.11.24). '인터뷰 제2공장' 코로나19 치료제 개발 어디까지 왔나. "코로나 백신은 공공재, 정부에 협조할 것" (서정진 셀트리온 회장). TBS.

다… 우리나라가 가장 빨리 도달할 것이라고 보시는 것이다?" 김어준은 백신이 없더라도 치료제로 팬데믹 상황을 안정시킬 수 있기 때문에 굳이 백신을 서둘러 확보하지 않아도 되지 않느냐는 주장을 서 회장의 답변에 자문하는 식으로 이어갔다.

김어준이 뭔가 알고 이렇게 말을 했는지는 확인할 수 없다. 하지만 적어도 김어준은 백신 공급이 늦어지면서 증가한 국민의 불만을 잠재우기 위해 국산 치료제를 띄우려던 정부의 불순한 의도를 숨김 없이 드러낸 셈이 됐다.

백신 확보를 서두르지 않기는 문재인 대통령도 마찬가지였다. 우선 청와대가 공개한 문 대통령의 백신 관련 발언록을 보면 13개의 발언 중 9개, 즉 70%에서 '국내 백신의 개발이나 백신의 위탁 생산'을 독려했고, 단 4개에서만 해외 개발 백신의 도입을 지시했다.[24] 그나마 4개 중 3개는 모두 외국의 백신 확보 전쟁이 마무리된 2020년 11월 24일 이후에야 나온 발언이었다.[25] 기차 떠난 다음에 손 흔드는 격이다.

이종구 서울대의대 교수와 문재인 대통령 사이에 오갔다는 백신 확보 직언 논란도 정부 내에 백신을 서둘러 확보하지 않아도

---

24 김명지(2020.12.23). 文 대통령, 9월 전엔 해외 백신 도입 지시 없어…K-백신 강조하다 때 놓쳤다. 《조선비즈》.

25 청와대가 공개한 발언록에 따르면 문재인 대통령은 2020년 11월 말이 돼서야 본격적으로 백신 확보를 강조한 것처럼 보인다. "백신 안전성에 대한 문제 제기는 우리가 배송 취급과정에서 부주의가 있지 않는 한 과학과 의학에 기반해야 한다. 최선을 다해서 확보하라."(2020년 11월 24일, 내부 참모회의) "과하다고 할 정도로 물량을 확보하라. 대강대강 생각하지 마라."(2020년 11월 30일, 내부 참모회의) "재정 부담이 커도 백신 물량 추가확보를 지원해 주도록 하라."(2020년 12월 8일, 홍남기 경제부총리 보고에서 재차 지시).

된다는 안이한 생각이 팽배했음을 뒷받침한다.[26] 이종구 교수는 질병관리본부장 시절이던 2009년에 발 빠르게 백신과 치료제를 확보함으로써 신종플루를 조기에 종식하는 데 큰 역할을 한 공중보건 전문가다. 이종구 교수는 에둘러 부인했지만,[27] '백신 대신 국산 치료제'에 무게를 실었던 정부의 기조를 고려할 때 백신 확보를 강조한 이 교수의 말을 문재인 대통령이 무시했거나 적어도 귀 담아 듣지 않았을 개연성이 크다.[28]

| 굴러온 호박도 걷어찬 정부 |

2020년 11월 18일, 미국 유력 일간지인 《월스트리트저널The Wall Street Journal》은 '코로나19 백신, 한국은 가격이 적당해질 때까지 기다릴 수 있다고 말한다'라는 제하의 기사를 실었다. 기사의 첫 줄은 이렇게 시작한다. "많은 나라가 코로나 백신을 구하려고 모든 방법을 동원하는 마당에 한국은 다른 길을 가려고 구상 중이다. 기다리는 것이다. As many countries jockey to get Covid-19 vaccines, South Korea is plotting a different course: It can wait."[29]

　실제로 박능후 당시 보건복지부장관은 2020년 11월 17일 국회

---

26 신성식·강태화(2020.12.22). "잠깐만요"…文 대통령에게 백신 직언 2번, 소용 없었다. 《중앙일보》. 이 기사에 따르면, 이종구 교수는 2020년 2월과 6월 두 차례, 문재인 대통령이 참석한 회의에서 백신과 치료제 확보의 중요성을 강조했으나 대통령이나 동석한 고위 인사가 별다른 반응을 보이지 않았다.

27 노지민·이종구(2020.12.23). "대통령 직언 소용 없었다는 중앙일보, 인터뷰 왜곡". 《미디어 오늘》.

28 강찬호(2020.12.25). 소신 발언 이종구, 권력층 질책 받은 듯. 《중앙일보》.

29 Dasal Yoon(2020.11.18). For Covid-19 Vaccine, South Korea Says It Can Wait Until the Price Is Right. The Wall Street Journal.

청문회에서 이렇게 말했다. "화이자와 모더나가 <u>한국에 3,000만 도즈 이상의 백신을 공급할 의사가 있다고 밝혔다</u>… 우리와 빨리 계약을 맺자고 오히려 그쪽에서 재촉을 하고 있는 그런 상황… <u>조급하게 굴지 않으면서</u> 가능한 한 가격을 합리적인 선으로 조율하기 위해 협상을 하고 있다."[30] 박 장관의 말대로라면 백신을 팔려고 안달이 난 쪽은 화이자와 모더나이다. 요컨대 시장에 매물, 즉 백신이 차고 넘치기 때문에 구입자가 골라서 선택이 가능한 소위 바이어스 마켓buyer's market이므로 서두를 필요가 없다는 게 박 장관의 발언에 담긴 주장이다.

하지만 박능후 장관의 이 말은 의도적인 거짓말이거나—이렇게 믿고 싶지는 않다—전혀 세상이 어떻게 돌아가는지 모르는 무지함에서 나온 허세다. 박능후 장관이 느긋하게 가격 조정을 강조하던 2020년 11월 17일에는 화이자와 모더나 백신의 코로나 감염 예방 유효율이 90% 이상이라는 임상시험의 결과가 이미 알려진 상태이거나[31] 다양한 채널을 통해 확인이 가능했다. 예를 들어 화이자는 박능후 장관이 국회 청문회에서 발언하기 무려 8일 전인 2020년 11월 9일에 이미 자사 백신이 위약 대비 90%의 코로나 감염 예방 효과를 나타냈다고 밝혔다.[32] 모더나도 2020년 11월

---

30 한영혜·백민정(2020.11.18). 박능후 "한국에 팔겠다 한 백신 3,000만 명분". 《중앙일보》.

31 Peter Loftus, Jared S. Hopkins, and Bojan Pancevski(2020.11.17). Moderna and Pfizer Are Reinventing Vaccines, Starting With Covid. The Wall Street Journal.

32 Pfizer Press Release. Pfizer and Biontech Announce Vaccine Candidate against Covid-19 Achieved Success in First Interim Analysis from Phase 3 Study. Monday, November 09, 2020, 06:45 AM. https://www.pfizer.com/news/press-release/press-release-detail/pfizer-and-biontech-announce-vaccine-candidate-against(2020.10.11. 접속)

16일에 3만 명 이상의 자원자가 참여한 3상 임상시험에서 자사의 백신이 위약과 대비해 코로나 감염을 예방하는 데 94.5%의 유효성을 보였다고 발표했다.[33] 딱히 백신의 안전성이 위약보다 떨어진다는 결과도 관찰되지 않았다. 더군다나 만에 하나 백신이 드물게 유해반응 또는 부작용을 일으키더라도 전 국민 대상 위험-효용 분석risk-benefit analysis 관점에서 백신 접종을 막거나 늦출 일은 아니었다.

이런 상황에서 정상적인 국가라면 모든 수단과 방법을 동원해 백신을 확보하는 데 사활을 걸어야 마땅하다. 실제로 화이자 백신의 성공적인 3상 임상시험 결과가 발표된 지 단 이틀 만인 2020년 11월 11일에 유럽연합은 2억 도즈, 그리고 필요하면 추가로 1억 도즈의 백신을 공급받기로 화이자와 합의했다.[34] 영국도 모더나 백신의 3상 임상시험 결과 발표 단 하루 만인 2020년 11월 17일에 지속적으로 백신을 공급한다는 합의를 모더나에서 이끌어냈다.[35]

이런 상황에 "조급하게 굴지 않는다"는 말을 태연하게 할 수 있

---

33 Moderna Press Release, Moderna's COVID-19 Vaccine Candidate Meets its Primary Efficacy Endpoint in the First Interim Analysis of the Phase 3 COVE Study, November 16, 2020 at 6:56 AM EST, https://investors.modernatx.com/news-releases/news-release-details/modernas-covid-19-vaccine-candidate-meets-its-primary-efficacy(2020.10.11. 접속)

34 Pfizer Press Release, Pfizer and BioNTech Reach an Agreement to Supply the EU with 200 Million Doses of Their BNT162b2 mRNA-Based Vaccine Candidate Against SARS-CoV-2, Wednesday, November 11, 2020 - 06:15 AM, https://www.pfizer.com/news/press-release/press-release-detail/pfizer-and-biontech-reach-agreement-supply-eu-200-million(2020.10.11. 접속)

35 Moderna Press Release, Moderna Announces Supply Agreement with United Kingdom Government to Supply mRNA Vaccine Against COVID-19 (mRNA-1273) if Approved for Use, November 17, 2020 at 9:11 AM EST, https://investors.modernatx.com/news-releases/news-release-details/moderna-announces-supply-agreement-united-kingdom-government(2020.10.11. 접속)

는 박능후 장관의 배포와 무신경에 그저 아연할 따름이다. 넝쿨째 굴러온 호박을 걷어차도 유분수지, 화이자와 모더나가 먼저 백신 제공 의사를 밝혔는데도 가격이 적당해질 때까지 기다린다고? 그럼 서둘러 백신 확보에 나선 유럽연합이나 영국은 모두 바보고 봉이란 말인가?

협상의 주도권이 누구에게 있는지도 모르면서 정신 승리 발언으로 자위하면 장관의 체면은 설지 모르나 그 때문에 국민만 죽어 나갈 뿐이다. 재임 시절 K-방역을 옹호하다 이런저런 설화로 구설에 올랐던 박 전 장관[36]은 백신 확보의 가장 중요한 시기에 판단을 잘못 내림으로써 많은 국민을 위험에 빠뜨렸다.

박능후 전 장관은 퇴임 후에도 본인이 얼마나 무능하고 상황 파악에 서툴렀는지 인정하지 않았다.[37] 박 전 장관의 예는 비전문가가 코로나 방역처럼 중차대한 국가 업무의 수장을 맡을 때 어느 정도까지 나라가 망가질 수 있는지 잘 드러낸다. 한국의 보건의료를 바로 세우려면 보건복지부에서 복지부를 내보내고 보건부로 독립을 서둘러야 한다.[38]

---

36 예를 들어 코로나 팬데믹 초기인 2020년 2월에 정부가 입국 제한 조치를 더 적극적으로 취하지 않으면 '창문 열고 모기 잡는 격'이라는 비판에 박능후 전 장관은 "겨울이라서 아마 모기는 없는 것 같다"고 비아냥거려 논란이 됐다(신선미(2020.12.04). 떠나는 박능후, 코로나 방역 이끈 '장수 장관'…실언 논란도. 연합뉴스)

37 김범수(2021.02.18). [김범수의 응시] 박능후 전 보건복지부 장관 인터뷰. 《한국일보》.

38 이형기(2015.07.23). [칼럼] 보건부 독립? 복지부를 내보내라. 《청년의사》.

모두(冒頭)에 쓴 대로 YTN 방송에서 나는 2020년 말이나 2021년 초까지 적어도 3~4개의 백신이 개발되리라 예측했다. 이러한 예측이 가능했던 이유는 코로나 팬데믹이 전통적인 백신 기술과 개발 방식을 송두리째 바꿀 것이라는 게 '너무나' 분명했기 때문이다.

우선 코로나 팬데믹은 전혀 새로운 종류의 백신 개발을 촉진했다. 예를 들어 화이자와 모더나 백신은 모두 메신저 알앤에이 mRNA를 나노입자에 집어 넣는 방식으로 개발됐는데 이전에는 한 번도 성공한 적이 없던 혁신 기술이다.

뿐만 아니라 코로나 팬데믹은 전통적인 백신 개발의 행태practices도 완전히 바꿔 놓았다. 에볼라 백신을 개발하는 데 무려 15년이 넘게 걸렸고 사스나 메르스의 경우에는 아직까지 개발된 백신이 하나도 없다. 이런 와중에 1년 여 만에 서너 개의 코로나 백신을 개발할 수 있었던 이유는 정부나 비영리기관의 전격적인 후원과 사전 지원을 받아 여러 제약바이오회사가 손을 잡은 공공-민간 파트너십public-private partnership이 다양하게 이뤄졌기 때문이다.[39] 코로나 팬데믹 이전에는 보지 못했던 현상이다.

코로나 팬데믹이 발발하고 채 몇 개월이 지나지 않았던 2020년 4월 말에 미국의 트럼프 대통령이 '초고속작전Operation Warp Speed'

---

39 이 책의 공저자 중 한 사람인 원정현과 내가 함께 쓴, 다음 논문에서 이 주제를 좀 더 깊게 설명했다. Won JH, Lee H. Can the COVID-19 Pandemic Disrupt the Current Drug Development Practices? Int J Mol Sci, 2021 May 21;22(11):5457. doi: 10.3390/ijms22115457. PMID: 34064287; PMCID: PMC8196831.

이라는 이름의 공공-민간 파트너십 출범을 지시했다는 사실이 알려졌다. 매우 신속하게 작전을 수행하겠다는 의지의 표현인데 여기에서 작전이란 코로나 백신의 개발, 생산 및 공급을 지칭한다.

'Warp'이라는 단어는 미국의 SF 드라마인 〈스타트렉Star Trek〉에서 유래했다. 우주 공간을 '비틀면warp' 빛의 속도로 한 장소에서 다른 장소로 이동할 수 있다는, 공상 소설 속에나 나올 법한 기대가 담긴 단어이다. 하지만 그 기대처럼 초고속작전은 1년도 안 돼 수 개의 코로나 백신을 개발, 생산, 그리고 공급하는 쾌거를 이루었다.

초고속작전은 '실패해도 좋으니 단기간에 몇 개라도 코로나 백신을 개발해 공급한다'는 목표를 세우고 무려 180억 달러, 한화로 22조 원을 투입했다.[40] 성공적으로 신약 하나를 개발하는 데 평균 15년 동안 30억 달러를 투자한다는 사실을 고려할 때, 초고속작전이 얼마나 짧은 기간에 천문학적인 금액을 백신 개발과 생산에 지원했는지 알 수 있다. 지원 대상 중에는 mRNA 백신인 모더나 백신(15억3,000만 달러)도 포함됐는데 성공 확률이 불확실해 보이던 혁신 기술에 엄청난 연구비를 과감히 지원하는 결단성이 놀랍기만 하다.

뿐만 아니라 초고속작전은 화이자 백신이 긴급사용승인을 받기 무려 6개월 전인 2020년 7월 22일에 20억 달러를 투자해 아예 1억 도즈를 선구매했다. 화이자 백신도 모더나 백신처럼 mRNA

---

40 Jerome Kim et al, Operation Warp Speed: implications for global vaccine security. The Lancet Global Health. 9: e1017-21 Published Online, March 26, 2021 https://doi.org/10.1016/ S2214-109X(21)00140-6.

백신이다. 물론 FDA로부터 긴급사용승인을 받는다는 조건이었다. 이후 2020년 12월 23일에는 초고속작전을 통해 화이자 백신 2억 도즈를 추가 구매했다.

초고속작전에서 지원을 받은 모더나, 얀센, 그리고 노바백스의 백신은 모두 성공적으로 FDA에서 긴급사용승인을 받았다. 아스트라제네카 백신도 일부 국가에서 긴급사용승인됐다. 실패할 가능성이 있음에도 과감하게 선구매 투자를 결정했던 화이자 백신도 2020년 12월에 FDA의 긴급사용승인을 받았다.

물론 초고속작전이 지원한 프로젝트 중에는 머크나 사노피의 백신 후보 물질처럼 중도에 중단한 실패 사례도 있었다. 하지만 초고속작전은 정상적인 국가나 정치인이라면 코로나 팬데믹같은 전대미문의 보건의료 위기 앞에서, 위험을 감수하더라도 어떤 결정을 내리고 지체없이 실행에 옮겨야 하는지 잘 보여 준다.

비록 기행과 궤변을 일삼던 트럼프 대통령이지만 초고속작전을 전격 지시하고 성공하도록 적극 지원했다는 사실만으로도 그가 인류의 건강 증진에 기여한 공로는 결코 작지 않다. 백신 효과를 입증한 3상 임상시험 결과가 발표됐는데도 가격 운운하며 백신 확보를 서두르지 않던 박능후 전 장관의 우유부단함, 무지, 무능과 얼마나 비교되는지 모른다. 백신 확보를 공언하면서도 신중함이라는 허울 아래 아무 결정도 내리지 않고 우물쭈물하던 정세균 전 국무총리도 그래서 실격이다.

| 기모란과 음모론 |

정부 고위 관료나 친정부 인사들은 하나같이 코로나 팬데믹이 어떻게 백신 기술과 개발 방식을 바꾸어 놓았는지 알지 못했다. 문재인 대통령, 정세균 전 국무총리, 박능후 전 장관, 서정진 회장, 김어준이 그랬다. 그래서 한국이 백신 확보에 늑장을 부린 데에는 이 사람들의 무지가 한몫을 했다. 하지만 이들이 과학이나 보건의료 분야의 전문가는 아니기 때문에 '몰라서 그랬다'고 변명을 할수는 있다.

그러나 코로나 팬데믹 중에 청와대의 신설 방역기획관으로 중용된 기모란 교수는 다르다. 아니 달라야 했다. 기모란 교수는 예방의학전문의이고 명색이 감염병 관리의 전문가 아닌가.[41]

기모란 교수는 코로나 팬데믹이 발발한 이후인 2020년 3월 24일부터 2021년 4월 13일까지 총 53회, 〈김어준의 뉴스공장〉에 출연해 다양한 발언을 했다. 거의 매주 한 번씩 출연한 셈이다. 방송 출연 횟수가 많은 것도 놀랍지만, 기실 더 놀라운 것은 거의 한 프로그램에만 출연했다는 사실이다.

〈김어준의 뉴스공장〉에서 기모란 교수가 한 발언을 살펴 보면 그가 코로나 팬데믹에 가장 큰 관심을 받은 mRNA 백신의 개발 가능성과 안전성에 처음부터 회의적이었음을 알 수 있다.[42] 예를 들어 기 교수는 2020년 5월 20일에 "기존의 아데노바이러스를

---

41 기모란 교수는 대한예방의학회 코로나19 대책위원장을 역임했다.

42 오원석(2021.04.20). 기모란, 김어준과 이런 대화…"백신 안 급해·화이자 누가 쓰겠나". 《중앙일보》.

이용하는 방식[43]이 오히려 나중에는 성공할 가능성이 크지 않을까… (mRNA 기술을 이용한 모더나 백신이 연말까지 나오기) 어려울 것… 만들어 내놓으면 안 쓸 것… 걱정스러워서"라고 말했다. 그러나 과학자들은 이미 오래 전부터 mRNA를 이용한 다양한 치료제와 백신 개발의 가능성을 연구해 오던 터였다.

물론 2020년 5월에는 아직 mRNA 백신의 효과나 안전성을 보여 준 자료가 많지 않았으니 기모란 교수의 우려를 무조건 탓할 일은 아니다. 그러나 mRNA 백신의 성공적인 3상 임상시험 결과가 발표된 2020년 11월 이후에도 여전히 기 교수는 의심의 눈초리를 거두지 않았다. 예를 들어 기 교수는 화이자의 mRNA 백신 효능이 90%라는 결과가 알려진 11월 10일에도 〈김어준의 뉴스공장〉에서 이렇게 발언했다. "전체 대상자의 결과가 다 나온 게 아니고… 일부러 회사에서 발표… 연구팀이 발표한 게 아니고… 아직 끝까지 결과가 다 나온 게 아니고… 화이사나 모더나 백신을 우리가 한 번도 써 본 적이 없는…"

원래 계획했던 164례의 코로나 감염 중 94례의 자료가 확보된 상태에서 실시한 '중간' 분석이므로 기 교수 말처럼 '결과가 다 나온 게 아니기'는 하다.[44] 하지만 이미 90%의 효능이라면 이후 분석에 추가될 70례의 감염이 설령 백신군과 위약군에서 반반씩 나온다고 양보하더라도—물론 이럴 가능성이 제로이지만—여전히

---

43 아스트라제네카와 얀센의 백신이 이 방식에 해당한다.

44 최종 논문에는 총 170례의 코로나 감염 사례가 포함됐다. Polack FP, Thomas SJ, Kitchin N, et al. Safety and Efficacy of the BNT162b2 mRNA Covid-19 Vaccine. *New England Journal of Medicine*. 2020;383(27):2603-2615.

화이자 백신의 효능은 65%나 돼 FDA의 긴급사용승인을 받는 데 아무런 문제가 없다.

더욱이 '연구팀이 아니라 일부러 회사에서 발표'해 문제라는 식의 지적에는 실소를 금하기 힘들다. 화이자 백신 3상 임상시험은 말 그대로 화이자가 '의뢰'한 연구이기 때문에 회사가 외부에 언론보도press release 형식으로 결과를 발표하는 게 왜 문제인가. 뿐만 아니라 이렇게 희망적인 결과라면 '일부러'라도 발표해야 하지 않은가.

이후에도 기모란 교수는 "화이자라는 회사의 마케팅에 우리가 넘어갈 이유는 없다"는 김어준의 말에 "그렇죠"라며 동의했고(2020.11.20), "만약 (아스트라제네카, 화이자, 모더나 백신) 3개가 동시에 우리 앞에 놓여있다면 화이자나 모더나를 쓸 나라는 없을 것"(2020.12.10)이라며 여전히 mRNA 백신을 신뢰하지 않음을 드러냈다. 그러나 기 교수의 예상과는 달리 현재 가장 많이 팔린 백신은 화이자의 mRNA 백신이다. 뿐만 아니라 기모란 교수가 나름 애정을 보인 아스트라제네카 백신은 혈전 관련 안전성 문제가 불거져 여러 국가에서 긴급사용승인이 철회된 상태다.

급기야 기 교수는 '아스트라제네카 백신이 FDA의 승인을 받지 못하는 데 화이자, 모더나 같은 미국 회사가 힘을 쓰지 않았을까'라는 김어준의 말에 "화이자나 모더나 입장에서는 빠르게 지금 가장 초기에 이것을 팔지 않으면 그 다음에는 계속해서 새롭게 더 편리한 백신이 나오게 되면 판매하기 좀 어렵겠죠"(2020.12.10)라며 아스트라제네카 백신이 미국에서 긴급사용승인을 받지 못한 이유가 마치 화이자와 모더나가 백신을 판매할 시간을 확보하려고 했기 때문이라는 식의 음모론을 제기하기에 이르렀다. 음모론의 달인 김어준과 수 십 회 방송을 같이 하더니 본인이 음모론을 주창하기 시작한 셈이다. 정말이지 사람 가려 만날 일이다.

기모란 교수의 사례는 '자기가 아는 게 전부'라는 아집에 빠져 새로운 혁신 기술과 과학에 눈을 돌리지 못할 때 전문가라도 얼마나 우스워질 수 있는지 잘 보여 준다. 기 교수가 어떻게 대통령의 눈에 들어 청와대 방역기획관이 됐는지는 관심 없다. 하지만 기모란 교수같이 편향된 과학자가 득세하는 마당에 도대체 어떤 공무원이 미쳤다고 자기 자리를 걸고 백신 도입에 나설 수 있었을까?

| 맺으며 |

정부는 코로나 팬데믹 종결에 가장 중요한 백신을 적기에 도입하는 데 실패했다. 뿐만 아니라 고위 관료의 무지, 허세, 그리고 우유부단함 때문에 상황을 반전시킬 수 있었던 여러 차례의 기회도 모두 허공에 날려 보냈다. 이러한 불행의 이면에는 외국, 특히 미국과 관련이 있으면 무조건 색안경부터 끼고 보려는 김어준, 기모란 같은 이가 균형감을 상실한 채 내던진 왜곡된 메시지가 자리잡고 있었다. 이 와중에 '우리 것이 좋은 것이여'라며 팬데믹 종식에 제한적일 수밖에 없는 치료제의 국산 개발로 백신 확보 실패를 만회하려던 정부의 헛발질도 단단히 한몫했다.

결국 정부가 제때에 백신을 도입하지 못했지만 실제로는 '안' 했다는 게 더 정확한 표현이다. 가짜 전문가와 주위에서 부화뇌동하는 치어리더가 곡학아세를 일삼는 상황에서 누가 책임지고 백신을 조기에 확보하려고 했을까. 못 한 게 아니라, 안 한 것이다.

2009년 전 세계를 강타한 신종플루에 한국 정부가 대응했던 방식을 비판한 한 논문은 이렇게 결론을 내렸다. "한국 정부의… 대응 계획은 구체성과 현실성에 문제가 있었기에 실제 현실에서는 수립된 계획이 제대로 작동되지 않았다… <u>백신을 사전에 충분히 준비하지 못했으며… 타당성과 결정 과정의 투명성에 문제가 있었다.</u>"[45] 마치 신종플루가 아니라 지금, 코로나 팬데믹 경우처럼 들리지 않는가! 십 여년이 흘렀지만 여전히 그때나 지금이나 달라진 게 없다.

"정부는 절대로 배우지 못한다. 오직 국민만이 배울 뿐이다. Governments never learn. Only people learn." 밀튼 프리드만Milton Friedman의 경구는 2021년 한국에서도 여전히 진리다.

---

45 박상표·조홍준(2010). 2009 신종플루의 위험성과 한국 정부의 대응에 대한 비판적 평가.《비판사회정책》. 30, pp.7-48.

K-방역에 명멸한 전문가들

서민[1]

"젊을 때 좌파 한번 안 해보면 바보요, 늙어서도 좌파면 더 바보다." 20세기 당시 서구사회에서 회자되던 말이다. 반공교육이 강제되던 우리나라도 예외는 아니었다. 대학에 갔을 때 선배들은 말했다. 너희들이 알던 건 다 가짜라고. 그들의 말대로 1980년 광주는 군사정권의 선전처럼 폭동이 아니라 민주화운동이었다. 그래서 학생들은 군부독재 타도를 외치며 돌과 화염병을 던졌다. 그들 중 상당수는, 비록 직업적 운동가가 되지 않았다 해도, 좌파로 남았다. 좌파가 지배하는 대학가에서 의대는 일종의 '소도'였다. 시위에 참여하느라 지금 당장 교육을 받지 못한다면, 나중에 환자를 보는 데 커다란 지장을 초래하기 때문이었다.

---

1 서울대학교 의과대학을 졸업했고 단국대에서 기생충학을 가르치며 현재는 유튜버로 더 많은 활동을 하고 있다. 저서로는 『서민의 기생충열전』 등이 있다.

우리(85) 학번이 그랬다. 6월 항쟁으로 뜨거웠던 1987년, 당시 본과 1학년인 우리는 압도적인 지지율로 수업 거부안을 통과시키고 거리로 나섰다. 그 여파로 해부용 시체의 폐와 심장을 보지 못한 채 해부학을 마쳐야 했는데, 이건 꽤 오랫동안 우리의 굴레가 됐다. 그때서야 알았다. 왜 우리 위 학번들이 수업 거부를 하지 않는지. 그 뒤 우리는 재빠르게 현실과 타협했고, 주 120시간을 군말 없이 일하는 생활인이 됐다. 2002년 대선을 앞둔 의대 동기 모임에서 참석자 대부분이 보수정당 후보를 지지한 것은, 의사들에게 이념보다는 의술을 더 잘 펼칠 수 있는 환경을 마련해 주는지 여부가 더 중요하다는 걸 시사해 준다.

그렇다고 모두가 좌파 이념을 버린 것은 아니어서, 의사 중에도 사회주의를 동경하는 이들은 여전히 존재했다. 이들의 욕구를 충족시키는 분야가 바로 '예방의학'이었다. 환자를 진료하는 대신 질병의 발생 원인을 규명하고 이에 대한 대책을 마련하는 게 예방의학의 주 업무인데, 이 분야가 좌파들에게 와 닿았던 이유는 이를 통해 노동자들의 처우를 개선할 수 있기 때문이다. 실제로 백혈병이나 폐섬유화증이 오염된 작업 환경에서 발생한다는 사실을 밝히는 등 예방의학은 산업화 과정에서 소외됐던 노동자들의 처우를 개선하는 데 큰 역할을 했다. 그 밖에도 석면이나 중금속 오염이 건강에 미치는 영향을 분석하기도 했고, 미세먼지와 각종 호흡기 질병의 연관성을 밝혀낸 것 역시 예방의학의 공로다. 현재 예방의학은 의과대학 학생들이 필수적으로 배워야 하는 과목이며, 많은 교수들이 대학에서 교육과 연구를 담당하며 재직 중이다. 과목 특성상 그들 중에는 보건정책을 자문하는 본래의 역할을 넘어 아예 공직에 진출하는 경우도 있으며, 단국대학교 의과대학의 하미나 교수처럼 재직 도중에 환경부 정책관으로 근무하며 국민보건 향상에 기여하는 분도 있다.

문제는 언제나 '일부' 좌파들이다. 그들은 세계에서 가장 효율적이라 평가받는 우리나라 의료시스템을 부정하고, 국가의 개입과 통제를 강화하자고 주장한다. 1987년 서울대에 만들어진 의료관리학교실은 좌파들의 꿈을 현실로 만들어주는 전진기지 역할을 하고 있는데, 그 대부격인 김용익 의료관리학 교수가 의약분업 시행을 촉구하며 했던 다음 말은 그들이 다른 의사를 어떻게 생각하는지 잘 보여준다. "대통령님, 저는 대학교수로서 애써서 가르친 제자들이 도둑질하는 의사가 되는 것을 이제 더 이상 보고 있을 수가 없습니다."[2]

| 의료관리학의 약진과 문재인 정권 |

원래 의료관리학은 선진국에서 의료비 상승과 건강 불평등 심화 등의 문제점이 발생하자 정책적인 접근을 통해 문제를 해결할 목적으로 만들어졌다. 우리나라에서도 의료보험 실시 이후 이에 대한 수요가 있었으니, 의료관리학의 순기능을 부정해서는 안 된다. 문제는 그들 중 일부가 좌파정권의 한 축이 됨으로써 자신들의

---

2 김용익(1998.11.19). "의약품비리의 뿌리는 이것입니다" 《개혁정론》 제9호.

편협한 이념을 의료계 전반에 관철시키려는 데 있다.

이들은 김대중 정부 때 의사들 대부분이 반대한 의약분업을 관철시키는 데 큰 역할을 했으며, 노무현 정부가 들어선 후에도 김용익이 사회정책수석을 맡는 등 승승장구한 바 있다. 특히 문재인 정부가 들어선 뒤에는 서울대 의료관리학 교수들의 약진이 두드러져, 김용익·김윤·이진석 등은 현 정권의 이데올로그 역할을 담당하고 있는 중이다. 의료관리학교실 소속은 아닐지라도 해당 과의 석·박사과정을 통해 동문이 되는 경우도 제법 있는데, 질병관리청장 정은경과 낙하산 논란을 빚으며 국립중앙의료원장이 된 정기현도 여기 속한다.

자기 힘으로 살아가는 게 삶의 원칙인 보수와 달리, 좌파들은 '자기 사람이 먼저다'는 원칙을 보건의료 분야에서도 적용시켰다. 다음 기사를 보자. '참여정부 시절 국민건강보험공단이 추진한 연구용역의 상당수가 특정 교수와 직·간접적으로 연관된 인물들에게 집중적으로 발주된 사실이 폭로됐다. 한나라당 심재철 의원은 국민건강보험공단에 대한 국정감사에서 공단이 2003~2007년 발주한 학술연구용역 중 김용익 서울의대 교수의 제자 등 관련인 16명에게 총 33건의 용역이 발주됐다고 밝혔다. 이들 33건 연구용역에 들어간 금액은 14억7,560여만 원. 같은 기간 동안 공단이 발주한 총 학술연구용역 73건, 36억3,600여만 원 중 건수로는 45%, 금액으로는 41%에 해당한다… (중략) 심 의원에 따르면 이들

16명은 대부분 김용익 교수의 제자들이다.[3]

이렇듯 의료관리학 출신들이 득세하는 환경에서 김용익 교수가 김대중 정부에서 청와대 사회정책수석으로 일한 탓에 문재인 대통령은 의료관리학을 전공한 의사야말로 민중을 생각하는 참 의사라고 생각한 듯하다. 노무현 전 대통령의 서거 이후 본격적으로 정치판에 나온 문 대통령이 의료정책의 대부분을 의료관리학교실에 의존한 건 당연한 일이었다. 예컨대 2012년 문재인 당시 대통령 후보가 들고나온 의료정책의 핵심인 '의료비 본인부담 연간 100만원 상한제'와 '공공의료 확충'은 의료관리학 교수인 김용익과 이진석 등이 주축이 된 '건강보험 하나로'라는 시민운동을 입안한 것이다. 건강보험 보장률을 높임으로써 '아무리 중환자라 해도 1인당 1년에 의료비를 100만 원 이하로 쓰게 하겠다'는 데서 보듯 이들의 주장은 '망상'에 가까웠지만, 문 대통령은 2017년 당선 후 '문재인 케어'를 시행함으로써 그들의 꿈을 이뤄줬다.

당연하게도 문재인 케어는 소기의 목적을 달성하지 못했다. 4년간 수많은 돈을 퍼부었음에도 불구하고 우리나라의 건강보험 보장률은 거의 높아지지 않았고, 건강보험재정의 고갈을 수십 년 앞당기는 부작용만 초래했으니 말이다. 그런데도 문 대통령은 이들에 대한 신뢰를 거두지 않았는데, 이는 국가적 위기상황인 코로나19 정국에서도 마찬가지였다.

---

3 이석영(2008.10.20). "'김용익 라인'이 건보공단 연구용역 독차지". 《의협신문》.

| 이진석 국정상황실장의 희한한 존재감 |

청와대에는 국정상황실장이라는 자리가 있다. 각종 현안을 시시각각 보고받고 판단하는 일종의 '관제탑' 역할을 한다는데 문재인 대통령이 국회의원을 하던 시절 보좌관이었던 윤건영이 현 정부 초대 국정상황실장이 된 사실만 봐도 아무에게나 맡기지 않는 요직이라는 것을 알 수 있다. 자리가 자리다 보니 청와대를 비우는 일이 극히 드문데, 윤건영이 문 대통령과 함께 졸업식에 참석한 게 화제가 됐을 정도다.

그런데 윤건영이 총선에 출마하기 위해 청와대를 떠난 뒤 그 자리에 임명된 이가 바로 이진석이다.[4] 고려대 의대를 졸업한 후 서울대에서 의료관리학으로 석·박사를 받고 교수로 임명된 이가 '현안을 보고받고 판단'하는 자리에 오른 것은 이례적이다. 그 전부터 사회정책 비서관으로 청와대에 머물긴 했지만, 중요도에서 비교가 안 되는 국정상황실장이라니? 하지만 이진석의 국정상황실장 임명은 곧 '신의 한 수'가 되는데, 그가 임명된 뒤 불과 한달 후부터 코로나19가 퍼지기 시작했기 때문이다. 코로나를 앞두고 임명된 최초의 의사 출신 상황실장! 이쯤 되면 문 대통령을 인사의 신이라 부르고 싶다.

그런데 이진석은 상황실장으로 코로나 방역의 관제탑 역할을 톡톡히 했을까? 기사 몇 개만 뽑아 본다.

---

4 박재원(2020.01.28). 우한 폐렴 사태로 첫 시험대 오른 '의사 출신' 靑 국정상황실장.《한국경제》.

문 대통령이 참모들과 떡국을 먹으며 코로나 대응을 논의하며 청와대가 컨트롤타워임을 천명했다. 이진석도 그 자리에서 같이 떡국을 먹었다.[5]

문 대통령이 온양온천 전통시장을 방문해 상인들로부터 "바이러스 때문에 손님이 없다"는 등의 하소연을 듣고 경제활동을 평소처럼 하라고 덕담을 했다. 이진석도 그 자리에 함께 있었다.[6]

문 대통령이 코로나19 재확산으로 수도권 병상부족 문제를 점검하기 위해 국립중앙의료원을 찾았다. 사회적 거리두기를 고려해 최소 인원만 참석했는데 이진석도 같이 갔다.[7]

조은희 서초구청장이 백신을 구하지 못하고 병상도 확보 못하게 만든 무능한 참모들을 읍참마속하라고 하면서 이진석 상황실장을 거론했다.[8]

기사만 보면 이진석이 뭐 그리 중요한 일을 한 것 같지는 않다. 코로나 관련 일일상황 점검회의를 꾸준히 주재했다는 뉴스가 있지만, 그 회의에서 어떤 특단의 조치가 나온 건 없는 모양이다. 이건 그가 바이러스에 대해 아는 거라곤 학부 때 배운 게 전부인, 의료관리학 출신 의사의 한계이다. 이진석 상황실장에게 책임을 물어야 한다는 목소리가 꾸준히 나오는 건 이 때문이지만, 그의 자

5 최은지(2020.01.27). 文대통령, 참모들과 떡국 오찬…신종코로나 대응 논의. News1.

6 김성휘(2020.02.10). 진천·아산 "손님 없다" 울상…文 "경제활동 평소대로 하자". 《머니투데이》.

7 강경주(2020.08.28). 문 대통령, 국립중앙의료원 방문…병상 확보 상황 점검. 《한국경제》.

8 문병주(2020.12.21). 조은희 "백신·병상 절벽, 대통령 주변 실세 참모들 읍참마속해야". 《중앙일보》.

리는 여전히 굳건하다.

2021년 4월 16일, 청와대가 단행한 개편은 방역기획관으로 임명된 기모란 때문에 시끌벅적했다. 그 바람에 이진석의 국정상황실장 유임이 은근슬쩍 묻혔지만 이것 역시 기모란 건에 버금갈만큼 논란의 여지가 있다. 일주일 전인 4월 9일, 이진석이 사회정책비서관으로 근무하던 시절 발생한 '울산시장 선거개입 의혹사건'과 관련해 공직선거법 위반혐의로 기소됐기 때문이다.

막강한 힘을 가진 청와대 비서관 자리에 범죄에 연루돼 기소된 이가 몸담고 있다니 이게 말이 되는가? 그런데 '내 사람이 먼저다'라는 인사원칙을 가진 청와대 측은 "코로나 대응에 중요한 역할을 하고 있는 상황에서 기소를 해서 유감"이라는 성명을 낸다.[9] 정말 궁금하다. 기소가 됐음에도 꼭 이진석이 있어야 할만큼 그가 코로나 방역에 중요한 역할을 하고 있는 것인지. 하지만 더 눈여겨봐야 할 이가 있으니 바로 '기모란'이다.

┃중국발 입국금지를 비판한 예방의학자 기모란┃

2020년 2월부터 2년째 우리나라를 괴롭히는 코로나 사태의 원인은 코로나19라 이름 붙여진 바이러스다. 문재인 정부가 제대로 코로나 방역을 하려면 바이러스 전문가의 도움을 받아야 한다. 그럼 바이러스를 가장 잘 아는 과는 어디일까? 의과대학 전공과목

---

9 손덕호(2021.04.16). 화합·방역에 초점 맞춘 개각·靑 개편…'울산 사건' 기소 이진석은 유임.《조선비즈》.

인 미생물학은 우리에게 해를 끼치는 세균과 바이러스를 학생들에게 가르치고 연구하는 곳이지만 바이러스 환자를 진료하진 않는다. 바이러스 감염자를 직접 보고 치료하는 과는 '감염내과'다. 물론 바이러스 전파 경로와 환자들의 감염 경위 등을 조사하는 데는 예방의학과 그 산하단체인 역학회의 도움이 있어야 하지만, 방역의 기본이 '중환'이나 '사망'으로 가지 않도록 막는 것이라는 점에서 코로나 방역은 감염내과가 1차적으로 주도하는 게 맞다. 예방의학자와 기타 다른 의사들도 방역 의견을 낼 수 있지만 이들과 감염내과의 의견이 다를 때는 당연히 감염내과의 견해를 더 존중해야 한다.

그런데 우리 정부는 이 당연한 원칙을 지키지 않았다. 예컨대 코로나 초기 이슈였던 중국발 입국금지를 보자. 전염병을 막기 위해 우선적으로 해야 하는 건 바로 외부유입을 차단하는 것, 이런 조치 없이 전염병을 잠재우는 걸 감염학회는 "문을 열어놓고 모기 잡는 격"이라고 표현한 바 있다. 이건 의학이 발달하지 않은 중세에도 상식으로 통용되는 진리여서 흑사병이 유행할 때 각국에서 시행된 쿼런틴Quarantine은 유행지역에서 온 사람을 40일 동안 격리하면서 환자 발생 여부를 체크하는 제도였다. 코로나19의 경우 잠복기가 최대 2주임이 밝혀졌으니 그 기간 동안만 입국자를 격리하는 것으로도 감염의 상당 부분을 막을 수 있을 터였다.[10]

감염학회가 2월 2일과 15일, 두 차례 권고문을 내고 중국발 입

---

10 '격리'를 뜻하는 영어 단어 quarantine은 원래 '40일'을 뜻하는 이탈리아어에서 유래했다.

국 제한을 권고한 것은 이 때문이었다. "이미 중국에서 입국한 사람과 중국에서 오는 입국자 모두 2주간 자가격리를 해야 한다."[11] 정부가 이 말을 귀담아들었다면, 대구에서 코로나 때문에 난리가 나는 일은 막을 수 있었을지도 모른다.

물론 정부가 감염학회의 말을 절대적으로 들어야 할 필요는 없다. 삶은 방역만으로 이루어지는 것은 아니며 입국금지 여부는 정치나 경제, 외교 등 다른 여러 가지 요소를 고려해서 결정하는 게 맞다. 특히 현 정부는 중국과의 관계를 중요시했고 상반기 중 시진핑 주석의 방한을 기다리고 있었으니 섣불리 입국을 금지하지 않은 게 전혀 이해 안 되는 것은 아니다. 그래도 정부가 했어야 하는 일이 있다. 입국금지 논란을 보면서 누가 진짜 전문가인지 판별하는 일이다. 무릇 진정한 전문가라면 자기 학문적 소신에 따라 말해야 하며 정권에 잘 보이기 위해 자기 학문을 배반하는 이는 진정한 전문가라 할 수 없다.

암센터에 근무하던 예방의학자 기모란을 보자. 그는 코로나 사태 초기부터 전문가들이 제기한 중국발 입국자 입국금지 요구를 강하게 비판했다. "부족한 의료인력을 효율적으로 움직이게 하는 것만 해도 정신없는데, 지역사회 확산 방지에 전혀 효과가 없는 중국인 입국을 막자는 얘기를 어떻게 할 수 있나?"[12] 중국인 입국금지가 지역사회 확산 방지에 효과가 없다는 것도 어이없지만,

---

11 김철중(2020.02.27). 37일만에 1,261명⋯감염학회 4가지 경고, 현실이 됐다. 《조선비즈》.
12 노석조(2020.04.07). 중 입국금지 않고 기다린 시진핑 방한, 하반기로 연기. 《조선일보》.

입국금지가 지역사회 확산 방지에 전혀 효과가 없다는 근거가 무엇인지 이해가 되지 않는다. 그로부터 한 달 뒤 최일선에서 감염자를 진료하는 감염학회 백경란 이사장이 다음과 같은 말을 해서 국민들을 안타깝게 했는데 말이다. "의료진이 지쳤다. 지금이라도 외국인 입국을 막아 달라. (외국인들은) 일부러 치료를 받으러 국내에 들어온다고 한다. 외국인까지 치료해주고 있을 정도로 일선 여력은 남아 있지 않다."[13]

게다가 기모란은 일선 학교의 휴교 및 휴업마저 '비과학적으로 과하게 대응'하는 것이라고 비판했으니 아무리 환자 진료를 하지 않는 예방의학과라 해도 이는 최소한의 의학적 양심마저 저버린 발언이었다. 정부가 제대로 된 기관이라면 이런 전문가는 걸러야 마땅하지만, 현 정권은 훗날 기모란을 중용함으로써 '내 사람이 먼저다'가 가장 큰 인사 원칙임을 만천하에 공표한다.

기모란의 백신 저주, 1탄

억지로 편을 든다면, 기모란이 중국발 입국금지를 반대한 건 현실적인 측면을 고려한 결과일 수 있다. 하지만 백신에 대한 그녀의 저주는 그 어떤 변명도 불가능하다. 코로나를 끝내는 유일한 방법은 백신밖에 없기 때문이다. 백신을 접종했다고 코로나에서 100% 안전한 것은 아니겠지만, 백신은 코로나가 중증 또는 사망으로 진행하는 것을 막아 주고 무엇보다 다른 이에게 전파시킬

---

13 김명일(2020.03.26). 감염학회장 "의사들 이제 지쳤다. 제발 외국인 입국 막아달라". 《한국경제》.

가능성을 크게 떨어뜨린다.

이 글을 쓰는 2021년 10월 현재 백신 접종률이 높은 나라들은 모두 거리두기를 해제한 채 일상으로 돌아갔다. 예컨대 2021년 4월 18일에 이스라엘이 세계 최초로 실외 마스크 착용 의무를 해제한 것은 접종 완료자 비율이 53.4%에 도달한 뒤였다.[14] 그런가 하면 영국은 접종완료자 비율이 68.3%에 달한 7월 19일, 코로나로 인한 봉쇄를 전면 해제했다.[15] 봉쇄 해제 뒤 환자가 하루 수만 명씩 나오고 있지만, 방역 당국은 흔들리지 않는다. 백신 접종 후엔 코로나가 감기와 비슷한 수준이 된다고 믿기 때문이다.

아직도 거리두기 4단계로 마음 편히 모임 한번 갖지 못하는 우리나라로서는 일상을 되찾은 저 나라들이 부럽기만 하다. 특히 2021년 6월 12일부터 영국에서 열린 유럽 축구선수권대회는 충격이었다. 관중 한 명 없이 선수들만 외롭게 경기를 펼치는 우리나라와 달리 경기장을 가득 메운 관중이 마스크도 쓰지 않은 채 자기 나라를 응원하고 있었으니 말이다.

그렇다. 이 모든 게 백신 때문이다. 백신만 좀 빨리 들어왔던들 수많은 자영업자들이 그렇게 목숨을 내던지지 않을 수 있었으리라. 문 대통령은 우리가 미국이나 영국처럼 백신을 만들 능력이 없었기 때문이라 말하지만, 이는 궁색한 변명이다. 예컨대 싱가포르를 보자. 아시아에서 가장 빨리 백신을 구한 싱가포르의 리센룽

14　정현용(2021.04.18). 마스크 벗어던진 이스라엘, 축제에도 확진 100명 아래로.《서울신문》.

15　이지예(2021.07.19). 봉쇄 푼 영국, 자가격리자 폭증에 산업계 몸살…'팬데믹' 홍수.《뉴시스》.

총리는 TV 대국민 담화에서 "팬데믹 초기부터 정부는 무대 뒤에서 조용히 백신을 확보하려 움직였다"고 밝혔다.[16] 2020년 5월 백신에 대한 태스크포스팀을 만들어 개발 중인 백신의 동향을 체크하고 가능성이 보이는 백신을 발 빠르게 계약했다는 것이다. 덕분에 싱가포르는 2021년 7월 접종완료율 70%를 넘겼고, 진작부터 위드코로나에 돌입한 상태다.[17]

싱가포르와 달리 우리 정부는 백신의 필요성을 인식하지 못했다. 문 대통령이 셀트리온이 개발한다는 치료제로 K-방역을 완성시키겠다는 야심을 가지고 있었고, 대통령 주변에 자문을 구할 감염병 전문가가 하나도 없었다 해도, 이건 해도 너무했다는 생각이 든다. 이진석이 환자 진료와 무관한 의료관리학 출신이라 해도, 의과대학을 졸업한 이라면 백신의 중요성을 모를 수 없기 때문이다.

백 년 전만 해도 40세 남짓에 불과했던 인간의 수명을 두 배 이상 끌어올린 현대의학의 찬란한 성과는 다름 아닌 '백신'에 의해 이루어진 것이니까. 따라서 다음과 같이 말할 수 있다. 백신의 성과를 부정하는 이는 의사가 아니거나 양심이 없는 이라고.

기모란 망언의 서막은 2020년 5월, 그 무대는 〈김어준의 뉴스공장〉이었다. mRNA 방식의 백신을 제작 중이던 모더나 사가 이르면 가을부터 백신 사용이 가능하다고 발표하자 기모란은 즉각

16 손진석(2020.12.18). 한국은 기약 없는데…최소 30국, 백신 맞으며 새해 맞는다. 《조선일보》.
17 곽윤아(2021.07.12). '백신 맞으면 독감 취급'…'위드코로나' 택한 英·싱가포르. 《서울경제》.

비판에 나선다. "mRNA는 안전성이 보장되지도, 성공한 적도 없는 기법", "임상시험에서 실패할 가능성이 높다", "감염위험보다 부작용 위험이 더 높으면 쓰지 않을 것", "연말까지 백신이 개발될 확률은 적고, 나온다고 하면 걱정스러워 안 쓸 것 같다."[18]

이 발언에 대해 비판할 마음은 없다. 당시만 해도 이런 얘기를 하는 전문가들이 많았기 때문이다. 백신이 출시되려면 여러 사람을 대상으로 임상시험을 거쳐야 하는데, 그것을 수개월 만에 끝내는 게 가능해 보이지도 않았다. 그러니 기모란의 그날 발언은 백신을 기대하기보다는 방역을 철저히 하자는 의미로 해석될 수 있다. 문제는 그해 11월 이후에 한 발언들이다. 2020년 11월 9일, 화이자 사는 백신이 완성됐고, 임상시험 결과 90%가 넘는 예방효과를 거뒀다고 발표한다. 연말까지 백신이 나올 확률이 적다고 한 사람이라면 화이자의 성공에 민망해하는 게 맞고 이제라도 백신 구입을 서두르자고 해야 하지만 기모란은 그렇게 하는 대신 화이자 백신을 욕하기 시작한다.

"90%라는 수치는 아직 초기 임상의 중간발표이고 전체 대상자 결과가 다 나온 게 아니다." "한 번도 써본 적이 없는 mRNA 백신이기 때문에 안전성을 끝까지 확인해야 한다." "화이자(백신)는 영하 70도를 유지해야 한다. 따라서 초저온 냉동고가 필요하기 때문에 보관 및

---

18 조주연 (2020.05.20). 기모란 "연말까지 백신 개발 어려워…나온다고 해도 부작용 우려". TBS뉴스.

운송이 어렵다… 일부 선진국에서만 쓸 수 있을 것"[19]

임상시험은 효과와 안전성 모두를 확인하는 과정이다. 중간발표이긴 하지만 수만 명을 대상으로 90%의 성과를 거뒀다면 효과는 충분하다고 봐야 한다. 그런데도 기모란은 완전히 생떼를 쓴다. 중간발표에 불과하니 믿어선 안 되고, 안전성도 확인해야 한다고. 게다가 콜드체인 운운은 너무 나갔다. 못 사는 나라면 모를까, 우리나라 정도의 선진국에서 보관과 운송이 어렵다니, 이게 말이나 되는가? 실제 화이자 백신 도입 후 보관 때문에 문제가 된 적이 없다는 점에서도 기모란의 걱정은 기우였다.

기모란의 백신 저주, 2탄

코로나 백신에 대한 화이자의 발표가 있기 전, 우리나라는 독감백신으로 인해 한바탕 홍역을 치렀다. 업체 중 한 곳이 보관을 잘못하는 바람에 상온에 노출된 백신이 시중에 유통된 까닭이다. 그 이후 언론의 공포 마케팅이 시작됐다. 독감백신을 맞고 일주 안에 사망하는 이가 나오면 '독감백신 사망자'로 분류해 집계를 한 것이다. 건강해 보이다 어느 날 갑자기 죽는 경우는 생각보다 많으며 평상시 몰랐던 심장질환이나 뇌질환 등이 원인일 확률이 높다. 저녁을 먹고 잠들었는데 다음날 아침 숨져 있었다고 '밥이 사망 원인이다'라고 말해선 안 된다는 얘기다. 그런데도 언론은 백신과

19 김현지(2020.11.10). 기모란 "화이자 코로나 백신, 선진국에서만 쓸 것…올겨울, 유행 최대고비".《머니투데이》.

인과관계가 증명 안 된 사망자를 모두 독감백신 사망자로 단정지었다. 공포에 질린 사람들은 백신을 맞지 않으려 했는데, 이게 위험한 이유는 백신을 맞았다면 사망하지 않을 수 있는 이들이 독감으로 죽을 수 있기 때문이다.

언론이 조회 수의 유혹 때문에 위험한 선동을 하려는 것을 막을 수 있는 유일한 사람은 '전문가'이다. 따라서 무릇 전문가라면 독감백신 사망이 허구임을 알려 백신 접종률을 올리려 노력해야 한다. 당시 기모란은 여러 뉴스에 나와 '사망자가 독감백신 접종과 인과관계가 희박하다'고 했으며 '독감백신이 온도에 민감하지 않아 상온에 노출됐어도 큰 문제가 없다'고 했다.[20] 덕분에 독감백신을 맞았다는 얘기가 인터넷에 여럿 있으니, 기모란이 전문가의 역할을 잘 수행했다고 할 수 있다.

그런데 기모란은 왜 유독 화이자 백신에 대해 그토록 날 선 반응을 보였을까? 단지 mRNA 백신이 처음 사용하는 것이어서? 유전물질이 핵 안으로 들어가는 아스트라제네카와 달리 mRNA는 세포질에만 머무르며 그나마도 금방 분해된다는 것을 고려하면, 화이자 백신에 엄청난 부작용이 있을 것 같지는 않은데 말이다. 그가 정말 전문가라면, 독감백신의 안전성을 강변했던 것처럼 화이자 백신의 필요성을 적극 설파하는 게 옳았다. 국민들의 접종률이 올라가야 지긋지긋한 코로나를 종식시킬 수 있다는 점에서 그것이 매스컴을 자주 타는 기모란에게 부여된 역할이었다. 하지

---

20 MBC(2020.10.21). 독감백신 접종 후 잇단 사망…기모란 교수 "백신 연관성 크지 않다." MBC 뉴스.

만 기모란은 김어준과 티키타카하며 시종일관 백신의 필요성을 부정하기까지 했다. 특히 11월 20일 〈김어준의 뉴스공장〉에서 한 발언은 두고두고 회자 될 만큼 한심한 것이었다.

> "한국은 지금 일단 환자 발생 수준으로 봤을 때, (백신이) 그렇게 급하지 않다." "지금 3상 임상시험을 하는 게 (백신) 10개 정도 된다. 내년 3~4월 굉장히 많은 약들이 효과를 발표할 것이다. 이미 화이자와 계약했는데 더 좋은 백신이 나오면 이것을 물릴 수 없다. 화이자라는 회사의 마케팅에 우리가 넘어갈 이유는 없다."[21]

인권을 고려하지 않는 강력한 통제 덕에 우리나라의 확진자 수가 다른 나라보다 적은 것은 맞다. 하지만 이건 어디까지나 자영업자를 희생시켜 가며 얻은 성과에 불과하며 지속 가능한 것도 아니다. 백신 없이 계속 마스크를 쓰고 거리두기를 하며 살 수는 없는 법이니까. 정부가 할 일은 그래서 하루빨리 백신을 도입해 국민들을 해방시키는 것이어야 한다. 그런데도 기모란은 의사라는 본분을 망각한 채 화이자 백신을 폄하했다. 2021년 3월에 새로운 백신이 많이 나온다는 예측도 결국 틀렸다. 화이자·모더나·아스트라제네카 백신 말고 새롭게 승인된 백신은 없으니 말이다. 그런데 2020년 5월만 해도 백신이 그렇게 빨리 나올 수 없다고 했던 기모란이 "내년 봄엔 화이자보다 좋은 백신이 10개쯤 나온다"

---

21 최경민(2021.04.20). 기모란이 뭐랬길래…김어준 "백신 음모론에도 연신 "그렇죠". 《머니투데이》.

라고 말하는 게 과연 정상적일까? 그래서 우리는 의심할 수밖에 없다. 기모란이 특정 목적을 위해 자신의 학문적 양심을 배반하고 있다고. 그 목적이 무엇인지 알아내는 건 그리 어려운 일이 아니었다. 바로 정부를 편드는 것. 실제로 정부가 백신을 구하지 못했다는 이유로 비판을 받을 무렵, 문재인 정권의 지지자들은 기모란의 발언을 근거로 정부를 옹호했다.

❙ 기모란이 먼저다 ❙

기모란이 곡학아세를 한다는 근거는 이게 다가 아니다. 12월 10일 〈김어준의 뉴스공장〉에서 기모란이 한 말을 들어보자. "지금 우리가 계약한 회사들 중에 화이자나 모더나 같은 경우는 mRNA 방식으로 처음 써본 거기 때문에 좀 더 불안감이 크고요. 그다음에 아스트라제네카처럼 기존에 써오던 플랫폼을 쓴 거는 우리가 해보던 방식이고 또 온도도 2도에서 8도로 냉장만 하면 되니까. 만약에 3개가 동시에 우리 앞에 놓여있다 그러면 화이자나 모더나를 쓸 나라는 없을 거예요." "(화이자·모더나는) 굉장히 여러 가지 조건들에 있어서 이것을 그냥 일반 병의원에서 접종하기는 거의 어렵겠다. 그러면 큰 냉동시스템이 가까운 데 있는 큰 장소에서 별도의 시스템을 가지고 예방접종을 해야 되고, 지금처럼 저렇게 아나필락시스가 몇 천 명 맞았는데 2명이나 있을 정도라고 한다면 그런 경우를 대비해서 의료진도 준비돼 있어야 되고⋯ 고려해야 될 사항이 너무 많은 거예요."[22]

화이자·모더나 백신을 일반 병의원에서 접종하기 어렵다는 기모란은 아스트라제네카 백신에 대해서는 칭찬을 아끼지 않는다. 기존에 써오던 방식이라 안전하고, 냉장보관이 가능하니 화이자·모더나 백신보다 훨씬 뛰어나다나? 이듬해(2021년) 4월 1일 역시 〈김어준의 뉴스공장〉에 나가서는 그 효과마저 부풀린다. "아스트라제네카는 1차 접종만으로도 86%의 코로나19 예방 효과가 있다… 이번 연구 결과에 충분한 통계적 의미가 있다."[23]

잠시 기억을 더듬어 보자. 아스트라제네카 백신은 도입 이후 혈전이 생기는 부작용이 알려져 젊은 층에게 접종되지 않았다. 게다가 바이러스 예방 효과도 70% 남짓으로, 백신 3개 중 가장 떨어진다. 우리나라에서도 아스트라제네카 백신은 화이자·모더나 백신의 수급이 원활해진 뒤에는 아예 쓰이지 않고 있으며 급기야 베트남과 태국 등 다른 나라에 기부되는 처량한 신세가 됐다. 게다가 임상시험 과정에서 문제가 있어 이 글을 쓰는 지금까지도 미국 FDA 승인을 받지 못한 상태다.

이웃 일본 역시 자체 임상시험을 시행한 결과 아스트라제네카 백신을 쓰지 않기로 하고, 화이자와 모더나로만 백신접종을 하고 있다. 그런데도 우리나라는 아스트라제네카 백신을 들여와 초창기 백신의 주력으로 삼았는데 안전성을 최우선으로 따지는 기모

22 오늘의 유머. http://www.todayhumor.co.kr/board/view.php?table=humordata&no=1887435.
23 윤주영(2021.04.01). 기모란 "아스트라제네카 백신, 1차 접종으로도 86% 예방 효과" 《한국일보》.

란이라면 마땅히 이 백신 도입을 비판했어야 옳다. 그런데 위에서 보는 것처럼 기모란은 그렇게 하는 대신 아스트라제네카 백신이 셋 중 가장 나은 백신이라며 찬양해 마지않았다. 도대체 왜? 그녀가 반미를 이념으로 삼는 좌파이고 화이자·모더나가 미국 백신이라 그렇다는 주장도 있지만 보다 납득 가능한 설명은 다음이다. 화이자·모더나가 품귀현상을 일으키던 때, 우리가 구할 수 있던 유일한 백신이 바로 아스트라제네카였다! 백신을 못 구했다는 이유로 정부에 대한 비판이 폭증하던 때 어렵사리 구한 아스트라제네카를 욕해서 정부를 더 욕 먹일 수는 없었으니 말이다. 마찬가지로 기모란이 그간 화이자와 모더나를 비난한 것도 우리에게 그 백신이 없었기 때문이리라.

물론 백신 개발에 대한 예측이 틀릴 수는 있다. 아스트라제네카 백신도 거대 제약회사가 옥스퍼드 대학과 손잡고 개발했으며 초기에는 게임체인저로 가장 기대를 모은 백신이었으니까. 문제는 기모란의 예측이 맞은 적이 단 한 번도 없다는 점이다. 진영논리에 충실하다 보니 그런 참사가 빚어질 수 있다 해도 이건 좀 너무 심하지 않은가?

그런 그녀를 〈김어준의 뉴스공장〉이 무려 50차례나 불렀다는 것도 황당한 일이지만 더욱 어이없는 일은 2021년 4월 16일 청와대 개편 때 기모란이 새로 신설된 방역기획관이 된 것이다. 월광 소나타를 멋지게 쳐서 대변인이 되는 거야 충분히 이해될 수 있지만, 백신에 대해 일반인보다 예측을 못하는 이가 방역을 책임진다니 이게 말이 되는가? 국민의 비난이 쏟아진 것은 당연한 일,

기사에 달린 댓글을 몇 개만 보자.

"가짜 전문가 기모란한테 자문 구해 백신대란 초래하고 또 보은 인사냐?"

"기모란 이 여자가 중국인 입국 막는 거 반대해서 이 꼴 났다는 걸 국민들은 알까?"

"기모란 씨, 계속적으로 정부 방역정책 홍보하더니 결국 한 자리 차지하시네요. 민주당 지역구 원외 위원장이신 부군께 나중에 큰 도움이 될 듯합니다."[24]

아무리 멘탈이 강한 청와대라 해도, 욕먹는 걸 좋아할 것 같지는 않다. 그런데도 새로운 보직을 신설하면서까지 기모란을 청와대로 불러들인 건 역시 '내 사람이 먼저다'라는 문재인 정권의 인사 원칙이 발휘된 결과였으리라.

| 국민 영웅에서 그냥 공무원이 된 정은경 |

코로나 초기, 매일 아침 7시면 TV에 나와 코로나 환자 수와 관련된 브리핑을 하는 여성의 모습은 큰 화제가 됐다. 그녀의 이름은 정은경, 직위는 질병관리본부장이었다. 서울대 의대를 나와 가정의학에서 전공의 생활을 하고 예방의학으로 박사를 취득한 정은

---

24 손덕호(2021.04.16). 靑 방역기획관 신설…문대통령, 기모란 내정.《조선비즈》.

경은 1998년 질병관리본부(이하, 질본)의 전신인 국립보건원 연구관으로 공무원 생활을 시작했다. 질본은 잘해야 본전인 조직이다. 세상이 평화로울 때는 하는 일이 없다고 욕을 먹고, 전염병이 돌 때는 도대체 뭘 하느냐고 욕을 먹는다. 실제로 정은경은 2015년 메르스 사태 때 제대로 대처하지 못했다는 이유로 감봉 처분을 받은 바 있다. 그런 그녀가 문재인 정부 들어 차관급인 질본 본부장으로 승진한 뒤 코로나 방역을 진두지휘하게 됐다(2020년 9월, 질본은 질병관리청으로 승격되며, 정은경은 초대 청장이 된다. 따라서 아래에서는 각각 질병청과 청장으로 부른다).

질병청에서 가장 높은 지위에 있는 정은경이 굳이 아침 일찍 브리핑을 했던 이유는 해당 기관에 의사 출신이 거의 없어 그녀가 아니면 기자들의 질문에 대처하기 어려웠기 때문이다. 그런데 이는 신의 한 수가 됐다. 매일 아침 초췌한 모습으로 브리핑을 하는 그녀에게 국민들이 감동하기 시작한 것이다. "7시에 브리핑하려면 6시에는 출근해야 할텐데…", "밤 11시에도 집에 못 들어간다더라", "머리 염색할 시간도 없어서 흰머리가 그냥 있네?"

그러던 중 이탈리아를 시작으로 유럽과 미국이 코로나로 쑥대밭이 되면서, 초창기 신천지 사태로 환자가 많았던 우리나라는 오히려 코로나 방역을 잘한 나라가 됐다. 사람들은 입을 모아 정은경을 칭송하기 바빴다. 국민 영웅인 그녀가 있기에 우리나라가 확진자 숫자가 작은 것이며, 그녀는 훌륭한 공직자의 표본이라고. 심지어 '차기 대통령 정은경'을 외치는 목소리도 심심치 않게 들렸다. 그러거나 말거나 정은경은 늘 똑같은 모습으로 TV 앞에 섰는데 이것 역시 국민들을 감동시키는 한 요소였다.

만일 코로나가 두 달 정도만에 종식됐다면 어땠을까? 사람들은 정은경 청장을 헹가래치면서 그의 공로를 치하했을 테고, 그녀는 그 후로도 오랫동안 국민 영웅으로 우리 가슴 속에 남았을 것이다. 안타깝게도 코로나는 너무 오래 갔다. 그녀는 여전히 아침 7시마다 코로나 브리핑을 했지만 사람들의 감동은 시나브로 줄어들었다.

그와 동시에 민심도 정은경에게 야박해졌다. 과거에는 정은경에게 조금만 안 좋은 소리를 해도 주변에서 욕이 날아왔지만 언제부터인가 다음과 같은 말을 스스럼없이 하는 이가 등장했다. "정 청장이 하는 게 뭐야? 그저 확진자 숫자 읊어주는 게 다잖아?"

이게 꼭 코로나가 오래 간 탓만은 아니다. 그녀의 명성이 쇠퇴한 데는 정은경 자신의 책임도 어느 정도 있다는 얘기다. 전염병이 돌 때 주의해야 할 점은 방역에 정치가 개입되면 안 된다는 점이다. 예컨대 정부가 보수집회 때 확진자가 나오면 '코로나 유행을 불러온 살인자'라고 비난하다가 민노총 집회 때 확진자가 나오면 '코로나 확산과 무관하다'라고 무마해 준다면 국민들이 정부의 방역지침에 따르겠는가? 그런데 대통령이나 정부 고위직들은 대부분 정치인이라 정치방역의 함정에 빠지기 쉽다. 이럴 때 중심을 잡아줘야 하는 게 바로 정 청장이 할 일이었건만, 정은경은 단 한 번도 방역의 정치화에 맞서는 모습을 보여주지 못했다.

예컨대 코로나 유행이 한창인 2020년 11월 19일(이를 3차 유행이라 부른다), 방역팀의 일원인 박유미 서울시 시민건강국장은 이번 3

차 유행의 원인이 그보다 3개월 전에 열렸던 보수 세력의 광복절 집회 때문이라고 밝혔다. "8.15(집회)와 그때 많이 발생했을 때 아마 지역사회에 꽤 많이 잔존 감염을 시켜놨다고 저희들은 판단을 하고 있습니다."[25]

석 달 전에 있었던 집회는 전광훈 목사로 대표되는 보수가 주도한 집회다. 대통령 비서실장 노영민은 정부가 외식상품권을 발행하는 등 설레발을 친 잘못은 모르쇠 한 채 8.15 집회 참석자들에게 '살인자'라는 충격적인 발언을 한 적이 있다. 그런데 11월의 3차 유행도 보수집회 탓이라니, 이건 좀 너무하지 않은가? 전태일 열사 서거일인 11월 3일에 열렸던 민노총 집회 얘기를 하는 대신 무려 석 달 전의 일을 끄집어내다니 말이다. 감염학의 전문가인 김우주 교수는 이를 이렇게 반박했다. "전국의 환자들이 8.15 집회와 연결돼 있다라는 근거를 제시해야 되는데 근거 제시를 안하고서 일방적인 주장을 하면 그게 이제 궤변이 되는 것이고, 음해가 되는 것이고요."[26] 엇갈리는 두 말 중 과연 어느 게 옳을까? 이럴 때 정 청장의 역할이 필요하다. '그런 식으로 책임소재를 가리는 것은 적절하지 않다, 국민이 하나 돼서 이 위기를 극복하자', 뭐 이런 메시지 정도를 냈다면 좋았을 것이다. 하지만 정은경은 침묵했고, 보수 측의 피해의식은 더 커졌다. 이는 방역에 대한 불만으로 나타나게 된다.

---

25 이상순(2020.11.19). 서울시, "코로나 재확산, 3달전 광복절 집회 탓" YTN.
26 이상순(2020.11.19). 서울시, "코로나 재확산, 3달전 광복절 집회 탓" YTN.

| 우리들의 초라한 공무원, 정은경 |

2020년 9월 11일 있었던 청장 임명식도 그녀의 한계를 잘 보여줬다. 질본이 질병청으로 승격되던 날, 문재인 대통령은 충북 청주에 있는 질병청에 직접 찾아가 초대 청장이 된 정은경에게 임명장을 건넸다. 청장은 차관급에 해당되는 자리이고 보통 차관급은 국무총리가 임명장을 전달한다. 따라서 대통령이 멀리까지 찾아가서 직접 임명장을 수여하는 것은 이례적이었다. 격무에 시달리는 질병청 공무원들을 위로하기 위함이라지만 당시만 해도 정 청장의 인기가 괜찮았으니, 임명장을 주는 쇼를 통해 대통령의 지지도를 높이려는 목적도 있었으리라. 이때 정은경이 다음과 같이 말했다면? "대통령님, 뜻은 감사하지만 대통령을 맞이하는 게 직원들한테 일이 됩니다. 코로나 시국에 직원들이 한자리에 모이는 것도 좀 그렇고요. 우편으로 보내주시면 충분합니다." 이게 뒤늦게 알려지기라도 한다면 정은경의 인기는 하늘을 찌를 수 있다. 하지만 그녀는 수백 명의 질병청 직원들이 모인 가운데 임명장을 받았다. 대통령에게 90도로 허리를 굽히는 사진 속에 우리가 알던 국민 영웅은 없었다.

2021년 7월에 정은경의 업무추진비 공개 해프닝은 추락한 그녀의 위상을 적나라하게 보여줬다. 정 청장이 올해 6월 사용한 업무추진비 내역이 공개됐는데, 한 달 동안 총 251명이 399만 원을 사용한 것으로 나와 있었다. 1인당 1만5,000원 꼴인데, 기사에서는 이게 김영란법의 한도인 1인당 3만 원의 절반이라며 "짠하다"

는 제목이 붙었다.[27] 힘든 일을 하는데 좀 좋은 걸 먹지 그러냐는 취지의 기사, 하지만 이 기사에 동조하는 이들은 생각보다 적었다. 기사에 달린 댓글을 공감순으로 옮겨본다.

"딱 조국 지지자들이 좋아할 법한 발상이네요. ㅋㅋㅋ 갑자기 카드 사용내역 공개해서 감성팔이하기"

"나랏돈으로 식사하시는데 짠하다고? 돈 없어 일가족 동반자살 뉴스가 주기적으로 나온다. 자영업자는 하루 두 끼 눈물밥 먹는 현실에서 저게 짠하다고?"

"김밥집에서 아무리 11명이 먹었다고 해도 19만 원이면, 많이 먹은 거 아니냐? ㅋㅋ 파티했냐?"

"한솥도시락에서 7명이 뭘 먹었길래 13만6,000원이 나오냐?"

"1인당 평균 1만5,000원! 일반 직장인들 밥값의 2배 정도, 뭐가 짠하다는 것인지, 이해 안 가네요!

1년 전이었다면 테러를 당했을 댓글이 수많은 공감과 함께 베스트 댓글에 위치한 현실은 정은경 청장의 위상이 얼마나 추락했는지를 보여준다. 해고설은 물론이고 살해위협까지 받으면서도 트럼프 대통령에게 할 말을 한 앤서니 파우치Anthony Stephen Fauci 박사가 미국 국민에게 받는 신망을 생각한다면 정은경의 처신이 아쉽게 느껴진다.

---

27 이주연(2021.07.16). 호텔밥 드셔도 되는데 도넛, 김밥 포장만…짠한 정은경 업무추진비. 《국민일보》.

파우치와 정은경은 도대체 무엇이 달랐던 것일까? 여러 가지가 있겠지만 가장 큰 차이는 '그 사회가 전문가를 존중하는가' 여부다. 트럼프가 끝내 파우치를 해고하지 못했던 데서 보듯 미국은 일을 잘하냐 마느냐에 따라 해당 전문가를 평가하는 듯하다. 반면 한국에선 내 편이냐 네 편이냐가 전문성보다 더 중요하다. 예컨대 윤석열 전 총장이 현 정권에서 고속 승진해 결국 검찰총장까지 될 수 있었던 건 그가 박근혜 정부와 대립하는 모습을 보였고, 적폐세력 수사에서도 큰 공로를 세웠기 때문이다. 그런데 그가 검찰총장이 된 뒤 '내 편'을 수사하자 그에 대한 현 정권의 태도는 180도 달라졌고, 결국 그는 임기를 다 채우지 못하고 총장 자리에서 물러난다.

정은경이라고 특별히 달랐을 것 같진 않다. 그가 확진자 숫자를 발표하는 데 그치지 않고 방역의 컨트롤타워가 되려고 했다면 현 정권은 그녀를 가만두지 않았을 것이다. 게다가 20년 넘게 공무원 생활을 하면서 내재된 공무원 마인드는 그녀로 하여금 정권의 심기를 거스르는 대신 거기 부역함으로써 응분의 대가를 받는 길을 선택하게 했으리라. 비록 국민은 K-방역이란 허울에 짓눌려 고통받았지만, 질본은 질병청으로 승격됐고 정은경 자신은 초대 청장이 됐으니, 이 정도면 공무원으로 최상의 결과를 얻은 셈 아닌가.

| 친정부 학자인 이재갑은 왜 찬밥 신세를 면치 못했을까? |

"넓은 공터나 보건소 주차장 등에 간격을 넓게 해서 인력만 가능하다면 천막을 10개, 20개든 설치해서 각 라인마다 그냥 쭉 지나가면서 문진하고 그 다음에 진찰하고, 검사하고, 그 다음에 바로 자택격리 안내받고 가는 그런 진료라인들을 많게는 한 10개까지 적어도 한 5개 정도를 동시에 운영하는 방법들이 있다."[28]

이 대목을 읽으면 누구나 선별진료소를 떠올릴 것이다. 지금은 너무 당연한 시설이 됐지만, 이 아이디어가 나왔을 때만 해도 방역 당국은 이게 뭔가, 영 마땅치 않아 했다고 한다. 하지만 선별진료소는 증상이 있는데 검사를 못 받는 이들에게 신속한 검사를 제공함으로써 확진 환자가 지역사회 내에서 돌아다니지 못하게 한, 코로나 전파차단의 일등공신이었다.

이 아이디어를 낸 이는 바로 한림대 강남성심병원 감염내과에 근무하는 이재갑 교수. 2009년의 신종플루 사태와 2015년 메르스 사태 때도 그는 매스컴에 가장 자주 나온 감염내과 의사였지만 코로나 국면에서도 그의 활약은 빛이 났다. 선별진료소를 제안한 그의 아이디어가 아니었다면 신천지 사태로 촉발된 대구의 코로나 감염이 그렇게 빨리 잡히지 않았으리라. 작은 키에 약해 보이는 외모에서 어떻게 그런 강단이 있을까 싶지만, 그는 방역에 있어서 목소리를 내는 데는 남 눈치를 보지 않았다.

더 놀라운 점은 이재갑 교수가 문재인 대통령의 열성 지지자라

---

28 김명수(2020.02.27). 이재갑 교수 "공공병원 병실 선확보와 선별진료소 확대 중요" "의료인력은 여전히 부족".《톱스타뉴스》.

는 사실이다. "뭐야? 그럼 기모란 과야?"라고 오해하는 이도 있겠지만 최소한 그는 자신의 학문은 배신하지 않는 양심적인 학자다. 물론 그는 중국발 입국금지 논란 때 '입국금지 반대' 쪽에 섰다. "입국을 거절하기 시작하면 당연히 밀입국이 늘어날 수밖에 없다. 그러면 거짓말을 하게 되고 경유지를 세탁하게 된다. 갈아타고 와서 최대한 여러 단계를 거칠 수 있다. 그렇게 되면 지역사회 내 전파를 차단할 수 있는 루트를 다 잃어버리게 된다"[29] 선뜻 이해가 잘 되진 않지만, 억지로 넘어가 주자. 그 이후 행보를 보면 그가 진영논리에 따라 발언하는 어용학자가 아니라는 것을 알 수 있을 테니까.

코로나가 터진 후 그는 끊임없이 거리두기 격상을 주장했다. 2020년 8.15 집회로 촉발된 2차 유행 때도 그는 "빨리 거리두기를 3단계로 격상해서 유행을 빨리 끝내자. 안 그러면 폭증이 장기화된다"고 했고, 3차 유행이 시작된 2020년 11월 16일에도 같은 말을 한다. "강력하게 사회적 거리두기를 안 하면 더 많은 숫자의 확진자가 발생할 수도 있거든요. 사회적 거리두기는 언제나 선제적으로, 그 다음에 조일 때는 강하게 조이고 낮출 때는 단계적으로 낮추는 게 좋겠다는 게 이런 이유 때문입니다."[30] 거리두기 단계를 올리면 자영업자가 손해를 보겠지만, 이왕 단계를 올린다면 선제적으로 올려 유행을 짧고 굵게 끝내는 게 자영업자 입장에서

---

29 하성태(2020.01.29). 중국인 입국금지에 대한 현직 의사의 생각 그리고 당부. 《오마이뉴스》.

30 서복현(2020.11.16). [인터뷰] 이재갑, "빠른 '단계' 격상으로 유행 상황 최소화…오히려 경제 활력 도움". JTBC 뉴스.

더 낫지 않겠는가?

하지만 정부는 이재갑의 말을 듣지 않았다. 거리두기를 과감하게 올리는 대신 2.5단계, 3.5단계 같은 말장난 비슷한 단계를 만들어 버렸고, 그나마도 단계를 올리는 데 주저함으로써 확산을 방지할 기회를 놓친 것이다. 예컨대 이재갑이 3단계를 주문한 11월 16일에서 10일이 지난 26일, 손영래 중앙사고수습본부 전략기획반장은 지금 생각하면 어이없는 말을 했다. "26일 확진자가 늘었다고 해서 거리두기를 격상하기는 이르다"고 말이다.[31] 아니, 거리두기 격상의 절대적 기준이 확진자 숫자인데, 확진자가 늘었다고 거리두기 격상을 안한다니, 이게 말이 되나.

확진자를 줄일 기회를 놓친 대가는 컸다. 11월 중순부터 급증하기 시작한 확진자 숫자는 늘고 또 늘어, 12월이 됐을 때는 하루 발생 환자가 1,000명을 돌파한다. 그때 올라간 확진자는 그로부터 11개월이 지난 지금까지도 줄어들지 않고 있는데, 이쯤해서 방역당국에게 한마디 하자. "아니, 너희들 지지하는 사람 말은 좀 믿어야 하지 않냐?" 자신의 말이 번번이 거절당하지만 지금도 변함없이 쓴소리를 하는 이재갑을 보면서 이런 생각을 한다. 언젠가 또 새로운 전염병이 돈다면 그때는 이재갑에게 중요한 직책을 줬으면 좋겠다라고.

---

31 김민정(2020.11.26). 하루 확진자 600명 코앞인데…'거리두기 격상' 망설이는 방역당국. 《조선비즈》.

| 천대받은 감염내과 |

학문적 양심에 따라 목소리를 낸 이는 이재갑만은 아니었다. 전 감염학회 회장 유진홍 교수와 천은미 이화여대 호흡기내과 교수, 김우주 고대 구로병원 감염내과 교수 등도 SNS와 언론 인터뷰를 통해 제대로 된 방역이 무엇인지 알렸다. 예컨대 기모란이 〈김어준의 뉴스공장〉에서 궤변을 늘어놓던 2020년 11월 20일, 천은미는 〈김현정의 뉴스쇼〉에 나와 다음과 같은 문답을 주고받는다.

> 김현정: 〈월스트리트저널〉에서는 "많은 나라가 코로나 백신 가지려고 자리다툼하는 상황이지만 한국은 다른 길을 모색 중이다. 기다릴 수 있다는 것이다. 방역이 잘 돼서 우리는 기다릴 수 있다는 입장이다." 이렇게 썼던데?
> 천은미: 방역 잘하고 있죠. 그렇지만 모든 국가가 백신을 맞고 일상생활로 돌아가는데 우리나라만 가을까지 일상생활로 돌아가지 않는 것은 저는 훨씬 경제적으로 엄청난 피해가 있다고 생각하고요. 백신 안전성에 대한 걱정하실 필요는 저는 크게 없다고 생각합니다. 이번 겨울에 다른 나라에서 맞는 것을 보시면 되고, 임상 3상까지 완료됐다는 것은 그만큼 안전성은 일부 다 검증이 된 거라고 생각합니다.[32]

백신을 못 구한 정부를 편들려 '백신 서두를 필요 없다'고 하는

---

32 김현정의 뉴스쇼(2020.11.20). 천은미, "코로나, 미세먼지 때문에 더 위험해졌다" CBS라디오.

기모란과 확진자 숫자보다 중요한 것은 일생생활로 먼저 돌아가는 것이라 말하는 천은미. 만일 현 정권이 후자의 목소리에 귀를 기울였다면 코로나 방역의 역사는 달라졌으리라.

그런데 현 정부는 왜 전문가인 내과의사들의 말을 그렇게 배척했을까? 여기엔 다음과 같은 배경이 있다. 한국이 세계 2위의 감염자 수를 기록해 웃음거리가 된 메르스 사태 당시 주도권을 쥔 곳은 김우주로 대표되는 감염내과였다. 중동에서 들어온 1번 환자를 막지 못한 게 감염내과만의 책임은 아니지만, 잠복기나 전파 경로 등을 제대로 파악하지 못했고 감염자가 입원한 병원을 공개하지 않는 등 비밀주의로 일관한 점에서는 책임을 면하기 어려워 보인다. 게다가 메르스가 터진 시기는 현 정권이 남 탓을 할 때 가장 즐겨 인용하는 박근혜 정부 시절이니 그 당시 방역의 주축이었던 감염내과를 현 정권이 마땅치 않게 보는 건 당연했다. 아무리 그래도 감염내과를 아예 배제하는 건 문제였다. 감염내과가 주도하고 역학회 등이 지원하는 방역팀을 꾸리는 게 이치에 맞지만 현 정권에게 그 정도의 합리성을 기대하는 건 어려운 일이었다.

두번째 이유로 정부가 쓴소리를 들을 마음이 없었다는 점을 들수 있다. 상황에 맞는 전문가를 데려와 의견을 묻고 또 방역정책을 수립하는 게 정부의 역할, 그 과정에서 전문가들과의 대립은 필연적이다. 이재갑의 예에서 보듯 전문가들은 보다 엄격한 바이러스 관리를 주문하는 반면, 정부는 경제에 부담을 주지 않으려 느슨한 관리로 돌아가려 하기 때문이다. 그런데 현 정권은 직언을 해주는 의사 대신 궤변으로라도 자신들을 옹호해주는 전문가를 찾느라 바빴다. 그리고 좌파 의사들은 정부의 이런 요구에 자발적으로 복종했는데, 어쩌면 그들에게는 코로나19의 종식보다 자신의 영달이 더 중요했을 수 있다. 기모란을 방역기획관에 임명한 데서 보듯 정부는 학문을 배반하면서까지 충성을 다한 이를 끝까지 챙겼다. 국민의 생명과 안전을 지키는 게 자신들의 임무라고 생각했다면 절대 이럴 수는 없었을 것이다. 이게 꼭 방역뿐 아니라 다른 분야에서도 비슷한 일이 제법 일어났으리라.

| 맺으며 |

K-방역은 역겨운 자화자찬만을 남긴 채 처절히 실패했다. 하지만 이건 끝이 아니다. 앞으로도 온갖 이상한 이름을 단 바이러스가 시시때때로 출몰할 테고 그때도 지금처럼 실패를 안 하면 되니 말이다. 그래서 난 지금의 실패를 철저히 분석해 기록으로 남기는 일이 중요하다고 본다. 이런 작업이 뒷받침된다면 다음 팬데믹이 지구를 덮칠 때 우리가 가장 먼저 일상으로 돌아가는 것도 가능할 테니까. 그때도 지금처럼 실패를 하면 안 되니 말이다.

K-방역에서 질병관리청의
역할과 한계

정기석[1]

K-방역이 초기에 성공을 거둔 배경은 무엇일까? 이후 지속 가능한 방역체계를 유지하지 못한 이유는 무엇인가? 방역 초기에 하이라이트를 받았던 K-방역은 이제는 세계인의 관심에서 멀어졌다. K-방역의 실체는 있는 것인가? 메르스 사태 직후 취임했던 질병관리본부장으로서, 폐렴의 진단, 치료 및 예방을 전공한 호흡기내과 교수로서 미래 감염병 대비와 질병관리업무의 독립성과 전문성 제고를 위한 마음을 담아 이 글을 쓴다.

---

1 현재 한림대학교 의대 호흡기내과 교수이며 호흡기감염과 기도 질환에 대해 30년간 진료와 연구를 해왔고 170여 편의 논문을 발표했다. 대한결핵학회, 대한호흡기학회, 대한내과학회에서 진료지침위원회, 교육위원회, 홍보위원회, 간행위원회 등에서 위원장으로 일했고, 한림대학교 성심병원장, 질병관리본부장 등을 역임했다. 코로나19를 바로 알리기 위해 강의, 기고, 방송 출연 등을 하고 있다.

| 국립보건원에서 질병관리청까지 |

2020년 9월 12일 내가 그토록 바라던 질병관리청이 개청했다. 2016년 3월에 시작한 내 꿈은 4년 만에 현실이 됐다. 한림대학교 성심병원장으로 근무하던 2016년 1월 중순에 걸려온 한 통의 전화를 시작으로, 나는 그해 2월 초부터 질병관리본부장으로서 완전히 새로운 일을 시작했다. 한 달여 동안 업무를 파악하고 현안을 챙기면서 가장 절실하게 느낀 점은 질병관리본부의 독립성과 전문성 보장이었다. 이를 위해서는 질병관리청으로 승격이 필요했고 보건복지부 소속이 아니라 국무총리실 산하로 독립하는 게 필요했다. 이런 생각은 보건복지부에 문제가 있어서라기보다는 소방청이나 경찰청처럼 전문직이 우대받는 조직을 만들고 싶었기 때문이었다. 소방과 경찰은 행정안전부 소관이나 독립적인 조직으로 대우 받고 있는 반면 질병관리본부는 구성원이 가지고 있는 고도의 전문성에 비해 상대적으로 불공정한 처우를 받고 있는 현장을 보았기 때문이었다.

질병관리청의 기원은 1894년 고종의 칙령으로 설치된 위생국에서 찾을 수 있다. 그 후 1935년 설립된 보건원 양성소를 모태로, 1945년 해방 후에 이들 기관은 조선방역연구소, 국립화학연구소 등으로 개칭됐다. 각각 독립기관으로 설립·운영되던 국립방역연구소, 국립화학연구소, 국립보건원, 국립생약시험소가 통합돼 1963년 국립보건원이 발족됐다. 이후 몇 번의 조직 개편을 거쳐 1981년 새로운 국립보건원이 출범하고 1999년 전염병관리부를 신설했다. 2004년 사스SARS 이후 방역의 중대성이 대두되면서 국립보건원을 질병관리본부로 확대 개편하고 소속기관으로 현재의 국립보건연구원과 13개 국립검역소가 구성됐다. 2007년에는 공중보건위기대응팀이 신설돼 국가공중보건위기 대응 조직을 갖추게 됐고 2010년 서울 불광동에서 새로운 터전인 충북 오송으로 질병관리본부와 소속기관인 국립보건연구원이 이전했다. 2016년 메르스 사태 후속 조치로 방역태세 재정비를 위해 질병관리본부가 차관급 기관으로 격상됐으며 이때 긴급상황센터, 위기소통 담당관, 감염병 진단관리과 등이 신설됐다.

나는 차관급으로 격상된 첫 질병관리본부장이었다. 이후 코로나19 대응 와중에 2020년 9월 12일 질병관리청으로 승격해 오늘에 이르렀다. 특히 2016년에 신설된 긴급상황센터와 긴급상황실, 위기소통 담당관, 감염병 진단관리과는 당시 대폭 개편 증원된 역학조사관들과 더불어 이번 코로나19 대응에서 핵심적인 역할을 수행하는 중이다.

▎질병관리본부장(2016년 2월~2017년 7월) 시절 중점을 두었던 사안과 뒷얘기▎

임명 발표가 난 다음 날인 2016년 2월 2일에 나는 오송에서 간단한 취임식을 시작으로 수 일 간 하루 종일 부서별 업무보고를 받으면서 본부장으로서 여정을 시작했다. 당시 질병관리본부는 메르스 때 고생한 보람도 없이 정부 내외에서 지탄의 대상이 됐을 뿐만 아니라, 일부 담당자는 징계위원회에 회부돼 분위기가 매우 침체되어 있었다, 더구나 내부 승진이 아닌 외부 인사가 수장으로 왔기에 구성원들은 기대감보다는 오히려 불안감이 더 컸을 것이다. 따라서 내가 가장 우선적으로 해야 할 일은 조직의 사기를 높이고 활력을 불어넣는 것이었다. 아울러 조직의 평판을 높이는 일도 절실했다.

구성원의 집중도를 모으기 위해 우리의 핵심가치를 '소통과 신뢰'로 정하고 신뢰받는 질병관리본부가 되자는 목표를 제시했다. 아울러 내부는 물론 정부 내 타 부처와 의료계, 더 나아가 전 국민과의 소통이 절실함을 강조했다. 나부터도 가급적 더 많은 직원과 대화를 나누려는 노력을 게을리하지 않았고, 다행히 충북 오송은 조용한 도시라 서울 출장이 없을 때는 하루 종일 원하는 업무에 집중할 수 있었다. 외부적으로는 의사협회, 병원협회를 방문해 공동의 관심사인 감염병 관리를 위해 전국 의사들과 소통을 위해 스마트폰 메시지 전달 시스템을 구축했고, 지금도 모든 의사는 질병청이 제공하는 정보를 휴대폰 메시지를 통해 전달받고 있다.

2016년 초 세계보건기구가 지카바이러스의 위험을 전 세계에 경고하던 중이라 감염질환에 대한 국민의 관심이 높았다. 모기가 옮기는 지카바이러스는 신생아 소두증을 일으킬 수 있기 때문에 긴장을 늦출 수 없었다. 취임 다음 주가 설 연휴였는데 방역 점검을 위해 2번씩이나 인천공항을 찾았고, 특히 설날 당일에는 대통령이 직접 요구한 보고서를 작성하느라 보건복지부 주요 간부가 모두 모였던 기억이 새롭다. 다음 달인 3월에 국내에서 첫 환자가 발생했고, 정부서울청사에서 직접 보고한 언론브리핑에서는 큰 관심과 질문이 쏟아졌다. 2016년에는 브라질 리우에서 하계올림 픽이 있었고, 하필이면 브라질에 지카바이러스가 창궐하고 있어 더욱 우려가 컸다. 우리 올림픽 선수단과 수행인들의 보호 계획, 지카바이러스를 옮기는 국내 흰줄숲모기 방제, 사람 간 직접 전 파는 없지만 모기로 인한 질병 전파 등 다양한 요소들을 점검하 면서 바쁜 봄철을 보냈다. 다행히 지카바이러스는 더 이상 국내에 서 문제가 되지 않을 정도로 상황이 안정됐고 사람들의 기억에서 도 멀어져 갔다. 이는 위기 소통에서 매우 중요한 대목이다. 불필 요한 불안감을 덜어 주는 것은 감염병 관리에서 큰 역할을 하기 때문이다. 지금의 코로나19 대응에도 위기소통 기법이 여전히 중 요한 분야를 차지하고 있다.

2016년 여름 거제도에서 콜레라가 발생했다. 그간의 콜레라는 모두 외국에서 걸려서 입국한 사례였으나, 국내 발생은 15년 만 에 처음이라 오염원을 찾아서 광범위한 감염을 막아야만 했다. 보 고를 받은 당일 즉시 팀을 꾸려 오송 본부를 출발해 거제시로 향 하면서 경상남도지사에게 전화를 걸어 적극적인 협조를 약속받 았다. 밤늦은 시간에 거제시에 도착해서 시청에서 거제시장 및 관 계자들과 대책 회의를 하면서 즉시 역학조사를 시작했다. 현장에 서 하는 역학조사는 개인적으로 처음이라 많은 것을 직접 체험하 고 배울 수 있었다. 발생 인지 후 불과 수 시간 만에 현지로 출동 한 역학조사관들은 출장 준비도 제대로 못한 채 급하게 몸만 내 려와서 상당 기간 현지 생활에 불편이 많았다.

역학조사는 범죄 수사와 닮은 점이 있는데 조사를 할 때 당사자들의 기억이 분명하지 않다는 점과 불리한 상황에서는 거짓말을 한다는 공통점이 있다. 이를 보완하기 위해 역학조사관은 노련한 인터뷰 기술을 습득해야 하고, 신용카드, 교통카드 추적은 기본이고, 때로는 폐쇄회로 영상을 추적하고 휴대전화 기지국 확인 등을 하기도 한다. 당시에도 조사 과정에서 환자가 거짓말을 하는 바람에 접촉자 파악에 혼란이 있었다. 이런 과정을 거치며 역학조사관들은 경험을 쌓고 현장에서 더욱 능숙하게 활동을 하게 된다.

평시에 훈련된 역학조사관이 절실함에도 각 시도에 배정된 단 2명의 역학조사관 선발조차 미루던 당시 시도 지자체장들은 지금이라도 반성해야 한다. 국내 콜레라 발생 장소를 확인하던 과정은 극적이었다. 거제도 주변 바닷물에서 채취한 콜레라균의 유전자 모양과 환자에서 발견한 균의 유전자 모양이 동일함을 증명하고서야 해수부에서 국내 발생을 인정했다. 그 이전에는 절대 인정할 수 없다는 것이 해수부의 강경한 입장이었다. 국민이 콜라라에 걸려 건강에 위해가 될 수 있는 상황임에도 수산업 보호가 더 급하다고 판단했기 때문이다. 이 사건을 통해 정부 내에서도 각 부처의 이해관계에 따라 입장이 다를 수 있다는 것을 절실하게 느꼈고, 주식회사 대한민국은 동일한 목적을 가진 회사가 아니라는 씁쓸한 체험을 하게 됐다. 실제로 당시 콜레라 환자 한 명은 탈수 현상이 악화돼 급성신부전으로 부산으로 응급 이송돼 신장투석을 받아야만 했다. 국립여수검역소의 검사 결과는 오후 2시경 나왔으나 해수부의 이의제기로 실제 언론 발표는 그날 저녁 늦게 이루어진 것은 안타까운 현실이었다.

2016년 겨울에는 조류 독감AI이 극성을 부렸다. 철새의 이동 경로에 따라 예외 없이 발생해 전국적으로 수천만 마리의 닭과 오리가 살처분됐다. AI가 질병관리본부와 무슨 상관일까. 살처분을 위해 투입되는 인원에게 AI가 전염될 수 있으므로, 이를 막기 위해 독감 예방주사와 예방약을 현장에서 나눠주는데 이 업무를 질병관리본부가 담당한다. 해당 지자체 보건소 직원이 하면 된다고 생각할 수 있지만, 아쉽게도 우리나라 보건소의 현실은 그럴 여건이 되어 있지 않다. 주로 야간에 이루어진 작업 시간에 맞추느라 역학조사관들은 겨울 눈보라를 뚫고 현장으로 내려가야 했다. 이를 지켜보아야 했던 안타까운 심정은 지금도 짠하다. 그때 질병관리본부에 지방 조직이 있어야 할 필요를 절감했고, 그러려면 청이나 처로 승격이 전제 조건이었다.

살처분 때문에 야밤에 2~3시간을 운전해 현장에 출동하는 것은 위험할 뿐만 아니라 비효율적이다. 아무도 살처분 업무를 하려고 하지 않기 때문에 주로 외국인 노동자를 고용하는데, 언어 소통, 연락처 확보 등 부실한 점이 많았다. 근로자 명단이 제대로 넘어와야 유사시 관리를 할 수 있는데, 이를 소홀히 하는 지자체가 적지 않아 총리실에서 열린 전국 시군구 영상 회의를 통해 싫은 소리를 하기도 했다. AI는 독감 바이러스고 치료가 안 되기 때문에 실제로 중국, 베트남, 인도네시아 등에서 해마다 수백 명씩 사망하고 있어 팬데믹의 위험을 내포한, 가볍지 않은 감염병이다.

역학조사관 선발과 육성은 당시 중점 사업이었지만 만족스럽게 진행되지 못했다. 다행히 급여에 관한 처우는 기재부의 적극

지원으로 상당한 수준이었지만, 직역(職役)의 직업 안정성과 승진 보장이 약해서 잠시 거쳐 가는 정거장 역할이 되는 경우가 많았다. 조금 경력이 쌓이면 보건복지부 특채 사무관으로 지원하거나 다른 직장으로 전직하는 일이 적지 않았다. 반면 당시 새로 구축했던 긴급상황센터, 긴급상황실 및 진단검사 관리과 등이 정착하고 발전해 이번 코로나19 사태에 훌륭한 역할을 하는 모습을 보니 큰 보람을 느낀다.

| K-방역이 초기에 성공한 배경과 아쉬움 |

2020년 1월 20일 국내 첫 코로나19 환자 발생을 발표하는 기자회견장의 정은경 질병관리본부장 얼굴에는 비장함이 서려 있었다. 내가 2016년 3월에 첫 번째 지카바이러스 감염 환자가 발생한 사실을 언론에 밝힐 때와는 비교도 안 될 정도로 위급한 상황이었기에 더욱 그랬을 것이다. 소두증을 일으키는 지카바이러스는 2016년 리우올림픽을 앞두고 세계보건기구를 비롯해 전 세계 보건당국이 우려하던 감염병이었다. 하지만 지카바이러스는 모기로만 전염이 되고 치명률이 매우 낮아 지금의 코로나와는 비교가 되지 않는다. 반면 초기에 우한 폐렴으로 불리던 코로나19는 강한 전파력과 치명률 때문에 우리나라에 들어온 것 자체가 공포였다. 질병관리본부는 수일 후 해외 감염병 경보단계를 '관심'에서 두 단계 올려 '경계'로 선포하고 적극적인 관리에 나섰다.

4단계로 이루어진 우리나라의 방역 경보는 각 단계별로 상황을 지휘하는 사령탑control tower이 달라지도록 설계됐다. 즉 '관심'이나 '주의' 단계는 질병관리본부장이 중앙방역대책본부장으로서 총괄 지휘하지만, '경계' 단계에 이르면 보건복지부장관이 중앙사고수습대책본부장으로서 책임을 맡게 되고, 마지막 '심각' 단계는 국무총리가 중앙재난안전대책본부장으로서 사령탑이 된다. 얼핏 보기에는 체계적으로 보이나 실상은 옥상옥을 만드는 구조이다. 비전문가 장관이 방역의 전면에 나서는 것은 전문성이 없는 행안부장관이 경찰수사를 지휘하는 꼴이 되기 때문이다. 코로나 방역 초기에 역학조사와 진단검사가 비교적 잘 되고 있을 때에도 비전문가가 사령탑을 맡아 정부 내부의 전문가 의견이 충분히 반영되지 못한 아쉬움이 크다. 이러한 이유로 나는 코로나 팬데믹 초기에 질병관리본부장이 방역대통령이 돼야 한다고 거듭 주장했다. 하지만 나의 주장은 받아들여지지 않았고 결과적으로는 미숙한 사공들에 의해 배가 산으로 올라갔다 내려오기를 반복했다. 컨트롤타워의 문제는 뒤에서 다시 다루겠다.

　사령탑의 혼선에도 불구하고 질병관리본부 직원들은 평소 훈련한 대로 진단Test, 역학조사Trace, 치료Treat의 소위 3T를 혼신을 다해 시행했다. 평소 훈련이라 함은 2015년 메르스 사태의 악몽 이후에 얻은 교훈을 다음 감염병 대응에 적용하기 위해 많은 준비를 해온 과정을 말한다. 메르스 때는 진단키트를 개발해도 식약처 승인에 시간이 오래 걸렸기 때문에, 본부장 취임 직후 나는 당시 식약처장을 방문해 신속승인 트랙을 만들도록 요청했다. 이것이 이번 코로나19 진단에 속도 면에서 다른 나라에 앞서게 된 토대가 되었다. 평소에도 도상훈련을 게을리하지 않았는데, 코로나19 불과 한 달 전 질병관리본부는 중국에서 원인 불명의 폐렴이 발생한 사건을 가정해 이에 대응하는 도상훈련을 했고 이는 다음 달 시작된 실제 상황에서 당황하지 않고 대응하는 데 큰 도움이 된 것은 물론이다. 평소의 대비가 얼마나 중요한지 보여주는 일화이다.

역학조사는 발병자와 접촉자를 찾아서 검사와 격리를 하는 것이 기본이다. 2016년에는 아직 메르스의 공포가 가시지 않아 한 해 약 1,000명의 의심환자가 신고됐고 그중 200명 정도는 실제로 질병관리본부 역학조사팀이 직접 관리했다. 3일에 평균 2명 정도 의심환자 역학조사가 시행됐으니 본부장으로서 24시간 휴대폰을 곁에 켜두고 진행 상황을 지휘하지 않을 수 없었다.

가장 기억에 남는 역학조사 관련 건은 2016년 4.13 총선 날 새벽에 발생한 사건이었다. 선거일은 공휴일이라 투표를 위해 서울 집에 와 있었는데, 질병관리본부 긴급상황실에서 전화가 왔다. 중동에서 온 여행자가 서울의 한 호텔에 머물던 중 고열이 나서 새벽에 인근 강북삼성병원 응급실을 찾았고 메르스 의심으로 진료를 받던 중 탈출한 사건이었다. 서울 중심지에서 의심환자가 사라졌으니 비상이 걸렸다. 그날은 세수도 못한 채 상황이 종료된 오후까지 상황관리에 매달려 있던 기억이 지금도 생생하다. 방송에서는 생중계를 하기 시작했고 다행히 메르스가 아닌 것으로 결론이 났지만, 질병관리본부 직원들은 극도의 긴장 속에서 하루를 보내야만 했다. 이밖에도 공항 입국장에서 고열로 격리됐다가 무단 탈출한 외국인 입국자를 공항경찰대의 추적으로 경기도 안산의 한 주택에서 소방대원의 개문 도움을 받아 찾아낸 일 등 역학조사는 여러 사람을 힘들게 했지만, 이와 같은 경험이 모이고 쌓여 질병관리본부 역학조사관들의 내공은 깊어졌고 코로나19 방역에 제 실력을 발휘하고 있다.

코로나19의 '진단'과 '역학조사'는 이처럼 과거의 경험을 토대로 무난한 대응을 이어 갔지만, '치료'는 아쉬운 점이 많았다. 특히 코로나 1차 유행에 중앙정부와 지방정부는 임기응변으로 일관했다. 메르스 사태의 후속 조치로 광역 시도에서는 자체 역학조사관을 2명씩 선발해야 했다. 하지만 본부장이 각 시도에 독려를 했음에도 불구하고 서울과 부산을 제외한 대다수의 지자체는 이런저런 핑계로 역학조사관 채용을 미뤘다. 평소 준비를 철저히 해온 선진국들도 속절없이 무너졌는데, 준비 없이 당한 지자체 보건당국의 대응은 애초에 기대하기 어려웠다.

코로나19 1차 대유행 때 대구에 간 본부 역학조사관은 한마디로 '카오스Chaos, 대혼란'라는 표현을 썼다. 4개의 의과대학과 5개의 부속병원을 보유하고 메디컬 클러스터를 표방한 대구에서 환자 치료를 제대로 못 한 것이다. 이를 본 전국의 의료인이 생업을 뒤로하고 대구로 내려가 자원 봉사하는 감동의 드라마가 펼쳐지게 됐다, '의료진 덕분에'라는 낯간지러운 구호가 생긴 계기가 됐으나, 동시에 선진국의 위용과 전 국민건강보험 보장을 자랑하던 대한민국의 민낯이 드러나는 장면이었다. 이렇게 준비된 역학조사와 진단검사로 빛을 본 K-방역은 치료에서는 민간 영역 의료인들의 희생적인 참여로 봉합이 될 수 있었던 것이다.

혹자는 이런 사태의 원인이 공공의료의 부실 때문이라고 하지만, 우리나라는 모든 의료기관이 국민건강보험과 계약을 맺고 있어 실질적으로 전 의료기관이 공공의료에 참여하고 있는 형태이므로 국공립의료만으로는 근본적인 해결이 되지 않으며 그럴 필요도 없다. 아무리 공공의료를 확대하더라도 현재 국공립의료기관의 운영 행태를 혁신하지 않는다면 공공의료 강화론자들이 생각하는 방향으로 의료체계가 흘러가지 않는다. 차라리 의료사회주의를 시행하고 싶겠지만 이런 경우 의료의 질 저하는 피할 수 없게 된다. 지금도 도립이나 시립 의료원을 마지막 방문 병원으로 생각하는 국민은 거의 없다는 사실을 직시하고 근본적인 대책을 마련해야 한다. 무턱대고 국공립병원의 숫자만 늘이다 보면 부실경영은 불 보듯 뻔한 일이 되기 때문이다. 도립·시립병원을 꼭 증설해야 한다면 해당 지자체장과 직원 및 가족들은 그 병원에서 3차 진료를 마친다는 각오로 병원을 만들어야 한다. 그렇지 않으면 또 하나의 세금 먹는 하마를 탄생시킬 뿐이다.

1차 유행 때 높은 치명률과 중증 이환율로 큰 피해를 보고도 여전히 정부의 의료기관 대응체계는 부실하기만 했다. 감염병 전담병원으로 지정했다가 갑자기 해제하는 것처럼 방향성 없는 임기응변식의 병상 준비 때문에 2차 유행은 물론 3차 유행 때도 병실 부족 현상은 지속됐다. 세계적으로 1인당 최고 수준의 병상을 확보하고 있는 대한민국이 왜 병상부족에 시달려야만 했는지 참으로 안타까운 일이다.

K-방역의 초기 성공은 후속 조치 미흡으로 시간이 갈수록 그 위용이 쇠퇴했다. 감염원 조사 중인 확진자의 비율을 10% 아래에서 성공적으로 유지한다고 자랑하던 K-방역 역학조사 능력은 이후 확진자 비율이 30~40%로 급증하여 상황이 악화됐으나 이에 대한 개선 노력은 전혀 하지 않고 있다. 또한 초기에 그렇게 자랑하던 방역망 내 관리 비율도 형편없이 나빠졌지만, 이 또한 개선의 노력은 보이지 않았다. 더 이상 역학조사에 의존한 방역정책은 안 하겠다는 정부의 의중이 보이는 대목이라 씁쓸하다.

▌현재 질병관리청의 장점과 문제점, 그리고 발전 방향▐

질병관리청은 2020년 9월 12일 개청했다. 질병관리본부가 청이나 처로 승격하는 것은 선진국으로서 당위성과 함께 구성원들의 숙원이었다. 문재인 정부의 대선 공약에도 질병관리본부의 독립성과 전문성 보장이라는 문구가 새겨져 있었지만, 어찌된 일인지 정부 출범 후 3년이 지난 2020년 초에도 전혀 움직임이 없어 대선 공약(公約)이 아닌 공약(空約)으로 전락하는 중이었다. 코로나19가 시작되고 1차 대유행의 혼란을 겪고 나서야 다급해진 정부는 '청'승격을 논의하기 시작했다. 팬데믹으로 방역의 중요성과 사회 전반에 미치는 지대한 영향을 직접 보고 경험했기에 메르스의 악몽에 더해 청 승격에 어느 누구도 반대 의견을 제시하지 못했다.

그런데 왜 이전에는 번번이 논의 자체가 거부됐을까? 메르스 이후 청 승격이 포함된 법안 발의가 있었지만 유야무야 지나갔고, 본부장 시절에 당시 야당이던 보건복지위원 정춘숙 국회의원이 입법 발의를 했지만 집권 이후에도 진전이 없었던 이유가 무엇일까? 대선 공약사항이고 180석 거대 여당이 마음만 먹으면 바로 통과가 될 일인데 관심이 없었거나, 누군가 반대를 했을 것이라고만 짐작할 뿐, 반대를 했다면 그 이유가 궁금해진다. 국민을 위한 것이라면 가야 하는 방향이 분명한데 청으로 승격하면 불편한 사람들이 있었을까? 궁금증이 꼬리를 문다.

우여곡절 끝에 갑자기 청으로 승격한 질병관리본부는 당연히 준비가 돼 있지 않았다. 최소 1년 이상 준비, 검토, 제도 정비를 해야 하는데 이 과정이 생략됐다. 그러다 보니 갑자기 큰 집으로 이사는 했는데 효율적인 가구 배치나 각 방의 용도 정하기, 살림의 규모와 내용이 많이 달라진 데 대한 준비가 부족한 것처럼 허둥지둥했다. 하물며 인력 충원은 엄두도 내기 어려웠다. 더구나 평시가 아니라 코로나 대응으로 전시와 같은 상황에서 느닷없이 청이 됐으니 문제점이 한두 가지가 아니었을 것이다.

본부장으로 1년 6개월 일하면서 거의 매일 각 부서의 내부 전문가들과 만나서 토론하는 기회를 가졌는데, 그들의 공통점은 성실, 진지, 순수, 자기 분야에 대한 열정 등으로 표현할 수 있다. 즉 전형적인 과학자 정신을 가진 직원들이 참으로 많았다. 이들의 전문성을 최대한 활용하고 거기에 행정 능력을 부여한다면, 실로 믿음직한 정부 내 전문가들이 될 수 있는 자질을 갖추었다고 판단했다.

본부장 취임 직전까지 나는 상급종합병원의 병원장으로 일하면서 인재 선발에 가장 심혈을 기울였다. 실력과 인성을 모두 갖춘 인재를 얼마나 보유하느냐에 병원의 실력이 판가름 나기 때문이다. 일반적인 추천 과정을 거쳐 선정된 후보를 병원장이 최종 면담할 때는 충분한 시간을 들여 1대1 면접으로 최고의 인재를 뽑기 위해 노력했다. 마찬가지로 질병청 직원을 선발할 때도 단순한 공무원이 아닌 전문가를 영입해야 한다. 수도권이 아닌 충북 오송이라는 지역적 불리함과 공무원의 박봉을 무릅쓰고 흔쾌히 달려올 진정한 전문가가 얼마나 있을지, 열심히 일해서 성과가 있음에도 직역에 따른 차별은 받지 않을지, 승진과 보상이 공정할지, 이런 사안이 고려된 인사정책은 제대로 세우고 있는지 검토해야 한다.

물론 지금은 코로나19와 전쟁 중이라 세심한 계획 수립과 시행이 어렵다. 하지만 한국전쟁 중에도 군인들은 휴가 나오고, 사회는 돌아갔다. 질병관리청도 앞길을 잘 닦기 위해서는 지금이 가장 중요한 시기이다. 미루다가는 방역에 대한 열기가 식을 것이고 사회 분위기가 바뀌어 관심에서 멀어지면 획기적인 인사 정책은 물거품이 될 수 있기 때문이다. 현재 질병청 소속 공무원들도 좀 더 적극적인 자세와 좀 더 포괄적인 행정 능력을 배가시켜야 한다. 긍정적인 사고와 자존감을 높이는 것도 필요한 덕목이다. 특히 패배 의식은 금물이다. 질병청의 전문가만이 할 수 있는 일이 질병관리청에는 적지 않기 때문이다.

질병청의 발전을 위해 지방 조직 문제를 거론하지 않을 수 없다. 현재 5곳의 권역별 질병대응센터는 질병관리지청으로 개편해

실질적으로 관할 지역의 질병대응을 조정하고 기획하는 역할을 해야 한다. 17개 시·도와 228개 시·군·구에 각각 보건 관련 부서가 있으나 이번 코로나19 대응에서 보듯 유사시 대응 능력은 천차만별로 행정의 질을 보장할 수 없다. 평소 질병관리지청과 긴밀한 협조로 내실을 다지고 유사시 또한 중앙정부와 지방정부가 평소에 구축한 신뢰를 바탕으로 공동 대응한다면, 다음 팬데믹은 좀 더 능숙하게 대처할 수 있을 것이다.

지금은 감염병만 보이지만, 실제 질병은 만성질병 관리가 더 큰 숙제이다. 큰 그림은 질병관리청이 그리지만, 국민 한 사람 한 사람을 고려한 현장 맞춤 행정은 지자체의 몫이다. 이런 과정에 본청과 지자체를 연결하는 지청이 제대로 역할을 한다면 국민 건강 수준을 더 향상시킬 수 있다. 병무청, 산림청 등 대다수의 청이 지청이 있는데, 국민 건강을 지키는 질병관리청에 지청이 없다는 것이 오히려 이상하지 않은가. 식품의약품안전처도 전국에 지방 조직을 두고 있다.

컨트롤타워의 부재와 대안

2020년 2월 말, 중앙재난안전대책본부가 꾸려지면서 코로나19에 관련된 모든 책임과 지휘는 국무총리의 손으로 넘어갔다. 이때가 대구에서 1차 대유행이 시작하고 있던 때였다. 방역에 관해 비전문가인 당시 보건복지부장관으로도 모자라 그 위에 또 다른 비전문가 사령탑control tower이 생겨 방역 지휘탑은 청와대 비서실까지 더해져 옥상옥으로 최대의 난맥상에 직면했다. 정부 내 의사결정 과정은 철저히 직급에 따르므로 이런 상황에서 방역 최고 전문가인 질병관리본부장의 역할은 한없이 축소되기 마련이다. 실제로 역학조사와 진단검사, 검역업무를 제외하고는 중앙방역대책본부에 판단권이나 결정권이 부여되지 않았다. 현장 사정을 가장 잘 알고 있는 부서에서 정책을 결정해야 가장 효과적이지만, 질병관리본부장은 의사결정 과정에 제대로 참여하지 못했다.

컨트롤타워 부재로 발생한 혼선의 대표 사례가 '거리두기 단계 기준'과 '세칙'이다. 거리두기의 목적은 방역임에도 과학적인 판단보다 정무적인 판단이 우선했다는 비판을 면하기 어려워 보인다. 국가가 정하고 선포한 거리두기 단계를 그때그때 정치적 필요에 따라 원칙을 어기기 일쑤였다. 4인까지만 모임을 허용해서 3차 유행 억제의 목적을 달성한 정부는 이를 해제하지 않고 여름이 될 때까지 고수하다가 4차 유행을 맞았다. 행정 편의를 위해 국민의 희생을 강요한 대표적인 나쁜 정책의 예이다. 덩달아 자영업자들도 가장 고통스러운 기간을 보내야 했고 정신적 물질적 스트레스로 생을 스스로 마감하는 사람들이 생겨났다. 3차 유행이 어느 정도 안정됐을 때에도 가족 간의 모임마저 불허한 행정은 우리의 자랑스런 문화유산인 인륜을 저버리게 하는 실로 고약한 정책이 아닐 수 없다. 질병관리청장이 지휘권을 잡았더라면 이런 무리수를 두지 않고도 얼마든지 경제를 살리면서 가족 간의 유대를 유지할 수 있는 정책들을 개발했을 것이다. 내가 그 자리에 있었어도 그랬을 거니까.

환기의 중요성이 얼마나 중요한지 그토록 강조하면서 정작 환기를 어떻게 하면 개선할 수 있을지 정부 차원에서 연구하고 지원한 사례는 보이지 않는다. 국가의 다양한 연구기관을 활용할 생각을 제대로 하지 못했다. 환기만 잘 되면 집단 감염이 덜 생기니 편하게 장사도 할 수 있고, 모임도 할 수 있는데도 정부는 오로지 사람들을 모이지 못하게 하는 데에만 집착했다. 따라서 내부 전문가가 컨트롤타워를 맡아 외부 전문가들과 충분히 협의를 거쳐 정책을 만드는 대신에 비전문 관료의 암묵적 지시나 독자적인 판단으로 강행된 정책이 적지 않았다는 의심을 지울 수 없다. 따라서 관련 자료를 모두 보존하고 공개해 훗날 교감으로 삼아야 할 것이다.

정부 일을 해 보니 정책을 기획하고 수립하고 집행하는 과정에 부처의 장관도 마음대로 하지 못하는 부분이 의외로 많다는 것을 알게 됐다. 하물며 청장이 감히 개입하지 못할 부분이 얼마나 많았을까. 이번 코로나 대응에는 청장에게 전권을 부여하고 필요한 사안들은 각 부처가 협조하는 형식을 취했어야 했다. 관례에는 어긋나지만 지금은 전시이기 때문에 국정 최고 책임자의 의지만 있으면 불가능하지도 않았다. 그러려고 청와대 비서실이 있지 않은가. 화재 진압에는 소방청장이 컨트롤타워이듯 방역 정책의 중심에는 방역의 최고 전문가 수장이 컨트롤타워를 맡아야 한다. 정부 일각에서는 질병관리청 직원들의 행정 능력 부족을 의사 결정 과정에서 배제하는 이유로 들지만, 이는 변명에 불과하다. 오히려 그럴수록 질병관리청 직원이 행정 능력을 함양하도록 적극 지원을 했어야 하는 게 아닌가. 다음 팬데믹에는 정부 내 최고 전문가가 지휘봉을 잡고 국민과 소통하며 관련 부처와 업무를 조정하는 믿음직하고 합리적인 컨트롤타워가 탄생하기를 기대한다.

| 맺으며: 코로나 팬데믹의 향후 전망과 보건부 설립 |

코로나19는 당분간 지구촌을 괴롭힐 것으로 전망된다. 그 이유는 강력한 전파력과 독성이 아직도 유지되는 점, 이미 전 세계에 없는 곳이 없을 정도로 바이러스가 광범위하게 퍼져있다는 사실, 아직 치료제 개발이 미흡하고 개발된 백신도 접종 일정과 장기간의 효능, 안전성 정보가 없다는 점이다. 그리고 무엇보다 국가 간 인적 물적 교류가 재개되면 또다시 지구는 24시간 내에 바이러스가 어디든 갈 수 있는 환경으로 돌아갈 것이다.

우리나라는 2003년 사스SARS, 2009년 신종플루, 2015년 메르스MERS처럼 약 6년 주기로 외래 유입 신종 감염병에 시달렸다. 실제로 2016년에 질병관리본부 전문가들은 다음 신종감염병이 2021년쯤에 올 것이라 예상했다. 한 해 일찍 오긴 했지만 다음 신종감염병도 앞으로 5년 전후에 오지 않을까? 박테리아라고 불리는 세균은 내성균 문제가 있긴 하지만 어느 정도 치료가 가능하다. 하지만 바이러스는 종류도 매우 다양한데다 치료제나 백신은 거의 없는 실정이다. 인간이 환경을 파괴하면서 나타난 바이러스가 대부분이다. 즉 생태계에 안정을 이루고 있던 바이러스가 인간이 환경을 파괴함으로써 어쩔 수 없이 떠밀려서 인수동시감염의 형태로 인간 세상에 나온 경우가 많다. 코로나19도 야생 박쥐와 연관이 있다고 보는 견해가 우세하다.

기후 변화, 도시 개발 등이 주요 요인이므로 인간의 욕망이 가라앉지 않는 한 생태계 파괴가 초래할 신종 감염병의 출현은 불가피하다. 코로나19 이전에도 해마다 새롭게 발견되는 감염병이 몇 개씩은 있었다. 본부장 시절에 신종감염병 대비의 일환으로 미래 감염병 대응 조직을 만들어 운영했다. 전 세계와 긴밀한 협조를 통해 언제 우리나라에 유입될지 모르는 현존하는 외래 감염병을 감시하고, 또한 언제 인간 세계로 들어올지 모르는 새로운 감염병에 대비하자는 취지였다. 이를 위해 동북아 3개국과 협조 체계를 갖추려고 노력했고 메르스의 진앙지인 사우디아라비아에 역학조사관을 파견하거나 국제기구에 역학조사관을 상주하는 제도를 추진했으나, 재임 기간이 워낙 짧아 제대로 이루지 못해 아쉬움이 크다.

우리나라가 다음 팬데믹을 잘 방어할 수 있을까? 만일 미국과 영국이 백신을 개발하지 못했다면 지금 우리는 대책 없이 거리두기에만 매달려 있을 것이다. 아니면 임상 자료가 불충분한 제3국의 백신을 수입하느냐 마느냐로 논란이 뜨거웠을 가능성이 크다. 우리나라는 다음 팬데믹 전에 백신과 치료제 개발 기술을 선진국 수준으로 올릴 수 있을까? 내가 본부장 시절에 계획했던 국가백신개발지원센터는 5년이 지난 2021년 11월에야 겨우 문을 열었다. 얼마나 관심 밖의 사안이었는지 잘 드러난다.

코로나 팬데믹 유행 초기인 2020년 1월에 중국발 입국자를 제대로 통제했더라면 대만, 베트남 등과 같이 초기에 매우 안정적인 방역 환경을 마련할 수 있었을 것이다. 단 3개월만 버티면 되는 것인데, 중국의 눈치를 보느라 국민 생명 수호라는 지고지순한 국가의 책무를 망각한 것은 두고두고 아쉽다.

또한 항체치료제에 현혹 당해서 백신의 중요성을 무시한 정무적 판단도 방역의 흑역사에 길이 남을 것이다. 항체치료제 개발로 돌아오는 봄에는 코로나에서 해방될 것이라는 장사꾼의 수사에 휘말린 결과 지난 봄에도 우리는 5인 이상 집합금지와 마스크의 고통에서 헤어날 수 없었다.

만일 싱가포르나 이스라엘처럼 2021년 1월에 대규모 백신 접종이 이루어졌더라면 인구의 2%인 하루 100만 명 접종을 여유 있게 할 수 있는 우리나라의 의료 인프라로 불과 2개월 만에 2차 접종까지 완료했을 것이다. 그랬다면 2021년 3월부터 우리는 지금과는 다른 세상을 살았을 것이다. 만일 질병관리청과 외부 전문가에게 백신 도입 판단을 맡기거나 협의했다면 분명 우리는 전혀 다른 봄을 맞이할 수 있었을 것이다. 하지만 당시 백신 관련 판단은 질병관리청이 아니라 비전문 관료와 정치인, 그리고 자칭 외부 전문가가 내리는 상황이었다. 전문가는 관련 분야의 논문을 지속적으로 내거나 관련 업무에 장기간 종사하거나 하다못해 관련 교육이라도 지속적으로 받아 온 사람이라야 한다. 본부장 재직 시에도 많은 전문가들에게 자문을 의뢰하고 용역을 발주하며, 담당 직원들에게 당부하는 것이 있었다. 진짜 전문가인지 확인을 반드시 하라는 것이다. 말만 앞서고 내실이 없는 자칭 외부 전문가는 절대로 정부 일에는 참여시켜서는 안 된다는 것이 내 지론이다.

'보건부' 설립이 왜 필요할까? 많은 이유와 근거가 있지만, 여기서는 방역 업무로 한정하겠다.

첫째, 컨트롤타워의 부재와 부실 때문이다. 방역에는 보건부 장관이 컨트롤타워가 돼야 한다. 그러기 위해서는 보건부 장관이 보건 분야의 전문가이어야 한다. 하지만 역대 보건복지부 장관은 대부분 보건 전문가가 아니라 복지 전문가이거나 국회의원 출신의 정치인이었다. 이번에도 복지 전문가가 지휘봉을 잡으면서 겨울 모기 논쟁으로 많은 전문가들의 실소를 자아내지 않았는가. 거리두기 정책 수립과 이행은 타 부처와 협의가 필수이므로 장관 자격으로 타 부처장관 또는 차관들과 협의를 하는 것이 격을 맞추는 일이다. 초기 중국 입국자 관리도 장관이 나서서 질병관리본부장의 손을 들어 주었더라면 외교부, 산업부 등의 반대를 무마시킬 수 있었을 것이기 때문이다. 불이 나면 화재 발원지를 진압하고, 모기를 막으려면 장구벌레 웅덩이를 없애는 것이 가장 간단하다는 상식적인 판단을 왜 방역 정책에는 적용하지 않았는지 모를 일이다.

둘째, 백신과 치료제 개발을 더이상 미룰 수 없기 때문이다. 우리나라는 적지 않은 연구개발 비용을 국가 예산으로 지출해 왔다. 하지만 극히 일부가 보건 관련 연구에 투입돼 왔고, 그나마 보건산업진흥원을 통해 예산 따는 전문 교수들의 몫으로 돌아가기 일쑤였다. 또한 연구개발 예산은 기재부가 아닌 과기부에서 결정하므로 보건복지부도 과기부의 눈치를 봐야 하는 입장이다. '보건부'

가 설립되면 생명과학 관련 예산, 특히 백신과 치료제 개발을 위한 기초연구 과제를 직접 맡아서 운영해야 한다. 국가백신개발지원센터의 설립과 진행 상황이 얼마나 느린지만 보더라도, 보건 관련 업무가 항상 우선순위에서 뒤로 밀려있는지 잘 알 수 있다. 백신 개발 기초연구는 수익성이 보장되지 않아 국가가 전적으로 주도해야 하는 산업 중 하나임에도, 무관심 속에서 개소가 지연됐던 것이다. 보건부가 주도해 필요한 연구 과제, 연구 일정 등 중장기 계획을 수립해 거기에 맞는 퍼즐을 맞춰나가는 전략을 써야 한다. 지금처럼 중구난방 식으로 지원한다면 단순히 연구자의 인건비와 연구시설 유지에 불필요한 예산을 낭비하게 되기 때문이다.

셋째, 코로나19에서 경험했던 병실과 의료인 수급의 난맥상에 체계적으로 대처하기 위함이다. 우리나라는 민간의료기관이 공공의료의 역할을 하고 있으므로 별도로 국공립병원을 세우는 게 별 의미가 없다. 국립중앙의료원, 서울시립병원, 각 지역 지방의료원, 보건복지부나 산업자원부, 보훈처 산하의 국립병원이 현재 어떤 환경과 위치에 있는지 잘 살펴봐야 한다. 대통령과 시도 지사 및 그 가족들의 주치의가 있는 병원이 얼마나 될까. 매우 드물 것이다. 국립중앙의료원은 대통령과 서울에 거주하는 정부 고위 인사들의 건강관리와 치료를 도맡는 기관이어야 하지 않을까. 서울시장은 시립병원이나 서울의료원에서 최종 치료를 받을 수 있어야 하지 않을까. 만일 그렇지 않다면 숫자에만 의존한 공공병원 설립을 함부로 논해서는 안 된다. 대신 자타가 인정하는 민간의료기관을 유사시에 어떻게 활용할 것인지를 연구해야 한다.

코로나 팬데믹 와중에 우리나라는 많은 환자들이 에크모ECMO, 체외막산소공급장치에 의존해 생존할 수 있었고, 10명이 넘는 환자가 폐이식을 통해 꺼져가던 삶을 되찾았다. 이런 고난도 치료들은 현재 대학병원을 제외한 공립병원에서는 거의 이루어지고 있지 않으며 아무리 공공의료를 강화해도 개혁이 따르지 않으면 불가능하다. 이를 시행하는 제한적인 우수인력을 공공병원은 유치하지 못하기 때문이다. 따라서 민간병원과의 민관협의체를 평소에 구축해 대응계획을 세워야 하는데 현재 보건복지부의 행정체계나 능력으로는 이런 계획을 세우고 실행하지 못한다. 그래서 전문 기관인 보건부가 필요한 것이다. 한편 감염병 전문병원도 메르스 종식 이후에도 지속적으로 계획되고 진행됐어야 하는 과제인데 본부장 시절 큰 장벽을 실감했고, 이후에도 진행이 되지 못하다가 코로나19를 맞게 됐다. 그나마 고(故) 이건희 회장의 5,000억 희사가 아니었더라면 또 지체되고 있었을 것이다. 만일 2016년에 계획한 대로 전국에 5개의 감염병 전문병원이 존재했더라면 코로나19 대응에서 치료도 제대로 못 받고 억울하게 희생된 사람들의 숫자는 많이 줄었을 것이다. 이와같이 현실적이고도 절실한 문제를 보건복지부는 여러 차례의 기회가 있었음에도 해결하지 못하거나 안 했기 때문에 보건부 설립의 당위성이 더 뒷받침된다.

코로나 팬데믹을 거치면서 우리는 국민 건강을 지키는 일에 아직도 빈틈이 많다는 사실을 절실히 체험했다. 특히 외국에서 유입되는 신종감염병의 위력을 절감했다. 코로나 팬데믹은 개인 건강에 위해를 넘어 국가 사회경제에도 엄청난 파국을 몰고 왔다. 우리도 이제 선진국으로서 국민 건강을 제대로 지킬 수 있는 전문 독립 기관으로 보건부를 설립할 때가 됐다. 이게 코로나 팬데믹을 통해 얻은, 가장 중요한 깨달음이다.

백신 확보의 실패는 기본권인 국민생명권을 침해한 헌법위반이다

신평[1]

길고 어두운 코로나의 터널을 지나고 있다. 그런데 최근 들어 백신 접종이 확연히 증가하여, 그 결과 이 지루한 터널이 길지 않으리라는 희망을 준다. 끝나는 터널의 바깥에는 예전처럼 밝은 빛이 환하게 비치고, 우리가 곧 그 빛을 따뜻하게 쬘 수 있으리라는 희망이다. 하지만 이렇게 되는 과정에서 엄격한 방역 조치로 사회 전반에 수많은 파장을 불러일으켰다. 특히 영업시간, 인원수의 제한을 심하게 받은 자영업자의 피해가 엄청나게 컸다. 이것은 과연 우리가 전대미문의 전염병 창궐이라는 사태를 맞아 불가피하게 맞닥뜨려야 했던 결과였을까? 아니면 우리는 좀 더 현명한 판단

1 서울대학교 법과대학을 졸업했다. 판사, 로스쿨 교수를 거쳤고, 미국, 중국, 일본의 여러 대학에서 연구를 수행했다. 한국헌법학회장, 한국교육법학회장, 앰네스티 법률가 위원회 위원장 등을 역임했다. 현재 사단법인 공정세상연구소 이사장과 변호사로 활동 중이며, 최근에 저서 『공정한 사회를 향하여』(2021.6)를 출간했다.

으로 이 피해를 상당 부분 줄일 수 있었을까? 이제 연막이 조금씩 거두어지며 실체가 드러나고 있다. 우리는 공동체의 이익손상을 대폭 줄여나갈 수 있었음에도 불구하고 그러지 못했다는 판단을 하게 된다. 그 핵심포인트는 코로나 사태의 게임체인저game changer라고 하는 '백신'을 적기에 확보하지 못한 것이다. 그리고 백신 확보의 책임은 정부 쪽에 있었다. 나아가서 정부가 그 책무의 달성을 소홀히 한 것은 우리 공동체 최고의 규범인 헌법을 위반한 것으로 볼 소지가 충분하다.

| 백신 확보의 실패 |

코로나 사태가 터지며, 한국은 방역에 비교적 성공한다. 정부는 이를 대대적으로 'K-방역'이라고 홍보했다. 이 홍보는 국내에서뿐만 아니라 국제적으로도 활발하게 행해졌는데 이에 엄청난 홍보비를 들였다. 그러는 사이 어쩐 일인지, 차츰 백신이나 치료제 마련에도 한국이 잘할 수 있다는 착각 속으로 빠져들어 갔다.

그런데 전 세계에서 가장 많은 국가들이 접종한 대표적인 두 개의 백신, 즉 화이자와 모더나 백신은 서구사회가 가진 100년의 백신 개발 경험에 '메신저 RNAmRNA 기술'이라는 놀랄만한 혁신innovation을 가져왔다. 이것은 바이러스가 아니라 유전물질을 세포에 투여함으로써 인체 면역체계를 이끌어낸다. 그동안 암 치료에 이 기술을 써왔는데, 처음으로 백신 개발에 사용한 것이다. 이 기술의 탁월성에 관해서는 헝가리 태생 카탈린 카리코Katalin Kariko가 처음 눈을 떴다. 그러나 그는 연구자금이 없어 1985년 미국으로 이민했다. 그와 다른 연구자들이 미국에서 많은 연구비 지원을 받으며 꾸준하게 발전시킨 것이다. 카리코는 지금 화이자와 손잡고 코로나 백신을 개발한 독일 바이오엔테크_{BioNTech} 수석부회장으로 있다.

우리는 이런 과정을 간과했다. 관련 연구가 부족하고, 아마 mRNA 기술에 관한 이해조차 제대로 되지 않은 상태이면서 국산 백신을 개발한다고 법석을 떨었다. 나아가 치료제도 머지않아 우리 기술로 마련할 수 있는 듯 떠들었다. 코로나19가 세계적으로 공포의 대상이 되어가는 가운데도 이 근거 없는 낙관은 수그러들지 않았다. 대통령이 나서서 그러니, 누가 감히 여기에 "그렇지 않다"고 말할 수 있었겠는가.

백신 자체개발은 대단히 가치 있는 일이다. 하지만 단시일에 이루기는 불가능함에도 이것이 가능하다는 집단최면의 오류에 서서히 빠져들어 갔다. 이 통탄할 현상은 조금 심하게 말하자면, 과거 대원군이 개량한 갑옷으로 양이(洋夷)의 총탄을 막을 수 있다고 믿은 것이나, 동학군이 주문을 외워 총탄을 피할 수 있다고 믿은 것과 거의 비슷한 성격의 오류라고 볼 수 있다.

한국 바이오 기업들은 당초부터 한국이 선도적으로 백신을 개발하는 건 무망하다는 걸 잘 알고 있었다. 그럼에도 이를 말하지 않았다. 기업들 입장에서는 정부가 나팔을 잡고 시끄럽게 불어댈수록 주가가 뛰는데, 억지로 불리한 진실을 알릴 이유가 없었을 것이다. 현재 국내기업 중에서 백신 개발에 성공한 업체는 없다.

항체치료제는 셀트리온 사의 렉키로나주가 유일하나, 그 실제적 효과가 아직 분명하지 않아 세계적으로 승인을 받지 않은 상태이다. 미국 머크MSD사가 2021년 10월 12일 미국식품의약국FDA에 코로나19 경구 치료제 몰누피라비르molnupiravir의 긴급사용승인을 신청했다. 이 약품이 코로나 표준치료제로 유망한데, 곧 화이자 및 로슈도 곧 치료제를 내놓을 것으로 본다.[2] 이와 같은 소식을 접하며 다수의 국내 바이오기업들은 치료제 개발을 아예 포기해버렸다.[3]

코로나19 바이러스가 확산일로에 있던 2020년 봄, 여름 내내 세계 각국은 백신을 확보하려고 마치 전쟁통 같은 경쟁을 벌였다. 그러나 한국은 이 경쟁에서 거짓말처럼 완전히 빠졌다. 백신 도입에 관한 한 정부 어느 부처도 얼빠진 듯 손을 놓고 있었다. 간간이 이래서는 안 된다는 정부 바깥소리가 들렸다. 그러다가 2020년 11월 말이 되어서야 비로소 정부는 사태의 심각성을 인지했다. 부랴부랴 백신 확보를 위해 나섰다.

우리는 어쨌든 허황한 착각에 빠져 외국에서 개발 중인 백신 도입에 관해서는 신경을 쓰지 않았다. 2020년 11월 30일, 세계 31개국(EU는 1개국으로 취급)이 백신 확보에 성공했다. 하지만 한국은 그때 백신 확보량이 '제로'였다. 이 적나라한 현상이 공신력 있는 국제기관에서 발표한 데이터에 그대로 나타나 있다.

---

2 김지환(2021.10.14), '머크 코로나 표준치료제 유력. 국내 개발치료제는 어찌되나?' 《이데일리》
3 김명지(2021.10.12), '미국서 먹는 약 나온다…코로나 치료제 개발 중단하는 국내제약사' 《조선비즈》

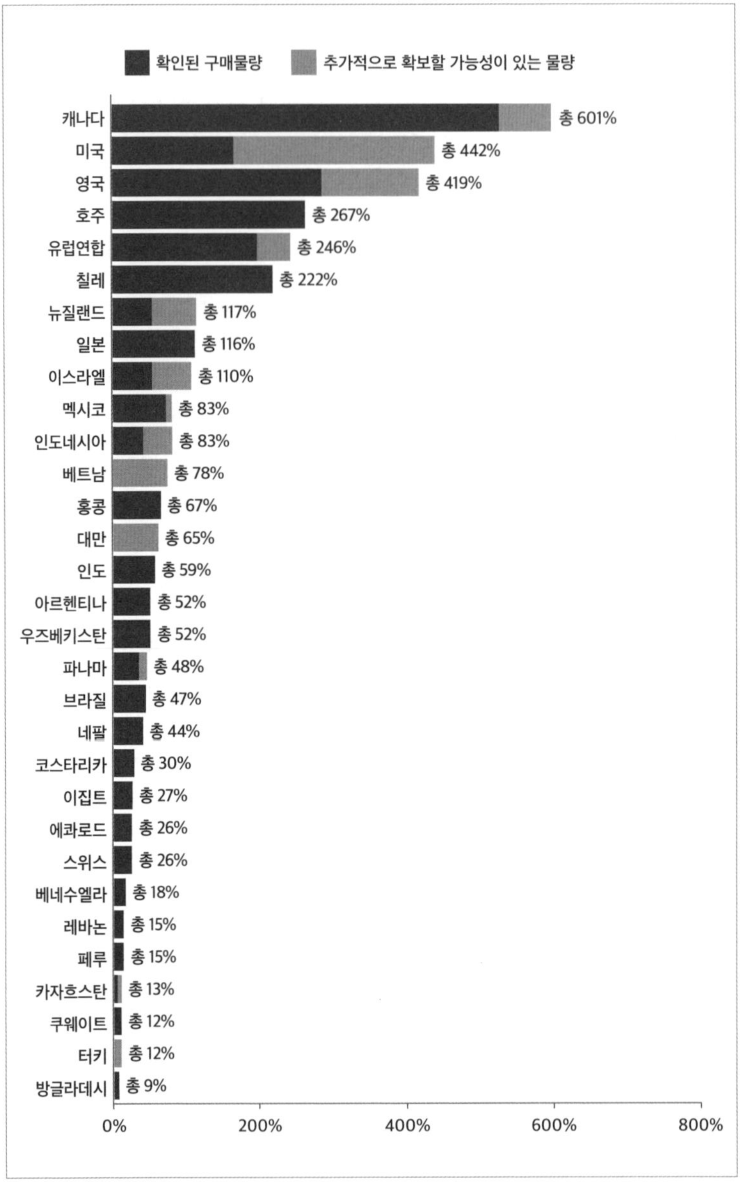

확인된 구매물량
추가적으로 확보할 가능성이 있는 물량
캐나다 총 601%
미국 총 442%
영국 총 419%
호주 총 267%
유럽연합 총 246%
칠레 총 222%
뉴질랜드 총 117%
일본 총 116%
이스라엘 총 110%
멕시코 총 83%
인도네시아 총 83%
베트남 총 78%
홍콩 총 67%
대만 총 65%
인도 총 59%
아르헨티나 총 52%
우즈베키스탄 총 52%
파나마 총 48%
브라질 총 47%
네팔 총 44%
코스타리카 총 30%
이집트 총 27%
에콰도르 총 26%
스위스 총 26%
베네수엘라 총 18%
레바논 총 15%
페루 총 15%
카자흐스탄 총 13%
쿠웨이트 총 12%
터키 총 12%
방글라데시 총 9%
0%
200%
400%
600%
800%

[그림 1] 세계 각국이 확보한 코로나 백신의 양 [출처: Launch & Scale Speedometer, Duke Global Health Innovation Center(2020.11.30.)]

[그림1]을 보자. 이것은 2020년 11월 30일 자로 미국 듀크대학 글로벌보건혁신센터Duke Global Health Innovation Center의 론치 앤 스케일 스피도미터Launch and Scale Speedometer에서 나온 세계 각국의 백신 확보 실태를 그래프로 보여주고 있다.

[그림1]에서 '퍼센트(%)'는 확보된 백신 수량을 그 나라 국민의 숫자로 나눈 백분율이다. 예컨대 캐나다가 601%로 나타난 것은, 캐나다 국민이 1인당 6.01회 접종받을 비율로 백신을 확보했다는 뜻이다. 여기서 보면, 일본, 홍콩, 인도는 물론이고 우리나라보다 더 코로나 방역에 성공했다는 평가를 받는 대만도 들어있다. 심지어 개발도상국인 방글라데시, 베트남도 상당량을 확보했다. 코로나 사태에서 '게임체인저'는 성공적 방역도 아니고, 치료제도 아니고, 바로 백신인 것이다.

이 그림에 의하면, 한국은 향후 추가적으로 확보할 수 있는 물량도 없는 상태이다. 그러나 얼마후인 2020년 12월 18일 자 'Launch & Scale Speedometer'의 데이터에 의하면, 한국은 돌연 아스트라제네카 2,000만 명분 외에 화이자 2,000만 명분, 모더나 2,000만 명분을 확보한 것으로 나와있다. 이로 보아 정부는 문제의 심각성을 인지하고 다급하게 화이자와 모더나측과 교섭해 백신 물량을 확보한 것으로 보인다. 그러나 계약이 이미 늦었기 때문에 백신의 실제 인도는 상당히 늦어질 것이었다. 선계약한 국가들에 우선 배정을 할 수밖에 없기 때문이다. 실제로 2021년 봄, 여름을 거치며 우리는 내내 '백신 가뭄'에 시달렸다.

| 정부와 여권의 대응 |

이처럼 한국의 코로나 백신 확보는 가장 중요한 시기에 아무런 조치를 취하지 않음으로써 처참한 실패로 끝났다. 그런데 한 가지 수상한 점이 있다. 우리가 적어도 민주국가라면, 이렇게 엄청난 수의 국민 삶에 직접 영향을 미치는 중요한 문제에 관한 정책이 실패했다면, 그 책임을 묻는 목소리가 여당이든 야당이든 활발하게 나와야 한다. 그런데 야당 쪽에서 일부 문제를 제기했지만, 여당 쪽에서는 턱도 없는 공격이라고 받아치기에 바빴다. 그것은 아마 문책의 단계로 나아가면, 그동안 요란하게 홍보해온 'K-방역' 성과가 급전직하 추락으로 연결될 것을 우려해서가 아니었을까 하고 짐작한다. 이 문제에 대한 정부와 여권의 대응은 다음과 같이 세 가지로 요약해볼 수 있다.

첫째, 늘 하던 대로 정치쇼를 벌였다. 문재인 정부 5년에서 가장 특징적인 현상을 들라치면, 이 정부가 유난히 '정치쇼'에 능하다는 사실이 유력하게 꼽힐 것이다. 시종일관 끊임없이 정치쇼를 벌여왔는데, 코로나 사태에서도 예외가 아니었다. 백신 확보에 처참히 실패했으면서도 이 실패를 만회하기 위해, 아니 어쩌면 국민에게 실상을 속일 목적으로 정치쇼를 과감하게 벌였다.

2021년 2월 3일 백신 유통 모의훈련을 한다며 경찰과 군대를 동원해 시끌벅적한 행사를 하고 요란스레 보도자료를 뿌리는 촌극을 연출했다. 이때까지만 해도 우리는 백신 확보를 제대로 하지 못하고 공급받은 물량이 거의 없어 쩔쩔매고 있었다. 같은 달 23일에는 더 이해하기 어려운 행사가 벌어졌다. 백신접종센터에 있는 백신을 테러단체가 탈취하지 못하게 하는 대테러훈련을 거창하게 벌인 것이다. 당시 이미 세계 100여 개 국가에 백신이 유통되고 있었고, 테러단체가 백신이 거의 없는 한국을 상대로 그 탈취를 위해 기습한다는 것은 상상하기도 어려운 일이었다. 한마디로 말해 정치쇼에 불과했다. "문재인 정부의 정의, 평등, 공정이 탁현민 비서관의 소품 정도로 전락해버렸다"[4]는 김경율 회계사의 탄식이 뼈아프게 전해지는 장면이다.

둘째, 백신확보 실패에 관한 언급을 과감하게 가짜뉴스로 매도했다. 문 대통령은 2020년 12월 28일 한 해 마지막으로 열린 청와대 수석·보좌관 회의에서 "한국이 백신을 충분히 확보하지 못했다거나 접종이 늦어질 것이라는 염려가 일각에 있으나 이는 사실이 아니다. 정부는 여러 달 전부터 범정부 지원체계를 가동하며 전문가들 의견을 들어 백신 확보에 만진을 기했다"고 말했다. 그러나 이 말은 명백히 사실과 어긋난다. 그해 11월 말까지 한국은 백신 확보를 전혀 하지 못했고, 또 확보를 위한 어떤 노력도 하지 않았다. 해가 바뀌어 2021년 1월 8일 정세균 국무총리는 백신 확보의 실패를 지적하는 야당 국회의원에게 "품위를 지키라"는 질책까지 했다.[5]

이 정부 들어 정부와 여당에서는 자신들이 가짜뉴스에 의해 큰 피해를 받는 양 끊임없이 주장해왔다. 그러나 위에서 든 대통령과

---

4 김윤덕(2021.10.02). '화천대유'란 불구덩이에 이 남자가 뛰어든 이유. 《조선일보》.
5 권오석(2021.01.08). 정세균 '백신확보 지적' 野 의원에 "품위 지겨라" 버럭. 《이데일리》.

국무총리의 언급이야말로 중대한 가짜뉴스이다. 권력을 가진 측에서 퍼뜨리는 가짜뉴스는 다른 가짜뉴스에 비해 우리 사회에 훨씬 더 위험하고 파괴적이다.

셋째, 빠질 수 없는 것이 어용 지식인들의 활약이다. 백신 확보 실패를 덮기 위한 어용 지식인들의 활약도 눈부시게 전개되었다. 그중에서 특히 돋보이는 예가 국립암센터 교수로 있던 기모란이다. 그는 정부와 여당을 위해 팔을 걷어붙이고 나섰다. 그는 코로나 환자가 급속도로 늘며 백신 도입을 서둘러야 한다는 여론이 점증하던 때인 2020년 11월에 교통방송(TBS) 〈김어준의 뉴스공장〉에 출연해 백신 도입을 서두를 필요가 없다느니, 백신 접종을 늦게 시작하는 것이 오히려 낫다는 식으로 주장했다. 이렇게 그는 백신 확보에 실패한 정부를 옹호하는 층을 대변해 무려 수십 차례 언론에 출연해 백신 확보에 관해 초점을 흐리는 행태를 보였다. 그러나 청와대는 2021년 4월 16일 방역기획관 자리를 신설해 그를 여기에 임명했다.

헌법상의 생명권을 침해한 백신 확보의 실패

코로나 사태에서 백신 확보는 헌법상 기본권인 국민의 생명권에 직결된 문제였다. 우리는 초기에 백신 확보에 실패함으로써, 많은 사회적 취약계층, 그중에서도 자영업자들의 삶에 '재앙의 비'를 뿌렸다.[6] 그러므로 언젠가 이번 백신 확보 과정에 대한 엄밀한 평가가 내려질 것으로 본다. 적어도 외형면에서는, 무참하게 어린 목숨들이 사라진 박근혜 정부 당시의 세월호 사건이나 혹은 이명박 정부 당시의 광우병 사건에 비해, 이번 백신 늑장 확보는 비교도 되지 않을 만큼 엄청난 규모로 국민의 생명권을 위협한 것이다.

생명권에 관한 명시적 헌법규정은 없다. 그러나 오래전부터 생명권은 우리 헌법의 해석상 당연히 인정되는 것으로 학설과 판례가 일치해 인정한다. 이에 관한 헌법재판소가 내린 두 개의 판시를 보도록 하자.

헌법 제10조는 "모든 국민은 인간으로서의 존엄과 가치를 가지며, 행복을 추구할 권리를 가진다. 국가는 개인이 가지는 불가침의 기본적 인권을 확인하고 이를 보장할 의무를 진다"고 규정하여, 모든 국민이 인간으로서의 존엄과 가치를 지닌 주체임을 천명하고, 국가권력이 국민의 기본권을 침해하는 것을 금지함은 물론 이에 더 나아가 적극적으로 국민의 기본권을 보호하고 이를 실현할 의무가 있음을 선언하고 있다. 또한 생명·신체의 안전에 관한 권리는 인간의 존엄과 가치의 근간을 이루는 기본권일 뿐만 아니라, 헌법은 "모든 국민은 보건에 관하여 국가의 보호를 받는다"고 규정하여 질병으로부터 생명·신체의 보호 등 보건에 관하여 특별히 국가의 보호의무를 강조하고 있으므로(제36조 제3항), 국민의 생명·신체의 안전이 질병

---

6 현재까지 최소한 22명의 자영업자들이 스스로 목숨을 끊었다. (출처: 노정태(2021.10.02). '자영업자 학살 극 주범은 숫자놀음에 정신 팔린 K방역'.《조선일보》)

등으로부터 위협받거나 받게 될 우려가 있는 경우 국가로서는 그 위험의 원인과 정도에 따라 사회·경제적인 여건 및 재정사정 등을 감안하여 국민의 생명·신체의 안전을 보호하기에 필요한 적절하고 효율적인 입법·행정상의 조치를 취하여 그 침해의 위험을 방지하고 이를 유지할 포괄적인 의무를 진다 할 것이다.[7]

인간의 생명은 고귀하고, 이 세상에서 무엇과도 바꿀 수 없는 존엄한 인간존재의 근원이다. 이러한 생명에 대한 권리는 비록 헌법에 명문의 규정이 없다 하더라도 인간의 생존본능과 존재목적에 바탕을 둔 선험적이고 자연법적인 권리로서 헌법에 규정된 모든 기본권의 전제로서 기능하는 기본권 중의 기본권이라 할 것이다.[8]

이렇게 헌법재판소는 생명권을 '기본권 중의 기본권'이라고 평가하면서 그 중요성을 설파했다.

그런데 어떤 국가나 정부의 행위가 생명권을 침해하는 행위라고 인정받으려면 주의할 점이 있다. 국민의 생명이나 신체가 침해되었다는 것만으로는 '생명권의 침해'라고 하기에는 부족하다. 조금 다른 측면에서의 보강이 필요하다.

국가는 국민의 기본권을 보호할 의무가 있다. 그런데 국민의 기본권은 주로 사인(私人)인 제3자에 의한 신체나 생명의 침해로 훼

---

7 헌법재판소 2008.12.26. 선고 2008헌마419 등 미국산 쇠고기 및 쇠고기 제품 수입위생조건 위헌확인.
8 헌법재판소 1996.11.28. 선고 95헌바1 형법 제250조 등 위헌소원.

손되고, 이때 국가는 기본권을 보호하기 위해 적어도 적절하고 효율적인 보호조치를 하지 않으면 안된다. 국가는 국민의 생명·신체의 안전을 보호하기 위한 조치가 필요한 상황인데도 아무런 보호조치를 취하지 않았다든가 설사 어떤 조치가 있었더라도 그것이 침해당하는 법익을 보호하기에 불충분한 것임이 명백한 경우, 국가의 책무를 다하지 않았다는 평가를 받는다. 이를 '과소보호금지의 원칙'이라고 한다. 이에 관한 헌법재판소의 판시는 아래와 같다.

> 헌법재판소는 권력분립의 관점에서 소위 "과소보호금지원칙"을, 즉 국가가 국민의 법익보호를 위하여 적어도 적절하고 효율적인 최소한의 보호조치를 취했는가를 기준으로 심사하게 된다. 따라서 입법부작위나 불완전한 입법에 의한 기본권의 침해는 입법자의 보호의무에 대한 명백한 위반이 있는 경우에만 인정될 수 있다. 다시 말하면 국가가 국민의 법익을 보호하기 위하여 전혀 아무런 보호조치를 취하지 않았든지 아니면 취한 조치가 법익을 보호하기에 명백하게 전적으로 부적합하거나 불충분한 경우에 한하여 헌법재판소는 국가의 보호의무의 위반을 확인할 수 있을 뿐이다.

> 헌법재판소는 원칙적으로 국가의 보호의무에서 특정조치를 취해야 할, 또는 특정법률을 제정해야 할 구체적인 국가의 의무를 이끌어 낼 수 없다. 단지 국가가 특정조치를 취해야만 당해 법익을 효율적으로 보호할 수 있는 유일한 수단일 경우에만 입법자의 광범위한 형성권은 국가의 구체적인 보호의무로 축소되며, 이 경우 국가가 보호

의무이행의 유일한 수단인 특정조치를 취하지 않은 때에는 헌법재판소는 보호의무의 위반을 확인하게 된다.[9]

우리 헌법은 제10조 제2문에서 "국가는 개인이 가지는 불가침의 기본적 인권을 확인하고 이를 보장할 의무를 진다"라고 규정함으로써 국가의 적극적인 기본권 보호의무를 선언하고 있는바, 이러한 국가의 기본권 보호의무 선언은 국가가 국민과의 관계에서 국민의 기본권 보호를 위해 노력하여야 할 의무가 있다는 의미뿐만 아니라, 국가가 사인 상호 간의 관계를 규율하는 사법(私法)질서를 형성하는 경우에도 헌법상 기본권이 존중되고 보호되도록 할 의무가 있다는 것을 천명한 것이다.

그런데 국민의 기본권에 대한 국가의 적극적 보호의무는 궁극적으로 입법자의 입법행위를 통하여 비로소 실현될 수 있는 것이기 때문에, 입법자의 입법행위를 매개로 하지 아니하고 단순히 기본권이 존재한다는 것만으로 헌법상 광범위한 방어적 기능을 갖게 되는 기본권의 소극적 방어권으로서의 측면과 근본적인 차이가 있다.

국가가 소극적 방어권으로서의 기본권을 제한하는 경우 그 제한은 헌법 제37조 제2항에 따라 국가안전보장·질서유지 또는 공공복리를 위하여 필요한 경우에 한하고, 자유와 권리의 본질적인 내용을 침해할 수는 없으며 그 형식은 법률에 의하여야 하고 그 침해범위도

---

9 헌법재판소 1997.01.16. 선고 90헌마110 등 교통사고처리특례법 제4조 등에 대한 헌법소원.

필요최소한도에 그쳐야 한다. 그러나 국가가 적극적으로 국민의 기본권을 보장하기 위한 제반조치를 취할 의무를 부담하는 경우에는 설사 그 보호의 정도가 국민이 바라는 이상적인 수준에 미치지 못한다고 하여 언제나 헌법에 위반되는 것으로 보기 어렵다. 국가의 기본권보호의무의 이행은 입법자의 입법을 통하여 비로소 구체화되는 것이고, 국가가 그 보호의무를 어떻게 어느 정도로 이행할 것인지는 입법자가 제반사정을 고려하여 입법정책적으로 판단하여야 하는 입법재량의 범위에 속하는 것이기 때문이다.

물론 입법자가 기본권 보호의무를 최대한 실현하는 것이 이상적이지만, 그러한 이상적 기준이 헌법재판소가 위헌 여부를 판단하는 심사기준이 될 수는 없으며, 헌법재판소는 권력분립의 관점에서 소위 "과소보호금지원칙"을, 즉 국가가 국민의 기본권 보호를 위하여 적어도 적절하고 효율적인 최소한의 보호조치를 취했는가를 기준으로 심사하게 된다. 따라서 입법부작위나 불완전한 입법에 의한 기본권의 침해는 입법자의 보호의무에 대한 명백한 위반이 있는 경우에만 인정될 수 있다. 다시 말하면 국가가 국민의 법익을 보호하기 위하여 아무런 보호조치를 취하지 않았든지 아니면 취한 조치가 법익을 보호하기에 명백하게 부적합하거나 불충분한 경우에 한하여 헌법재판소는 국가의 보호의무의 위반을 확인할 수 있을 뿐이다.[10]

이처럼 백신 확보의 실패로 국민의 생명·신체의 안전에 대한

---

10 헌법재판소 1997.01.16. 90헌마110, 2004헌바81 민법 제3조 등 위헌소원.

보호의무를 국가가 위반하였는가, 즉 국가의 어떠한 행위가 국민의 기본권인 생명권을 침해하였는가의 문제는 '국가가 이를 보호하기 위해 적어도 적절하고 효율적인 최소한의 보호조치를 취하였는가'하는 기준으로 살펴보아야 할 것이다. 즉 헌법재판소 판례가 제시한 '과소보호금지의 원칙'을 충족하였을 때에 비로소 위헌적인 생명권의 침해가 인정되는 것이다. 그러면 구체적으로 현 정부에 의해 초래된 초기 백신 확보의 실패는 과연 헌법적으로 어떤 평가를 받을 수 있는 것인가?

앞에서 본 바와 같이 다른 나라들은 필사적으로 2020년 봄부터 가을까지 코로나 백신 확보를 위해 전쟁 같은 확보전을 벌이고 있었다. 그러나 우리 정부는 마치 우리가 독자적으로 백신이나 치료제를 잘 개발할 수 있으리라는 환상에 젖어, 백신 확보를 위해 어떠한 노력도 하지 않았다. 그리고 이는 다수의 국민이 코로나로 인해 생계를 위협받는 비참한 상태에 내몰리는 사태를 초래했다. 또한 코로나로 인한 사망자 수의 증가에도 기여한 것이나 다름없다.

과거 이명박 정부의 미국산 쇠고기 수입[11]이나 대통령 박근혜

---

11 헌법재판소 2008.12.26. 선고 사건에서 헌법재판소는 "이 사건 고시가 개정 전 고시에 비해 완화된 수입 위생조건을 정한 측면이 있다 하더라도, 미국산 쇠고기의 수입과 관련한 위험상황 등과 관련해 개정 전 고시 이후에 달라진 여러 요인들을 고려하고 지금까지의 관련 과학기술 지식과 OIE 국제기준 등에 근거해 보호조치를 취한 것이라면, 이 사건 고시상의 보호조치가 체감적으로 완벽한 것은 아니라 할지라도, 위 기준과 그 내용에 비추어 쇠고기 소비자인 국민의 생명·신체의 안전을 보호하기에 전적으로 부적합하거나 매우 부족해 그 보호의무를 명백히 위반한 것이라고 단정하기는 어렵다 할 것이다"고 판시함으로써 미국산 쇠고기 수입을 허용하는 조치가 생명권 침해에 해당하지 않는다고 판시했다. 그런데 이 판시를 보면, 정부가 지금까지의 관련 과학기술 지식과 국제기준 등에 근거해 나름의 조치를 취한 후에 쇠고기 수입을 허용한 것임을 인정하였는 바, 이것이 설혹 잘못된 결과를 낳는다 하더라도 이는 정책상의 실수 혹은 실패에 불과한 것이다. 이 점에서 백신 확보의 실패는 미국 쇠고기 수입 허용과는 뚜렷이 구별된다고 본다.

의 세월호 참사에 대한 미흡한 대응[12]이 국민의 기본권인 생명권을 침해한 것은 아니라는 판시를 헌법재판소가 한 일이 있다. 그러나 코로나 백신확보를 제대로 하지 못해 그동안 생긴 여러 비극적 현상은 과거 미국산 쇠고기 수입으로 인한 결과나 세월호 구조 방치로 인한 결과를 훨씬 초월하는 것이었다. 그리고 코로나 백신 확보실패는 미국산 쇠고기 수입이나 세월호 참사에 대한 미흡한 조치와는 성격 면에서 많은 차이가 있다.

아직 더 많은 정보가 가시화돼야 하겠으나, 대체적인 사태의 전개과정으로 판단하자면, 우리 정부는 백신확보의 가장 중요한 시기인 2020년 봄, 여름 그리고 가을인 그해 11월 말까지 적절하고 효율적인 최소한의 조치도 하지 않음으로써 처참한 백신확보 실패의 결과를 낳았다고 할 수 있다. 이것은 단순한 정책상의 실수라고 하기는 힘들다. 정부는 A와 B의 선택지 중에서 하나를 고른 것이 아니다. 당시에도 백신은 코로나 사태에 대처하는 가장 유효한 수단이라는 인식이 전문가들 사이에서는 일반화돼 있었음에도 정부는 이를 무시했다. 또한 우리가 K-방역의 연장선에서 세계를 선도하는 코로나 백신이나 치료제 생산국가로 발돋움할 수 있을 것이라는 근거 없는 환상에서 벗어나지 못했다. 환상

---

12 헌법재판소 2017.03.10. 선고 2016헌나1 대통령(박근혜)탄핵 사건에서 헌법재판소는 "피청구인(박근혜)은 행정부의 수반으로서 국가가 국민의 생명과 신체의 안전 보호의무를 충실하게 이행할 수 있도록 권한을 행사하고 직책을 수행해야 하는 의무를 부담한다. 하지만 국민의 생명이 위협받는 재난상황이 발생했다고 해 피청구인이 직접 구조 활동에 참여해야 하는 등 구체적이고 특정한 행위의무까지 바로 발생한다고 보기는 어렵다. 세월호 참사에 대한 피청구인의 대응조치에 미흡하고 부적절한 면이 있었다고 해 곧바로 피청구인이 생명권 보호의무를 위반했다고 인정하기는 어렵다"고 판시함으로써, 세월호 사건으로 인한 생명권 침해를 부정했다.

의 작출(作出) 그리고 이 환상으로 도피한 행태는 결코 정책상의 단순한 잘못이라는 평가를 내리기 어렵다. 그리고 이로 인해 너무나 엄청난 결과가 초래되었다. 정상적인 인식능력을 가진 누가 판단하더라도, 이 결과는 백신 확보에 손을 놓고 있던 시점에 충분히 예측 가능한 것이었다. 이러한 점들을 종합한다면, 정부의 백신 확보실패는 향후 헌법재판소의 심판을 받는 경우 국민의 생명권을 침해한 행위로 판정받을 공산이 크다.

향후에 남겨진 과제

2022년 3월 9일, 대통령 선거를 거쳐 5월에는 새 정부가 들어선다. 새 정부에서는 반드시 코로나 피해 확대에 큰 책임이 있는 코로나 백신 확보의 실패에 관해 권위 있는 기관의 조사가 이루어져야 마땅하다. 이것이 정부위원회의 형식이건 국회의 국정조사 형식이건 그 조사는 반드시 이루어지리라고 본다. 나아가 수사의 착수나 아니면 헌법소원 등의 형태로 사법기관에서 최종적인 책임에 관한 판정이 이루어질 것으로 예상된다. 그리고 이와 같은 조사나 재판에서는 또 하나의 쟁점, 즉 우리가 2020년 12월 들어 다급하게 백신 확보를 위해 애쓰면서 수요자에게 현저히 불공정한 계약 조건하에서, 특히 엄청난 바가지를 쓰고 백신을 도입해 막대한 재정적 손해를 야기하는 계약을 체결했다는 의혹에 관해

서도 반드시 규명돼야 할 것이다.[13]

　새 정부가 들어선 후 만약 이번 정부의 백신 확보실패가 국민 기본권인 생명권을 침해하는 것이었다는 헌법재판소의 판시가 나온다면, 그것은 지금 정부 고위층의 형사상 '직무유기'의 성립으로 이어질 가능성도 없지는 않다.

---

13 이와 관련된 내용은 그동안 국내 언론에 단편적으로 소개가 되곤 했다. 예컨대 《중앙일보》에 2021년 8월 18일에 보도된 "美는 모더나 계약서 103쪽 전부 공개…韓은 왜 꽁꽁 숨기나" 등이 있다.

방역이라는 미명하에 개인의 자유가 침해될 수 있는 한계는 어디까지인가?

임무영[1]

| 우파는 왜 저항하지 않는가 |

한민족의 핏줄 속에는 저항정신이 흐른다는 말을 하는 사람들이 많다. 망이·망소이의 난이나 만적의 난, 동학운동, 3.1운동처럼 멀리 가지 않더라도 4.19의거, 부마사태, 광주항쟁, 2016년 광화문에 흘러넘치던 촛불, 2019년 역시 광화문을 가득 메웠던 인파들을 보면 그 주장이 맞는 듯도 싶다.

하지만 다른 한편으로는 우파는 저항할 줄 모른다는 말도 한다. 문재인 정권이 방역을 내세워 기본권을 그렇게 숱하게 침해했음에도 불구하고 아무런 저항도 하지 못한 채 숨을 죽이고 있

---

[1] 서울대학교 법과대학 학사와 석사과정을 졸업했고, 박사과정을 수료했다. 대학 졸업 후 30년 동안 검사로 근무했고, 현재는 변호사로 재직 중이다. 기본 성향은 회의주의자이자 비관론자로서 대한민국의 장래에 대해 깊은 우려를 갖고 있다. 지은 책으로는 무협소설 『검탑』, 역사소설 『황제의 특사 이준』이 있다.

는 모습을 보면 그런 말이 나올 법도 하다. 만약 지금 이런 사태가 우파 정권하에서 발생했을 때 좌파 세력이 어떤 행동을 했을까를 생각해 보면 이 역시 옳은 말이다.

그 이유는 무엇일까? 대한민국의 우파는 진정한 우파가 아니기 때문이라고 말할 수밖에 없을 것 같다. 대한민국의 우파가 진정한 우파가 아닌 이유는 '자유의 진정한 가치'를 모르기 때문이다.

우파의 가장 핵심적인 가치가 '자유'라고 하는 말은 옳다. 그러나 백 퍼센트 옳은 말은 아니다. 우파의 가장 핵심적인 가치는 '투쟁을 통해 획득한 자유다'라고 해야 옳은 문장이 완성된다. 천부인권론자들의 환상과 달리 역사적으로 자유라는 것은 저절로 주어지는 것이 아니라 투쟁을 통해 획득된 것이기 때문이다. 따라서 투쟁으로 자유를 획득한 사람들만이 자유의 진정한 가치를 아는 것이고, 사유를 빼앗길 위기에 처했을 때 자유를 수호하기 위해 투쟁할 수 있는 것이다. 그런데 대한민국 국민들은 자유를 스스로 획득하지 못했다. 조선이 망하고, 일제가 망한 후 미국과 연합군으로부터 주어졌을 뿐이다. 6.25전쟁에서 우리가 싸워서 지킨 것은 생명이지 자유가 아니었다.

이렇게 본다면 대한민국의 우파가 저항하지 않는 이유를 알게된다. 대한민국 우파 세력은 투쟁을 통해 자유를 쟁취한 경험이 없기 때문에 자유는 저절로 주어지는 것이지 싸워서 획득해야 하는 것이라는 생각을 하지 못한다. 따라서 자유를 되찾기 위해 투쟁하겠다는 생각도 하지 못하는 것이다.

방역 정책의 무기화

문재인 정권은 2019년 광화문의 대규모 반정권 집회를 통해 민심의 소재를 알게 되면서 두려움에 떨고 있었다. 하지만 합법적인 방법으로는 국민의 자율적인 모임을 막을 수 없었는데, 코로나19 팬데믹이 발생했다. 돌이켜 보면 문재인 정권은 코로나19 팬데믹을 정권 유지의 호기로 삼아 동원할 수 있는 모든 무기는 다 동원했다. 다 알다시피 그들이 동원한 가장 큰 무기는 '격리'와 '배급'이었다. 그리고 이 무기들을 이용해 2020년에 시행된 제21대 국회의원 선거에서 압승을 거두었다.

코로나19 사태로 인해 정권은 '감염병의 예방 및 관리에 관한 법률'을 자기들 입맛에 맞게 악용할 수 있게 되었다. 2020년 이후 1년 9개월 동안 감염병의 예방 및 관리에 관한 법률(이하 '감염병법'이라고 약칭함)은 무려 열세 번이나 개정되었으며, 법 개정을 통해 정권은 점점 더 국민을 강하게 격리하고 탄압할 수 있었다. 의료기관 종사자는 감염병 환자로 의심되는 사람이 검사를 거부할 경우 보건소에 신고할 의무가 생겼고, 그 신고 의무대상 병의 종류는 보건복지부에서 임의로 정할 수 있게 되었으며, 감염병 환자로 의심되는 사람에 대해서는 검사를 강요할 수 있게 되는 등, 법개정을 통해 질병관리청과 지방자치단체의 권한이 대폭 강화되고 국민들에 대한 처벌조항이 늘어났다. 심지어 입원치료를 받지 않거나 격리를 거부하는 사람에 대한 처벌조항까지 생겼다. 환자에 대한 격리 및 치료는 필요한 일이라고 할 수 있지만, 환자가 아니라 단순히 환자와 접촉했다는 의심이 있는 사람까지도 강제 격리를 할 수 있고 이를 위반하면 처벌을 받게 되는 상황에까지 이르는 것이다.

| 방역 정책으로 인해 침해된 구체적 권리들 |

신체의 자유

문 정권 방역 정책의 기본은 국민의 '강제 격리'와 '집합 금지'라는 두 단어로 요약할 수 있다. 속칭 K-방역이라는 미명하에 국민을 과도하게 격리하였고, 기본권인 집회권을 박탈했다.

코로나19 사태 발발 초기 국민들은 우리가 상대해야 할 적이 무엇인지 그 정체를 알지 못해 혼란과 무지로 인한 공포에 빠져 있었다. 그리고 의도하든 의도하지 않았든, 정확한 정보를 제공받지 못한 국민은 정권이 이끄는 대로 끌려갈 수밖에 없었다.

우리 국민이 가장 먼저 침해당한 권리는 개인의 신체의 자유권이었다. 비인두도말PCR, Polymerase Chain Reaction(유전자 증폭기술) 테스트로 코로나19 확진자 판정을 받으면 그 사람은 증상이 있는지 여부를 불문하고 강제 격리를 당해야 했다. 증상이 있어서 치료를 받아야 하는 환자의 경우는 병원에 입원했지만, 아무런 증상이 없어서 단순히 외부와의 접촉만 차단하면 되는 환자의 경우에도 그 사람이 개인적인 격리가 가능한 환경인지 여부에 불문하고 강제로 생활치료센터라는 곳에 감금됐다. 대부분의 생활치료센터는 공공기관의 기숙사 등을 활용한 곳이었는데, 초기에는 1인 1실이 배정되었지만 확진자가 증가하면서 정권은 2인 1실, 혹은 다인실을 운영하기 시작했다.

2인 1실, 혹은 다인실은 1인당 사용 가능 공간이 매우 좁아서, 결국은 수용자들끼리 동선이 겹칠 수밖에 없는 구조였다. 따라서 만에 하나 있을지도 모를 PCR 검사의 오류로 인한 비감염자, 즉 위양성자[2]가 공동 수용된 확진자에 의해 감염될 가능성이 있고, 변이 바이러스에 교차 감염될 수도 있다는 공포감을 느끼게 했다.

이렇게 수용된 확진자들은 아무런 치료도 받지 않은 채, 10일간 격리 및 관찰만 당한 후 PCR 검사가 여전히 양성으로 나옴에도 무증상이라는 이유로 퇴소했다. 하지만 무증상인지 여부는 오로지 당사자의 진술에 전적으로 의존했지 의료진에 의해 판정받지 않았다. 즉 아무런 원칙도 효과도 없는 격리방침에 의해 확진자로 판정받은 사람은 적어도 10일간 신체의 자유, 그리고 이동의 자유를 구속당해야 했던 것이다.

집회 및 시위의 자유

다음으로 침해당한 자유는 '집회 및 시위의 자유'였다. 2019년 가을에서 2020년 초까지 광화문 광장을 가득 메웠던 군중들이 쏟아냈던 함성과 그 후 코로나19 사태로 인해 집회가 금지되면서 삼삼오오, 그러다 사회적 거리두기라는 미명하에 5인 이상, 3인 이상의 모임마저 금지되자 단 둘이 마주 앉아서 술잔을 기울이며 문 정권의 실정에 대해 울분을 토하던 사람들의 속마음은 하나도

---

2 위양성(false positive)이란 본래 음성이어야 할 검사 결과가 잘못돼 양성으로 나온 경우를 말한다.

바뀌지 않았다. 그리고 그 울분의 도화선에 불을 붙이지 못하게 찬물을 계속 끼얹은 것은 방역을 핑계로 한 정권의 '집회금지 조치'였다.

알다시피 집회의 자유는 헌법적 기본권이다. 따라서 본질적 부분은 침해할 수 없고, 제한이 필요한 경우에도 필요한 최소한도에 그쳐야 하는 것이 원칙이다. 그런데 문 정권은 경찰과 자치단체를 앞세워 정권의 입맛에 맞는 민주노총의 집회를 제외한 모든 집회를 원천적으로 금지[3]하기 시작했다.

가장 대표적인 사례가 2020년 8.15 집회였다. 광복절을 앞두고 자유우파진영은 광화문에서 대규모 반정권 집회를 시도했지만 서울시는 감염병법을 앞세워 코로나19 예방을 핑계로 서울시 전역에 집회를 금지한다는 행정명령을 발령했다. 이에 대응하는 유일한 방법은 법원을 통한 가처분신청이었고, 행정법원의 일부 재판부가 집회를 허용했다. 집회가 허용되자 그간 발이 묶여있던 자유우파 시민들은 자발적으로 광화문에 나와 대규모 시위를 벌였지만 문 정권은 시위를 통해 표출된 민심은 도외시한 채 집회 주도자들에 대한 형사처벌에만 몰두했다. 처벌받기 싫으면 다시는 이런 짓을 시도하지 말라는 경고였다. 그 결과 집회를 주도했던 전광훈 목사는 보석이 취소되었고, 역학조사 방해 혐의 등으로 기소되어 재판을 받고 있다. 그뿐만 아니라 휴대전화 조회를 통해

---

3 정권이 집회를 금지한 방법은 경찰을 통한 집회 및 시위에 관한 법률에 근거한 집회의 금지, 지방자치단체를 통한 감염병의 예방 및 관리에 관한 법률에 근거한 집회의 금지 두 가지가 있지만 자세한 구별은 이야기가 복잡해지므로 두 금지를 하나로 보아 언급하기로 한다.

집회에 참가했던 참가자들의 명단을 확보한 후 보건소를 통해 그들에게 코로나19 검사를 강요했다. 이는 '사생활의 비밀을 유지할 자유' 역시 침해된 것이라고 할 수 있다.

반면 같은 날 민주노총 역시 광화문에서 불법 집회를 열었는데 문 정권은 이에 대해서는 아무런 조치도 취하지 않는 이중적인 모습을 보였다. 자유우파 집회는 정식으로 허가를 받은 집회에 자발적으로 참여한 시민들이 합류하여 대규모 집회가 된 것이지만, 민주노총 집회는 허가를 받지 못한 상태에서 강행된 집회였다. 따라서 경찰은 집회 해산을 시도했어야 하지만 그런 모습은 보이지 않았고 민주노총은 의도대로 집회를 마쳤다.

이 민주노총 집회가 자유우파 집회와 다른 점은, 경찰이 참가자들의 명단을 확보하거나 코로나19 검사를 강요하려는 시도조차 하지 않았다[4]는 점이었다. 민주노총 집회에 참가했던 확진자를 광화문 집회 참가자로 바꿔치기하는 사례[5]가 있었음은 물론 심지어 광화문 집회 참가자에게 코로나19 검사를 강요하는 전화가 왔을 때 민주노총 집회에 참가한 것이라고 답변하자 전화를 끊었다는 증언[6]조차 있는 실정이다.

이는 정권이 집회의 금지를 진정한 방역 차원에서 접근한 것이 아니라 정치적인 필요성을 기준으로 판단한 것임을 생생히 밝혀주는 사례다.

---

4 https://www.chosun.com/national/2021/07/15/E3S7DA5GSRECHPZBESOXZNRLLE/

5 https://www.chosun.com/site/data/html_dir/2020/08/25/2020082500070.html

6 https://www.news1.kr/articles/?4034792

한편 이와 관련한 법원의 입장은 아쉽기 그지없다. 특히 차량 시위와 관련한 비합리적인 결정은 이해하기 어려울 정도였다. 이석기 석방을 요구하는 시위는 허용하던 경찰이 개천절 집회에 참가하는 차량 운전자의 면허를 취소하겠다며 으름장을 놓은 것[7]은 실소에 그칠 일이라고 하겠다. 하지만, 개인이 본인 소유의 차 안에만 머물러 코로나19 전파 가능성이 거의 없는 차량 시위에 까다로운 조건을 부여하고 허가한 법원의 결정[8]은 과연 집회 및 시위의 금지가 진정으로 방역 때문인지 의문을 갖게 만든다. 이는 대한민국 법원 역사에 두고두고 남을 흑역사 중 하나라고 하지 않을 수 없다.

종교의 자유, 예배의 자유

야외가 아닌 옥내의 집회는 어떤 경우에도 금지될 수 없는 것이 원칙이다. 집회 및 시위에 관한 법률이 옥외집회에 대해서만 신고와 금지 규정을 두고 옥내집회에 대해서는 아무런 규정이 없는 것은, 옥내집회는 금지의 대상이 아니기 때문이다. 그런데 문 정권은 옥내집회조차 금지함으로써 집회의 자유를 본질적으로 침해하였고, 그와 함께 침해된 자유는 바로 종교의 자유, 예배의 자유였다.

문 정권이 코로나19 초기에 찾아낸 희생양은 개신교 내에서 이

---

7 https://www.chosun.com/national/court_law/2020/09/27/PPWOG2CPZJDDBJT4PGESO2DA2A/

8 http://tbs.seoul.kr/news/newsView.do?typ_800=6&idx_800=342507I&seq_800=20417648

단으로 분류되는 신천지 교회였다. 2000년 2월경 대구에서 대유행한 코로나19가 신천지 교회의 책임일 가능성이 높다는 방역 당국의 추정이 나오자, 문 정권은 마침 신천지에 대한 국민의 기존 여론이 좋지 않다는 사실을 이용해 자신들이 2020년 1월 중국인의 입국을 막지 않았던 방역 실패의 책임을 신천지 교회에 돌리기로 마음먹었다. 신천지 교회에서 확진자가 많이 나온 것은 사실이지만, 코로나19의 잠복기가 2~14일로 일정하지 않다는 점, 방역 당국의 감염 경로 확인은 감염의 선후가 아니라 증상 발현의 선후에 의존한 추측이라는 점을 감안한다면 신천지가 감염병 확산의 발원지였는지, 아니면 정권 방역 실패의 희생자였는지는 확실하지 않았다. 그럼에도 불구하고 문 정권은 신천지를 상대로 마녀사냥을 벌였고, 그 결과 신천지의 교주 이만희 씨는 구속까지 됐다. 또 이재명 경기 지사는 신천지 시설을 법적 근거 없이 강제 폐쇄[9]하는 전체주의적 만행까지 저질렀다.

하지만 이만희 씨는 법원의 재판 결과 무죄[10]를 선고받았고, 신천지 간부들 역시 다 무죄[11]가 됐다. 이는 정권의 방역 정책이 얼마나 무리하고 위법적인 것이었는지를 밝히는 대표적인 사례다.

그러나 이러한 위법적 방역 정책과는 별개로 정권의 희생양 찾기 전략은 국민들을 상대로는 대성공을 거두었다. 정권이 찾아낸 두 번째 희생양은 전광훈 목사가 이끄는 사랑제일교회였다. 사랑

---

9 http://www.kyeonggi.com/news/articleView.html?idxno=2245599

10 https://www.bbc.com/korean/features-55644011

11 https://imnews.imbc.com/replay/2021/nwdesk/article/6077815_34936.html

제일교회는 2020년 8.15 집회로 인한 코로나19 확산의 원흉이라는 오명을 뒤집어썼고, 아직도 대부분의 국민들은 그 주장이 사실이라고 알고 있다. 하지만 사랑제일교회 신도 중 최초 확진자가 진단된 것은 2020년 8월 12일[12]이다. 이 이야기는 잠복기를 감안할 때 사랑제일교회 최초 확진자로부터 감염된 사람들이 8.15집회에 참여했다 하더라도 다른 사람들을 전염시킬 가능성은 거의 없었다는 뜻이다. 그럼에도 정권의 시도는 적중했다.

문 정권은 이를 계기로 교회의 대면예배를 금지하기 시작[13]했다. 이 조치가 반정권 성향의 개신교를 목표로 한 것임은 대면예배의 금지가 오로지 교회만을 상대로 행해졌다는 점을 통해 확인할 수 있다. 정권은 개신교와 함께 3대 종교라고 할 수 있는 불교, 천주교의 종교 행사에 대하여는 아무런 제약을 가하지 않고 오로지 개신교의 예배만을 금지했다. 심지어 천주교의 경우는 일반 예식장이 하객 50명이라는 제한을 받고 있을 때조차 그런 제한 없이 성당에서 결혼식을 거행할 수 있었다.

이에 반발하는 목사들의 숫자는 늘어갔지만 정권은 그들을 상대로 형사처벌의 철퇴[14]를 휘둘렀다. 하지만 법원은 비록 조금 뒤늦은 감은 있으나 정권의 이러한 조치가 잘못됐다는 판결[15]을 하나둘씩 내놓고 있다.

---

12 https://www.newsnjoy.or.kr/news/articleView.html?idxno=301183

13 https://www.chosun.com/site/data/html_dir/2020/08/18/2020081803699.html

14 http://www.newscj.com/news/articleView.html?idxno=884400

15 http://www.fntoday.co.kr/news/articleView.html?idxno=261275

생존권

위에서 여러 가지 침해된 권리를 거론했지만, 코로나19 사태로 인하여 국민이 침해당한 가장 본질적인 권리는 생존권이었다.

국가는 국민의 생존을 위해 존재하는 것이라고 해도 과언이 아니다. 자국민의 생명을 지키지 못하는 정권은 존재할 가치가 없다.

그런데 문 정권은 만절필동[16]이니, 높은 산봉우리를 쫓아가는 작은 나라[17]니 하는 말로 과도한 친중 성향을 드러내더니 급기야 코로나19 사태의 초기에 전문가들의 조언을 무시하고 중국인의 입국제한 조치를 하지 않았다.[18] 게다가 정권은 그 이유가 코로나19의 전파는 중국인들 때문이 아니라 우리나라 국민들 때문이라는 망언[19]까지 내놓았다. 그러나 많은 국민들은 문 정권이 중국인 입국제한 조치를 하지 않은 것이 시진핑의 방한 때문[20]임을 알고 있었다.

즉, 문재인 정권은 자신들의 권력을 유지하거나 친중국이라는 정파적 신념을 달성하기 위해 전 국민의 목숨을 전염병 위험 앞에 방치했다. 그 결과 현재까지 우리 국민들 중 코로나로 인한 사망자는 신뢰하기 어려운 정권 통계에 의하더라도 2021년 10월 17일 현재 2,660명에 달한다. 이 사망자들 중 상당수는 정권이 코

---

16 https://www.chosun.com/site/data/html_dir/2017/12/18/2017121800189.html, https://www.mk.co.kr/opinion/journalist/view/2019/02/92732/

17 https://www.yna.co.kr/view/AKR20171215070100001

18 http://medigatenews.com/news/2927238104

19 https://www.joongang.co.kr/article/23717377#home

20 https://www.joongang.co.kr/article/23695719#home

로나19 사태 발생 초기에 중국에서 온 입국자들의 입국을 제한하기만 했더라도 죽지 않을 수 있었던 사람들이다.

우리나라와 달리 초기에 중국인의 입국을 금지했던 대만과 싱가포르의 경우는 방역의 모범국으로 칭송받았고 피해도 최소한에 그쳤다.[21] 그럼에도 불구하고 대만에서 최초의 사망자가 나왔을 때 방역책임자인 천스중 위생복리부장(장관)은 국민에게 눈물로 사죄[22]했지만, 우리나라의 박능후 보건복지부장관이나 정은경 질병관리청장은 그런 모습을 보인 적이 없고, 심지어 문재인 대통령은 사망자가 처음 나온 날 저녁 청와대에서 봉준호 감독과 함께 짜파구리를 먹으면서 파안대소하는 모습으로 신문지면을 장식[23]했다. 정권이 국민의 생존권을 어떻게 취급하는지를 극명하게 보여주는 장면이었다.

건강권

국민이 생존권과 함께 침해당한 것은 건강권이었다.

이 세상의 어느 나라도 경제력과 의료 자원이 무한하지는 않다. 따라서 한정된 자원을 가장 효율적으로 분배하여 사용하도록 하는 것은 행정을 맡은 자의 의무라고 할 수 있다. 그런데 문 정권은 이러한 기초조차 지키지 않았다. 문 정권은 취업, 출산율, 부동

---

21 https://www.yna.co.kr/view/AKR20201212042500089, 다만 현재의 확진자 급증은 우리나라와 마찬가지로 백신 수급에 실패했던 탓이 크다.

22 http://www.doctorsnews.co.kr/news/articleView.html?idxno=133879

23 https://www.dailian.co.kr/news/view/869984?sc=Naver

산, 에너지 대책 등 모든 분야에서 거의 아무런 성과도 내지 못하고, 결국 나라는 계속 뒷걸음질을 칠 수밖에 없었다. 유일하게 눈에 보이는 성과라고는 양적 완화로 인한 주식시장의 상승이었다. 그런 와중에 박근혜 정부가 메르스 대응을 통해 확립했던 감염병 대응 시스템이 초기에 어느 정도 가시적 성과를 거두게 되자 문 정권은 이 성과를 자신들의 공인 양 홍보하는 데 전력하기 시작했다.

소위 3T라고 불리는 진단Test, 역학조사Trace, 치료Treat의 3단계 대응을 기초로 한 대응 시스템은 확진자가 200명 미만이었던 메르스에 대하여는 유용하게 작동하였고, 코로나19에 대해서도 초기에는 유효한 것으로 보였다. 그러나 확진자가 급증하면서 역학조사를 통한 격리에 우선순위를 뒀던 대응방식은 곧 한계를 노출했다. 더 이상 역학조사를 통한 감염경로 확인이 불가능해졌고, 격리를 위한 수용시설도 한계에 달하였으며, 이 시스템을 유지하기 위해 필요한 의료인력도 부족해졌다. 반면 모든 의료 역량을 코로나19에 투입한 결과 중증환자를 돌볼 의료시설이 부족해져 정상적인 상황이라면 건강에 문제가 없었을 환자가 사망 위기에 처하거나[24] 코로나19 증상이 의심된다는 이유로 진료가 거부[25]되는 경우도 나타났다. 또 이재명 경기지사는 여기서 한발 더 나아

---

24 https://www.chosun.com/national/regional/honam/2021/09/16/6R77EEIRLZASFLIX6RHPP26ZKU/?utm_source=naver&utm_medium=referral&utm_campaign=naver-news

25 https://www.straightnews.co.kr/news/articleView.html?idxno=116856

가 대구 지역 확진자의 경기 지역 이송을 거부[26]하기까지 했다.

이런 상황에서 정상적인 정부라면 국민의 건강권 보호를 위해 의료자원이 효율적으로 분배될 수 있도록 대책을 세웠어야 할 것이다. 무증상 확진자의 강제 격리를 포기하고, 고위험군 및 중증 환자 위주의 치료 대책으로 전환함으로써 음압병상 등 의료시설의 갑작스런 부족 사태를 막고, 의료진들의 과로와 혹사를 예방했어야 했다. 그러나 정권은 여전히 K-방역이라는 허상에 빠져 그러한 대책은 안중에 두지도 않았다.

더 나아가 가장 효율적인 방역 대책인 백신 도입 역시 적극적으로 나서지 않았다. 백신은 공급과잉이므로 굳이 대규모 선구매할 필요 없이 가격이 싸지기를 기다리겠다거나,[27] 다른 나라가 먼저 접종한 후 안전성이 확인된 다음 접종하면 된다는 망언이 나오기까지 했다. 백신 도입을 미루는 정권의 이러한 태도에 대하여 국민들은 북한조차 맞지 않으려고 하는[28] 중국산 시노백, 시노팜 백신을 도입하려는 의도라는 의심까지 샀고, 이 의심은 정부가 2021년 4월경 그러한 의심을 부정하지 않고,[29] 2021년 7월부터 국외에서 시노백, 시노팜 접종자에 대해서 입국 시 자가격리를 면제[30]하면서 더 깊어졌다.

다행히 2021년 하반기 들어 백신 도입량이 증가하면서 중국산

---

26 http://www.segye.com/newsView/20200302516504?OutUrl=naver

27 http://www.segye.com/newsView/20201208513496?OutUrl=naver

28 https://www.insight.co.kr/news/325720

29 https://news.mt.co.kr/mtview.php?no=2021042318543675237

30 https://www.sedaily.com/NewsView/22NMDNCFCJ

백신을 도입하려는 시도가 정말 있었는지는 확인되지 않았지만, 늘 중국의 눈치를 보며 외교적 속국을 자처하는 태도[31]로 굴욕을 감수했던 문 정권의 외교 역량에 비추어 볼 때 이러한 의심을 거두기는 어렵다.

영업의 자유

우리 국민들은 이렇게 생존권과 건강권을 본질적이고 전방위적으로 침해당한 것 외에도 개별적이고 섬세한 방법으로 각개격파를 당했다. 이렇게 생존권을 침해당한 구체적 도구는 바로 '영업의 제한'이었다.

문 정권은 코로나19 사태 초기부터 '사회적 거리두기'라는, 실질적으로는 별 효과가 없었다는 것이 판명된 대책을 애용했다. 이 사회적 거리두기 조치의 가장 큰 특징은 강제적 영업정지를 최소화했다는 점이다. 뭔가 정권이 국민의 자유권 침해를 최소화하려는 모습을 보였다는 것처럼 들려 좋은 이야기 같지만, 그 실체는 정반대이다.

정권은 처음에는 사회적 거리두기라는 제도를 시행하면서 직접적으로 영업을 제한했다. 그 대상은 노래방, PC방, 헬스장 등이었다. 이러한 곳들은 대체로 소규모 영세업종이자 사업자들이 조직화되어 있지 않아, 정권에 대한 체계적 저항이 불가능한 곳들이었다. 초기에 자영업자들은 정부 방침에 협조하면서 거리두

---

31 http://news.tvchosun.com/site/data/html_dir/2017/07/08/2017070890136.html, http://www.munhwa.com/news/view.html?no=2017121501070121079001

기 제도를 지켜나갔지만, 이 거리두기는 언제 끝날지 모르게 2주마다 재연장되며 자영업자들의 인내심을 고갈시켜 나갔다. 간신히 대출로 생계만 이어나갈 뿐인 자영업자들에게 국무총리라는 사람은 "손님이 줄어서 편하겠다", "그동안 많이 벌어놓은 돈으로 버티라"는 등의 망언[32]까지 했다.

결국 정권의 무책임한 영업제한을 견디지 못한 헬스장 관장 한 분이 자살[33]하고, 자영업자들이 집단적으로 뭉칠 듯한 모습[34]을 보이는 등 국민 여론이 움직이자 정권은 조금씩 규제를 풀어주는 듯한 모습을 보였다.

그러나 이 사회적 거리두기라는 제도는 기본적으로 문 정권이 하는 방식으로 운용해서는 안 된다. 문 정권이 사회적 거리두기를 하면서 강제적 영업정지를 최소화했다는 이야기는 영업정지를 하지 않았다는 뜻이 아니라, 실질적으로 영업정지에 가까울 정도로 규제는 강화했지만, 그 규제를 못 견뎌서 영업을 중단할지 여부는 자영업자들에게 책임을 떠넘겼다는 의미이다. 이게 왜 중요한가 하면, 정권이 영업을 강제로 정지할 경우는 그 영업정지에 따른 피해를 정권이 보상해주어야 하기 때문이다. 하지만 규제만 할 뿐 영업을 정지하지는 않았다면 규제나 정지로 인해 발생하는 피해를 정권이 보상해줄 의무는 발생하지 않는다.

우리와 똑같이 코로나19의 비상상황을 겪은 다른 선진국들은

---

32 https://news.naver.com/main/read.naver?mode=LSD&mid=sec&sid1=100&oid=023&aid=0003507813

33 http://www.busan.com/view/busan/view.php?code=20210103184029055589

34 http://www.segye.com/newsView/20210915518572?OutUrl=naver

문 정권처럼 임기응변에 기대거나 우회하지 않고 정공법을 썼다. 팬데믹 상황에서는 자영업자들의 영업을 정지시켰지만, 그 대신 정지 기간 동안 전년도 동기간 영업수익의 일정 비율만큼을 보상금으로 지급하는 방식을 사용했다. 우리도 그런 방식을 썼어야 하지만 문 정권은 손실 보상금으로 지급해야 할 예산을 총선에 대비한 매표에 사용했다. 경제 이론적 배경이 전혀 없는 국민지원금이라는 명목으로 코로나19로 손해를 전혀 보지 않은 봉급생활자, 공무원들에게 총선 직전에 현금을 살포함으로써 2020년 4월의 총선에서 대승을 거뒀다.

문 정권의 영업제한을 통한 국민 통제는 다른 측면에서 그들이 기대하지 않았던 효과를 거두었다. 바로 국민이 통제에 익숙해졌다는 점이다. 우리 국민들은 이제 식당의 영업시간이 9시에서 10시로 늘어나면 그걸 기뻐하고, 집합 인원수가 2명에서 4명으로, 4명에서 백신 접종자가 있는 경우 6명, 8명으로 늘어났다는 사실을 무의식적으로 고마워한다. 이는 그야말로 전체주의 정권이 추구하는 궁극의 지향점이다. 그리고 우리 국민은 그에 서서히 길들여지고 있는 중이다.

평등권

조국 사태에 전 국민이 분노했던 이유 중 하나는 평등권이 침해됐다는 사실이었다. 특히 이철희 의원이 조국 당시 법무부 장관 후보자의 딸이 대학입시에서 타인이 작성한 논문을 활용한 사안에 대해 '어느 정도 지위를 가진 분들에게 열려 있는 기회'라고 말한 것[35]은 국민의 분노를 심하게 자극했다. 우리 국민은 자유권의 침해에는 덜 민감한 편이지만, 평등권이 침해되면 매우 격렬하게 반응하는 경향이 있기 때문이다.

코로나19 사태에는 이러한 평등권을 침해하는 사례가 많았다. 가장 대표적인 것은 박원순 전 서울시장이 사망했을 때 그 아들인 박주신 씨가 영국으로부터 입국한 뒤 자가격리 없이 바로 빈소로 직행[36]한 일이었다. 박원순 전 시장은 생전에 강력한 집합금지명령을 시행하여 교회의 예배나 소모임조차 금지하는 상황을 지시했던 장본인이었다. 또한 일반인들은 부모가 요양병원에 입원한 경우에 면회는커녕 임종조차 지키지 못하고, 코로나19로 인한 사망인 경우에는 장례식도 올리지 못했으며, 박주신 씨가 아닌 다른 국민들은 장례 때문에 입국하더라도 쉽게 면제를 받지 못하던 시절이었는데, 박주신 씨는 버젓이 공항에서 빈소로 직행한 것이다.

그뿐 아니라 서울시는 박원순 전 시장 측에서 서울광장에 설치한 시민분향소에 대해 아무런 조치도 취하지 않았고, 경찰은 백기완 씨의 영결식에 1,000명 이상의 인파가 몰렸음에도 제지하지 않았다. 반면 자살한 자영업자를 기리기 위한 분향소는 경찰의 제지로 설치되지 못했다.[37]

자유우파 집회에 대한 제지와 민주노총 집회의 방임이라는 경

---

35 https://news.naver.com/main/read.naver?mode=LSD&mid=sec&sid1=100&oid=079&aid=0003261655

36 https://www.hankyung.com/society/article/2020071183007

37 https://biz.chosun.com/topics/topics_social/2021/09/16/SOT36J72TBFJFFQ7WPNX3JXZPY/?utm_source=naver&utm_medium=original&utm_campaign=biz

찰의 태도와 위에서 든 사례를 함께 보면 현 정권이 얼마나 자의적으로 국민의 평등권을 침해하는지 잘 알 수 있다.

교육받을 권리

아이들은 대한민국의 미래다. 우리 후대를 어떻게 교육시키고, 그들이 어떤 철학과 신념을 갖고 성장하는가에 따라 우리나라의 미래는 바뀌게 된다. 따라서 교육은 어떤 경우에도 포기해서는 안되는 국가의 의무이자, 학생들의 권리이다. 그런데 코로나19 정국에서 문 정권이 가장 먼저 방치한 것 중 하나가 교육이었다.

정권은 2020년 초에는 개학을 연기했다가 이후에도 교육의 재개보다는 비대면교육이라는 미명하에 초·중·고등학교는 주 1회, 몇 시간 정도의 온라인 교육으로 대체했다. 대학 역시 마찬가지여서, 2020학번과 2021학번 학생들의 경우 대학 합격 후 아직 한 번도 캠퍼스 생활을 즐기지 못한 상태이다. 이 학생들은 아직까지 대학생이라기보다는 사이버 대학생에 불과한 실정이다.

온라인 교육의 유효성에 대해서는 찬반 논란이 있지만, 다른 보충적 대면 교육 없이 전적으로 온라인 교육에만 의존한 최근 2년간의 경험의 결과 학생들의 학력 저하가 심각하다는 인식은 전 세계적으로 공통된 지적이다.

행복추구권

행복추구권은 헌법적 권리이다. 헌법이 규정한 국민의 권리 중 제일 앞에 나온다. 그만큼 중요하다는 뜻이다. 위에서 본 모든 권리

침해는 사실 국민의 행복추구권이 침해당했다는 한 문장으로도 집약될 수 있다.

사실 정권이 좀 더 체계화된 행정을 펼치고, 공무원들이 탁상 행정에서 벗어나 국민의 불편을 최소화하겠다는 생각만 가졌더라도 코로나19 팬데믹 중에서도 국민들의 행복도는 지금처럼 낮지는 않았을 것이다. 그러나 정권은 국민들의 편의 증진보다는 공포와 불안감 조성, 찔끔찔끔 주는 재난지원금에 대한 의존도 강화를 통해 국민들을 길들이려는 의도만 내보였다.

그 결과 나타난 것이 헬스장의 음악 속도 제한 같은 코미디였다. 한 사무실에서 내내 같이 근무하던 직원들은 식당에 들어갈 때는 한꺼번에 들어가지 못하고 서로 모르는 사람처럼 떨어져 앉아야 했고, 만원 버스나 지하철을 타고 이동한—이미 사람들 간 밀접접촉을 한—사람들이 카페에 가서는 테이블을 한 칸씩 비워두고 앉아야 했다. 5시 59분까지 합석해서 식사하던 4명의 일행은 6시가 되는 순간 자리에서 일어서거나 2명씩 2개 테이블로 나눠 앉는 편법을 써야 했다. 또한 골프장에서는 캐디 포함 4명만 허용한다는 근거 없는 정책으로 3명이 한 팀이 되어 쳐야 했는데, 며칠이 지난 후 6시 이후에는 2명만 허용한다고 방침이 바뀌면서 6시 전에 골프 라운딩을 마쳐야 하는 우스운 모습을 보였다. 하객을 50명으로 제한한다는 방침 때문에 결혼식장을 예약했던 예비 신혼부부들은 결혼식을 연기하는 경우가 많았는데, 그 결과 출산율이 역대 최저 수준인 0.84명을 밑돌아 국가 소멸을 걱정해야

하는 지경이 되었다.[38]

식당, 백화점, 문화시설 등 어떤 공공장소에 가더라도 반드시 QR코드를 찍고 자기의 동선을 밝혀야 하는 모습은 국가가 전 국민의 동태를 파악하는 빅브라더가 된 모습을 연상시킨다. 즉 현 정권은 국민의 행복에는 전혀 관심이 없고 자신들이 행사하는 통제권에만 만족한다는 뜻이다.

| 감염병법의 위헌성 |

감염병법은 감염병의 확산을 막는다는 명목으로 질병관리청과 지방자치단체(이하, 행정청)에 지나치게 과도한 권한을 부여한다.

행정청은 감염병에 대한 의심만 있더라도 강제로 운영중단 명령을 내릴 수 있게 됐고, 격리대상자의 이동 제한을 포함해 강력한 감시 권한을 부여받았다. 영업행위는 물론 집합을 포괄적으로 금지할 수 있게 됐으며, 환자는 물론 의심자에 대한 개인정보 제공도 가능하게 됐다. 또 이러한 행위에 경찰력도 동원할 수 있게 됐다.[39] 이 법은 2020년 9월 29일에 개정됐는데, 이 가운데 2020년 12월 30일에 시행된 시설폐쇄 및 운영중단 명령의 조문은 아래와 같다.

③ 특별자치도지사 또는 시장·군수·구청장은 제1항제2호의2의 조

---

38 https://www.sedaily.com/NewsView/22SQL1QX1E

39 https://www.lawmaking.go.kr/mob/nsmLmSts/out/2101544/detailR

치(감염병 전파의 위험성이 있는 장소 또는 시설의 관리자·운영자 및 이용자 등에 대하여 출입자 명단 작성, 마스크 착용 등 방역지침의 준수를 명하는 것)를 따르지 아니한 관리자·운영자에게 해당 장소나 시설의 폐쇄를 명하거나 3개월 이내의 기간을 정하여 운영의 중단을 명할 수 있다. 다만, 운영중단 명령을 받은 자가 그 운영중단기간 중에 운영을 계속한 경우에는 해당 장소나 시설의 폐쇄를 명하여야 한다.

이 조문이 2020년 12월 30일에야 시행됐다는 것은, 그 이전에 내린 이재명 경기지사의 신천지에 대한 집회금지 및 시설 강제 폐쇄명령[40]에 법적 근거가 없었다는 뜻이다. 이 지사는 긴급행정명령이라는 형식으로 신천지에 대하여 폐쇄명령을 집행하였는데, 우리나라 법체계에 지방자치단체장의 긴급행정명령이라는 제도는 없다. 오로지 대통령의 경우 헌법 제76조에 따른 긴급명령권이 있을 뿐이다. 따라서 이 지사의 행정 집행은 그의 준법의식이 얼마나 결여되어 있는지를 그대로 드러내는 행위라고 볼 수 있다.

위에서 열거한 개정 감염병법의 제반 권한들은 과잉규제의 의심을 살 수 있는 초헌법적 권한이므로 쉽게 허용해서는 안 된다. 그럼에도 더불어민주당의 절대 과반수 의석, 그리고 국민들의 코로나19 팬데믹에 대한 공포감에 힘입어 감염병법은 쉽게 국회를 통과했다.

---

40 https://gnews.gg.go.kr/news/news_detail.do?number=202002241327036529C048&s_code=C048&page=1&SchYear=&SchMonth

물론 흑사병, 천연두, 콜레라 같은 질병이 대유행을 하는 경우에는 예외적으로 긴급하고 선제적인 대응이 필요할 수 있다. 그러나 우리나라 감염병법은 감염병을 제1급부터 제4급까지 분류하여 관리하고 있지만 이에 대응하는 국가기관의 권한은 감염병의 등급과 무관하게 거의 동일하다. 즉 법상으로는 제3급 감염병인 B형 간염, 또는 제4급 감염병인 임질, 매독이 유행한다는 의심이 있을 경우에도 행정청은 의심자에 대한 강제 격리, 시설 폐쇄 등이 가능하다는 뜻이다.

이러한 감염병법은 위헌적이라고 할 수 있는데, 이 감염병법이 침해하는 헌법적 권리는 위에서 본 것처럼 행복추구권, 신체의 자유, 거주·이전의 자유, 사생활의 자유, 종교의 자유, 집회의 자유 등이다. 그리고 감염병법은 시설의 폐쇄처럼 권리의 본질적 부분을 침해하는 경우도 있고, 대부분의 경우 이러한 권리를 과잉 침해한다.

맺으며: 자유권과 방역의 균형지점

법령이란 본질적으로 개인의 자유를 침해하는 속성을 지니고 있다. 따라서 국가의 소속원으로 국가의 보호 아래에서 사는 한 어느 정도의 자유권의 양보는 어쩔 수 없는 일이다. 그러나 그렇다 하더라도 권리의 본질적 부분이 침해되어서는 안 되고, 자유권의 침해는 필요한 최소한도에 그쳐야 한다.

그런데 감염병법은 행정당국이 예방·관리의 필요가 있다고 판단하기만 하면 질병의 종류나 그 질병이 가져올 피해의 규모, 정도를 불문하고 국민의 권리를 무제한 억압할 수 있다. 그리고 이러한 억압이 정당한 것이었는지를 판단하거나 규제할 절차는 규정되어 있지 않고, 그 피해를 구제받을 길 역시 없다.

쉬운 예로, 정부가 강제 격리한 대부분의 무증상 감염자들은 일정한 조건 하에 자발적인 자가격리를 통해서도 충분히 관리가 가능했다. 이것이 국가 예산, 의료진의 역량 등의 불필요한 낭비를 막고, 감염병에 대해 보다 효율적이면서 개인의 권리를 적게 침해하는 방식의 대응이었다. 그러나 문 정권은 개인의 권리에 대한 인식이 없었고, 오로지 정책 성공에 대한 홍보만이 목적이었기 때문에 그런 점에 대해서는 전혀 관심을 기울이지 않았다.

이런 감염병법의 위헌적 요소는 빨리 제거되어야 한다. 이를 위해서는 우선 어떤 요소가 위헌적인지를 검토해서 헌법재판소까지 가지 않고 국회에서 자체적으로 입법을 통해 위헌 요소를 배제할 필요가 있다. 그 구체적인 방안으로는 행정관서의 거의 무제한적인 권한을 모든 감염병법에 적용 가능하도록 허용하지 말고 제1급감염병 중에서도 보건복지부가 지정 고시한 병에 한하여 적용하도록 하고, 그 기간 역시 제한을 두는 안, 행정청의 조치에 대한 즉시 이의를 허용하는 절차를 만들고, 이 이의 절차를 유효하면서도 신속하게 심리하는 기관을 중앙행정부처에 설치하는 안 등 행정청의 권한을 제한하는 방안이 법체계 내에 들어가야 한다.

이러한 제한 규정이 있다 하더라도 행정기관의 권한 남용 욕구를 막기는 어려울 것인데 현행 법규에서는 그러한 제한이 전혀 없다. 따라서 이러한 최소한의 견제 규정이라도 보완되어야만 국민의 자유를 보호할 교두보가 마련되었다고 할 것이다.

　인류가 처음 접하는 종류의 대규모 전염병은 앞으로도 주기적으로 우리에게 다가올 것이다. 이에 효율적으로 대비하는 것도 중요하지만, 국민의 자유와 존엄성을 선택지로 놓아두는 것 역시 그만큼 중요하다. 우리가 행정의 필요성이라는 명분을 허용하면서 자유를 하나하나 포기해 나간다면 우리 앞에 펼쳐진 미래는 전체주의적 감시국가 외에는 없을 것이다.

3부

코로나 팬데믹,
각 나라의 대응은
어떻게 달랐는가?

보이지 않는 적과의 싸움:
한국과 미국의 방역 대책 비교

윤주흥[1]

한국인은 흔히 여러 면—정치, 경제, 국방과 외교, 문화와 사회 현상, 학문적 발전, 나아가서는 국가의 목표—에서 한국과 미국을 비교한다. 하지만 미국과 한국만큼 서로 다른 나라도 찾아보기 힘들다. 미국은 군주제를 겪지 않고 개혁주의 신학에 따라 근대 민주제를 이룬 나라이다. 또한 넓은 땅과 풍부한 자원의 혜택으로 여러 민족을 수용해 과학 기술과 고등 교육을 기반으로 발전했다. 반면 한국은 일본에 의한 식민통치에 진입하기 전까지 군주제였고, 유교를 숭상하고 쇄국 정책을 폈다. 작고 자원이 없는 단일 민

---

1 경기고등학교, 가톨릭대학교 의대를 졸업하고 도미, 뉴욕 의대와 하버드 의대에서 내과 레지던트, 연구 펠로우와 임상 진료 후, 피츠버그 의대에서 호흡기내과와 중환자의학 두 가지 세부 전문의를 수료하고, 동 대학교 교수로 재직 중이다. 미국 국립보건원(NIH)의 후원으로 수학과 인공지능을 이용한 중증 질환의 생리학적 예측 모델을 개발해 중환자실에 적용하고 있으며, 코로나19 팬데믹 이후로 중환자 진료와 함께, 진료 프로토콜 개발, 원격 의료시스템 적용, 그리고 코로나 감염 이후 회복기의 장기 합병증에 대한 진료도 담당하고 있다.

족 국가로, 실용적 기술을 경시했으며 제도의 혁신에는 큰 관심이 없었다. 하지만 이런 차이에도 불구하고 근대 국가가 수립된 이후 모든 영역에서 한국의 롤 모델은 미국임을 부인할 수 없다.

의학 분야도 예외는 아니다. 의학 교육과 졸업 후 수련 시스템은 물론, 의학의 분야 나뉨과 역할까지 한국은 미국을 전범으로 삼아 꾸준히 학습하고 발전했다. 그렇지만 두 나라가 코로나 팬데믹을 바라보는 관점과 대응 방법은 매우 상이했다. 도대체 두 나라는 근본적으로 무엇이 달랐을까? 그동안 두 나라는 어떤 눈으로 무엇을 보고, 무엇에 우선 순위를 두었을까? 그리고 앞으로 우리의 눈은 어디를 향해야 할까?

| 기억 소환: 100년 전 미국 vs. 5년 전 한국 |

1918년 봄, 독일의 서부전선 공세로 제1차 세계대전이 중반으로 치닫고 있을 무렵 미국 캔자스의 군사훈련소에서는 수십 명의 젊은이들이 '기관지염'으로 병원에 입원하는 일이 생겼다. 약 한 달후 대부분의 젊은이들은 중상이 호전됐고 이름 모를 그 질환은 진정되는 것처럼 보였다. 그리고 그들 대부분은 전세가 급박했던 유럽으로 파병됐다. 그러나 그 병은 변이를 거듭해 여러 나라에서 서부전선으로 몰려든 젊은이를 감염시킨 뒤 각 나라로 전파됐다. 당시 전 지구 인구 18억 명 중 5억 명이 감염되었고 적게는 5,000만 명, 많게는 1억 명으로 추산되는 환자를 사망에 이르게 한 스페인 독감Spanish Flu의 기원이었다. 인류사를 통틀어 가장 허망하면서도 참혹했던, '모든 전쟁을 끝내기 위한 전쟁'이라고 불렸던 제1차 세계대전에서 사망한 인원보다 무려 다섯 배나 더 많은 사람이 '스페인 독감' 팬데믹으로 사망했다.

전쟁도 끝나고 스페인 독감도 가라앉은 1920년대 이후 미국의 공중보건 시스템에 혁명적인 변화는 바로 나타나지 않았다. 몇 년 후 찾아온 대공황이나 전간기(戰間期) 성장에 필요했던 인적, 물적 자원이 국가적으로 투입돼야 했다는 이유도 있지만, 무엇보다 이 독감에 대한 사람들의 관심이 놀라울 정도로 빠르게 식어 갔기 때문이다. 하지만, 인류 역사가 기록된 이래 흑사병과 같은 감염병은 마치 태양계 주위의 소행성처럼 일정 주기를 두고 다시 찾아온다는 것을 알고 있었기에 과학계는 이 미지의 병에 대한 연구를 도외시할 수 없었다.

스페인 독감에 대한 연구는 느리지만 꾸준히 진행됐다. 1933년에 이르러 과학자들은 이 독감의 정체가 박테리아가 아니라 바이러스(인플루엔자 A)라는 것을 밝혀냈고, 1936년에는 표면 단백질의 종류가 미세하게 다른 인플루엔자 B의 존재도 밝혀냈다. 제2차 세계대전의 포화 속에서도 독감에 대한 연구는 계속돼 1942년에는 인플루엔자 A와 B를 겨냥한 첫 2가 백신[2]이 등장했다. 이어서 1945년에 민간인을 대상으로 인플루엔자 백신 접종을 할 수 있는 허가가 나왔으며, 1947년에는 인플루엔자가 자주 형태를 바꾸므

---

2 2가 백신은 두 종류의 인플루엔자 바이러스(여기서는 A형 H1N1와 B형)에 대한 항체를 형성시킬 수 있는 백신이다. 최근에는 3가(2가에 A형의 다른 항원을 추가) 백신, 혹은 4가(3가에 B형의 다른 항원을 추가) 백신을 접종하고 있다.

로 백신도 매년 조금씩 바뀌어야 한다는 사실을 알아내게 됐다.

처음 스페인 독감이 발생한 40여 년 후인 1957년 2월, 중국의 귀주성(貴州省)에서는 다른 원인 모를 감염이 발생했다. 홍콩에 주둔하고 있는 미 해군 장병들이 감염됐을 때, 점막 샘플을 전달받은 워싱턴DC의 월터 리드Walter Reed 병원은, 이 병원체가 인플루엔자라는 것과 이 형태는 기존에 보아 왔던 어떤 인플루엔자 표면 단백질과도 다른 단백질을 가지고 있음을 금방 알아차렸다. 그리고 이 병원균에 반응하는 항체를 가진 사람들은, 먼 옛날 1890년에 '러시아 독감'에 걸렸던 70~80대 노인들 이외에는 없다는 사실도 알아냈다. 따라서 이것이 새로운 팬데믹을 일으킬 수도 있다는 가능성을 발견했다. 미국은 즉시 이 새로운 인플루엔자 H2N2에 대한 백신 개발에 착수했다. 이미 이전에 스페인 독감을 일으킨 인플루엔자에 대한 백신이 개발돼 있었기 때문에 이 개발은 시간이 오래 걸리지 않았고, H2N2가 팬데믹으로 발전해 미국에 상륙한 1958년에는 백신을 접종할 준비가 어느 정도 돼 있었다.[3] 물론 이는 과거 40년간의 연구가 축적됐기 때문에 가능했다.

그 이후에도 많은 종류의 감염병이 세계를 휩쓸고 지나갔지만, 미국의 대응은 이전보다 훨씬 기민해졌다. 주 정부와 연방 정부의 보고 시스템을 개선했고 동시에 인플루엔자에 대한 예방 목적의 약품의 개발, 어린이와 노인을 위한 백신 확보, 국가 사고 관리

---

3 https://www.smithsonianmag.com/smithsonian-institution/united-states-vaccine-1957-flu-pandemic-180974906/ (2021.10.01. 접속)

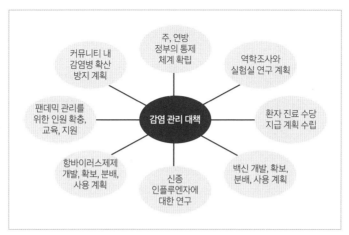

[그림 1] 코로나 팬데믹 전(前) 미국의 인플루엔자 팬데믹 계획의 주요 구성 요소 (출처: New York State Department of Health. Pandemic Influenza Plan. February 2006)

시스템National Incident Management System 발족이 이어졌다.[4] 그래서 코로나 팬데믹이 발발하기 전에 미국의 여러 도시와 연방 정부는 인플루엔자 팬데믹 계획pandemic influenza plan을 이미 확보하고 있었다(그림1).[5]

이제 5년 전 한국 얘기를 해 보자. 2015년은 한국 의료계에 유례 없는 한 해였다. 사우디아라비아에서 이집트 학자가 2012년에 발견한, 새로운 종류의 코로나바이러스HCoV-EMC/2012는 2015년 5월 초에 중동 출장을 다녀온 사업가를 통해 한국에 전파됐다. 증상 발현 후 약 5일간 4개 병원을 돌며 검사를 받은 환자로 인해, 이후 186명의 확진자와 38명의 사망자를 내는 중동호흡기증후군 Middle Eastern Respiratory Syndrome 또는 흔히 메르스MERS라고 부르는 역병

---

4 https://www.cdc.gov/flu/pandemic-resources/pandemic-timeline-1930-and-beyond.htm (2021.10.11. 접속)

5 Escuyer KL, Fuschino ME, St. George K. New York State Emergency Preparedness and Response to Influenza Pandemics 1918-2018, Trop Med infect Dis. 2019 Dec;44:132.

이 시작되었다. 메르스는 한국인에게는 보이지 않는 바이러스성 감염병에 대한 큰 경각심을, 의료계에는 병원 내 감염 확산에 대한 위기감을 그리고 최선을 다했음에도 국민에게 신뢰를 얻지 못한 당혹감을 주었다. 뿐만 아니라 메르스 때문에 한국 정부는 감염 확산 방지를 위한 방역 시스템과 자원의 부재가 얼마나 큰 문제인지 깨달았다.

하지만 의료진의 노력을 시간대별로 기록한 문서에서 얻어진 감염병의 진단과 관리 노하우는 몇 년 후에 경험할 코로나19 팬데믹의 초기 대응에 큰 도움이 됐다. 예를 들어, 메르스 감염자가 질병 경과 시간에 따라 바이러스의 배출이 다르다거나 검사자의 비인두 검체 채취 숙련도에 따라 차이가 나, 검사 결과가 실제 질병을 반영하지 못하는 경우가 있음을 발견했다. 기계적으로 방역 지침을 만들어 적용하는 것이 바이러스의 병리적 특성을 확실히 알기 전에는 위험하다는 교훈도 얻었다. 더 나아가 감염병관리본부와 같은 중앙 컨트롤타워를 구성해 각 병원으로 퍼지는 초기 전파자를 체계적으로 관리하고 확산을 방지할 수 있는 의료전달체계를 확립해야 한다는 필요성도 절감했다. 이런 노력들이 코로나19 팬데믹 초기에 한국이 미국보다 더 촘촘한 방역을 시행하고 병원이나 요양시설 내 감염이 커뮤니티로 퍼지는 것을 막는 데 밑거름이 됐다.[6]

---

6 https://www.ksid.or.kr/file/mers_170607.pdf (2021.10.20. 접속)

| 코로나19 팬데믹 초기 방역 대응의 차이 |

미국의 코로나19 첫 사례는 2020년 1월 19일, 가족을 방문하러 중국 우한을 여행하고 돌아온 35세 남자가 4일 동안 지속된 기침과 열감 때문에 응급실에 내원하면서 알려졌다. 이때는 중국 정부가 인구 1,100만 명인 우한을 전면 봉쇄하기 3일 전, 국제보건기구WHO가 비상사태를 선포하기 열흘 전이었다. 하지만 그 이후 2~3주 동안, 미국의 코로나바이러스 감염 환자의 증가는 매우 미미해 2월 2일까지 미국 전체의 누적 환자 숫자는 11명에 불과했다. 그럼에도 불구하고, 미국은 2월 2일 중국에서 오는 모든 입국자를 2주 동안 격리하도록 지시했다.

미 연방정부가 질병 의심자에게 즉각적 격리를 명령한 경우는 50년 전 천연두의 국지적 확산 이후로 처음이었다. 더군다나 미국과 중국이라는 두 강대국의 경제 규모나 상호 의존도를 고려할 때, 단지 환자가 고작 10명이 넘었다는 이유만으로 국경을 제한하는 것은 매우 이례적이었다. 어떤 사람들은 '그렇게까지 할 필요가 있나'라는 반응도 보였다. 하지만 트럼프 행정부는 '이것은 일반적인 전염병과 다른 것 같다', '감염의 원인 차단을 위해서는 어쩔 수 없는 대책이다'라며 입장을 바꾸지 않았고, 한발 더 나아가 '모든 중국에 체류한 경험이 있는 여행객들의 입국도 제한할 것을 고려하고 있다'고 말했다.[7] 아마도 미국 정부는 코로나19 바이러스의 밝혀지지 않은 전파력과 치명률, 그리고 잠재적 파급효

---

7 https://www.nytimes.com/2020/02/02/us/politics/trump-super-bowl-interview-coronavirus.html (2021.10.11. 접속)

과에 대해 당시 언론에 알려진 것보다 더 많은 정보를 갖고 있던 것으로 짐작된다.

이제 한국의 2020년 1월 말로 돌아가 보자. 한국과 미국의 첫 코로나19 환자는 거의 비슷한 날짜에 발생했다. 초기 환자 숫자도 한국과 미국 사이에 큰 차이가 없다. 미국에서 누계 환자 수가 11명이 되던 2020년 2월 2일, 한국에는 15명의 코로나19 환자가 있었다. 같은 날, 필리핀에서 중국 이외 국가 중 첫 사망자가 나왔을 정도로 중국 외부로는 아직 바이러스의 확산이 나타나지 않았다.[8] 이러한 상황에서 가장 확실한 초기 방역 조치는 중국에서 바이러스를 가진 환자가 유입되는 것을 차단하는 일이었다. 그러나 한국이 지리적으로 훨씬 가까운 중국의 도시들과 주변 지역이 봉쇄되고 수백 명의 사망자와 수천 명의 감염자가 발생했다는 것을 감안했다면, 중국과 직접적 인구이동이 빈번한 한국에서 더 강력하게 감염원을 차단해야 했다.

그럼에도 불구하고 2020년 2월 2일에 미국이 중국발 비행기를 통제하고, 미국에 입국한 모든 사람들을 2주간 격리하기로 결정했을 때, 한국 정부는 국경 통제에 관련한 아무런 언급도 하지 않았다. 우한 지역을 출발해 인천 공항으로 입국하는 여객기와 승객들의 모습은 매일 뉴스에 나왔고, 하루에 몇 명의 중국인이 입국을 하는지 뉴스에서 다루기 시작한 것도 이 무렵부터였다.

하지만 한국의 방역 당국과 정부는 조용하기만 했다. 중국에서

---

8 https://www.philstar.com/headlines/2020/02/02/1989762/doh-confirms-second-case-novel-coronavirus-philippines (2021.10.12. 접속)

일어나고 있는 전례 없는 감염병 광풍을 직접 목도하면서도, 과학자와 해당 분야의 전문의들이 반복해 급속 전파 가능성의 우려를 표시했음에도, 더군다나 바로 5년 전 메르스로 난리를 겪으면서 방역시스템 붕괴의 위기를 경험했음에도 불구하고, 마치 중국의 문제와 우리는 별개라는 식의 침묵이 이어졌다.

그리고 며칠이 지나자, 자칭 방역 또는 의학 전문가들이 우후죽순 언론에 등장해 '국경 봉쇄는 의미가 없다'는 요지의 인터뷰를 하기 시작했다. 막을 수 있었던, 막아야만 했던 감염원에 대해 한국 정부는 왜 아무 말이 없었고, 한국의 자칭 전문가들은 왜 국경 봉쇄에 의미가 없다고 주장했는지, 여전히 풀리지 않는 의문으로 남아 있다.

| 한미 방역의 성과 차이: 팬데믹 초기 이후 |

2020년 2월 동안, 확진자 수가 두 배로 증가되는 데 고작 1주일밖에 걸리지 않았다. 이미 감염병이 확산된 지역은 연일 세계 모든 나라의 뉴스에 이름이 올랐다. 2월 초 입국을 봉쇄했던 미국은 2월 말까지 환자 숫자가 60여 명에 지나지 않았지만, 한국의 2월 말 누적 환자 숫자는 3,150명으로 미국의 50배, 인구 수를 감안하면 무려 300배에 이르는 차이를 보였다. 3월 첫째 주에 한국의 누적 감염자는 7,300명으로 무려 두 배가 됐고, 이탈리아를 위시한 남유럽과 프랑스, 독일의 환자들이 급증하면서 코로나19 감염은 본격적인 팬데믹의 양상을 띠기 시작했다.

트럼프 대통령은 3월 2일 제약회사 대표들을 만나 백신 생산에 속도를 내 줄 것을 주문했다. 당시 미국의 누적 환자는 100명이 채 되지 않았다. 안토니 파우치 박사Anthony Fauci, MD는 "백신의 임상 시험까지는 아무리 못해도 1년에서 1년 반이 걸릴 것"이라고 밝혔다. 3월 11일, WHO는 공식적으로 팬데믹을 선언했고,[9] 미국 정부는 즉시 유럽인들의 미국 여행을 30일 동안 제한했다. 3월 13일, 트럼프는 국가 비상사태를 선포하고 코로나19 검사에 500억 달러(한화 약 55조 원)를 지출하기로 결의했다. 3월 중순에서 후반 사이, 뉴욕 등 대부분의 대도시에서는 여러 명이 모이는 모임을 규제했고, 필수적이지 않은 모든 상업 시설을 닫을 것, 그리고 후속 조치로 모든 사람들이 2주간 집에 머무를 것shelter-at-home을 지시했다.

하지만 어떤 조치도 바이러스의 확산을 막기에는 역부족이었다. 4월 말이 되자, 미국 전체 감염자 누계는 100만 명을 넘어섰고, 5월 말 기준 전체 사망자는 10만 명을 상회했다. 이는 인구비를 따져도 한국보다 월등히 많은 숫자이다. 메디케어와 메디케이드 서비스 센터Centers for Medicare & Medicaid Services와 질병 통제 예방 센터Centers for Disease Control and Prevention가 장기 요양병원의 팬데믹 대책을 수립했지만, 면역력이 약하거나 거동이 불편한 노인들 위주로 코로나19 감염은 잇따랐다.

이처럼 팬데믹 이후 100여 일 동안 미국의 조치는 파격적이었지만 그럼에도 불구하고 미국은 전 세계에서 가장 감염자가 많은

---

9 https://www.who.int/director-general/speeches/detail/who-director-general-s-opening-remarks-at-the-media-briefing-on-covid-19---11-march-2020 (2021.10.12 접속)

나라로 기록됐다. 미국은 팬데믹 전부터 방역 시스템이 정립돼 있었고, 다른 국가보다 정보를 일찍 수집해 빠르게 국경을 봉쇄했으며, 서둘러 막대한 자금을 감염병 관리에 투자했고, 환자가 늘어날 때 외출 금지 등의 행정명령도 발효했다. 따라서 이러한 모순에 고개를 갸웃거리지 않을 수 없다.

하지만 미국이라는 다민족·다인종 국가의 건국 철학에 담겨 있는 강한 자유와 주권 수호의 목소리, 그리고 각 주 별로 독립돼 있는 행정조직과 문화, 지리적 다양성을 감안할 때, 급변하는 상황 속에서 연방 정부의 조치와 주 정부의 명령은 일관되게 전달될 수 없었다. 또한 미국은 코로나 검사 시스템을 초기에 대량으로 보급하는 데 실패했고, 결국 의심 환자를 격리하거나 추적 관찰을 실시할 당위성도 확보하지 못해 결국 커뮤니티로 바이러스가 확산하는 상황을 통제할 수 없었다.

한국은 분명 초기 감염자가 세계에서 가장 많은 나라 중 하나였다. 한국에서 초기 감염자 증가는 정부의 방역 지침에도 불구하고 밀접 접촉을 계속하며 검사를 거부하고 정부의 규제를 피했던 특정 종교단체와 연관성이 높다. 한편으로는 국경을 봉쇄하지 않음으로써 감염원을 차단하지 못했던 정책적 실책과도 관련이 있다.

하지만 대외적 패착과는 달리 국내적으로 한국 정부는 강한 초기 대응책을 집행했다. 2020년 3월 22일부터 사회적 거리두기를 시작했고 밀집된 인구가 모이는 시설에서는 전수 감염 조사도 시행했다. 그 결과 팬데믹 초기 100여 일 동안 한국 방역 당국이 내

놓은 대응책에 국민들은 긴밀하게 협조했고, 대부분은 생활이 제한되는 상황을 감내했다.

미국이 장기간 감염병 대응 시스템을 갖추어 왔다면 한국은 불과 몇 년 전 메르스 사태를 통해 감염병의 확산과 방역에 대한 준비를 어느 정도 갖춘 상태였다. 미국인들이 정부의 통제보다는 개개인의 선택과 자유를 존중 받기 원했다면 한국인들은 정부의 강한 사회적 통제 조치에 잘 순응했다. 이것이 한국이 초기 감염자가 급격하게 증가했음에도 불구하고 이후 안정기에 접어든 가장 중요한 이유로 꼽을 수 있다. 또한 한국에서는 미세먼지 때문에 마스크를 쓰는 생활이 익숙했다는 것도 중요한 역할을 했다.

그럼에도 불구하고 한국의 접촉자 추적 관찰에 대해서는 사생활 침해와 경제적 효율성을 고려할 때 여전히 논란의 소지가 있다. 여러 사람들의 사생활을 침범하는 공격적인 방역이 더 효과가 있는 것은 아니라는 연구 결과도 있다.[10] 공동체의 안녕을 유지하기 위해 개인의 이동 동선과 같은 사생활을 공개하는 것이 과연 타당한지도 사람마다 다르게 받아들일 것이다. 그리고 3차, 4차 접촉자가 실제 감염됐을 확률이 직접 접촉자보다 적음에도 불구하고 이동 동선에 포함된 모든 사업장이 문을 닫아야 했다는 현실을 고려하면, 정부가 의도한 것이 과연 감염 확산의 방지인지 아니면 국민 통제의 강화인지 쉽게 이해되지 않는다.

---

10 Haug N, Geyrhofer L, Londei A, et al. Ranking the effectiveness of worldwide COVID-19 government interventions Nat Hum Behav. 2020;4(12):1303-1312.

| 위기를 기회로 바꾸는 관점의 차이 |

문명이 발전하면서 감염성 질병에 대한 각 사회와 국가, 혹은 전 세계적인 대응 방법도 달라진다. 과거 흑사병이 주기적으로 인간 사회를 휩쓸던 시절, 17세기에는 긴 부리를 가진 가면을 쓰고 망토를 두른 의사[11]가 환자를 진료했다면, 1800년대의 마지막 흑사병 유행 시에는 흑사병의 원인균을 발견할 수 있었고, 흑사병이 쥐에 기생하는 빈대에 의해 옮겨진다는 것도 알아냈으며, 항혈청 antiserum을 개발해 병을 치료할 수도 있게 됐다.[12]

21세기 최초의 팬데믹이었던 코로나19 감염 유행에서 우리는 더 극적인 변화를 경험했다. 세계적인 팬데믹이 규명되기도 전에 원인 바이러스의 유전 정보가 전 세계에 공개됐으며 이를 통해 많은 과학자들과 기업들이 백신과 치료제를 연구하기 시작했다. 그뿐이 아니다. 예전에는 대부분의 연구가 경험주의적이고 관찰 위주였다면, 이번 코로나19 팬데믹 하에서의 연구는 훨씬 더 전향적이었다. 연구 결과의 발표와 공유, 그리고 적용이 코로나 팬데믹만큼 빠르게 진행된 예는 인류 역사에 없었다. 하지만 이 부분에서도 미국과 한국은 상당히 흥미로운 차이를 나타낸다.

미국 의료계는 무엇보다 먼저 백신이든 치료제든 혹은 새로운

---

11 독일어로 'Pestarzt', 네델란드어로 'pestmeester'라고 불렀던 이 의사들은 루이 13세의 주치의였던 샤를 드 롬(Charles de Lorme)이 고안한 향신료가 채워진 긴 부리를 가진 가면과 긴 옷을 입었는데, 이는 흑사병이 포말 감염으로 전염된다는 당대의 인식에 따라 포말의 침입을 향신료로 억제할 수 있다는 가정을 하고 만든 복장이다.

12 Butler T. Plague history: Yersin's discovery of the causative bacterium in 1894 enabled, in the subsequent century, scientific progress in understanding the disease and the development of treatments and vaccines. Clin Microbiol Infect. 2014,203:202-9.

치료법이든 근본적인 팬데믹의 해결 방법을 고민하고 있었다. 거기에 가장 중요한 것은 여러 의과학자들과 병원들의 협업이었고, 정부의 과학계에 대한 전폭적인 지원이었다. 그 점에 있어서는 누가 뭐랄 것도 없이 일종의 사명감을 가지고 있었다. 먼저 현장의 의사와 과학자들이 팔을 걷어붙였다. 대부분의 대학병원 연구실은 사회적 거리두기를 목표로 출근 인원을 최소화했지만 바이러스와 백신 연구소, 그리고 많은 임상시험 인력은 오히려 주말을 반납하고 연구와 임상시험을 준비했다.

수많은 의과학자들이 미국 국립보건원National Institutes of Health에서 지원받는 연구 프로젝트들을 자발적으로 중단하고 코로나19 팬데믹 임상 연구를 계획했다. 국립보건원은 연구자들이 연구비를 받는 기간 동안에 수행하지 못한 연구의 연구비 지원을 연장하는 내용을 골자로 하는 지원책을 발표했고,[13] 또한 코로나19 팬데믹에 대한 새로운 연구 과제를 제시하거나 연구비 지원을 발표했다.[14] 코로나19 사례가 발생할 때마다 병원들은 지역별로 연합하여 감염내과와 호흡기내과를 중심으로 컨퍼런스를 열었다. 줌zoom처럼 비대면 플랫폼을 이용한 컨퍼런스가 표준이 되면서 오히려 빠른 의사소통과 해결 방안 제시에 걸리는 시간도 짧아져 어떤 경우에는 연구가 더 용이해졌다. 그리고 각 병원의 공동연구를 위해 모인 코로나19 환자들의 원천 데이터raw data나 연구계획서가 공

---

13 https://www.training.nih.gov/oer_flexibility_regarding_k99/r00_awards (2021.10.15. 접속)

14 https://grants.nih.gov/grants/guide/COVID-Related.cfm (2021.10.15. 접속)

개됐고,[15] 결국 더 많은 연구를 더욱 신속하게 수행할 수 있는 바탕이 마련되었다.

한국은 어땠을까? 물론 의사, 간호사를 비롯한 모든 의료진이 각고의 노력으로 환자를 진료하고 시간이 날 때마다 연구에 매달렸기 때문에 어느 정도의 데이터라도 확보할 수 있었다. 하지만 감염 초기 한 달여 기간에 한국의 코로나 환자 숫자가 중국을 제외하고 전 세계에서 가장 많았다는 것을 감안하면 한국에서 팬데믹 첫 몇 달 동안 이렇다 할 역학 논문이 나오지 않은 것은 안타깝다. 특히 모든 의료비의 공급 주체가 정부이고 정부 주도로 방역이 이루어졌으니 초기에는 정부가 데이터 수집과 전산화, 관리 시스템을 조기에 정착시켜야 했는데 아쉽게도 그런 노력은 찾아볼 수 없었다.

각 병원에 산발적으로 흩어진 환자들, 그리고 격리된 기관의 내부 의료진이 아니면, 외부에서 환자 숫자나 상태 등 변화하는 상황을 전혀 알 수 없었던 점도 무척 아쉽다. 그나마 2020년 후반에 공개된 건강보험심사평가원의 코로나 환자 데이터는 범위도 제한적이었고 원천 데이터를 열람조차 할 수 없어서 통계 프로그램을 만들어서 보내면 그에 대한 답만 돌려 주는 매우 폐쇄적인 운용 시스템이었다. 이런 상황이니 한국의 데이터로 연구를 시도하다 포기한 학자들이 미국에는 꽤 많다. 결국 한국 정부는 과학의 발전에 기여할 기회를 놓친 것이다.

---

15 https://datascience.nih.gov/covid-19-open-access-resources (2021.10.25. 접속)

| 전문가 중용 방식의 차이 |

우리는 집에 물이 샐 때 배관공을 부르지 전기 기술자를 부르지 않는다. 아이의 성적을 향상시키려면 요리사가 아니라 학원 선생님을 찾아갈 것이다. 이처럼 특정 문제를 해결하려면, 해당 분야 전문가의 손길을 빌려야 한다. 코로나19 팬데믹을 종식할 수 있는 가장 믿을 만한 해결책은 감염병과 백신·신약 개발 분야의 전문가들의 의견을 듣고 실행으로 옮기는 것이다.

코로나19 감염이 팬데믹으로 발전하기도 전인 2020년 1월 29일에 트럼프 행정부는 미국 보건부 장관Secretary of Health and Human Services을 중심으로 백악관 코로나바이러스 태스크 포스White House Coronavirus Task Force를 만들었다.[16] 워낙 급하게 형성된 조직이라 초기에는 손발이 잘 맞지 않았다. 코로나 팬데믹의 방역책 기획을 의사나 역학자epidemiologist가 아닌 행정가가 맡았고[17] 질병 예방 및 통제 센터Centers for Disease Control and Prevention 전문가의 의견을 무시하는 경우도 있었다. 이런 문제들은 차기 바이든 행정부에서 의료계 전문가들이 대거 기용되면서 어느 정도 해결됐다.

코로나 백신과 치료제를 개발하는 것만큼 중증 코로나 환자를 치료하는 것도 어려운 일이었다. 게다가 이전에 경험하지 못했던 질병이라 어떻게 치료할지도 확실하지 않았다. 미국의 경우 정부의 대규모 자금 지원에 힘입은 의료계가 여러 임상시험

---

16 https://trumpwhitehouse.archives.gov/briefings-statements/statement-press-secretary-regarding-presidents-coronavirus-task-force/ (2021.10.20. 접속)

17 https://web.archive.org/web/20201021193601/https://www.nbcnews.com/politics/donald-trump/combative-supremely-loyal-peter-navarro-has-emerged-one-trump-s-n1233953 _(2021.10.20. 접속)

을 동시다발적으로 시행했다. 여러 기관이 모여서 근거가 확실한 치료 방침을 결정하는 것이 가장 중요한 일이었지만 높은 차원의 근거를 제공하는 무작위대조군임상시험Randomized Controlled Trial 방법론을 바로 적용하는 게 쉽지 않았다. 무엇보다도 이 방법으로는 한 번에 한 약품의 유효성과 안전성만을 연구할 수 있었다. 그 결과 팬데믹 초기 몇 달 동안 임상시험으로 검증이 덜 된 의약품들이 치료제로 나타났다 사라지기를 반복했다. 몇몇 의약품들은 아주 작은 규모의 임상시험만으로 긴급사용승인Emergency Use Authorization을 받았다. 심지어 항말라리아치료제인 하이드록시클로로퀸hydroxychloroquine이나 기생충 약인 이버멕틴ivermectin은 그럴 듯한 가설만으로 코로나 환자들에게 사용되며 음모론의 대상이 되기도 했다.

하지만 미국은 다른 유럽 국가들과 연합해 새로운 임상시험 플랫폼을 개발함으로써 기존 임상시험 방법론의 한계를 극복할 수 있었다. 좋은 예가 피츠버그 대학교와 영국의 연구기관들이 베이지안 추론 모델Bayesian Inference Engine에 입각해 개발한 플랫폼이다.[18] 이 플랫폼을 통해 코로나19 환자에게 스테로이드나 항혈청 치료의 가능성이 제기됐고 초기 사이토카인스톰[19]의 억제에 대한 소중한 연구 결과를 얻어 수많은 사람의 생명을 살리게 됐다.

---

18 Angus D, Berry S, Lewis RJ, et al. The REMAP-CAP (Randomized Embedded Multifactorial Adaptive Platform for Community-acquired Pneumonia) Study, Rationale and Design, Ann ATS 2020;17(7):880-891.

19 외부에서 침투한 바이러스에 대항하기 위한 인체 내 면역체계의 과도한 반응이 정상 세포까지 공격하여 일어나는 대규모 염증 반응이다.

그러나 대부분의 정책이 정부 주도였던 한국의 상황은 많이 달랐다. 코로나 확산을 억제하는 것에는 정부가 많은 관심을 보였으나 방역의 정도는 다분히 정책의 편의와 대중의 공포심과 맞물려 있었고, 따라서 방역 지침이 바뀌는 근거가 확실하지 못했다. 매번 뉴스에 나와 발표를 하는 사람들은 현장과 큰 관계가 없는 행정 공무원이었고, 방역 정책이 왜 바뀌는지 과학적인 근거를 제시한 경우는 거의 찾아볼 수 없었다. 오히려 뉴스의 패널로 나온 의료계 전문가가 방역 정책의 과학적 근거를 거꾸로 추정하는 우스꽝스러운 상황이 빈번했다. 그러나 과학적 근거의 추정은 의료 전문가의 전공이나 각자 상황에 따라 다를 수 있기 때문에 결과적으로는 언론사에 따라 '다른' 과학적 근거가 난무했다. 정부의 정책에 대한 과학적인 설명과 의미가 없었기 때문에 '정치적 의도가 있는 방역'이라는 비판도 따랐다. 그리고 정부의 정책 변화에 따라 일선 의료진들과 병원, 약국들은 자비로 시설 투자를 하거나, 경우에 따라서는 휴업을 해야 하는 경우도 많았다.[20] 어느 때보다 의료진이 절실한 코로나 팬데믹 상황에서 휴업은 언뜻 이해하기 힘들지만 근거 없는 정부의 방역 대책이 가져온 파급 효과였다.

| 자유에 대한 인식의 차이 |

미국의 방역과 한국의 방역 정책, 둘 중 어떤 것이 더 우월한지에

---

20 http://www.dailypharm.com/Users/News/NewsView.html?ID=279212 (2021.10.20. 접속)

대한 판단은 그렇게 단순하지 않다. '왜 미국은 그렇게 환자가 많고, 한국은 성공적인 K-방역을 할 수 있었는가?'에 대한 대답으로, '한국인이 미국인보다 사회 질서를 지키는 부분에서는 더 우월하다' 혹은 '좋은 시민 의식을 가지고 있다'라고 말한다면, 정말 일차원적인 대답밖에는 되지 않는다.

사실 팬데믹에 대한 미국과 한국의 대응과 결과가 달랐던 데에는 두 나라의 국력 차이 혹은 과학과 기술의 격차에도 원인이 있겠지만, 그보다 훨씬 더 근본적인 이유는 어떤 가치를 더 중요하게 바라보느냐는 인식 차이 때문이다. 국가의 존재가 국민에게 어떤 의미인지 미국인과 한국인은 매우 다른 인식을 갖고 있다. 미국의 연방 정부는 여러 주 정부를 대신해 국가의 표준을 만들고 주 정부들을 대표해 국방과 외교를 도맡는 조직이다. 하지만 미국인의 인식 속에 있는 미국의 연방 정부는 개인의 자유를 보호하기 위한 '최소한'의 틀이다. 이는 미국 제40대 대통령이었던 로널드 레이건Ronald W. Reagan이, "내가 영어로 표현할 수 있는 가장 공포스러운 말은 '저는 정부에서 왔고, 여러분들을 돕고 싶습니다'입니다The nine most terrifying words in the English language are: I'm from the Government, and I'm here to help."라고 말한 데서도 알 수 있다.[21] 국가에 대한 미국인의 이러한 인식은, 봉건제가 붕괴하고 자유주의가 정착하면서 시민사회가 발달해 온 근대 이후에 형성됐다. 조직에 대한 무조건적인 예속을 경계하는 '시민권citizenship'이라는 용어에서도 미국인의 자

---

21 https://www.reaganfoundation.org/ronald-reagan/reagan-quotes-speeches/news-conference-1/ (1986.08.12. 기자회견에서 발췌)

유 선호를 알 수 있다.

많은 미국인들은 코로나 팬데믹의 급박한 상황 속에서도 자유를 원했다. 보는 사람에 따라 자유는 '방종에 가까운, 이기적인, 공동체를 생각하지 않는 생각'이며 '역사가 짧은 국가이니 역시 문화적 수준이 낮다'고 자칫 쉽게 판단해 버릴 수도 있을 만큼 위험한 주장이었다. 하지만 미국인들은 사회가 안고 있는 문제를 해결하기 위한 참여에 그다지 인색하지 않다. 오히려 기부와 자기희생을 통한 적극적 사회 참여는 미국이 한국보다 나은 점도 있다. 또한 미국은 기술의 발전과 질병의 근본적 해결을 위한 사회적 합의가 이루어져 있는 나라이고, 국민들의 생각의 자유를 지키는 데 들어가는 크나큰 비용을 감내할 준비와 사회적 토양도 마련돼 있다. 과학적으로 비합리적인 백신 음모론도, 백신을 맞지 않을 권리를 주장하는 사람들의 목소리도 백신을 맞은 사람들의 권리만큼이나 중요했다. 그래서 연방 정부는 '백신 여권' 등의 자유를 제한하는 제도를 쉽게 입법하지 않았다.[22]

반면에 한국인은 근대화 이전의 왕권적 통치를 용인하며 국민의 권리와 국가의 책임에 대해서는 '백성'이 '나랏님'을 바라보는 시각에서 크게 벗어나지 않는다. 국가는 국민을 먹여 살려야 하는 책임이 있다고 생각하는 경향이 강하며, 국민은 국가의 통제에 순응하는 경우가 많다. 그리고 한국인은 자유인으로 살아가기보다는 '올바른 백성'이 돼야 한다는 의식이 더 강하다. 내 권리와

---

22 https://www.bbc.com/news/world-us-canada-56657194 (2021.10.12. 접속)

다른 사람의 자유가 부딪히는 경우, '내 권리만을 주장함으로써 다른 사람의 자유를 제한할 수 없다'고 생각하기보다는 '다른 사람의 자유를 제한해서라도 내 권리를 보장받는 것'을 더 선호하게 된다. 그리고 이것이 공동체의 존속에 도움이 되는 일이라고 생각하는 경향이 강하다.

방역의 일관성, 그리고 정책의 집행에 이러한 한국인의 공동체적 인식은 큰 도움이 되기도 했다. 정부가 정하는 기준에 대한 과학적인 근거나 구체적인 설명이 없어도 참여율이 높았다. 하지만 뒤집어 생각하자면 이는 공동체의 중요성을 담보로 한 행정 편의적이고, 과학적인 근거가 부족한 정책이 끼어들 여지를 주었다. 국경을 봉쇄하지 않은 일, 백신을 일찍 확보하려는 노력을 하지 않은 일, 3, 4단계에 걸친 접촉자 추적, 감염자 방문으로 사업장을 폐쇄했던 일, 백신을 주는 순서, 인원, 기간이 계속 변한 것은 근거가 부족한 정책이 초래한 오점이다. 그리고 이런 정책들의 기저에는 자유의 제한을 큰 문제로 생각하지 않는 정부가 있고, 자유의 폭이 공동체보다 커지는 것에 반감을 가지는 국민이 있다. 객관적인 정책의 차이, 의료 기술의 차이, 방역의 강도, 혹은 투입된 자원의 차이를 넘어서서, 두 나라가 큰 차이를 보였던 근본적인 이유가 여기에도 있다.

공동체 중심의 사고와 좁은 개인의 자유는 경우에 따라서는 큰 응집력을 보여준다. 특히 공동체의 위기에서는 공동체의 회복력resilience이 중요하다. 1998년 아시아 금융 위기 이후 금 모으기 운동 등으로 급속하게 경제력을 회복했던 한국의 이야기는 아직도 미국 대학에서 경제학 강의 시간에 언급되곤 한다. 하지만 공동체의 회복을 통한 존속이 각 개인의 존속을 의미하는 것만은 아니다. 코로나 팬데믹 이후 한국의 많은 개인 사업자들과 작은 기업들은 문을 닫았고, 실물 체감 경기는 예전같지 않다는 목소리들이 많다.

이처럼 좁은 개인의 자유는 공동체의 유연성flexibility을 떨어뜨리고, 새로운 도약의 기회를 차단한다. 반면 미국의 크고 작은 기술 기반 기업들은 이전에 볼 수 없었던 새로운 영역에 도전하고 있다. 정부가 코로나 팬데믹 이후 더욱 과감히 규제를 줄였고, 새로운 산업의 발전을 지원하고 있기 때문이다. 개인의 자유의 폭이 확장되는 것은 결국 공동체의 성장을 뜻한다.

| 맺으며 |

세상 대부분의 것들이 그렇듯 팬데믹도 언젠가는 종식된다. '위드 코로나'라고 말하는 풍토병endemic 상황이 되든, 아예 흑사병처럼 과거의 일이 되든, 인류는 조만간 코로나 다음 시대를 맞이하리라. 미래에 감염병이 다시 발생한다면 한국은 미국이 과감한 국경 봉쇄와 여행 제한을 했던 것처럼 과감한 초기 대응 조치를 배워야 한다. 팬데믹 초기부터 학술적 자료를 축적하는 데 발 빠르게 움직이고 이 과정을 과감하게 지원했던 미국 정부의 결단도 타산지석으로 삼아야 한다. 미국이 빠른 속도로 백신과 치료제를 개발할 수 있었던 이유인 기초과학 연구에 대한 투자도 증가돼야 한다. 감염병의 확산을 막는 것뿐만 아니라, 의료 자원을 확충하는 일에도 노력을 해야 한다. 또한 '정치적 의도가 있는 방역'이라는 불분명한 해석을 초래할 수 있는 행정 편의적인 정책이 아닌, 과학적이고 객관적인 근거에 입각한 현장 전문가의 의견을 수렴해 정책을 세우고 집행해야 한다.

철학적으로는 코로나19 팬데믹을 극복하려는 노력을 통해 드러난, 과거로부터 퇴적된 우리 스스로의 모습과 공동체 중심적인 환경에 대해 통찰할 수 있어야 한다. 미국인의 자유는 개인으로서 국가와 사회로부터의 온전한 자유를 추구하여 일견 과해 보일 때도 있다. 하지만 사회는 그런 개인적 자유의 확장과 때로 대립과 갈등을 거듭하면서 자유의 보장을 위한 시스템을 만들어 나간다. 그러나 한국인의 자유는 공동체의 존속을 보장하는 것이 전제되기 때문에 공동체의 위기 상황에서는 그 폭이 좁아진다. 이 좁은 자유는 위기를 돌파하는 응집력으로 연결되지만, 그만큼 유연성과 창의적 발전 가능성을 떨어뜨린다. 아이러니하게도 감염병과는 별 관계 없어 보이는 자유의 폭이 미국과 한국의 코로나 대응과 회복에 대한 여러 가지 차이의 기저에 위치한다.

미국과 한국은 감염병의 대응에 있어 많은 점이 달랐다. 우리가 미래의 다른 종류의 위기가 생길 때 똑같은 시스템적 한계를 다시 경험하지 않기 위해서는, 다른 나라와 단편적인 비교를 통한 우월감 혹은 열등감을 가지는 것이 아닌 다각도의 고찰이 필요한 때이다.

K-방역 vs J-방역, 누가 잘했나?: 한국과 일본의 코로나 대응 비교

장부승[1]

21세기 들어 인류가 맞이한 세계 최대의 바이러스 감염병 사태 속에 많은 국내 언론들이 해외 대응 사례를 보도했다. 그 중 가장 많은 관심을 받은 나라 중 하나가 일본이다. 그런데 일본의 현황이나 대응을 다루는 한국 기사들은 대개 부정적이다. 많은 기사들이 '일본은 코로나19 대응에 실패했고, 한국은 성공했다'고 본다. 이들 기사들은 'KO패', '완패', '대실패' 등 자극적인 제목을 달고 있는 경우가 많다. 해외언론의 보도는 좀 다르다. 미국이나 유럽 언론 보도 중 '일본의 코로나19 대응이 완패했다' 식의 기사를

---

1 서울대학교 정치학과(현 정치외교학부) 졸업 후 외무고시를 거쳐 2000년부터 2015년까지 외교부에서 근무했다. 존스홉킨스대 SAIS(국제관계대학원)에서 박사학위(국제정치) 취득 후, 2015년 외교부를 사직, 스탠포드대 아시아태평양연구소(쇼렌스틴 펠로우), 랜드연구소 연구원(스탠턴 핵안보 펠로우) 생활을 거쳐 2017년부터 일본 오사카 소재 관서외국어대학(関西外国語大学)에서 교수로 재직하며 국제관계와 외교정책을 강의하고 있다. 외교부 재직 시절에는 북핵외교기획단에 근무하며 북핵협상에 참여한 바 있고, 해외공관으로는 주중국대사관, 주블라디보스톡총영사관에 근무했다.

찾아보기 어렵다. 일부 비판적 기사도 있지만, 전반적으로 해외언론의 일본 평가는 긍정적이다.

과연 진실은 무엇일까? 코로나19 위기 발생후 2년이 돼 가는 지금 각국별로 비교에 필요한 데이터가 축적됐고, 각국 정부의 대응 역시 이제 국가별 차이를 체계적으로 비교할 수 있을 만큼 일정한 패턴이 형성된 것으로 보인다. 이제는 진실을 찾아볼 준비가 됐다. J-방역(일본의 코로나19 방역)은 '실패'했고, K-방역(한국의 코로나19 방역)은 '성공'했나?

답을 찾으려면 비교를 해봐야 한다. 이 글에서 필자는 두 가지 측면에서 한국과 일본의 코로나19 대응을 비교할 것이다. 첫째, 코로나19 피해 현황을 비교할 것이다. 특히, 사망자, 확진자, 경제성장율 지표를 기준으로 비교해 보려 한다. 둘째, 방역의 수행방식을 비교할 것이다. 방역전략의 특징, 정부의 역할, 방역의 인권과 프라이버시 침해 정도를 비교하고자 한다.

| 코로나19 피해 현황 |

코로나19로 인한 피해를 사망자, 확진자, 그리고 경제성장율이라는 세 가지 지표를 통해 비교할 것이다. 비교의 객관성 제고를 위해 한국, 일본 이외에 G7 국가 중 미국, 일본을 제외한 5개국(독일, 영국, 프랑스, 이탈리아, 캐나다)을 비교 대상에 추가할 것이다. 이들 7개국(일본, 독일, 영국, 프랑스, 이탈리아, 캐나다, 한국, 이상 GDP 규모 순)은 전세계 10대 경제대국 중 미국, 중국, 인도를 제외한 7개국이다.[2] 또한 아시아 국가들 중 산업경제 발전 수준이 높은 대만과 싱가포르도 비교 대상에 포함시키고자 한다. 따라서, 한국, 일본 포함 총 9개 국이 주요 비교 대상이 될 것이다.

일본의 사망자 수, 9개국 중 하위

[표1]에서 보이듯 일본의 인구 100만 명당 코로나19 누적 사망자 수는 2021년 11월 20일 현재 146명이다. 한국(64명)에 비해 약 2.3 배 많다. 이 숫자가 많아 보일지 모르지만, 여타 산업국가들에 비

(단위: 명, 인구 100만 명당 누적 사망자 수)

순위	국가명	누적 사망자 수
1	이탈리아	2,205.34
2	영국	2,115.73
3	프랑스	1,767.31
4	독일	1,180.77
5	캐나다	776.06
6	일본	145.52
7	싱가포르	119.92
8	한국	63.81
9	대만	35.55

[표 1] 국가별 코로나19 누적 사망자 비교 [출처: Our World In Data (2021.11.22. 접속, 사망자 수는 2021.11. 20. 데이터)]

---

2 2020년 세계은행(World Bank) 자료 기준이다. 이들 7개국은 인구 측면에서도 편차가 비교적 적은 편이다: 일본(1억2,600만 명), 독일(8,400만 명), 영국(6,800만 명), 프랑스(6,500만 명), 이탈리아(6,000만 명), 한국(5,100만 명), 캐나다(3,800만 명)(출처: Worldometers.info, 2021.10.24. 접속). 반면, 세계 10대 경제대국 중에서도 미국, 중국, 인도의 경우, 인구가 상기 7개국에 비해 너무 크고, 특히 중국, 인도의 경우 산업경제의 발전 단계 측면에서도 여타 경제대국들과 차이가 있는 점을 감안하여 비교 대상의 균일성 차원에서 한국, 일본에 독일, 영국, 프랑스, 이탈리아, 캐나다를 추가하여 비교하고자 한다.

해 현격히 낮은 수치다. 1위 이탈리아는 무려 2,200명이 넘는다. 이탈리아를 비롯해 상위 4개국(영국, 프랑스, 독일)이 모두 1,000명이 넘는다. 비교적 사망자가 적은 캐나다도 776명으로 일본에 비해 5배가 넘는다. 즉, 일본은 주요 산업국가들 대비 코로나19 사망자 수를 낮은 수준으로 방어하는 데 성공했다. 따라서 단지 한국보다 인구 대비 사망자 수가 많다는 이유만으로 일본이 '실패'했다고 판단하기는 어렵다.

일본 정부가 사망자 수 은폐?

일각에서는 일본의 코로나 사망자 수가 적은 것은 은폐, 조작 때문이라며 음모론을 제기하기도 했다.[3] 과거 일본뿐 아니라 여러 나라에서 코로나19 사망자 통계가 부정확하다는 문제제기가 있었다. 이는 그리 놀라운 일은 아니다. PCR 검사 역량 부족으로 인해 사망 직전 PCR 검사를 제대로 실시하지 못함으로써 코로나19 사망자인데 일반 사망자로 분류되는 경우가 있을 수 있고, 또한 사망신고 집계 부서의 행정 오류로 인해 통계상 오차가 발생할 수 있기 때문이다.

그러나 일본 코로나19 사망자 은폐조작론은 현재 별 지지를 받지 못하고 있다. '초과사망자'를 계산할 수 있게 됐기 때문이다. '초과사망자excess deaths'란 코로나19 상황 발생 전 5년간 사망자 통계치를 근거로 계산된 연간 사망 평년치baseline와 코로나19 발생 이후

---

3 세종대 호사카 유지 교수는 일본의 코로나 통계 조작 가능성을 거듭 제기한 바 있다. 출처: 전혼잎 (2020.03.31). "호사카 유지, '일본 코로나 통계 조작, 아베 '무지'로 증명'".《한국일보》.

(단위: 명)

순위	국가명	집계 기간	코로나19 사망자(A)	초과 사망자(B)	A-B	인구 10만 명당 초과사망자
1	영국	2020년3월16일~2021년10월3일	137,300	130,960	6,340	192
2	이탈리아	2020년3월2일~2021년8월1일	128,030	150,400	-22,370	249
3	프랑스	2020년3월9일~2021년9월19일	116,680	85,360	31,320	126
4	독일	2020년3월16일~2021년10월3일	93,790	77,260	16,530	92
5	캐나다	2020년3월2일~2021년8월1일	26,340	15,850	10,490	42
6	일본	2020년3월1일~2021년7월31일	15,200	4,720	10,480	4
7	한국	2020년3월2일~2021년8월1일	2,080	-4,180	6,260	-8
8	대만	2020년2월1일~2021년9월30일	840	-4,780	5,620	-20
9	싱가포르	2020년2월1일~2021년6월30일	40	-360	400	-6
	멕시코	2020년3월30일~2021년9월5일	258,850	522,330	-263,480	401
	러시아	2020년4월1일~2021년9월30일	203,530	781,400	-577,870	536

[표 2] 국가별 초과사망자 비교 [출처: The Economist, Tracking covid-19 excess deaths across countries (Coronavirus Excess Deaths Tracker). (2021.10.20. 기준)]

의 전체 사망자(모든 사망 원인) 수치 간 차이를 말한다. 초과사망자 숫자가 코로나19 사망으로 보고된 수치를 상회하는 격차가 크면 클수록 공식적인 코로나19 사망자 수치에 포착되지 않은 '숨겨진' 코로나19 사망자가 많을 것이라 추정해 볼 수 있다. [표2] 하단에 추가된 멕시코 사례를 보면, 보고된 코로나19 사망자는 대략 26만명인데, 초과사망자가 무려 50만 명이 넘는다. 러시아의 경우, 보고된 코로나19 사망자는 약 20만 명인데, 초과사망자가 무려 80만 명에 육박한다. 이렇게 대량 초과사망이 발생했다면, 이들 중 상당수는 코로나19 사망자일 것으로 추정해 볼 수 있다.

하지만, 일본은 초과사망자가 코로나19 사망자보다 적다. 일본뿐 아니라 영국, 프랑스, 독일, 캐나다, 한국, 대만, 싱가포르 모두 초과사망자가 코로나19 사망자보다 적다. 오로지 이탈리아만 초과사망자 숫자가 코로나19 사망자보다 많지만, 격차는 약 2만 2,000명에 불과하다. 초과사망자가 코로나19 사망자보다 적은 것은, 사회적 거리두기 등 조치로 평년 같으면 폐렴, 독감, 교통사고 등으로 사망했을 사람들이 생존했기 때문인 것으로 추정된다.

통계자료를 만들 때, 표본오차는 발생하기 마련이다. 일부 표본오차가 있다고 해서 그것이 바로 의도적인 은폐, 조작의 증거가 될 수는 없다. 만약 음모론자들 주장대로 일본 정부가 대량의 코로나19 사망자를 은폐해 왔다면, 멕시코나 러시아 통계치가 보여주는 것처럼 코로나19 사망자와 초과사망자 간 큰 격차가 발생해야 한다. 사망 원인을 조작할 수는 있을지언정 사망 사실 자체를 은폐하기는 어렵기 때문이다. 그러나 일본은 물론 비교 대상 9개국 전체에서 그런 큰 격차는 관측되지 않았다.

일본의 확진자 수, 9개국 중 하위

인구 100만 명당 누적 확진자 규모에서 한국은 2021년 11월 20일 현재 약 8,100명이다. 일본은 약 1만3,700명으로 한국에 비해 약 1.7배 많다. 그러나 이것만으로 일본의 방역정책이 '실패'했다고 단언하기는 어렵다. 양자 비교만으로 성공과 실패를 평가한다면 한국은 대만에 비해 11배 이상 '실패'한 것이 된다. 대만의 누적 확진자 수는 700명도 안 되기 때문이다.

9개국 중 일본은 아래에서 세번째이다. 누적 확진자 수가 가장 많은 영국은 약 15만 명에 가까운 확진자를 기록하고 있다. 일본

순위	국가명	누적 확진자 수
1	영국	144,525.36
2	프랑스	110,974.54
3	이탈리아	81,434.27
4	독일	64,057.40
5	캐나다	46,561.10
6	싱가포르	45,936.26
7	일본	13,690.63
8	한국	8,097.14
9	대만	692.52

[표 3] 국가별 코로나19 누적 확진자 비교 [출처: Our World In Data. (2021.11.22. 접속, 확진자 수는 2021.11. 20. 데이터)]

에 비해 무려 10배 이상 많다. 주요 산업국가 중 일본은 인구 대비 확진자 수가 가장 적은 편에 속한다. 비교 대상인 서방국가들 중 일본 다음으로 확진자가 많은 캐나다가 약 4만7,000명을 기록하고 있다. 일본의 3배가 넘는다. 일본의 확진자 수는 강력한 방역정책을 펼친 싱가포르에 비해도 약 3분의 1에 불과하다.

　누적치뿐 아니라 일일 변동 추이를 봐도 일본은 주요 산업국가들에 비해 확진자를 안정적으로 관리해왔다. [그림1]은 비교 대상 9개국 전부의 코로나19 신규 확진자 일일 수치를 보여준다. [그림2]는 이 중 일본 수치를 부각시킨 것이다. 이 비교가 보여주듯 일본을 제외한 선진산업국가들은 2020년 가을과 2021년 봄 사이에 극심한 확진자 급증을 경험한 바 있다. 영국은 2021년 1월 100만 명당 일일 확진자가 무려 900명에 육박한 적도 있다. 프랑스 역시 2020년 11월 800명을 돌파했다. 독일, 이탈리아, 캐나다도 영

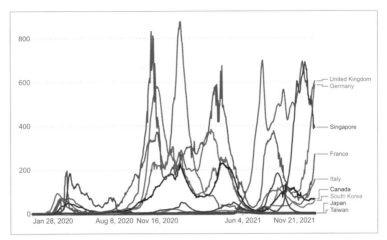

[그림 1] 9개국의 코로나19 확진자 일일 변동 추이 (출처: Our World In Data, 2021.11.23. 접속)

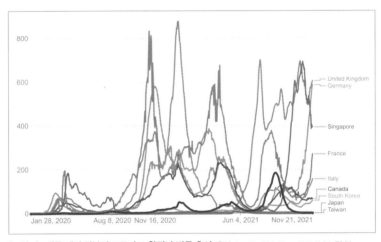

[그림 2] 9개국 대비 일본의 코로나19 확진자 변동 추이 (출처: Our World In Data, 2021.11.23. 접속)

국, 프랑스에 비해 수치는 낮지만 모두 100만 명당 일일 확진자가 200명을 돌파한 사례를 수차례 경험했다. 반면, 일본은 확진자 폭증이 오는 경우에도 50명대 수준에 그쳤다. 유일하게 일본의 확진자가 50명대를 돌파한 것은 2021년 8월인데, 이때도 180명대에 그쳤다. 당시는 도쿄올림픽 때문에 해외로부터 인적 유입이 대량 증가한 시점이라는 점을 감안할 필요가 있다.

일본, PCR 검사를 줄여 확진자 수 조작?

확진자 규모에 대해서도 음모론이 제기된 바 있다. 2021년 8월 말 이후 일본의 코로나19 확진자 수가 급감세를 보이자 일부 언론에서는 일본 정부가 의도적으로 PCR 검사를 실시하지 않음으로써 확진자 숫자를 줄이고 있다는 주장을 제기한 바 있다.[4] 일견 그럴듯하지만 이 주장에는 한 가지 치명적 문제점이 있다. 실제 확진자 숫자라는 모집단을 추정하는 방법은 PCR 검사를 통한 확진자 파악 방법만 있는 것이 아니라는 점이다. 양성판정율, 누적 중환자 수, 일일 사망자 발생 건수 역시 보조적 지표로 활용될 수 있다.

예를 들어보자. 만약 실제로 확진자가 많은데, PCR 검사를 인위적으로 적게 실시해서 확진자가 적어 보이게 조작하고 있다 치자. 이 경우, PCR 검사의 양성판정율은 올라가야 한다.[5] 만약 연못에 물고기가 가득한데, 일년에 한 번 밖에 낚시를 못하게 막아서 어획량 수치는 낮게 유지되고 있다고 한다면, 매번 낚시를 할 때마다 많은 물고기가 잡힐 것이다. 연못에 물고기가 득실거리기

---

4 이런 식의 음모론은 한국 언론 보도에서 쉽게 찾아볼 수 있다. 일례로 다음 기사를 보라. 김효진 (2021.10.20). "[지금 일본에선(494)] 두 달 만에 코로나 신규감염자 2만5,800명이 232명으로 급감한 어이없는 비결". 《뉴스투데이》.

5 양성판정율은 코로나19 양성으로 판정된 검사 결과의 숫자를 전체 코로나19 검사 숫자로 나눈 값이다.

때문이다. 마찬가지 이치로 검사 횟수를 줄여서 확진자 수를 적어 보이게 하고 있다면 양성판정율은 올라가야 한다. 그러나 일본의 양성판정율은 확진자 감소와 함께 내려가고 있다. 2021년 8월 25일 100만 명당 183.12명으로 일일 신규 확진자 수가 정점에 도달하다 11월 20일에는 1.07명까지 떨어졌다. 8월 26일 20.60%를 기록한 양성판정율은 11월 17일 0.30%까지 하락했다. 확진자와 양성판정율이 함께 급감한 것이다.[6]

일본 정부가 양성판정율마저 조작하고 있는 것일까? 만약 조작했다고 하더라도, 중증 환자 숫자나 사망자 숫자까지 조작하긴 어렵다. 일단 코로나19 감염이 되면 대략 20% 비율로 중상이 발현되고, 5%의 비율로 중증으로 발전하며, 1% 내외의 비율로 사망하는 것으로 알려져 있다. 물론 이 비율은 상황에 따라 다소 변동이 있을 수 있다. 하지만 중요한 점은 감염자와 중증 환자, 사망자 숫자 간 일정 비율이 존재한다는 점이다. 따라서, 확진자가 실제로 많은데 이를 은폐, 조작하는 것은 불가능하다. 감염자 중 일부가 중증으로 발전하고 또 사망함으로써 중증 환자와 사망자가 결국에는 폭증할 것이기 때문이다. 특히 중증 환자의 경우, 각 지역별 거점병원에 보고되거나 직접 이송돼 특별 관리된다. 일본 전역에 이런 거점 병원들이 다수 존재하며, 수천 명의 의료진이 치료에 관여하고 있다. 이들 거점병원에서는 수시로 언론사 기자들과 의료진들 간에 소통이 이루어진다. 이들 언론인들과 의료진들

---

6 Our World In Data 참조 (2021.11.22. 접속).

의 눈과 귀를 모두 틀어막는 것은 불가능하다. 실제로 일본의 중증환자 수는 2021년 9월 7일 2,211명이었다가 11월 21일 63명까지 떨어진다. 9월 8일 89명을 기록했던 일일 코로나19 사망자 수는 11월 21일 0명이 된다.[7] 확진자 수뿐만 아니라 양성판정율, 중증환자 수, 사망자 수가 모두 같은 방향으로 움직이고 있다. 확진자 수의 인위적 조작론에 대한 강한 반증이다.

일본, 경제성장율 하락 폭 낮아

경제성장율 측면에서도 일본의 선방(善防)을 확인해 볼 수 있다. 한국 언론에서는 일본 경제가 코로나19로 인해 크게 위축된 측면만 주로 보도되었다. 이런 보도들이 아주 틀린 것은 아니다. 실제로 엔화 기준 일본의 2020년 GDP(국내총생산)는 전년 대비 4.8% 하락했다. 반면, 한국경제는 약 1%의 위축을 기록했다. 하지만 GDP 변동폭을 다수 국가 간 비교해 보면 어떨까? 국가 간 비교를 위해서는 우선 지표를 통일해야 한다. 여기서는 미국 달러화 경상가격 current US$으로 평가된 명목 GDP를 기준으로 비교해보았다.

비교 대상 9개 국가 중 2019년 대비 플러스 성장은 대만에서만 일어났다. 나머지 마이너스 성장을 한 8개 국가 중 마이너스 성장폭이 가장 작은 나라는 일본으로 0.32%다. 마이너스 성장에 박수를 보낼 수야 없겠지만 원래 일본은 저성장 국가이다. 이 정도 경

---

7 일본의 언론사인 토요케이자이(東洋経済)사가 운영하는 '신형 코로나바이러스 국내 감염 상황' 웹사이트.toyokeizai.net 참조(2021.11.22. 접속). 웹사이트의 일본어 명칭은 "新型コロナウイルス国内感染の状況"이다.

순위	국가명	2019(A)	2020(B)	성장율((B-A)/A)
1	대만	612	669	9.31%
2	일본	5,065	5,049	-0.32%
3	한국	1,647	1,631	-0.97%
4	독일	3,861	3,806	-1.42%
5	프랑스	2,716	2,603	-4.16%
6	영국	2,831	2,708	-4.34%
7	캐나다	1,742	1,643	-5.68%
8	이탈리아	2,005	1,886	-5.94%
9	싱가포르	374	340	-9.09%

[표 4] 국가별 GDP 및 GDP 성장율 비교 [출처: 세계은행, 세계개발지수(World Bank, World Development Indicators); 일본 2020년 GDP는 knoema.com 자료 참조; 대만 데이터는 statista.com 자료 참조 (2021.10.18. 접속)]

제위축이 '대실패'라고 평가하기는 어렵다. 그 다음은 한국이다. 0.97% 하락했다. 한국도 일본보다는 다소 하락폭이 크지만 훨씬 더 많은 하락을 경험한 여타 산업국가들에 비해서는 선방했다고 평가할 수 있다. 여타 산업국가들은 독일(-1.42%)을 제외하고는 거의 처참하다 해도 과언이 아니다. 대개 4~6%의 GDP 감소를 경험했다. 싱가포르는 무려 9% 하락했다.[8]

소결: 일본은 방역과 경제 양면에서 선방

종합평가를 해보자. 인구 100만 명당 누적 사망자 기준 일본은 비

---

8 일본경제의 생산력이 엔화 기준으로는 4.8% 위축되었음에도 불구하고, 달러화 경상가격으로 환산했을 때 GDP 하락폭이 불과 0.32%에 그친 것은 해당 기간 중 일본 엔화의 달러 표시 가치가 상승했기 때문이다. 국제 시장에서 안전자산으로 평가받는 엔화의 특성상 코로나 바이러스 위기가 닥치자 엔화 수요가 증가하여 엔화 가치가 상승한 것이고, 이로 인해 달러화로 표시된 일본의 경제성장율은 상대적으로 작은 하락폭을 보인 것이다. 실제로 2019.12.31. 기준 100엔당 0.916달러였던 엔화 가치는 2020.12.31. 기준 100엔당 0.970달러로 약 5.9% 상승했다(www.xe.com 참조) (2021.10.28. 접속).

교대상 9개국 중 4위(146명), 한국은 2위(64명)다. 인구 100만 명당 누적 확진자 기준 일본은 3위(약 1만3,700명), 한국은 2위(약 8,100명)다. 2019년 대비 경제성장율 기준으로는 일본이 2위(-0.32%), 한국이 3위(-0.97%)다. 한국과 일본의 성적은 막상막하라 볼 수 있다. 한국이 '완승'했다거나 일본이 '완패'했다고 보기 어렵다.

더욱이 여기서 한 가지 우리가 주목할 점이 있다. 세계 최고의 초고령사회이자 세계 최고의 도시화 수준을 갖고 있는 일본이라는 나라는 애초부터 코로나19 방역에 매우 불리한 환경을 갖고 있었다는 점이다.

고령자는 코로나19에 훨씬 취약하다. 일본 전체 코로나19 사망자 중 70대 이상 고령자는 84%, 한국은 76%이다. 미국은 65세 이상 고령자가 전체 코로나19 사망자 중 80%다.[9] 따라서 고령자 비율이 높을수록 코로나19 방역에 불리하다. 그런데 [표5]의 맨 왼쪽 열에 나오듯 일본의 65세 이상 인구 비율은 28%로 1위다. 한국에 비해 약 1.8배 많다. 즉, 일본이 인구 구조상 코로나19와의 싸움에 불리한 조건을 갖고 있는 것이다.

또 하나 코로나19 확산에 영향을 미치는 요인은 인구밀집도다. 인구밀집도 혹은 도시화가 높을수록 코로나19 방역에 취약하다. 인구밀집도가 높은 도시지역일수록 코로나19 감염자와의 밀

---

9 일본 통계는 일본 국립사회보장 및 인구문제연구소 자료를 참조하였다(新型コロナウイルス感染症データ ipss.go.jp. 2021.10.28. 접속). 한국 통계는 질병관리청 특설 코로나바이러스감염증-19 사이트의 국내 발생현황 대시보드 자료를 참조하였다(국내 발생 현황 〈 발생동향 〈 코로나바이러스감염증-19(mohw. go.kr), 2021.10.28. 접속). 미국 통계는 Kaiser Family Foundation 자료를 참조하였다(KFF analysis of the CDC Provisional COVID-19 Death Counts by Sex, Age, and State data as of July 22, 2020, for the week ending July 11, 2020) (2021.10.28. 접속).

(단위: 백분율)

순위	국가명	65세 이상 인구 비율	순위	국가명	도시 인구 비율	순위	국가명	100만 명 이상 행정단위 거주 인구 비율
1	일본	28%	1	싱가포르	100%	1	싱가포르	100%
2	이탈리아	23%	2	일본	92%	2	일본	65%
3	독일	22%	3	영국	84%	3	한국	50%
4	프랑스	21%	4	캐나다	82%	4	캐나다	46%
5	영국	19%	5	한국	81%	5	영국	27%
6	캐나다	18%	5	프랑스	81%	6	프랑스	23%
7	대만	16%	7	대만	79%	7	이탈리아	19%
8	한국	16%	8	독일	77%	8	독일	10%
9	싱가포르	13%	9	이탈리아	71%	N/D	대만	N/A

[표 5] 2020년 고령자 비율 및 도시 인구 비율 비교 [출처: 세계은행, 세계개발지수(World Development Indicators), 대만 고령자 통계는 statista.com, 대만 도시인구 비율은 worldometer.info 자료. (대만의 100만 명 이상 행정단위 거주 인구 비율은 입수하지 못함. N/D: Not determined. N/A: Not available)]

접 접촉이 일어날 확률이 높기 때문이다. 실제로 일본의 인구 규모 상위 9개 행정단위가 코로나19 확진자 발생 건수 상위 9개 행정단위와 그대로 일치한다. 심지어 순위마저 대략 일치한다.[10] 인구밀집도와 확진자 발생 간 높은 상관관계를 엿볼 수 있다. 그런데 일본은 [표5]의 '도시인구 비율' 열에서 보듯, 도시인구 비율에서 세계 최고 수준이다. 일본 총인구에서 도시인구가 차지하는 비율은 92%, 한국은 81%다. 인구 '100만 명 이상 행정단위 거주 인구 비율'을 살펴보면, 일본이 65%, 한국이 50%다. 두 통계 모두 싱

---

10 일본에서 인구 기준 상위 9개 지방자치체는 도쿄도, 가나가와현, 오사카부, 아이치현, 사이타마현, 치바현, 효고현, 홋카이도, 후쿠오카현(인구 順)이다. 2021.10.16. 현재 코로나19 누적확진자 수가 가장 많은 9개 지방자치체는 도쿄도, 오사카부, 가나가와현, 사이타마현, 아이치현, 치바현, 효고현, 후쿠오카현, 홋카이도(확진자 규모 順)이다(일본의 지방자치체별 인구 통계는 위키피디아 참조. 2021.10.16. 접속; 확진자 자료는 東洋経済(토요케이자이)사 사이트 참조. 2021.10.16. 접속).

가포르가 100%로 1위이지만, 이는 도시국가라는 싱가포르의 특성상 전체 인구를 도시 인구로 판단했기 때문이다. 따라서 사실상 두 통계 모두 진짜 1위는 일본이라 할 수 있다. 이 역시 일본이 코로나19 방역에 매우 취약한 구조를 갖고 있음을 보여주는 수치다.

이렇게 고령자 비율과 인구밀집도 등 측면에서 일본은 애초부터 코로나19와의 싸움에 불리한 조건을 안고 있었다. 그럼에도 사망자, 확진자, 성장율 등 지표에서 일본은 여타 산업국가들에 비해 코로나19와의 싸움에서 선전했다. 대다수 한국 언론들의 부정적 보도에도 불구하고, 실제 통계에 근거해 종합 비교해 본 일본의 코로나19 방역 성적표는 '완패'와는 거리가 멀다. '선방'했다고 보는 것이 정확하다. 더욱이 한국에 비해 크게 실패했다고 볼 근거도 찾아보기 어렵다.

방역의 수행 방식

한·일 양국 방역 정책의 수행 방식을 방역 전략, 국가 주도 여부, 인권 및 개인 프라이버시 침해 정도라는 세 측면에서 비교해 보고자 한다.

전략 차이: 퇴치 vs 완화, 대량검사 vs 선택적 검사

코로나19 사태 초기 한국의 많은 언론들이 '일본은 왜 PCR 검사에 소극적이냐'고 문제를 제기했다. 실제로 사태 초기 일본 정부가 전문가들의 조언을 받아 설정했던 코로나19 환자의 '사례 정의case definition'를 보면, 코로나19 진단 목적으로 PCR 검사 실시를 요청하기 위한 기준이 꽤 높다. 여기서 '사례 정의'란 현장 임상의 들이 어떤 환자가 PCR 검사 대상인지 결정할 때 가이드라인이 되는 기준을 말한다. 예를 들어, 지금은 삭제됐지만 초기 일본의 코로나19 '사례 정의'를 보면 '체온이 37.5도 이상으로 4일간 유지' 돼야 한다는 기준이 포함돼 있었다. 물론, 일본만 기준이 높았던 것은 아니다. 한국도 초기 사례 정의에는 '중국 방문 후, 14일 이 내에 폐렴 등이 나타난 자'와 같은 까다로운 내용이 포함돼 있었 다.[11] 한·일 양국에서 이런 엄격한 사례 정의는 임상 경험과 데이 터가 축적되어 감에 따라 완화되었다. 현재는 한·일 양국 모두 발 열, 기침 등 감기 증상이 있으면 의사의 판단에 따라 PCR 검사를 받을 수 있고, 검사비는 무료다.[12] 그렇다면 왜 한국에서는 PCR 검사를 받는 것이 쉬운데, 일본에서는 PCR 검사 받기가 어렵다 는 이미지가 생겨난 것일까? 그것은 양국의 코로나19 대응 전략 이 달랐기 때문이다.

---

11 2020년 3월 18일 한국 중앙방역대책본부가 발표한 '코로나19 대응지침' 제7판에 수록된 '코로나19 조사 대상 유증상자' 항목 1번은 '의사 소견에 따라 원인 미상 폐렴 등 코로나19가 의심되는 자'라고 되어 있 다. 이 '원인 미상 폐렴' 부분은 6판에는 없던 내용이다. 이에 대해 당시 여러 한국 언론 보도에서 총선을 앞두고 코로나 확진자 수를 적게 보이게 하기 위해 코로나 검사 대상 범위를 축소한 것 아닌가 하는 의 혹을 제기한 바 있다. 송화선(2020.04.14). "사례 정의 변경 탓 총선 다가오자 확진자 급감?".《신동아》.

12 다만, 이 경우에도 한일 양국 모두 민간병원에서 검사를 받을 경우, 건강보험상 진료비 본인부담금은 납부한다. 또한 무증상임에도 해외출장, 공연장 출입 등을 위해 코로나19 음성 확인이 필요해서 별도로 증명서 발급을 받는 경우, 검사비가 유료이거나 혹은 의료기관별로 자체 지정한 소정의 증명서 발급 비 용이 추가된다. 이 역시 한·일 양국이 유사하다. 예를 들어, 일본 도쿄 신주쿠에 위치한 한 민간병원 홈 페이지를 보면, 발열, 기침 등 감기 증상이 있어 PCR 검사를 받을 경우, 건강보험 적용을 받아 2,000엔 (한화 약 2만 원)의 비용이 들고, 증상이 없으나 증명서 발급 목적으로 검사를 받을 경우, 2만5,000엔 (한화 약 25만 원)의 비용을 부담해야 한다고 소개하고 있다. '신주쿠 에키마에 클리닉' 홈페이지 참조 (2021.11.11. 접속). 일본에서는 의료기관에 따라 이보다 낮은 가격으로 검사를 해주는 곳도 있다.

완화 전략: 일본, 중증환자에 집중

일본의 초기 대응 전략은 '완화mitigation' 전략이다.[13] 이 전략의 핵심은 다음 네 가지로 요약할 수 있다. 첫째, 인구 이동과 사람 간 접촉을 최소화함으로써 바이러스 확산 속도를 낮춘다. 둘째, 제한된 의료자원(의료진, 약품, 장비, 보호장구 등)을 중증환자 대응에 집중시켜 사망자 발생 속도를 낮춘다. 셋째, 의료진의 대량 감염이 발생하지 않도록 의료진을 보호한다. 넷째, 이렇게 코로나19 확산속도를 완화하여 시간을 벌고, 그 시간을 이용해 장기 대응에 필요한 약품, 장비, 시설을 확보한다.[14] 이러한 전략에 따라 국민들에게 바깥 출입을 자제하고, 밀폐, 밀집된 공간을 회피하라는 안내가 만들어졌으며, PCR 검사 기준도 비교적 높게 설정됨으로써 중증 환자 중심으로 병원 접근이 이루어지도록 의료자원 배분 계획을 설정한 것이다. 동시에 의료 체계를 코로나19 대응 모드로 전환하기 위한 노력, 그리고 보다 근본적 대응으로 백신을 확보하기 위한 노력이 경주되게 된다.

이러한 초기 전략 설정의 배경에는 의료자원의 부족과 코로나

---

13 이한진과 문애리는 일본의 대응 전략을 완화(mitigation) 전략, 한국의 대응 전략을 퇴치(elimination) 전략으로 분류한다(출처: 이한진·문애리(2021). "코로나19 시대: 주요 국가들의 대응정책 현황 및 시사점". 《KISTEP Inside and Insight》 vol.35 2021 신년호, p.47). 이 연구는 한국, 일본, 뉴질랜드, 영국, 독일, 스웨덴 6개국의 코로나19 대응 전략을 비교하는데, 한국 등 아시아 국가들은 퇴치 전략, 유럽 국가들은 완화 전략을 택했다고 평가한다. 단, 일본의 경우, 중증환자에게 의료자원을 집중한다는 점에서 유럽과 비슷한 선택을 했다고 보고 있다(p.48). 일본, 중국, 한국, 싱가포르 4개국의 코로나19 대응 전략을 비교한 Chen et al.(2021) 논문에서 저자들은 중국, 한국, 싱가포르의 전략을 봉쇄(containment) 전략, 일본의 전략을 완화(mitigation) 전략으로 분류한다. Chen et al.(2021). "A cross-country core strategy comparison in China, Japan, Singapore and South Korea during the early Covid-19 pandemic, Globalization and Health 17:22.

14 완화 전략의 이 네 가지 특성은 여러 연구자들의 평가와 언론보도를 토대로 필자가 정리한 것이다.

19 바이러스에 대한 임상 정보의 부족이라는 상황이 있었다. 코로나19 위기 발생 전 일본은 OECD 국가들 중 유일하게 한국보다 인구 1,000명당 병상(bed) 수가 많은 나라였다. 비교적 풍부한 의료 자원을 갖고 있었던 것이다. 하지만 코로나19 대응을 위해서는 별도의 장비와 시설, 약품이 필요하다. 코로나19 사태 초기 일본 등 대부분 국가에서 코로나19에 특화된 장비와 시설, 약품이 충분하지 못했다. 예를 들어, 음압병상, PCR 검사 시약, 장비 등이 부족했다. 또 코로나19 사태 초기 그 누구도 코로나19 바이러스의 특성에 대해 정확히 알지 못했다. 불과 몇 달 전 최초 발견된 이 바이러스의 특성에 대한 임상 정보가 부족했기 때문이다. 그럼에도 불구하고 초기 대응 과정에서 이 바이러스의 세 가지 특성이 알려졌다. 첫째, 전파력과 치명율이 매우 높다. 둘째, 잠복기가 길어서 무증상 전파가 많다. 셋째, 다행히도 대부분의 감염자는 무증상 내지 경증에 그치고 일부 환자만이 중증으로 발전한다.[15]

---

15 일본 정부는 초기부터 제한된 정보와 자원을 활용하여 코로나19 방역을 최적화하는 동시에 사회경제활동에 대한 부정적 영향도 최소화하기 위한 노력을 기울였다. 이러한 종합적 고려는 일본 정부의 발표자료들에서 확인된다. 예를 들어, 2020년 8월 28일 신형코로나바이러스감염증대책본부가 작성한 「신형코로나바이러스감염증에 관한 금후의 대응」 자료를 보면 향후 대응의 핵심을 다음과 같이 요약하고 있다.
  • 4월 긴급사태선언을 발령하여 감염 상황은 개선되었으나 사회경제활동 전반에 커다란 영향.
  • 감염자 중 80%는 타인에게 감염시키지 않는다. 또 80%는 경증 또는 무증상인 채로 치유된다. 20%에서 폐렴증세로 악화된다. 한편, 청년층에서는 중증화 비율이 낮고, 65세 이상 고령자나 기저질환 보유자에서 중증화 위험이 높다는 것이 판명됨.
  • 현재까지 확보된 새로운 지식과 견해에 따르면, 고위험 공간이나 위험성의 양태에 따라 탄력적인 대책을 강구함으로써 중증자와 사망자를 가능한 한 억제해 가면서 사회경제활동을 계속해 나가는 것이 가능하다.
  • 이러한 구상 하에 중증화 위험도가 높은 고령자 및 기저질환 보유자에 대한 감염방지를 철저히 해 나가면서 <u>의료자원을 중증자에 중점 배치</u>. 또한 계절성 인플루엔자 유행기에 대비하여 검사체제 및 의료대응체제를 확보, 확충해 나간다.
    ⇨ <u>감염방지와 사회경제활동 양립의 방향으로</u> 확고히 흐름을 만들어 간다.
  상기 자료는 2020년 9월 24일 일본 후생노동성이 발표한 「新型コロナウイルス感染症の感染症法の運用の見直しについて」(신형 코로나 바이러스 감염증의 감염증법 운용 재검토에 대해) 문건의 8페이지에 수록되어 있다(mhlw.go.jp). 상기 인용 부분의 번역은 필자가 하였으며, 밑줄 역시 필자가 강조한 것이다.

완화 전략: 의료 자원과 정보 제약이 원인

완화 전략은 이러한 현실적 제약, 즉, 코로나19 바이러스 대응을 위한 의료 자원이 단기적으로 부족하다는 현실 그리고 코로나19에 대해 제한적이나마 확보된 정보를 기초로 만들어진 것이다. 우선 PCR 검사를 위한 사례 정의 기준이 비교적 높게 설정됐다. 패닉에 빠진 일반인들이 의료기관에 쇄도하는 것을 막고, 의료 자원을 중증환자에 집중하는 동시에 자칫 있을 수 있는 의료진 대량 감염 사태 그리고 코로나19 대응 수요 폭증을 의료 공급이 따라가지 못할 때 발생할 '의료 붕괴'와 대량사망 사태를 막기 위한 것이었다.

얼핏 생각하기에는 검사량을 최대한 늘려서 최대한 많은 코로나19 확진자를 판별해내고 이들을 격리 상태 하에서 치료하는 것이 최적 전략인 것처럼 보인다. 그러나 PCR 검사에는 장비와 시약이 필요하다. 코로나 사태 초기 일본에는 대량 검사를 시행할 장비와 시약이 부족해서 의료기관에 사람이 몰려도 PCR 검사를 대규모로 시행하기 어려웠다.

더 근본적인 문제는 PCR 검사의 부정확성이다. 모든 진단검사에는 오차가 수반된다. PCR 검사 역시 마찬가지다. 코로나19 확진을 위한 진단검사로서 가장 정확한 방법이라고 하지만 여전히 PCR 검사에서는 2% 내지 30%의 확률로 '위음성' 결과가 나온다. 연구자에 따라 결과가 다소 차이가 있긴 하지만, 다수의 연구자들이 대략 10~20%의 확률로 '위음성' 결과가 나온다고 보고 있다. 즉, 실제로는 감염되었는데도 감염되지 않았다는 판정을 받게 된다는 것이다. '위음성' 판정을 받은 사람들은 PCR 검사 결과만 믿고 방역에 소홀해질 가능성이 높다. '위음성' 비율이 대략 10%라고만 해도 적은 숫자가 아니다. 실제 양성인 사람 1만명을 검사하면 1,000명이 '위음성'이 될 수 있다. 자칫하면 또 다른 대량 감염의 불씨가 될 수 있는 것이다. 더욱이 바이러스 노출 초기(2일 내)에 PCR 검사를 받을 경우, '위음성' 판정율이 98%까지 치솟는다는 연구결과도 보고되어 있다.[16] 이런 부정확성 때문에 다수의 의료 전문가들이 PCR 검사에 대한 맹신의 위험성을 경고하고 있다.[17]

추적과 격리 역시 쉬운 일이 아니다. 코로나19 확진자의 동선을 추적해 가며 방역하는 것은 막대한 인력자원을 필요로 한다. 확진자가 수십 명이면 모르지만, 매일 수천 명 발생한다면 이들의 동선을 모두 파악하여 방역 및 격리 조치를 한다는 것은 사실상 불가능하다. 게다가 격리를 하려고 하면 우선 이들을 격리시킬 충분한 공간 확보가 필요하다. 전파성이 높은 코로나19의 특성상, 일반 병상이 아닌 음압병상이 필요하며, 이들이 입원한 병원은 병동

---

16 노출로부터 5일이 지나면 위음성 비율은 50%로 떨어진다고 한다. 그러나 50% 역시 높은 수치이다. Ryan Flanagan(2021.01.10). "Fact check: How accurate are PCR tests for the novel coronavirus?", CTV News.

17 코로나19 진단검사의 부정확성 때문에 일부 연구자들은 대량검사 전략에 대해 부정적이다. 영국 브리스톨 대학의 안젤라 래플(Angela Raffle) 박사는 대량검사는 의료 자원을 아주 잘못 사용(very bad use)하는 것이라고 비판한다. 제한된 의료자원을 감염위험도가 높은 대상자들에게 선별적으로 집중하여 검사를 실시해야 한다는 것이다. Daniel Bardsley(2020.11.19). "False negatives and positives: how accurate are PCR tests for COVID-19?." The National News. PCR 검사의 정확성에 대해 캐나다 전문가들도 의문을 제기하고 있다. Ryan Flanagan(2021.01.10). "Fact check: How accurate are PCR tests for the novel coronavirus?", CTV News. PCR 검사의 정확성에 대한 연구 결과들 간 편차가 너무 커서 PCR 검사의 정확한 정확도를 판단하기 어렵다는 견해도 있다. Robert H. Shmerling(2021.01.05). "Which test is best for COVID-19?". Harvard Health Publishing.

전체에서 일반 환자를 내보내고 폐쇄조치를 시행해야 한다.[18]

일본, 선택적 검사 채택

코로나19 사태 초기 대량검사를 실시했을 경우, 정확히 어느 정도의 확진자가 검출될지 그리고 그 중 몇 명 정도가 중증으로 발전하게 될지 정확한 정보가 없는 상황이었다. 코로나19에 대응하기 위한 장비와 시약도 부족했고, 이들을 격리, 입원시키기 위한 공간 확보에도 시간이 필요한 상황이었다. 의료진도 부족했다. 게다가 환자를 입원시킨다 해도 바이러스 질환의 특성상 무슨 뾰족한 치료제가 없는 것이 현실이었다.[19]

따라서 대량검사는 사실 위험한 선택이었다. 더욱이 일본이 세계 최고의 고령사회라는 점을 감안한다면, 고령자 대량사망 가능성 또한 배제할 수 없었다. 그래서 일본은 대량검사가 아닌 중증 환자에게 집중하는 선택적 검사를 전략으로 선택한 것이다. 중증으로 발전 조짐이 보이는 환자들에 한해 PCR 진단 검사를 실시하고, 이들의 치료에 의료자원을 집중했다. 그리고 병원에 사람이 쇄도하는 상황을 회피함으로써 자칫 병원이 새로운 감염의 진원지가 되거나 의료진 대량감염 사태가 발생하는 것을 예방하고자 했던 것이다. 무증상이나 경증 환자의 경우 자택에서 전화 상담 등을 통해 대응하도록 하고, 일반인들에 대해서는 사회적 거리두

---

18 일본의 전략 결정의 배경에 대해서는 다음 연구를 참조하라. 최은미(2020.04.17). "코로나19(COVID-19) 사태에 대한 일본의 위기관리대응과 향후 전망". 이슈브리프 2020-13, 아산정책연구원, p.14.
19 상기 최은미 논문, p.15.

기 및 밀접·밀집·밀폐라는 소위 3밀 회피 계도를 통해 코로나19의 확산을 완화하고자 했다. 물론 '완화'가 궁극적인 목표는 아니다. 완화와 동시에 의료체제 전환을 통해 장기 대응에 필요한 약품, 장비, 시설을 확보해 갔다. 그리고 백신 확보를 통해 보다 근본적 대응책을 모색했다.

북미와 유럽도 완화 전략 채택

이것이 일본이 선택한 완화mitigation 전략의 요체다. 이 전략은 일본 뿐 아니라 사실 유럽과 북미 주요 산업국가들 대부분이 선택한 전략이다. 예를 들어 영국 등 유럽 국가에서는 코로나19 사태 초기 사실상 자택대기명령stay home order이 내려졌다. 코로나19 증상이 의심되더라도 함부로 병원에 오지 말라는 것이다. 병원은 의사가 '입원'이 필요할 정도로 상태가 위중하다고 판단하는 경우에만 올 수 있다. 그런데 병원에 가야 의사를 만날 텐데 어떻게 의사로부터 '입원' 판정을 받는다는 말인가? 구급차를 부르라는 것이다. 즉, '자택대기명령'이란 구급차를 불러야 할 정도로 심각한 상황이 아니면 병원에 오지 말고 집밖에 돌아다니지도 말고 그냥 집에 머무르라는 말이다. 매정하게 들릴 수 있지만, 이 전략은 국가적 위기 상황 하에서 제한된 정보와 자원이라는 제약 속에 의료자원을 중증환자에게 집중함으로써 대량감염 및 대량사망 사태를 막는 동시에 코로나19에 대한 보다 장기적 대안을 모색해 나가기 위한 의도적 선택이었다.

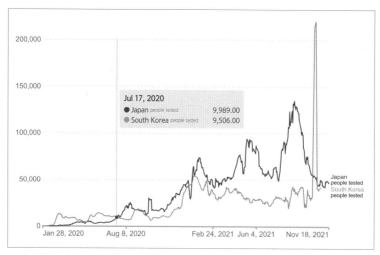

[그림 3] 한·일 양국의 일일 PCR 검사 인원수 비교 [출처: Our World In Data (2021.11.23. 접속)]

한국의 방역 핵심은 3T

한국이 선택한 전략은 3T로 요약될 수 있다. 즉, 대량검사Test, 접촉추적Trace, 신속격리와 처치Treat를 의미한다. 대량검사를 통해 코로나19 확진자들을 최대한 찾아내고, 이들의 동선을 파악하여 밀접접촉자들까지 찾아낸다. 그리고 확진자와 그 밀접접촉자들을 격리하고, 의료적 처치의 대상으로 삼는다는 전략이다.[20]

실제 통계자료를 보면 코로나 사태 초기 한국은 대량검사를 실시했다. 2020년 3월 6일 PCR 검사는 인원수 기준 1만3,400명으로 정점을 찍었다. 같은 날 일본의 검사인원 수는 813명에 불과하

---

[20] 한국의 방역전략의 핵심을 3T(Test, Trace, and Treat)로 소개하는 연구자들은 여럿 있다. 그 중 하나로 다음을 참조하라. June-Ho Kim et al. "Emerging COVID-19 success story: South Korea learned the lessons of MERS," a guest post on Our world In Data. 이 논문에서는 3T(Test, Trace, and Treat) 대신 'Detect, Contain, and Treat'라는 용어를 사용하고 있으나 그 내용은 3T와 동일하다.

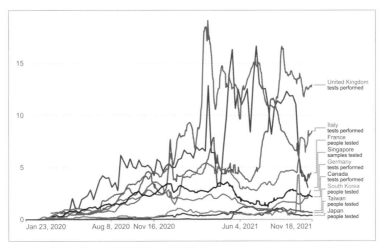

[그림 4] 9개국의 인구 1,000명당 일일 PCR 검사량 [출처: Our World In Data (2021.11.23. 접속)]

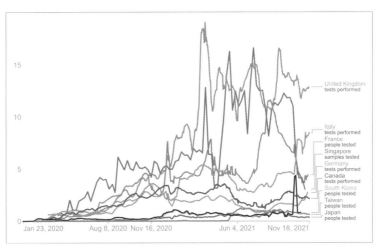

[그림 5] 9개국 대비 한국의 인구 1,000명당 일일 PCR 검사량 [출처: Our World In Data (2021.11.23. 접속)]

다. 그러나 한국의 검사량 우위는 오래 가지 못했다. [그림3]에 나
오듯이 2020년 7월 17일 검사 인원수는 역전된다. 그 이후 국지적
으로 며칠 정도를 제외하고는 일본의 PCR 검사 인원수가 계속해

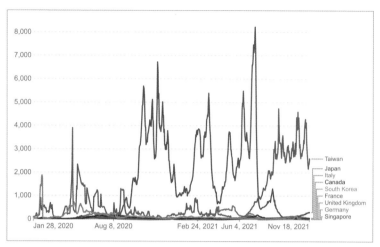

[그림 6] 9개국의 확진자 1인당 일일 PCR 검사량 [출처: Our World In Data (2021.11.23. 접속)]

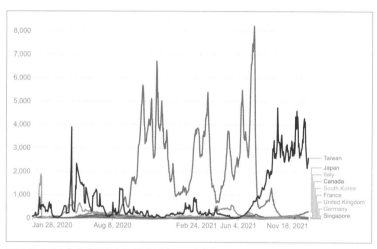

[그림 7] 9개국 대비 대만 확진자 1인당 일일 PCR 검사량 [출처: Our World In Data (2021.11.23. 접속)]

서 한국을 상회하고 있다.

비교 대상 9개국의 PCR 검사량과 비교해 봐도 한국의 검사량 우위는 불분명하다. [그림4]는 비교 대상 9개국의 인구 1,000명당

PCR 검사량 일일 변동 추이를 보여준다. [그림5]는 한국의 수치를 부각시킨 것이다. 여기서 알 수 있는 것은 코로나 사태 극히 초기를 제외하고는 한국의 PCR 검사량이 다른 주요 산업국가들을 능가한 적이 별로 없다는 점이다. PCR 검사를 위한 초기 준비가 부족했던 다른 산업국가들의 검사량은 얼마 지나지 않아 한국을 추월했다.

여타 주요 산업국가들의 PCR 검사량 증가가 코로나19 확산에 따른 후행적 결과였다는 해석도 가능하다. 즉, 의도적으로 검사량을 늘린 것이 아니라 코로나19 환자가 폭증하다 보니 어쩔 수 없이 PCR 검사량을 늘린 것이고 반대로 한국은 코로나19 확진자 폭증이 없었기 때문에 PCR 검사량이 적어 보인다는 해석이다. 이러한 해석을 감안하여 확진자 규모 변동도 함께 고려 가능한 지표로서 확진자 1인당 PCR 검사량을 살펴보자. 확진자 1인당 PCR 검사량이란 확진자 1명을 발견하기 위해 얼마나 많은 PCR 검사를 수행했는지 보여주는 지표다.

[그림6]은 비교 대상 9개국의 확진자 1인당 일일 PCR 검사량을 보여준다. 확진자 1인당 하루 PCR 검사량이 1,000을 한 번이라도 넘었던 나라는 대만, 싱가포르, 한국, 세 나라 뿐이다.[21] 대만은 [그림7]에 볼 수 있듯이 2020년 여름 전까지 막대한 검사량을 유지했다. 일시적으로 검사량이 4,000명에 육박한 적도 있다.

---

21 PCR 검사량은 나라마다 보고 방식이 다르다. 어떤 나라는 인원수 기준인 경우도 있고, 어떤 나라는 검사 회수 기준인 경우도 있다. 따라서 확진자 1인당 PCR 검사량이 같은 1,000이라 해도 어떤 나라는 1,000명을 의미할 수도 있고, 어떤 나라는 1,000회를 의미할 수 있다. 하지만 동일인에게 PCR 검사를 하루 2회 이상 실시하는 사례가 많지 않을 것을 감안해 본다면 양자의 차이는 크지 않을 것으로 추정된다.

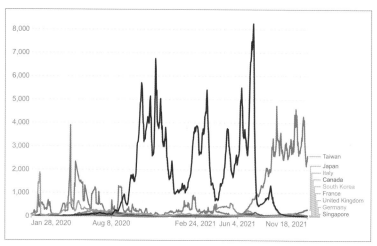

[그림 8] 9개국 대비 싱가포르 확진자 1인당 일일 PCR 검사량 [출처: Our World In Data (2021.11.23. 접속)]

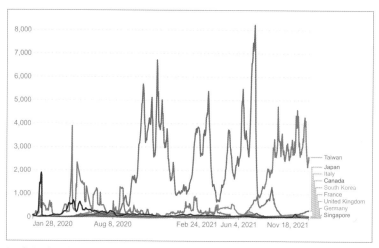

[그림 9] 9개국 대비 한국 확진자 1인당 일일 PCR 검사량 [출처: Our World In Data (2021.11.23. 접속)]

확진자 1명을 찾아내기 위해 무려 4,000명의 PCR 검사를 실시한 것이다. 싱가포르도 [그림8]에 나오듯 2020년 여름부터 2021년 여름까지 대량검사 전략을 유지했다. 확진자 1인당 하루 PCR

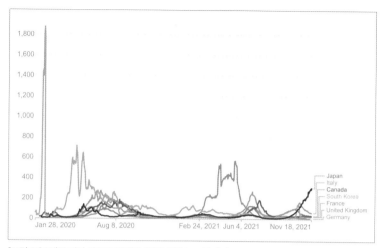

[그림 10] 9개국 대비 일본의 확진자 1인당 일일 PCR 검사량 [출처: Our World In Data (2021.11.23. 접속)]

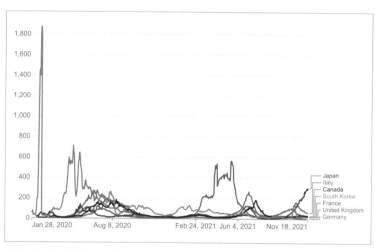

[그림 11] 대만, 싱가포르 제외 확진자 1인당 일일 PCR 검사량 [출처: Our World In Data (2021.11.23. 접속)]

검사량이 4,000회를 넘어간 적이 많고, 심지어는 8,000회를 넘은 적도 있다. 반면, 한국은 [그림9]에 보이듯 2020년 1월 코로나19 대응 극히 초기를 제외하고는 확진자 1인당 하루 PCR 검사량이

1,000명을 넘어간 적이 한 번도 없다. 2020년 8월 이후로는 100명을 넘어간 일도 드물다.

한국, 대량검사는 없었다

여기서 알 수 있는 것은 주요 산업국가들과 비교해 볼 때, 한국의 대량검사 전략이 잘 보이지 않는다는 점이다. [그림11]은 [그림6]에서 대만과 싱가포르를 제외하고 새로 그린 그래프다. [그림11]을 보면 한국을 제외하고 확진자 1인당 하루 PCR 검사량이 200을 넘어선 경우는 영국, 이탈리아, 일본뿐이다. 영국은 2021년 봄에 일시적으로 200을 넘겼으며, 이탈리아 역시 2020년 여름과 2021년 여름에 잠시 200을 넘겼다. 일본이 2021년 11월 초 이후 확진자 1인당 하루 PCR 검사량이 200을 넘은 것으로 보이는 것은 PCR 검사량 증가 때문이 아니라 분모인 확진자 격감에 따른 결과이다. 이는 오히려 확진자 격감에도 불구하고 일본에서는 PCR 검사량을 그만큼 줄이지 않고 있다는 사실을 보여준다.

결국 [그림11]이 보여주는 바는 2020년 여름 이후 대만, 싱가포르를 제외하고 한국을 비롯한 주요 산업국가에서 확진자 1인당 하루 PCR 검사량은 대략 100 이하로 수렴 양상을 보였다는 점이다. 이 수렴 현상은 중요한 함의를 갖는다. 같은 기간 중 코로나19 확진자 숫자는 기간별로 그리고 나라별로 커다란 변동을 보였다. 그럼에도 불구하고, 확진자 1명을 찾아내기 위해 수행하는 PCR 검사량은 작년 여름 이후 주요 7개 선진산업국가에서 비슷한 범위로 수렴해갔다. 이는 의료자원의 효율적 활용을 위한 적절한 검사량에 대해 여러 나라 전문가들이 비슷한 결론에 도달해 가고 있다는 점을 시사한다.

앞서 지적했듯이 대량검사는 얼핏 좋은 전략인 것처럼 생각되지만 사실은 위험하면서도 비효율적인 전략이다. 중증환자에게 집중해야 할 의료자원이 낭비될 수 있고, 대량검사 과정 자체가 새로운 바이러스 확산의 계기를 제공할 수 있다. 대량검사 결과 파악된 확진자들에 대한 적절한 격리 및 치료 공급이 확보되지 못할 경우, 자칫하면 의료붕괴 사태를 불러올 수도 있다. 그래서 PCR 검사량을 무조건 늘리는 것이 능사가 아니다. 감염병 확산 현황의 정확한 파악 못지않게 자원의 효율적 이용과 대량감염의 위험성 역시 고려해야 하기 때문이다.

물론 코로나19 감염 현황의 신속하고 정확한 파악을 위해서는 어느 정도의 PCR 검사는 불가피하다. 그렇다면 '어느 정도'가 최적 검사량인가? 결국 우리의 목표는 PCR 검사의 비용과 위험성을 최소화하면서도 코로나19 감염 현황 파악에 필요한 만큼의 PCR 검사량을 수행하는 것이다. [그림11]을 보면 2020년 5월 이후 경쟁적으로 PCR 검사량을 늘리던 각국이 여름을 지나면서 점차 PCR 검사량을 줄여서 결국 2020년 가을부터는 비슷한 수준으로 수렴해가는 것을 볼 수 있다. 한국의 검사량은 이 수렴치보다는 다소 높은 수준을 보이다가 결국 2021년 봄 이후로는 한국의 검사량도 여타 산업국가들의 검사량으로 수렴하고 있다.

대량검사보다 최적검사

여기서 알 수 있는 바는 K-방역의 핵심 중 하나로 평가되는 대량검사 전략이 이미 한국은 물론 대부분 주요 산업국가에 존재하지 않는다는 점이다. 코로나 사태 대응 초기에는 패닉에 빠진 각국이 경쟁적으로 PCR 검사량을 늘렸으나 시간이 흐르면서, 코로나19 현황 파악의 정확성, 자원의 효율적 활용, PCR 검사가 야기하는 위험성 등 여러 요인을 종합적으로 고려한 전문가들의 대응 경험이 축적돼 가면서 결국 '대량검사Mass Testing'는 '최적검사Optimal Testing'로 대체됐다.[22]

사실 한국이 초기에 대량검사 전략을 구사할 수 있었던 이유는 한국에서 코로나19 환자 발생이 좁은 지역에서 특정 집단 사람들에게 집중됐기 때문이다. 그러나 바이러스 전파가 광역화되고 일반인 전반으로 확산되면서 대량검사 전략은 효율성을 상실했다고 봐야 한다. 의료자원의 낭비일 뿐 아니라 새로운 바이러스 확산의 원인이 될 수 있기 때문이다.

반면, 일본은 코로나 사태 초기부터 여러 요인들을 종합 고려한 최적검사 전략을 추구한 것으로 보인다. 진단의 신속성과 정확성 못지않게, 의료자원의 효율적 활용 및 대량확산과 의료붕

---

[22] 대만의 경우, 2021년 확진자 1인당 PCR 검사량은 높지만 이는 대만의 확진자 숫자가 워낙 적기 때문에 나타나는 착시 현상일 뿐 실제 인구 대비 PCR 검사량은 다른 국가들에 비해 많지 않다. 인구대비 PCR 검사량과 확진자 1인당 PCR 검사량 모두 높은 나라는 싱가포르이다. 대량검사 전략의 전형이라고 할 수 있다. 그러나 2021년 8월 이후 싱가포르의 확진자와 사망자는 급증 추세를 보이고 있다. 2021년 11월 20일 현재 싱가포르의 인구 100만 명당 확진자 수는 393.92명으로 비교 대상 9개국 중 3위, 인구 100만 명당 사망자 수 역시 2021년 11월 20일 현재 2.04명으로 3위이다. 비교 대상 9개국 중 비교적 장기에 걸쳐 대량검사 체제를 유지했던 싱가포르는 일일 확진자, 사망자 발생 규모에서 상위권 국가가 됐다.

괴 방지 그리고 방역과 사회경제활동의 양립까지 포괄하는 복수의 목표를 종합 고려한 것이다. 실제로 [그림10]을 보면 일본의 확진자 1인당 하루 PCR 검사량은 작년이나 올해나 커다란 변동이 없다. 오히려 2021년 10월부터는 확진자가 격감함에도 불구하고 PCR 검사량을 상대적으로 줄이지 않음으로써 결과적으로 확진자 1인당 PCR 검사량은 상승 추세를 보이고 있다.

더 주목할만한 것은 일본의 확진자 1인당 PCR 검사량 수준으로 한국을 비롯한 여타 주요 산업국가들의 수치가 수렴해갔다는 점이다. 즉, [그림10]이 보여주는 바는 2년이 지난 현 시점에서 돌아볼 때, 일본의 초기 선택이 오히려 최적검사량에 가까웠다는 점을 시사하고 있다. 일본의 의료전문가들은 여론의 압력에도 불구하고 코로나19 감염 현황 파악의 정확성 이외에 효율성, 위험성, 사회경제 활동 유지 필요성 같은 여타 요인들까지 고려한 대응 체제를 고수했고, 결국에는 이 전략이 주효했다고 보는 것이 가능할 것이다.

국가 주도 대 국민 주도

K-방역(한국의 방역정책)의 성공요인을 '국가 주도'의 신속한 대응과 강한 조정력에서 찾는 시각도 있다. 반면 J-방역(일본의 방역정책)에 대해서는 비교적 선방을 했음에도 불구하고 그 성공요인은 정부의 정책이 아니라 일본인들의 방역친화적 문화와 관습 때문이라고 하면서 J-방역은 '국민 주도' 방역이라고 보는 시각도 있다.

K-방역의 성공은 정부 덕택?

예를 들어, 연세대 문명재 교수팀의 한·일 코로나19 대응 비교 연구는 한·일 양국의 정치적, 제도적 차이가 양국의 코로나19 대응 양상의 차이를 가져왔다고 본다. 즉, 한국의 대통령제인 정치 제도 및 질병청과 중앙사고수습본부로 대변되는 강한 중앙집권적 구조가 코로나19 대응에 필요한 자원의 신속한 동원을 가능하게 했고, 행위자들 간의 조정을 용이하게 했다는 것이다. 이로 인해 한국이 일본에 비해 더 신속하게 그리고 능동적으로 코로나 사태에 대응할 수 있었다고 한다. 반면, 강한 중앙집권적 리더십이 없는 내각제 국가 일본의 경우에는 비교적 느슨한 정책 조정 패턴과 시민들의 자발적 자제 강조를 특징으로 갖는다고 한다. 그리고 한일 양국의 코로나19 대응 성적을 비교해 볼 때, 시민들의 자제에 의존하는 느슨한 정책 조정을 특징으로 하는 일본 모델이 시민들의 자발적 참여와 강한 정책 조정 구조를 갖는 한국 모델에 비해 코로나19 대응에 더 취약하고 불안정하다고 결론 내린다.[23]

세종대 호사카 유지 교수는 문화적 접근론을 내세운다. 일본 정부의 "코로나19 대책에 대해 긍정적으로 평가하는 사람은 전혀 없다"고 평가하면서 그럼에도 불구하고 일본의 코로나19 사망률이 낮은 이유로, 호사카 교수는 일본인들의 마스크 착용 습관,

---

23 문명재 교수팀의 연구에 대해서는 다음 논문, 특히 665쪽 결론 부분 참조. M. Jae Moon et al.(2021). "A comparative study of COVID-19 responses in South Korea and Japan: political nexus triad and policy responses," International Review of Administrative Sciences Vol.87 Issue 3: pp. 651-671.

BCG 백신 접종, 서양인들과 다른 인종적 차이를 거론한 후, 사람 간 접촉을 회피하는 일본인들의 전통적 습관 때문이라고 주장한다. 즉, 일본의 코로나19 대응 성적표가 좋은 것은 정부의 정책 때문이 아니라 정부 정책은 실패했음에도 원래 일본인들 사이에 존재하던 어떤 습관이나 문화 때문이라고 보는 것이다. 반면, 호사카 교수는 한국인들은 "일본인보다 훨씬 사람들과의 접촉을 좋아하는"데도 불구하고, "한국은 K-방역으로 세계의 모범이 되었다"고 주장한다. 즉, 문화나 습관에 있어서 한국인들은 코로나19에 취약했지만 정책대응에 있어서 성공했다고 보는 것이다.[24]

K-방역의 성공, 국민들의 자발성 덕분

그러나, K-방역의 성공이 한국 모델의 국가주도적 성격 때문이라는 견해에 대해 의문을 제기하는 시각도 있다. 가령 서울대 고길곤 교수 연구팀은 코로나19 위기 대응 과정에서 나타난 한국 국민들의 자발적 방역 행동과 국가 정책간 시간적 선후관계를 실증적으로 보여주면서 K-방역 성과를 국가 주도의 결과로 해석하는 관점을 비판한다.[25]

예를 들어 신천지 대구교회발 집단감염은 2020년 2월 19일 시작된다. 만약 정부의 선제적 대응이 있었다면 정부 정책 대응은 2월 중·하순경부터 나왔어야 한다. 선제적은 아니라 해도 '신속한'

---

24 호사카 유지(2020). "일본 정부의 코로나19 정책 고찰." 「민족연구」 76호, 한국민족연구원, pp. 62-94.
25 고길곤·김범(2020. 12). "한국의 코로나19 대응 평가에 대한 비판적 검토: 이슈의 변화와 경험적 근거 분석을 중심으로." 「행정논총」 제58권 제4호: pp. 1-29.

대응이 있었다면 3월 초·중순에는 정부 대응책들이 나왔어야 한다. 그런데 정부가 '사회적 거리두기'를 명분으로 집합금지 정책을 내놓은 것은 2020년 3월 22일이었다. 반면, 위기에 직면한 일반 국민들의 자발적 이동제한은 이미 2월말에 시작되어 인구 이동량은 3월초에 벌써 최저치를 기록하고 있었다. 즉, 정부의 대응이라고 하는 것이 실은 '뒷북'이었다는 것이다.

또한 앞서 지적했듯이 대량검사 체제는 필연적으로 단기간에 의료대응 체제를 대규모로 전환해야 하는 수요를 창출한다. 코로나19 대응에 특화된 병상과 병동들을 만들어내야 하고, 또 확진자가 대량으로 나올 경우, 이에 대응할 대규모 의료진이 필요하기 때문이다. 고길곤 교수팀은 이러한 체제 전환을 위한 조치들이 중앙 정부 차원의 주도적 계획이나 조정에 따라 이루어진 것이 아니라 지방과 민간 차원에서 자발적인 협력을 통해 이루어졌음을 실증적으로 보여주고 있다. 가령 수백 명의 의사와 간호사들이 위험을 무릅쓰고 코로나19 대응을 위해 자발적으로 대구로 내려간 것이라든가, 수많은 공공과 민간병원들이 상호 자발적 협의를 통해 다수의 비(非)코로나19 환자들을 재배치함으로써 국가 전체적인 의료대응의 효율성을 높인 것이 그러한 예이다. 이러한 전환은 정부의 선제적 조치나 조정보다는 민간의 자발적 협의와 결정에 의해 이루어진 것이다. 고길곤 교수팀의 연구는 한국의 코로나19 대응에서 정부 못지않게 민간의 자발적 대응이 중요했기 때문에 K-방역의 '국가주도성'을 강조하는 것은 자칫하면 '잘못된 교훈'이 될 수 있다고 지적한다.

    K-방역 체계가 과연 대통령제 특유의 중앙집권적 구조를 기반으로 강한 조정력을 발휘했는지에 대해서도 의문을 제기해볼 수 있다. 비교정치론에서는 사실 대통령제보다 내각제가 오히려 더 권력집중적이라고 보는 시각도 많다. 의회와 사법부의 견제를 받는 대통령이라는 삼권분립 시스템보다는 의회와 행정부의 권력이 내각으로 통합돼 있는 의원내각제하의 수상이 견제를 덜 받고, 더 강력한 리더십을 발휘할 수 있다는 것이다. 실제로 일본은 위기 초기인 2020년 1월 30일에 내각총리를 본부장으로 하는 신형 코로나 바이러스감염증대책본부를 출범시킨다. 한국에서는 1월 20일 중앙방역대책본부가 설치되지만 본부장은 질병관리본부장이었다. 1월 27일에 설치된 중앙사고수습본부장은 보건복지부장관이었다. 국무총리가 본부장을 맡는 중앙안전대책본부가 설치된 것은 2월 23일이었다.[26] 게다가 대통령이 임명하는 한국 총리와 달리 일본의 총리는 행정의 최종책임자라는 사실을 감안한다면 최소한 대책 기구 설치 측면에서는 일본측이 더 과감한 결단을 보였다고 평가할 수 있다.

    한국에서는 초기에 질병관리본부, 이후에는 질병청이 감염증 대응 실무를 총괄함으로써 효과적 대응이 가능했지만 일본은 그런 전문 상설기구가 없어서 대응이 늦어졌다는 비판도 있다. 하지만 이 역시 그 설득력에 의문이 제기될 수 있다. 많은 전문가들이 질병 대응 전문 상설기구의 모델로서 미국의 연방 질병통제예방

---

26 상기 최은미 논문, p. 6.

센터CDC, Center for Disease Control and Prevention를 들지만 실제로 미국의 코로나19 대응 과정이 그다지 모범적이지 못했다는 사실을 상기해 본다면 과연 대응 실무를 총괄하는 전문 상설기구가 있다고 해서 코로나19 대응의 효율성이 제고된다고 단정할 수 있는지 의문이다. 일본의 경우 위기 이전부터 이미 국립감염증연구소라는 전문 기구가 존재했고, 위기 초기에 총리를 본부장으로 하는 대책본부를 설치했으며, 감염병 분야 최고 전문가들로 구성되는 신형코로나바이러스감염증전문가회의를 설치하여 정책결정에 대한 전문적 조언을 제공하도록 했다. 위기대응에 직면한 정책결정자들에게 전문가들이 과학적 조언을 제공하는 것은 중요하다. 하지만 그 방법이 꼭 공무원들로 구성되는 청 단위 상설 조직을 설치하는 것인지는 의문이다. 나라마다 상황과 수요에 따라 충분히 다른 조직 구조를 선택할 수 있다.[27]

더욱이 대통령 중심의 강한 리더십이 있고, 질병청이라는 전문 상설기구도 있었는데 '왜 한국의 백신 도입은 그리도 늦었는가?' 라는 질문을 제기해 본다면 대통령 중심 구조라든가 전문 상설기

---

27 미국 미시간대학교 스콧트 그리어 교수팀의 연구에 따르면, 코로나19 대응을 중앙집중화하는 방식은 여러 가지가 있다: 총리실로 집중시키는 방법(캐나다, 프랑스), 기존 부처 중 보건 담당 부처로 집중시키는 방법(그리스, 리투아니아 등), 총리실과 보건부처 간 책임 공유(에스토니아, 라트비아 등), 별도의 특별위원회를 신설하는 방법(러시아, 우크라이나 등), 기존 청 단위 보건전담부서를 강화시켜 대응하는 방법(크로아티아, 네덜란드)이 있다. 그러나 어떤 방법을 택하든 결국 가장 중요한 문제는 코로나19 대응에 집중하는 보건 전문가들과 보다 넓은 시야를 갖는 정치인 및 재정 전문가들 간에 서로를 존중하면서 공동의 결정을 내리는 방법을 찾아가는 것이다. 또한 그리어 교수팀은 코로나19 대응의 중앙집권화가 능사가 아니라고 한다. 중앙집권화 상태에서도 전문가들이 잘못된 결정을 내릴 수 있고, 정치적 지도력이 전문가들을 뒷받침해주지 못할 때도 있다. 또한 코로나19 대응을 탈중앙집권화할 경우, 조정 문제가 발생할 수는 있지만 오히려 다양성의 허용이 잘못된 정책 대응의 부정적 효과를 줄여줄 수도 있다고 한다. Greer et al.(2020), "Who's in charge and why?: Centralisation within and between governments," Eurohealth Vol.26, Issue 2, pp. 100, 103.

구의 존재가 감염병에 대한 신속한 대응을 가능케 해준다는 주장에 대해서는 더욱 의구심이 들지 않을 수 없다.

일본에서 정부와 전문가들의 역할

일본의 코로나19 방역 성공을 정책과는 무관한 문화와 관습의 문제로 보는 시각 역시 여러 문제를 안고 있다. 우선 문화와 관습은 하나의 '상수'다. 코로나19 사태 발생 이후 지금껏 일본의 마스크 쓰기 문화, 거리두기 습관 등이 매달 바뀌는 일은 없었을 것이다. 그러나 일본의 사망자, 확진자는 수시로 변동한다. 만약 문화와 관습이라는 상수가 주요 설명 요인이라면 이러한 변동성은 무엇으로 설명할 것인가?

더욱이 일본의 초기 전략 선택은 완화 전략이었다. 호사카 교수는 일본이 코로나 사태 대응 초기에 PCR 검사 접근성을 제한한 것이 마치 정부의 무능의 결과인 것처럼 묘사하는데, 이는 일본의 전략적 선택과 그 배후에 있는 종합적 고려를 보지 못하기 때문이다. 일본이 한국과 같은 퇴치 전략 대신 완화 전략을 선택한 것은 일본 정부와 감염병 전문가들 간 협의의 결과이다. 진단의 정확성 뿐 아니라 의료자원 배분의 효율성, 대량감염이라는 위험 회피, 사회경제활동 유지 필요성 등을 종합 고려했을 때 완화 전략을 선택하는 것이 더 낫다는 판단에 이른 것이고 이에 따라 의도적으로 PCR 검사의 문턱을 높인 것이다. 호사카 교수는 일본의 대응이 "세계표준이 아니"라고 주장하나, 완화 전략은 일본 뿐 아니라 유럽과 북미 지역 주요 산업국가들 대부분이 선택

한 전략이었다.[28]

물론, 3T, 특히 대량검사를 핵심으로 하는 퇴치 전략 역시 한국만의 선택은 아니었다. 대만과 싱가포르 역시 대량검사 전략을 선택했다. 그러나 싱가포르의 경우, 2021년 하반기 이후 사망자와 확진자가 급증하는 등 대량검사 전략은 실패 양상을 보이고 있다. 막대한 자원을 투입하여 대량검사를 실시했는데도 사망자와 확진자 숫자를 억제하지 못한 것이다. 더욱이 앞서 통계자료에서 봤듯이 한국에서 이미 대량검사는 사라진 지 오래다. 확진자 1인당 PCR 검사량은 한국과 여타 주요 산업국가들에서 이미 하락세로 수렴하여 일본의 검사량과 대동소이한 수준으로 떨어졌다.

K-방역이야말로 일각에서 주장하듯, 정부의 주도적 정책 대응의 성과라기보다는 한국의 일반 국민들의 자발적 방역 참여와 의료진의 헌신에 힘입은 바 크다는 점을 상기할 필요가 있다. 호사카 교수가 주장하는 것처럼 일본의 성과는 일본 국민들 덕택이고 일본 정부는 아무것도 한 것이 없다는 평가는 지나친 주장이다. 만약 코로나19 위기가 마스크 잘 쓰고, 악수 안 하는 정도 대응으로 충분히 대처 가능한 것이었다면, 거꾸로 한국의 방역정책이 대단한 성과를 거두었다고 평가할 근거는 무엇인가?

일본 정부가 코로나 사태 초기 대응 과정에서 일부 혼선을 보이고 대응에 미흡한 점이 있었다고 해서 이를 정부 전체의 실패라든가 정치적 지지율 유지를 위한 국민 생명권의 방기 등으로

---

28 상기 호사카 교수 논문, p. 77.

본다면 이는 지나친 음모론이다. 코로나 사태는 재난 상황이었다. 재난 상황에는 사전적 계획이나 합리적 계산만으로는 대응할 수 없는 수많은 돌발변수들이 개입한다. 예측하기 어려운 상황에 직면한 정부에게 마치 처음부터 모든 것이 예측 가능했던 것처럼 전제하고 사후적으로 비판을 퍼붓는다면 이는 온당한 비판이라 보기 어려울 것이다.

인권과 개인정보

마지막으로 지적할 것은 K-방역이 보여준 '인권 감수성의 부재'다. K-방역의 성과를 긍정적으로 평가하는 연구자들마저도 K-방역이 여타 국가에 이식되기 쉽지 않다는 견해를 보이고 있다. 여러 이유가 있지만 특히 K-방역이 갖는 인권침해적 속성을 무시할 수 없다.[29]

K-방역은 방역이라는 명분 하에 개인의 이동 동선을 비롯해 수많은 개인 정보를 대중에게 공표했다. 더욱이 스마트폰 등 기기를 통해 개인의 위치를 추적하고 이를 격리와 감시에 활용하기도 했다. 심지어 개인의 병원 진료기록, 신용카드 내역, CCTV 영상, GPS 정보 등이 감염 의심자 추적 내지 격리 대상자 감시라는 목적을 위해 활용됐다. 이런 목적을 위해 개인 식별이 가능한 전자정보를 이렇게 광범위하게 사용한 것은 국제적으로 그 예가 드물

---

29 상기 Kim et al., "Emerging COVID-19 success story" 참조. 이 논문의 결론에서 저자들은 문화적으로나 법적으로 한국은 개인정보의 공유에 관대하다면서 일반 국민들이 개인정보 공유 의향이 없는 나라에서는 한국적 전략을 적용하는 데 어려움이 있을 수 있다고 본다.

다. 한국, 일본, 뉴질랜드, 영국, 독일, 스웨덴 6개국의 코로나19 대응 정책을 비교한 이한진과 문애리의 연구에 따르면, 6개국 중 스웨덴을 제외한 5개국이 전화상담, 휴대폰 앱, QR코드 등을 감염자 추적에 활용하였다. 그러나 개인의 병원 진료기록, 신용카드 내역, CCTV 영상, GPS 정보까지 감염자 추적 목적을 위해 사용한 것은 한국이 유일하다.[30]

한국에서 방역 목적으로 개인의 프라이버시를 침해한 것은 전자정보 활용에 그치지 않았다. 개인의 자가격리 준수 여부 감시를 위해 구청 직원이 직접 낮이든 저녁이든 개인 거주지에 출동하여 확인하기도 했다. 더욱이 정부의 격리 명령이나 입원 명령을 이행하지 않을 경우, 벌금형에 심지어 징역형까지 부과하는 법률이 만들어졌으며, 실제로 많은 한국인들이 격리 명령 불이행으로 인해 형사처벌을 받았다.[31]

민주 국가들은 K-방역 거부

이런 식의 감시와 처벌 제도는 일본은 물론 유럽과 북미의 민주 국가들로서는 받아들이기 어렵다. 인권과 개인정보 및 프라이버시에 대한 그들의 감수성으로는 이런 식의 정책은 수용 불가능

---

30 이한진·문애리(2021). "코로나19 시대: 주요 국가들의 대응정책 현황 및 시사점," KISTEP Inside and Insight Vol.35 2021 신년호, p.48.

31 2020년 10월 7일 현재 격리조치 위반 등 혐의로 1,250명이 기소(구속 13명)되었다. 기독일보(2020.12.06) "감염병예방법 개정 상황 법률 분석". 2021년 2월말 기준으로는 하급심 법원에서 두 차례의 징역형 선고(징역 4개월형 및 징역 4개월에 벌금 50만원형)도 있었다. 홍윤지(2021.10.07). "코로나 격리조치 위반 초범에 징역형은 지나친 형벌," 《법률신문》.

하기 때문이다.[32] 실제로 독일에서는 작년 하반기 한국식의 감염자 추적시스템을 도입하자는 논의가 보건당국에 의해 제기되기도 했다. 그러나 독일 정치권과 시민사회는 강력 반발했다. 한국식 추적 시스템은 개인정보를 한 곳에 모아두는 것을 의미하기 때문이다.[33] 스마트폰을 이용해 개인의 위치 정보를 추적하는 시스템 개발 시도도 있었으나 '개인 기본권 침해'라는 강도 높은 비판이 쏟아졌다.[34] 감염자가 일정 거리 이내로 들어올 경우 확진자 접촉 가능성을 경고하는 스마트폰 앱 개발 시도도 있었으나, 이때도 개인 위치 정보를 중앙에서 관리해서는 안된다는 반론이 제기되어 결국 중앙 시스템에 개인 정보 저장없이 블루투스를 통해 스마트폰 사이에 암호화된 정보가 확인되는 시스템으로 바뀌었다. 하지만, 이 역시 의무화된 것도 아니었고, 일반 독일 시민들의 호응 부족으로 별 효과를 보지 못했다. 시민들이 앱을 다운로드하지 않은 것이다.[35] 영국 역시 한국과 유사한 앱이나 모니터링 시스템을 도입하려는 시도가 없었던 것은 아니나 이 역시 사생활 침해에 대한 불신으로 인해 시민들의 자발적 참여를 끌어내지 못

---

32 한국은 개인의 실제 거주지 정보를 국가에 등록하는 것을 법률적으로 의무화하고 위장등록 시 형사처벌하는 주민등록제도를 갖고 있다. 실제로 거주하지 않는 곳에 거주한다고 신고하는 소위 '위장전입'은 대한민국 형법상 3년 이하 징역 혹은 1천만원 이하 벌금에 처하도록 되어 있는 형사범죄이다. 더욱이 한국에서 모든 개인들에게는 주민등록번호가 부여되며, 수 백 가지 개인 정보가 이 주민등록번호에 연동되어 국가에 의해 통합 관리된다. 미국, 영국, 일본을 비롯한 대부분의 산업민주국가들에 이런 식의 주민등록제도와 주민등록번호는 존재하지 않는다. 그 나라들에서 정부가 이런 식의 주민등록제도를 도입하고자 한다면, 국가의 개인정보 통제와 사생활 침해라며 비판하는 시민들의 강력한 반발에 직면해야 할 것이다.

33 이광빈(2020.11.14). "[특파원 시선] 방역 무너지자 메르켈의 질타…'왜 한국처럼 안되지'," 《연합뉴스》.

34 이광빈(2020.03.25). "코로나19 한국 따라하기 애먹는 독일…'서울 비하면 제3세계'," 《연합뉴스》.

35 이광빈(2020.06.17). "독일 정부, '개인정보 보호' 코로나 추적앱 내놓아," 《연합뉴스》.

했다.[36]

일본에서는 이런 식의 개인정보 추적 시스템 도입은 아예 관심을 끌지 못했다. 개인정보 보호를 중시하는 일본 문화 풍도에서 개인의 위치 정보를 정부가 대량으로 저장한다는 것은 상상하기 어려운 일이다. 일본은 코로나19 감염 의심으로 자가격리되는 경우에도 방역 담당 공무원이 전화로 격리 수칙 준수 여부를 확인하는 경우는 있을지언정 담당 공무원이 격리 중인 시민의 집에 낮이고 밤이고 시도 때도 없이 찾아가는 일은 없다. 아예 시도된 적도 없지만 만약 정부가 그런 식의 강도 높은 격리 정책을 도입하려고 했다면 시민사회나 야당의 강한 반발에 직면했을 것이다. 실제로 2021년 2월 방역 관리 강화를 위해 일본 정부가 감염증 관련 법제를 개정했을 때도 당시 정부여당 원안에는 정부의 입원 명령 거부에 대해 1년 이하 징역 또는 100만엔 이하 벌금과 같은 형사처벌을 부과할 수 있게 하는 내용이 포함돼 있었다. 하지만 국회 심의 과정에서 야당의 강한 반발로 인해 형사처벌 조항은 모두 삭제됐고, 벌금은 행정상의 과태료로 변경됐다. 영업시간 단축 명령 위반 시 과태료를 부과하는 조항에 대해서도 처벌 위주 발상이라는 비판이 제기되었고, 최종 법률에는 방역에 협조하는 자영업자에 대한 "재정상의 지원을 효과적으로 강구한다"는 조항

---

36 임상훈(2020.10.26), "한국은 되고 유럽은 안 되는 이유, '가디언'의 적나라한 지적," 《오마이뉴스》. 영국에서는 사회적 거리두기라든가 자가격리 규칙 준수 등이 모두 원칙적으로 개인의 자율에 맡겨졌다. 관련 규정이 있었지만 정부와 공무원들은 규정 준수를 개인들에게 강요하기를 주저했다. 개별 영국 국민들의 강한 거부감 때문이었다. 영국인들이 코로나 상황에도 불구하고 국가가 개인의 자유에 개입하는 것에 대해 얼마나 거부감을 갖는 지에 대해서는 이 책에 실린 윤영호 저자의 글, "영국은 실패했고 한국은 성공했다는 코로나 이야기: 코로나 대응에 대한 두 나라의 차이점"을 참조하라.

이 추가되었다. 처벌이 능사가 아니라 방역 협조자에게는 지원을 해주어야 한다는 발상인 것이다.[37]

방역과 인권 간 조화 필요

K-방역의 인권침해적이며 처벌 위주 발상에 대해서는 이미 국내에서도 비판이 제기되고 있다.[38] 감염자는 정부가 보호해야 할 대상이다. 보건정책의 목표는 감염자를 포함해 국민 전체를 감염병으로부터 보호하는 것이지 '전체'를 보호한다는 명분으로 감염자 개인을 격리시키고, '개인의 인권과 정보를 침해하는 것'이 마치 당연한 것처럼 여겨져서는 곤란하다. 방역이 중요하지만 개인의 인권, 프라이버시, 그리고 방역 명분 하에 영업의 자유와 재산권을 침해받지 않을 권리 또한 존중되어야 한다. 결국 서로 상충할 수밖에 없는 여러 권리와 이익을 동시적으로 추구하기 위해서는 구체적으로 이들간 조화를 추구할 수밖에 없다.[39] 한국에서는 K-방역에 대한 자부심에 들떠 자칫 개인의 권리에 대한 존중이 소홀히 여겨지는 것은 아닌지 우려하지 않을 수 없다. 일본이나 유럽과 북미의 산업국가들이 우리에 비해 기술이 없고 경제력이

---

37 일본의 감염증법 및 특별조치법 개정 과정 및 개정 내용에 대해서는 다음을 참조하라. 大崎明子 (2021.01.26). "特措法,感染症法の罰則規定はなぜ問題なのか(특조법, 감염증법의 벌칙 규정은 왜 문제인가)," 東洋経済.; 伊藤雅之(2021.01.29). 「国会の論点,コロナ対策,法改正の課題」(時論公論)(국회의 논점, 코로나대책, 법개정의 과제)," NHK해설위원실.; 松澤登(2021.03.05). "新型コロナ「感染症法·特措法」何が変わったか(신형코로나 「감염증법 및 특조법」 무엇이 바뀌었나)," NLI Research Institute Report, ニッセイ基礎研究所.

38 송성철(2020.11.08). "감염병 관리 강화하다면서 지원 '뒷전'…'처벌 규제' 줄줄이," 《의협신문》.

39 이석민(2021.04). "'코로나19' 공중보건위기와 헌법상 집회의 자유," 「법학논고」 제73집. 경북대학교 법학연구원, p.146.

부족해서 한국과 같은 근접 추적 기술이나 시민의 일상에 침투하는 방식의 인권침해적 격리 정책을 도입하지 못한다고 생각한다면 그것은 오만한 착각이다.

| 맺으며 |

2020년 이후 일본의 코로나19 위기 대응 상황을 보도하는 한국 언론기사와 해외 언론기사를 비교해 본 사람이라면 아마도 의아함을 느꼈을 것이다. 한국 기사들은 대부분 비판과 부정 일색인데, 해외 기사들은 대부분 긍정 평가이기 때문이다. 악화된 한·일 관계라는 배경을 아는 사람이라면 이러한 차이가 반일감정에서 비롯된 것은 아닌지 의심해 볼만한 일이다. 유럽과 북미의 주요 언론들이 일본의 방역 성과를 근거없이 긍정 평가해 줄 이유가 없기 때문이다.

어느 쪽 보도가 사실인지 알아보기 위해 감정을 배제한 채 최대한 사실에 근거해 객관적으로 판단해 보려 했다. 이를 위해 주로 객관적으로 수치화된 데이터를 활용했고, 한일 양국 이외에 여타 주요 산업국가들의 방역 성과와 정책도 비교 대상으로 삼았다. 비교 결과, 다음의 다섯 가지 결론에 이르게 됐다.

첫째, J-방역이 실패했고, K-방역은 성공했다고 단정하기 어렵다. 사망자, 확진자, 경제성장률의 세 가지 지표로 평가해보건대 한일 양국 모두 '선방'했다고 보는 것이 더 정확하다.

둘째, K-방역과 J-방역이 '선방'에 이르게 되는 과정은 차이가 있다. K-방역은 대량검사 중심의 퇴치 전략, J-방역은 선택적 검사 중심의 완화 전략을 선택했다.

셋째, 일본의 완화 전략은 제한된 자원과 정보 그리고 대량 사망 위험을 안고 있는 초고령 고밀도 사회라는 제약 하에서, 감염 진단의 신속·정확성 뿐 아니라 의료자원의 효율적 배분과 대량사망 회피, 방역과 사회경제활동의 양립 등 여러 목표를 종합적으로 고려하여 정부와 전문가들의 협의 끝에 내린 결론이었다.

넷째, K-방역이 자랑하는 대량검사는 사실 확진자 대량 발생 시 의료붕괴 나아가 대량사망으로 이어질 수 있었다는 점에서 위험한 선택이었다. K-방역이 성공할 수 있었던 데에는 정부 주도의 중앙집권적 대응과 조정보다는 민간의 자발적 방역 참여와 신속한 협의, 탄력적 조정 및 의료인들의 헌신이 기여한 바가 크다.

다섯째, K-방역은 개인의 인권과 프라이버시에 대한 침해 정도가 높다. K-방역의 성과를 높이 평가하는 나라들도 막상 K-방역이 인권침해적이며 강압적인 정책수단들을 동원한다는 사실을 알게 되면 K-방역 시스템을 자국에 도입하는 데 주저한다. K-방역의 성공 이면에는 한국인들이 다른 민주국가 국민들에 비해 개인의 인권 및 프라이버시에 대한 감수성이 낮고, 형사처벌을 통한 국가의 강압적 통제에 대한 용인도는 높다는 현실이 자리잡고 있다. 따라서, K-방역을 여타 민주국가들에게 방역의 표준모델로 내세우기 어렵다. 실제로 여타 주요 산업민주국가들이 선택한 방역전략은 K-방역의 퇴치 전략보다는 J-방역의 완화 전략에 더 가깝다.

전 세계를 덮친 거대한 감염병 위기 속에 다른 나라의 대응은 어떤지 궁금해하고 우리나라의 대응 방식과 비교해 보는 것은 당연하고도 바람직한 일이다. 동일한 바이러스에 대해 나라마다 다른 대응을 보인다면 그 성공에서 교훈을 얻고 실패를 반면교사삼아 우리의 대응 양식을 개선할 수 있기 때문이다. 그러나 작년 이후 한국의 언론들이 보여준 코로나 위기 대응의 국가간 비교는 비뚤어진 측면이 적지 않았다. 다른 나라의 일시적 상황 악화에 대해 '대실패'니 '완패'니 하며 섣부른 결론을 내리고, 다른 나라의 방역 정책 배후에 어떤 고민과 계산이 있는지 깊이 들여다보지도 않은 채 피상적 관찰만으로 K-방역이 마치 '세계 최고'라는 식의 지나친 자부심에 빠져 들었던 것은 아닌지 돌아볼 필요가 있다. 'K-방역 세계최고' 식의 자화자찬에 몰두하기보다는 코로나 사태 대응 과정에서 다른 나라 지도자들과 전문가들이 직면했던 고민을 옳게 이해하고 이로부터 사실적 교훈을 얻으려는 태도가 더 바람직할 것이다. 이 글이 그런 교훈을 얻는 데 조금이라도 도움이 되었기를 바란다.

한국은 성공했고, 영국은 실패했나?: 한국와 영국의 코로나 대응 비교

윤영호[1]

사후확신 편향을 자제하며

우리나라에 코로나 환자가 몇 명씩 나타나고 있을 때였다. 코로나 바이러스에 대한 걱정이 시작됐고, 마스크 사재기가 시작될 무렵이었다. 대학생 조카가 런던으로 여행을 왔다.

"엄마도 같이 오지 그랬어? 코로나도 피할 겸 말이야."

"우리나라에 코로나 환자가 누적으로 200명이 넘으면, 그때 런던으로 피난 올 거래요."

"그러면 그때는 내가 싫지!"

---

1 서울대학교 외교학과와 동대학원을 졸업했다. 증권사, 보험사, 자산운용사에서 펀드매니저로 일했고, 카자흐스탄 증권사 겸 자산운용사인 세븐 리버스 캐피털에서 대표를 역임, 경제 분야의 경험과 지식을 쌓았다. 현재는 영국 런던에 거주하며 지식 유목민의 관점에서 영국의 역사, 정치, 사회, 경제, 문화에 관한 글을 쓰고 있다. 저서로 『옵션투자 바이블』, 『유라시아 골든허브』(공저), 『그러니까, 영국』이 있다.

지금 보면 어이없지만 당시에는 하나도 이상할 것이 없는 대화였다. 조카가 돌아간 직후 우리나라의 코로나 환자는 200명을 넘었다. 한국 사람이 영국으로 피난을 생각할 겨를도 없이 이탈리아를 시작으로 코로나 확진자가 유럽 전역에 빠르게 증가했다. 영국 코로나 확진자는 하루에 최대 6만8,053명인 날도 있었고, 사망자가 하루에 1,820명인 적도 있었다. 이런 난리통에 나는 우리나라로 출장을 갔다. 한국에 누적 확진자가 200명만 돼도 런던에 오는 것을 환영하지 않겠다고 말한 내게 바로 그 누나가 격리할 장소를 제공해 주었다. 2주간의 힘든 격리를 마친 후에 많은 사람을 만나고 런던으로 돌아왔다.

초창기에 코로나 바이러스에 대한 우리의 인식은 대체로 위와 같았다. 우리가 이제 와서 결과만을 놓고, 현재의 지식으로 코로나 바이러스 초기 대응을 평가하는 것은 공정하지 못하다. 지나고 보니까 알게 된 것을 그 전에도 충분히 알 수 있었던 것으로 전제하고 평가할 가능성이 크다. 우리는 과거의 사건을 인식할 때 실제로 그랬던 것보다 훨씬 더 예측 가능했던 것처럼 생각하는 경향을 가진다. 이를 사후확신 편향Hindsight Bias[2]이라고 하는데, 모든 평가는 크든 작든 그런 편향의 영향을 받지 않을 수 없다.

그러한 한계에도 불구하고, 코로나 바이러스가 진행 중인 가운데서도 단계별로 상황을 정리하며 평가하는 것은 필요하다. "이는 누군가를 손가락질하며 비난하기 위함이 아니고, 우리의 성공과

---

2 https://en.wikipedia.org/wiki/Hindsight_bias.

실패를 정확하게 이해하기 위함이다. 그것을 통해서만 우리는 미래를 위한 깨달음을 축적할 수 있다."[3]

우리의 대응이 어떠한 과학적 근거를 가지고 있었고, 어떠한 논리적 일관성을 가졌는지 따져 볼 수도 있을 것이다. 데이터를 해석해 내린 과학적 결론이 어떠한 철학적 기반 위에 있는지를 분석하고, 그러한 철학적 기반에는 충분한 사회적 합의가 있는지 살펴볼 필요도 있을 것이다.

각 나라마다 다른 대응 방식에 대해서 장단점을 비교·분석해 보는 것도 의미가 있다. 그러나 단순 수치만을 놓고, '확진자 수가 적었기 때문에 뉴질랜드가 제일 잘했다'라고 말하거나, '백신을 먼저 확보했기 때문에 영국이 더 우수했다'라고 평가하는 것은 의미가 없을 것이다. 나라마다 생활습관이 다르고, 중요하게 생각하는 가치가 상이하며, 사회가 운영되는 방식에 차이가 있기 때문이다. 각 나라의 정책은 그 나라의 고유한 특징과 함께 평가돼야 할 것이다. 그렇게 할 때 다른 사회에 대한 이해가 깊어질 것이고, 그것을 통해 우리 자신에 대한 이해의 완성도 또한 높아질 것이다.

| 영국의 실패한 대응 살펴보기 |

영국의 코로나 팬데믹pandemic 대응은 플루flu 모델을 기반으로 이뤄졌다. 우리나라를 포함한 아시아 나라가 사스SARS나 메르스MERS

---

[3] House of Commons Health and Social Care, and Science and Technology Committees, 'Coronavirus: lessons learned to date', p. 5.

모델로 코로나19에 대응한 것과는 대조적이다. 확산 속도와 변이 발생 경로를 놓고 판단했을 때, 코로나는 사스나 메르스보다는 플루와 유사하다고 볼 수도 있다. 그게 더 맞을 수도 있지만 영국은 자신의 모델을 협소하게 이해했고, 사스나 메르스의 경험으로부터 배우려는 융통성을 발휘하지 못했다. 요컨대 코로나 전파를 차단할 수 있을 것으로 생각하지 못했다. 플루 모델에 기반해서 보았을 때 코로나는 장기적인 과제였고, 개인은 장기간의 락다운lockdown과 사회적 거리두기social distancing를 받아들이지 않을 것이라고 생각했다. 이는 감염에 의한 집단면역만이 해결책이라는 점을 초기에 기정사실화한 측면이 있다. 이것이 바로 첫 번째 실패다. 이것을 실패라고 말하지 않는 사람도 있지만 아시아 관점에서는 분명한 실패이며, 융통성이 없었다는 측면에서는 영국 관점에서도 실패다.

두 번째 실패는 코로나 바이러스 초기에 충분한 테스트 역량을 확보하지 못한 것이다. 테스트는 감염을 확인하고 기정사실화하는 사후약방문이라는 정서가 있었다. 무증상 감염자의 수가 많을 것이란 점을 예상하지 못했기에 무증상 감염자를 찾아 내기 위해서 테스트가 중요하다는 사실을 초기에 인지하지 못했다. 테스트의 중요성을 깨달은 후에도 PCR 테스트 기기와 시료를 세팅하는 데에 시간이 걸렸고, 개인보호장비Personal Protective Equipment(이하, PPE)를 확보하고 배분하는 것도 효율적이지 못했다.

진단 역량을 강화한 후에도 확진자에 대한 추적과 격리를 실행하지 못한 것은 세 번째 실패다. 확진자 격리를 개인 자율에 맡김에 따라, 확진자와 비확진자의 접촉을 관리할 방법 자체가 처음부터 끝까지 존재하지 않았다.

네 번째 실패는 경제를 주요 변수로 생각한 점이다. 락다운이 경제에 미치는 영향을 중요하게 생각한 나머지 락다운을 피하려고 노력했다. 중증환자가 증가한 후에 국가의료시스템NHS이 감당할 수 없는 수준에 육박해서야 부랴부랴 락다운을 결정했다. 일부 아시아 국가가 실시한 과감한 봉쇄 정책의 효과를 목격하고도 그러한 조치를 취할 것을 고려조차 하지 않았다. 코로나 바이러스가 2차 피크를 향해 가고 있을 때는 과학자들의 락다운 주장에도 불구하고 보건당국은 끝까지 락다운을 피하려고 했다.

다섯 번째 실패는 대응의 우선순위를 정립하지 못한 것이다. 코로나 중증환자가 증가하면서 병상을 확보하기 위해서 타 질환 입원환자를 요양시설로 옮겼다. 그 과정에서 요양시설 신규 입원자에 대한 검사와 추적이 이뤄지지 않았다. 결과적으로 고령자와 기저질환자가 많은 요양시설 감염 관리에 허점이 생겼다. PPE 배분에 있어서도 요양시설에 우선적으로 지급하는 정책을 실행하지 못했다.

마지막 실패로 언급할 수 있는 것은 코로나 바이러스로 인한 피해가 취약계층에 집중됐다는 점이다. 흑인, 아시아인 등 소수민족의 피해가 컸고, 저소득 계층과 같은 사회적 약자의 피해가 컸다. 사망자 및 확진자 비율로 나타나는 직접적인 피해는 말할 것도 없고, 코로나 바이러스로 인해 입은 경제적 피해는 취약계층을 더욱 어렵게 만들었다. 이는 사회 양극화를 심화시키는 또 다른 기폭제가 됐다.

▎실패의 철학적 기저 분석 ▎

보리스 존슨Boris Johnson 영국 총리, 크리스 위티Chris Whitty 수석 의학 담당관과 패트릭 밸란스Patrick Vallance 수석 과학 자문관이 2020년 3월 4일에 처음으로 코로나에 대한 정부 정책을 브리핑할 때의 일이다. 크리스 위티는 "코로나 바이러스로 인해 노인층과 기저질환자 중에 사망자가 많을 것이며, 우리 주변의 사랑하는 사람을 잃을 수도 있을 것이다"라고 말했다. "사망자 수를 얼마로 예상하는가?"라는 기자의 질문에 크리스 위티는 "노인이라고 다 돌아가시는 것은 아니다"라는 말로 비극적인 미래를 암시했다. 나는 그 말에 적지 않은 충격을 받았지만, 그의 말꼬리를 잡거나 말하는 태도를 비난하는 사람은 없었다. 오히려 반대였다. 그의 침착한 태도를 칭찬하는 사람이 많았다.[4]

영국 의회는 「코로나 바이러스: 지금까지 배운 교훈」이라는 147페이지 분량의 보고서를 2021년 10월 12일에 발표했다. 전임 보건복지부 장관인 제레미 헌트Jeremy Hunt가 이끄는 보건복지위원회와 그렉 클라크Greg Clark가 이끄는 과학기술위원회가 공동으로 채택한 보고서다. 보고서에는 영국인이 코로나 바이러스를 운명

---

4 https://www.theguardian.com/society/2020/mar/04/prof-chris-whitty-the-expert-we-need-in-the-coronavirus-crisis.

론적으로 보았음을 인정하고 있다.[5] 우리나라 사람이 '죽음은 풀어야 할 숙제'라고 생각하는 반면에, 영국인은 죽음을 개인의 운명으로 받아들이는 경향이 있다. 전근대 사회의 특징이기도 한 운명론적 접근이 근대 합리성을 태동 발전시킨 영국인의 태도 중 하나라는 것은 아이러니하다. 죽음에 대한 영국인의 운명론적 시각은 죽음을 바라보는 기독교적 세계관과 깊은 관련이 있다.

영국 정부가 코로나 확산을 막을 수 없다고 본 것은 영국인이 가지는 국가와 개인간의 관계 인식에서 비롯된다. 영국 정부는 락다운 규정의 준수, 확진자의 자가 격리, 해외입국자의 자가 격리를 사실상 개인 자율에 맡겼다. 규정을 만들었지만 그것을 강제할 채널은 만들지 못했거나 만들지 않았다. '사회 계약론'으로 잘 알려진 존 로크John Locke는 "국가는 개인의 자유를 증진시키는 방향으로만 개인의 삶에 개입해야 한다"[6]라는 유명한 말을 남겼다. 영국 정부는 락다운을 결정하면서 공원에서 가족 구성원이 아닌 사람들이 어울리는 것은 락다운 규정에 어긋난다고 발표했다. 그러나 그 규정은 거의 지켜지지 않았다. 규정을 강제하기 위해서 경찰이 동원돼야 하지만, 개인의 삶에 개입하는 것을 쑥스럽게 생각하는 경찰은 '경찰이 어떻게 그러한 역할을 수행할 수 있는가?'라고 난색을 표했다. 락다운 기간 중에 스트레스를 가장 많이 받은 직종 중의 하나가 경찰이다.

---

5 House of Commons Health and Social Care, and Science and Technology Committees(2021.10.12). 'Coronavirus: lessons learned to date', p. 6.

6 윤영호(2021). 『그러니까, 영국』. 두리반. p. 92에서 재인용.

개인의 자유를 억압하는 방식으로 개인의 삶에 개입하는 것은 영국 정부로서는 매우 어려운 결정이기도 하지만, 그러한 결정이 내려질 경우에 개인들이 그것을 따르지 않을 것이라고 영국 정부는 전제한다. 존 스튜어트 밀John Stuart Mill은 이렇게 설파했다. "영국인은 의회나 행정부가 개인의 삶에 관여하는 것에 상당한 거부감을 가지고 있다. 이는 개인의 독립성이 지켜져야 한다는 고귀한 뜻 때문이 아니다. 정부가 개인의 이해를 제대로 반영하지 못할 것이라는 통념에서 비롯된 것이다. (중략) 자유 영역으로 남아 있는 개인의 사생활에 정부가 간섭하려 드는 모든 시도에 대해 영국인은 크게 거부하는 편이다. 간섭이 불법적이든 합법적이든 관계없이 간섭 자체를 싫어한다."[7]

실패는 반복되지 않을까?

죽음을 바라보는 영국인의 운명론적 시각은 쉽게 바뀌지 않겠지만, 위에서 언급한 두 번째 실패를 반복하지 않을 수 있다. 테스트의 중요성은 충분히 깨달았고, 테스트 기기와 시료 및 PPE를 확보하기 위한 다양한 경로도 확보했다.

팬데믹 기간 중에 환자를 옮기는 문제에 신중을 기하고, 요양 시설의 감염 관리가 병원의 감염 관리 못지않게 중요하다는 교훈도 값비싼 대가를 치르면서 깨달았다. 향후에 양로원이나 요양시

---

[7] 윤영호(2021). 『그러니까, 영국』 두리반. p. 128에서 재인용.

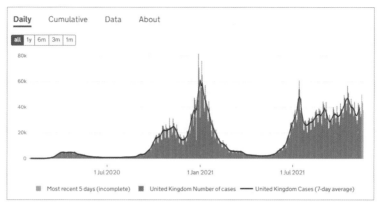

[그림 1] 영국 코로나 확진자 추이(2021/11/18까지) (출처: https://coronavirus.data.gov.uk/details/cases)

설에서 방역이 뚫려 감염 관리가 속절없이 무너지는 사태는 발생하지 않을 것이다.

저소득층에 건강상, 경제상의 타격이 더욱 심했던 것은 사회 구조적인 문제이므로, 그 해결이 쉽지는 않겠지만 문제점 하나만큼은 제대로 인식했다.

문제는 나머지다. 팬데믹을 차단할 수 없다고 보는 생각, 개인의 자유를 제한하는 데에 신중한 태도, 확진자와 밀접 접촉자를 추적하거나 격리하지 못하는 입장, 경제적 영향을 고려해 락다운을 최대한 피하려는 판단은 쉽게 바뀔 수 있는 성격이 아니다.

코로나에 대한 영국 의회 보고서는 우리나라를 포함한 동아시아 방역 모델의 결과적 우수성을 여러 차례 언급하고, 그 모델로부터의 교훈을 얻어야 한다는 것을 인정한다. 그러나 그 모델을 따라야 했다는 말은 하지 않았다. 시간을 돌려 2020년 2월로 돌아간다고 해도 영국은 아시아 방역 모델을 채택하지 않을 확률이

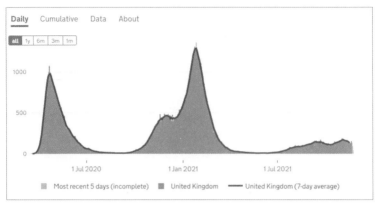

[그림 2] 영국 코로나 사망자 추이(2021/11/18까지) (출처: https://coronavirus.data.gov.uk/details/deaths)

매우 높다. 향후 유사한 팬데믹이 발생한다면, 영국은 다시 한번 인구당 확진자와 사망자 수에서 상위권을 차지할 가능성이 높다.

| 영국의 성공한 대응 찾아보기 |

영국 사회의 특성 때문에 감염자를 추적하고, 감염자를 강제 격리시키는 것은 매우 어려웠다. 영국이 선택한 대안은 감염자가 아닌 바이러스 자체를 추적하고 바이러스 자체를 격리시키는 것이었다. 영국이 어느 나라보다 열심히 바이러스 유전자를 분석했고, 쉬지 않고 변이를 추적했다. 이러한 노력은 백신과 치료 방법 연구에 크게 기여했다.

영국은 팬데믹에 대한 축적된 데이터와 과학적 추론을 토대로 백신이 본질적인 해결책이라고 생각했고 앞장서서 백신 개발에 투자했다. 영국은 백신 개발과정에서 늘 선두에 있었던 옥스퍼드/아스트라제네카 백신을 처음부터 끝까지 전폭적으로 지원했고, 옥스퍼드 백신 이외의 다른 백신에도 공격적으로 투자해 백신의 성공에 일조했다. 영국은 어떠한 백신도 최종 임상시험의 결과를 발표하기 전인 2020년 11월 초에 이미 아래와 같이 여러 종의 백신을 확보하고 있었다.[8]

옥스퍼드/아스트라제네카 백신 1억 도스

발네바 백신 6000만 도스

화이자/바이오앤텍 백신 4000만 도스

노바백스 백신 6000만 도스

모더나 백신 700만 도스

사노피/GSK 백신 6000만 도스

얀센 백신 3000만 도스

백신에 대한 자신감이 있었기 때문에 서구 나라 중에 최초로 백신을 승인했고, 전국민 대상 백신 접종 프로그램을 신속히 실행할 수 있었다. 테스트와 추적에서 가장 굼떴던 영국은 백신 분야에서는 가장 빨랐다. 승인돼 사용 중인 백신이 여러 종류가 있는 지금도 다른 백신 개발 프로젝트를 지원하고 있다.

자국 내 중증환자가 많아 임상 데이터를 충분히 쌓을 수 있었기 때문에 가능하기도 했지만, 영국 의료진은 중증환자 치료에

---

8 Department for Business, Energy and Industrial Strategy(2020.12), 'UK Vaccine Taskforce 2020 Achievements and Future Strategy: End of year report'.

도 크게 공헌했다. 치료 효과가 있는 것으로 알려졌던 하이드로클로로퀸hydrochloroquine 계열이 효과가 없음을 밝혀냈고, 덱사메타손dexamethasone의 효능을 입증해, 전 세계 중증환자 치료에 공헌했다.[9]

백신과 치료 분야 이외에 영국이 코로나 대응에서 성공한 사례를 찾기는 어렵다. 경제를 지키기 위해 락다운을 늦추면서 인명피해는 매우 컸다. 영국이 락다운을 피하려고 했던 이유 중의 하나는 영국 노동시장의 구조에 있다. 좋게 말해서 고용 유연성이 높고, 나쁘게 말하면 고용 안정성이 떨어진다. 이러한 문제는 자유주의 사회가 가지는 단점 중 하나다. 이런 단점으로 인해 락다운이 발생하게 되면, 영국 사회에 실업률이 증가하고, 사회가 불안정해질 가능성이 높았다. 유럽 다른 나라와 비교해 볼 때, 복지 수준이 높지 않은 상황에서 실업률마저 높아지면, 사회가 입는 피해가 클 수밖에 없다. 이런 이유로 락다운을 신속히 시행하지 못했고, 락다운 실행 후에는 락다운이 가져오는 경제적 파급력을 제한하기 위해 대규모 재정정책을 실시하지 않을 수 없었다. 이는 국가 재정에 큰 부담으로 남았다.

위와 같은 전체적인 실패 과정에서 애써 잘한 점을 찾는다면, 교육 현장을 지킨 것을 들 수 있다. 영국은 코로나 전 기간 중에 2020년 3월 중순부터 6월 중순까지 3개월, 2021년 1월 초에서 2월말까지 2개월, 총 5개월 동안 온라인 교육을 진행했다. 나머지 기간은 교차 등교나 단축 수업 없이 코로나 이전과 똑같이 오프

---

9 NHS England(2021.08). 'COVID treatment developed in the NHS saves a million lives'.

라인 학교 교육을 진행해, 교육 공백을 최소화했다.

| 성공은 교훈이 될 것인가? |

코로나 방역 정책을 책임졌던 영국 보건복지부 장관 매트 핸콕Matt Hancock이 2021년 6월에 사임했다. 사임 이유는 코로나 락다운 기간에 락다운 룰을 어긴 것과 근무지에서 여성 직장 동료와 부적절한 관계를 가진 것 때문이었다. 그러나 그의 사임에 대한 동정 여론도 의외로 높았다. 핸콕 전 장관이 백신 개발, 확보, 접종과 관련한 일련의 프로그램을 훌륭하게 수행했기에 코로나 사태가 끝날 때까지 그가 장관 자리를 유지해야 한다는 의견도 많았다. 이는 영국의 코로나 대응에 있어서 백신 프로그램의 성공이 다른 정책적 과오를 덮어 버릴 수도 있음을 상징적으로 보여주는 사례다.

성공을 말하는 것이 실패를 덮는 것이라면 성공은 우리에게 교훈을 주지 못할 것이다. 성공을 자랑하는 것이 성공의 이면을 간과하게 만든다면, 성공은 우리에게 교훈을 남기지 않을 것이다.

개인을 추적하고 격리하는 방식을 선택한 나라는 락다운을 피하고 감염 통제를 시도할 수 있었다. 자유주의 전통이 강한 나라일수록 개인의 인권과 개인 정보 보호가 중요했기 때문에 개인을 추적하고 격리할 수 없었다. 즉 락다운 이외에 감염을 통제할 방식은 많지 않았다. 영국을 포함한 서구 여러 나라는 경제에 미치는 영향을 고려해 락다운을 하지 않으려 했고, 자연스럽게 감염이 폭증했다. 결과적으로 뒤늦은 대규모 락다운으로 이어졌고, 경제는 큰 피해를 입었다.

영국을 포함한 서구 몇몇 나라의 대응과 비교했을 때, 우리나라의 대응은 여러 분야에서 수치상 우월성을 보여주고 있다. 낮은 감염률과 사망률을 보여주었고, 경기 침체를 막아냈다. 다양한 이견에도 불구하고, 나는 우리나라 코로나 대응이 우리 고유의 환경 속에서 성공한 대응이었다고 생각한다. 그러나 이러한 성공이 곧 우리나라의 선진성, 우리 민족의 우수성, 우리 문화의 우월성으로 귀결되는 것은 아닐 수 있다. 우리의 성공 속에서 또는 그 성공 때문에 가려질 수도 있는 '실패'가 있고, 우리의 성공에는 필연적으로 존재하는 '그늘진 이면'이 있다. 그 실패와 이면을 온전하게 이해하지 못하면 우리의 성공은 우리에게 좋은 교훈을 남기지 못할 것이다.

| 한국에서 격리의 경험 |

2020년 10월에 해외출장을 마친 후 런던으로 돌아왔다. 히드로 Heathrow 공항은 평상시와 똑같았다. 아무도 방호복을 입지 않았고, 누구도 코로나 방역의 관점에서 어디에서 왔는지, 어떻게 격리를 할 것인지 묻지 않았다. 내가 격리의 대상인지 아닌지도 모른 채 나는 집에 도착해서 평상시와 똑같이 생활했다.

2020년 11월에 인천공항에 도착했을 때, 비행기에서 내려서 공항을 떠날 때까지 7개의 방호복팀을 만났고, 그들은 내게 많은

것을 물어보았고, 나는 많은 것을 답했으며, 많은 것을 적어내야
만 했다. 격리 장소까지 이동할 때, 방역택시 기사는 내게 격리 규
칙을 어길 경우 생기는 벌칙과 벌금에 관한 조언을 아끼지 않았
다. 대부분의 조언은 위협적으로 들렸다. 시시때때로 전화하는 감
시관의 전화벨로 잠을 설치는 것은 격리 생활의 일상이었다. 자가
격리는 14일간의 감옥살이였지만, 어떤 면에서는 그보다 못했다.
격리는 최대한 보건당국에 편리한 방식으로 진행되고 있었다. 한
정된 인력과 자원을 가지고 철저한 방역을 달성하기 위해서는 어
쩔 수 없는 측면이 있다. 그래도 모든 것이 과했고, 많은 것이 비
합리적이었다.

한국, 일본과 싱가포르가 감염률이 비슷하다고 가정해보자. 싱
가포르에서 음성 검진을 받고 출국해 한국에 도착해서 다시 음성
검진을 받은 사람과 아무런 검진을 받지 않고 부산에서 서울로
온 사람은 잠재 전파력 면에서 어떠한 차이가 있는가? 전자는 후
자보다 훨씬 안전한 존재지만, 전자는 14일간 격리해야 하고, 후
자는 격리 대상이 되지 않는다. 같은 기간에 한국에서 싱가포르로
간 사람 중에는 21일간 격리를 당한 출장자도 있었다.

격리자를 합리적으로 대하지 않고 최대한 불편하게 만드는 것
은 사회적 이동을 제한해 잠재 전파자 간의 접촉을 줄임으로써
바이러스 확산을 막고자 하는 의도일 것이다. 이해할 만한 면도
있다. 과도하거나 비합리적인 방역 정책보다 더 견디기 어려운 것
은 주변 사람의 태도였다. 해외입국자를 확진자와 동일하게 여기
고 있음을 느꼈고, 사람을 바이러스 자체와 혼동하는 것이 아닌

가라는 인상마저 받았다. 해외 입국 격리자는 몸에 바이러스가 없어도 있을 수 있다고 보건 당국에 의해 낙인 찍힌 사람이며, 확진자는 바이러스가 몸에 있는 사람이다. 둘 다 모두 사람이며, 바이러스 자체는 아니다. 카자흐스탄에서 입국해 음성 확인을 받고 서울에서 자가 격리를 하고 있던 어느 부부는 해외입국자가 자가 격리하고 있다는 소문을 듣고 항의하는 주민들 때문에 격리 장소에서 쫓겨나기도 했다. 우리가 바라는 사회는 격리자의 창문을 노크한 후에 유리창을 사이에 두고서라도 말을 걸어 "혹시 필요한 것이 있나요?"라고 물어봐 주는 공동체다.

사람들의 적대적 태도는 방역 당국에 의해 조장된 면이 없지 않다. 방역 당국은 끊임없이 국민들에게 메시지를 주는데, 핵심은 이랬다. '너희가 바이러스에 걸리면 너희는 끝장이다.' '방역 당국의 말을 듣지 않으면 너희는 큰일난다.' 바이러스 예방을 알리는 포스터에는 중환자실과 묘지 등이 등장했다. 카자흐스탄에 락다운 조치가 발동되었을 때, 알마티시와 알마티 외곽을 잇는 도로가 봉쇄되었고, 도시 진입로에는 탱크가 배치됐다. 알마티와 알마티 외곽의 감염률 차이가 없는 상황에서 탱크가 바이러스를 차단할 리는 만무했다. 그러나 탱크는 국민들에게 메시지 하나를 정확히 전달했다. '말을 듣지 않으면 죽는다.' 우리나라가 카자흐스탄과 같았던 것은 아니지만, 본질적인 것은 탱크가 아닌 '협박 자체'다.

비상시에 취해지는 협박을 어디까지 허용할 것인가는 나라마다 차이가 있다. 탱크가 한국에서는 받아들여지지 않는 것처럼 중

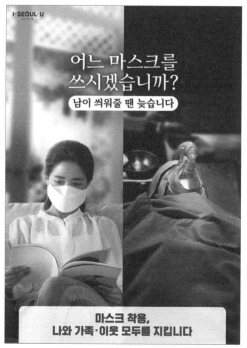

[그림 3] 서울시의 코로나 방역 캠페인 포스터 (출처: https://www.
seoul.go.kr/coronaV/coronaStatus.do)

환자실 포스터가 받아들여지지 않는 나라도 있다. 그런 차이를 무
시하고 모든 협박은 나쁘다고 말할 수는 없다. 다만 협박이 가져
오는 부정적 결과 중 하나는 '협박이 사회 구성원 간의 신뢰를 무
너뜨린다'는 사실이다. 협박은 비상시에 생존본능을 불러일으킨
다. 비상시 생존할 수 있는 가장 큰 무기는 타인을 믿지 않는 것이
다. 그것은 드라마 〈오징어 게임〉에서 많은 참여자들이 선택했던
방식이기도 하다.

| 맺으며: 위드 코로나 With Corona 는 언제 가능한가? |

한국 사회가 구성원 간의 신뢰에 기반하는 사회라기보다는 비신뢰를 제도화한 사회라고 느낄 때가 있다. 코로나 와중에 한국을 방문했을 때 겪은 일이다. 공항에 도착했는데 지갑을 어디에 두었는지 찾을 수 없었다. 애플페이 같은 모바일 페이를 사용하지 않기에 유일한 지급 방법은 핸드폰에서 음식값을 계좌이체하는 것이었다. 음식값을 지불하기 위해 은행 계좌번호를 알려 달라고 하니, 음식점 종업원은 "보이스 피싱에 이용될 수 있기 때문에 알려줄 수 없다"라고 했다. 결국 공항에서 식사를 하지 못했다. 또 다른 사례도 있다. 격리 기간에 택배를 받아야 할 일이 있었다. 서류를 보내는 상대방은 '중요한 서류이기 때문에 배달 사고를 막기 위해 착불로 보내겠다'라며 격리자인 나를 당황하게 만들었다. 격리후, 고속도로 주유소에서 벌어진 이런 일도 있었다. 연료를 가득채워 줄 것을 주문하자, 주유원은 카드로 일정 금액을 입력한 후주유를 시작했고, 주유 완료 후 확정된 금액을 다시 결제했다. 이유를 물으니, 주유 후에 결제없이 도망가는 차량이 자주 있기 때문이라고 했다.

앞으로 우리 사회가 구성원 간의 신뢰를 회복하는 방식으로 발전할지, 비신뢰로 생긴 질서의 공백을 첨단 기술로 메꾸는 방식으로 발전할지는 알 수 없다. 코로나 사태를 통과하면서 우리는 후자 방식에 더 기울었다. 그렇게 판단하는 이유는 우리나라 코로나 방역이 사회 구성원 간의 불신을 조장하는 방향으로 이뤄졌기 때문이며, 그에 대한 문제 제기를 좀처럼 찾아볼 수 없기 때문이다.

우리가 방역 성공을 이야기하면서, 확진자 수가 적었다는 점을 강조하고, 사망자 수가 적었다는 것을 자랑할 수는 있다. 그러나 그것으로 인해 '우리가 선진국이 됐다'라거나 '많은 인명피해가 난 사회보다 우리 사회가 더 우월하다'라고 말하는 것은 방역 성공의 그늘진 이면을 제대로 응시하지 못했기에 할 수 있는 말이다. 노파심에 덧붙이자면, 우리는 코로나와 무관하게 이미 경제 선진국이다.

우리는 코로나와 길고 긴 전쟁을 벌이고 있고, 다행스럽게도 전쟁에서 이기고 있다. 그러나 전쟁 종료 후의 세상이 〈오징어 게임〉 속의 세상과 비슷하다면, 전쟁에서 이겨도 얻는 것이 없을 것이다. 중국에서는 신문 기사에 위드 코로나를 조심스럽게 제안하는 댓글을 남긴 중학교 선생님이 15일 동안 구류를 당했다.[10] 우리 대다수는 그러한 조치가 과도한 것이라고 생각한다. 중국 정부의 괴물 같은 대응에도 불구하고, 중국조차도 코로나와 같이 살아야 할 때가 올 것이다.

위드 코로나는 우리의 일상생활이 코로나 이전으로 돌아가는 것을 의미한다. 위드 코로나가 언제 가능할까? 백신 접종률이 일정 수준을 넘었을 때일 수도 있고, 돌파 감염률이 일정 수준 이상 내려갔을 때일 수도 있지만, 우리는 코로나와의 전쟁 종료를 선언할 실마리를 찾는 데 어려움을 겪고 있다. 시간의 문제다. 일부

---

10 https://www.hankookilbo.com/News/Read/A2021102610590005648

는 이미 위드 코로나를 하고 있고, 다수는 머지않아 위드 코로나에 순응할 것이다. 우리는 코로나가 최종 종식되기 이전에 일상을 회복하는 삶의 방식을 선택할 것이다.

모든 감염병에는 의학적 종료가 있고 사회적 종료가 있다. 사회적 종료는 사회 구성원이 전염병으로 인해 발생한 생활상의 왜곡을 더 이상 허용하지 않을 때에 일어난다. 역사적으로 사회적 종료는 의학적 종료보다 훨씬 앞서 일어났다. 어떤 나라는 이미 코로나의 사회적 종료를 선언했고, 코로나와 함께 살면서 의학적 종료를 기다리고 있다.

우리가 코로나와의 전쟁 종료를 선언하기 위해서는 감염자와 바이러스 자체를 혼동하는 태도를 먼저 버려야 한다. 그리고 코로나 이전만큼 서로를 신뢰할 수 있어야 한다. 어쩌면 전쟁을 같이 치른 전우로서 코로나 이전보다 서로를 더 많이 신뢰할 수 있어야 한다. 그럴 때에만 코로나의 사회적 종료 선언으로 더 나은 세상을 만들 것이며, 전쟁 승리를 진정으로 기뻐할 수 있을 것이다.

그런데 그것이 우리가 코로나 방역에 성공한 바로 그 이유 때문에 어렵다는 것은 매우 역설적이다.

스웨덴은 재평가돼야 한다

이덕희[1]

노마스크no mask, 노락다운no lockdown 정책을 선택했던 스웨덴에 대한 비난이 쇄도할 무렵, 스웨덴의 방역정책을 이끌어왔던 안데스 테그넬 박사는 코로나19 팬데믹은 단거리 경주가 아니라 마라톤이라는 발언을 한 바 있다. 유행이 시작된 지 2년이 다 돼가는 지금, 이제는 좀 더 많은 사람이 그 말을 이해할 수 있다고 믿으면서 다시 스웨덴 이야기를 해보고자 한다.

---

1 경북대학교 의과대학 예방의학교실 교수로 재직 중이다. 역학자로서 나름 평탄하고 보람된 삶을 살아왔다고 할 수 있으나 코로나 팬데믹 초기부터 인류의 코로나19 대응, 특히 많은 국민이 칭송했던 K-방역을 비판하는 바람에 인생이 꼬이기 시작했다. 처음부터 코로나19와 같은 특성을 가진 바이러스는 공존할 수밖에 없으며 의료시스템에 초점을 맞춘 방역정책이 필요하다고 보았다. 그런 점에서 스웨덴에 대한 글은 저자 자신한테 주는 위로의 글이기도 하다.

| 왜 스웨덴은 전면 락다운을 선택하지 않았을까? |

감염병 유행에 대한 방역 대책을 크게 봉쇄 전략containment strategy과 완화 전략mitigation strategy으로 나눌 때, 스웨덴은 유행 초기부터 완화 전략을 선택한 국가다. 전파 차단을 목표로 하는 봉쇄 전략과는 달리, 완화 전략은 의료시스템 과부하가 발생하지 않는 수준으로 환자 발생을 관리하면서 그 목표를 '전체 사회의 피해 최소화'에 둔다. 요즘 흔히 쓰는 단어로 표현하면 봉쇄 전략은 '제로 코로나zero corona'를, 완화 전략은 '위드 코로나with corona'를 추구하는 전략이다.

질병에 대한 정보가 없는 상태에서 신종 감염병 유행이 시작되면 보통 봉쇄 전략으로 대응한다. 그러나 병원체 특성과 임상 양상에 관한 기본 정보가 알려지고, 감염원을 알 수 없는 지역사회 전파가 시작되면 완화 전략이 본격적으로 고려된다. 코로나19 바이러스는 변이 속도가 빠른 RNA 바이러스로 유행 초기부터 무증상과 경중 비율이 높고 전파속도가 빨랐는데, 이런 특성을 가진 바이러스는 봉쇄 전략만으로 종식시킬 수 없다. 또한 세계보건기구WHO의 팬데믹 선언(2020.03.11)은 이미 지역사회 전파가 광범위하게 발생했음을 의미하는 것으로, 모든 국가가 각국 상황에 맞는 적절한 완화 전략이 필요함을 시사한다.

그런데도 유행 초기 거의 모든 유럽권 국가가 전면 락다운이라는 강력한 봉쇄 전략을 선택한 이유는 전파력이 높은 코로나19 바이러스 특성상 단기간 환자 수가 급증해 의료시스템의 붕괴로 이어질 가능성을 예상했기 때문이다. 그 당시 '유행곡선 평평하게 만들기'라는 용어가 유행이었는데, 이는 전형적인 완화 전략에 적용되는 개념으로 각국 의료시스템 내에서 관리할 수 있는 수준으로 환자 발생 수를 낮추겠다는 의미다.

전면 락다운은 장기간 유지가 불가능한 방역정책으로 시간이 지나면 완화할 수밖에 없다. 그러나 이미 지역사회 전파가 발생한 상황에서 사람 간 접촉이 증가하면 다시 환자 수가 급증하고, 결국 반복적인 락다운으로 이어져 전체 사회에 심각한 피해를 끼칠 수 있다. 따라서 스웨덴 방역 당국은 '장기간 유지 가능한 방역정책'이 필요하다는 판단하에 사회 구성원이 받아들일 수 있는 수준에서 전파 속도를 늦추기 위한 방법들을 도입했다.[2] 50명 이상 모임 금지, 요양시설 면회 금지와 함께 고등학생과 대학생 온라인 교육을 결정했으며, 재택근무와 사회적 거리두기를 권고했다. 그러나 16세 미만의 영유아, 어린이, 청소년을 위한 보육 시설과 학교는 폐쇄하지 않았으며, 식당과 상점, 체육 시설의 운영도 계속했다. 또한 마스크 착용을 의무화하지 않았으며, 감염자의 강제 격리 조치도 취하지 않았다. 이와 동시에 병상과 의료진 부족을 해결하기 위해 스톡홀름 인근에 임시 병상을 갖춘 야전병원을 설치하고, 퇴직 의료인과 보건의료 계열 대학생을 자원봉사자로 확보했다.

'장기간 유지 가능한 방역정책'은 2020년 내내 큰 변화 없이 유지되다 2차 유행이 시작되면서 전파속도를 늦추기 위한 추가 방

---

2 COVID-19 - The Public Health Agency of Sweden (folkhalsomyndigheten.se)

역 조치가 더해졌다. 모임 가능 인원을 30명, 15명, 8명으로 줄였으며, 식당과 같은 실내 공간에서 거리 두기를 강화하기 위한 각종 조치를 시행하고 주류 판매를 오후 8시까지로 제한했다. 국민의 순응도는 낮았으나, 대중교통에서 마스크 착용을 권장했다. 강화된 방역정책은 계속 유지되다 2021년 9월 말경 대부분 해제됐다.

| 현재 스웨덴의 성적표는 어떨까? |

[그림1]은 스웨덴의 인구 백만 명당 확진자 수와 사망자 수 추이를 보여준다. 전파 억제가 아닌 의료시스템 과부하 방지를 목표로 했기 때문에, 다른 국가에 비해 상대적으로 많은 사람이 자연 감염을 경험하고 지나갔을 것으로 추정되는데, 2021년 11월 스웨덴의 총 확진자 수는 100만 명을 넘겼으며, 사망자 수는 약 1만 5,000명에 이른다. 코로나19 확진자 수는 PCR 검사 역량에 큰 영향을 받으므로 의미 있는 해석을 하기 어렵다고 판단되어 이 글에서는 사망자 수에 기반한 유행 곡선에만 초점을 맞췄다.

스웨덴의 코로나19 사망률 곡선은 2020년 봄과 2020년~2021년 겨울, 2개 시기에 유행 정점을 보인다([그림1] 하단 그래프). 1차 유행 시의 사망자 수는 2020년 4월 말경 정점을 보인 후 감소하기 시작해 2020년 8월에는 0에 수렴하는 패턴을 보였다. 2020년 11월부터 시작된 2차 유행은 2021년 1월 말에 정점을 보이다 다시 사망자 수 감소로 이어졌는데, 당시 스웨덴의 백신 접종률은 5%

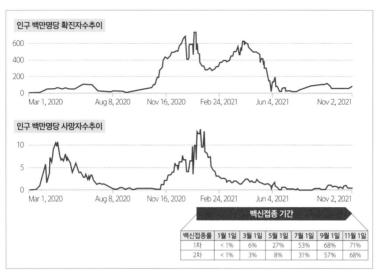

백신접종률	1월 1일	3월 1일	5월 1일	7월 1일	9월 1일	11월 1일
1차	< 1%	6%	27%	53%	68%	71%
2차	< 1%	3%	8%	31%	57%	68%

[그림 1] 스웨덴의 인구 백만 명당 코로나19 확진자 및 사망자 수 추이 (출처: https://ourworldindata.org/coronavirus)

미만이었다. 2021년 봄, 확진자 수가 급증하던 시기가 있었으나 백신 접종률이 10% 수준에 불과했음에도 사망자 수 증가로는 이어지지 않았다. 노마스크와 노락다운으로 대응했던 스웨덴의 사망자 수 증감 패턴은 그 자체로 중요한 시사점을 가지는데, 아래 집단면역과 관련된 논의에서 다시 설명하기로 한다.

현재 스웨덴의 코로나19 누적 사망률은 EU 평균보다 낮다([그림2]). 여러 차례 전면 락다운과 함께 마스크 의무화 정책을 시행했던 많은 유럽권 국가들—영국, 프랑스, 이탈리아—보다 스웨덴의 코로나19 누적 사망률이 낮다는 점은 주목할 만하다. 강력한 방역 정책을 선택했던 유럽권 국가들의 코로나19 사망률은 1차 유행 시 스웨덴보다 낮거나 비슷하였으나, 2차 유행 시 오히려 스웨덴

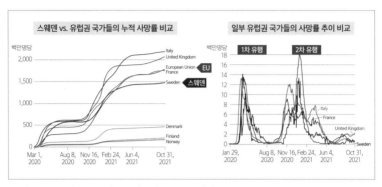

[그림 2] 스웨덴과 일부 유럽권 국가들의 코로나19 사망자 수 추이 비교 (출처: https://ourworldindata.org/coronavirus)

보다 높았다. 사망자 증감 패턴은 방역정책과 관계없이 스웨덴을 포함하여 대부분 국가에서 유사했다.

한편 스웨덴의 코로나19 사망률은 노르웨이, 핀란드, 덴마크와 같은 주변 북유럽 국가들과 비교해 훨씬 높다. 스웨덴이 전면 락다운과 같은 봉쇄 전략을 선택했다면 주변 북유럽 국가와 유사한 결과를 보였을 거라며 스웨덴 방역정책을 신랄하게 비판한 사람도 있다. 그러나 아래에 기술한 이유로 스웨덴이 다른 방역정책을 선택했더라도 주변 북유럽 국가와 유사한 코로나19 사망률을 보였을 가능성은 매우 낮다.

[그림3]은 최근 20년 동안 스웨덴의 총사망률 추이를 보여준다. 2020년 코로나19 총 사망자 수는 평소 스웨덴의 연간 총 사망자 수의 약 10%에 해당하는 9,771명이었음에도 불구하고, 2020년 스웨덴 총 사망률은 특별히 높지 않았다. 오히려 예외적으로 낮은 2019년 총사망률이 눈에 띈다. 2019년 스웨덴의 겨울은 평소

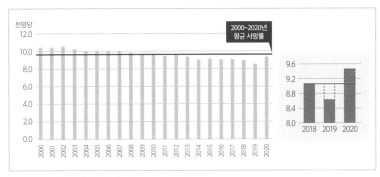

[그림 3] 스웨덴의 총사망률 추이(2000~2020년) (출처: https://www.scb.se/)

보다 온화해 많은 고령자가 독감 사망을 피할 수 있었다고 한다.[3] 따라서 2018년을 기준으로 하면, 2019년 총사망률이 감소한 만큼 2020년 총사망률이 증가했음을 알 수 있다. 즉, 2019년도에 사망을 피할 수 있었던 많은 고령자가 코로나19 유행이 찾아왔을 때 일차적인 피해자가 됐다고 추정되며, 이는 스웨덴의 코로나19 사망률을 두고 주변 북유럽 국가들과 평면적으로 비교하는 것이 부적절한 가장 큰 이유다.

코로나19와 같이 사망자 대부분이 고령의 기저질환자일 경우 '사망률 치환' 현상이 발생한다는 점이 항상 고려되어야 한다. 사망률 치환이란 혹한, 폭염, 감염병과 같은 외부 환경요인이 찾아오면 고령자의 사망이 앞당겨져 사망률이 단기간 급증했다가 뒤이어 감소하는 현상을 말한다. [그림4]에서는 스웨덴의 2차 유행에서 관찰된 사망률 치환 현상을 보여주며, 앞서 언급한 2019년

---

3 uul FE, Jodal HC, Barua I, Refsum E, et al.(2021). Mortality in Norway and Sweden during the COVID-19 pandemic. Scand J Public Health: 14034948211047137.

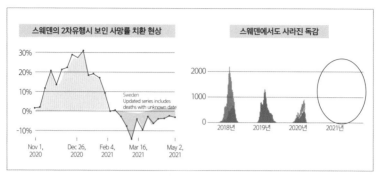

[그림 4] 스웨덴에서 관찰된 사망률 치환 현상의 사례들 [출처: (좌) https://ourworldindata.org/coronaviruss (우) https://www.who.int/teams/global-influenza-programme/surveillance-and-monitoring]

의 고령자 사망이 2020년으로 미루어져 발생한 것도 일종의 사망률 치환 현상이다.

　사망률 치환은 실시간으로 발생하기도 한다. 코로나19 유행 시 전 세계적으로 독감이 사라졌다고 보고된 바 있는데, 노마스크와 노락다운으로 대응했던 스웨덴도 마찬가지였다. 종종 독감이 사라진 현상을 두고 마스크와 방역 덕분이라고 해석하지만, 독감이 사라진 현상은 '바이러스-바이러스 상호작용'[4]이라는 생물학적 현상의 결과물로 봐야한다.[5] 고령의 기저 질환자들은 모든 호흡기계 감염병에 취약하기 때문에 독감 바이러스가 사라지게 되면 평소 독감으로 사망하는 고령자가 코로나19로 사망하는 일이 발생할 수 있다. 따라서 고령자에게 치명률이 높은 감염병 유행이 한 사회에 미친 영향을 정확히 평가하기 위해서는, 반드시 총 사망률이

4　한 바이러스의 감염이 다른 바이러스의 감염 경과에 영향을 미치는 현상으로 생태계에 매우 흔하게 존재한다.

5　DaPalma T, Doonan BP, Trager NM, Kasman LM,(2010). A systematic approach to virus-virus interactions. Virus Res 149: 1-9.

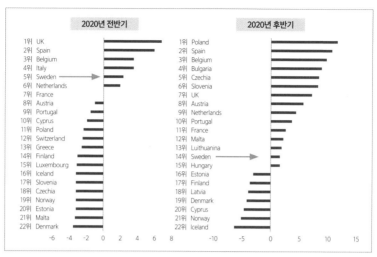

[그림 5] 유럽 22개국의 초과 사망 순위 (출처: https://www.ons.gov.uk/)

라는 관점에서 거시적으로 분석해야 한다.

[그림5]는 22개 유럽권 국가들의 초과 사망[6]을 비교한 표다. 2020년 총 사망률을 2015년~2019년의 평균 사망률과 비교하면, 전반기와 후반기 순위에 큰 차이가 있다. 스웨덴의 경우 전반기에는 5위였다가 후반기에는 14위로 떨어져 초과 사망률이 낮아진 반면, 1차 유행 시 강력한 락다운과 함께 예년보다 낮은 총사망률을 보였던 많은 동유럽 국가들은 후반기가 되면서 높은 초과 사망율을 보였다.

초과 사망은 크게 '코로나19로 인한 초과 사망'과 '코로나19와 관계없는 초과 사망'으로 나눌 수 있는데, 후자의 경우 방역정책

---

6 '초과 사망'은 일정 기간에 통상적으로 발생할 것으로 예상되는 수준을 넘는 사망자가 발생하는 것을 의미한다.

으로 인한 2차 피해의 결과로 해석한다. 스웨덴은 락다운과 같은 방역정책을 선택했던 다른 국가에 비해 상대적으로 2차 피해의 규모가 작은 것으로 추정된다. 한편 스웨덴의 2020년 초과 사망은 유독 낮았던 2019년 총 사망률 때문에 그 자체로 과대 추정된 값이라는 점을 인지할 필요가 있다. 예를 들어, 5년간 총 사망률이 인구 천 명당 100, 100, 100, 90, 110명이었던 국가는 5년 내내 일정하게 100명의 사망자 수를 가진 국가보다 더 높은 초과 사망을 보인다.

| 스웨덴의 방역정책은 집단면역과 어떤 관계가 있을까? |

코로나19 유행 초기부터 스웨덴은 집단면역 관련 논의에서 가장 많이 언급된 국가다. 스웨덴의 방역 정책과 집단면역의 관련성을 정확히 이해하기 위해서는 수동적 집단면역과 능동적 집단면역을 구분해야 한다. 집단면역은 한 인구 집단에서 면역을 가진 사람들이 증가함에 따라 감염병의 전파가 느려지거나 멈추는 현상을 말한다. 예를 들어 특정 감염병이 유행할 때 시간이 지나면서 감염을 경험하고 회복한 사람이 일정 비율 이상이 되면 유행 곡선이 꺾이는 패턴이 나타나는데, 이는 집단면역의 도달을 의미하는 간접적 증거다. 이와 같은 형태의 집단면역은 스웨덴이 선택한 완화 전략의 필연적 결과물로 수동적 집단면역이라고 부를 수 있다.

한편 능동적 집단면역이란 면역을 가진 사람의 비율을 단기간에 높이기 위해 의도적으로 특정 정책을 추진하는 것으로, 백신 접종을 제외한 다른 방법들은 사회적으로 용인될 수 없다. 스웨덴은 집단면역을 정책으로 선택하지 않았다고 여러 번 공식적으로 표명한 바 있는데, 이는 능동적 집단면역을 선택하지 않았다는 의미이다.

완화 전략의 결과물인 수동적 집단면역과 백신을 통한 능동적 집단면역은 현실에서 적용되는 방식이 다르다. 유행 초기부터 코로나19의 집단면역 기준치로 제시된 항체 양성률 60~70%는 백신 접종을 통해 능동적 집단면역에 이르고자 할 때 사용되는 기준을 의미하는 것으로, 수동적 집단면역에는 적용될 수 없는 개념이다. 수동적 집단면역은 항체를 포함한 유기체의 모든 면역시스템이 관여하는 현상으로 항체 양성률만을 기준으로 판단할 수 있는 특성이 아니며, 병원체, 숙주, 환경의 상호 관계에 따라서 끊임없이 변하는 다이내믹한 속성을 갖는다. 따라서 수동적 집단면역의 수준은 유행 곡선 패턴에 근거해 간접적으로 평가하며, 많은 호흡기계 감염병의 계절성 유행 패턴을 설명하는 요인이기도 하다. 백신이 없는 상태에서 노마스크, 노락다운으로 대응했던 스웨덴이 1차 유행에서 보여준 사망자 수 감소는 수동적 집단면역의 결과물로 해석할 수 있으며, 2차 유행에서도 백신 접종률 5% 미만인 상황에서 급격한 사망자 수 감소를 보였다는 점을 고려하면 수동적 집단면역이 주된 역할을 했다고 추정된다.

최근 델타 변이가 우세종이 된 다음, 자연 감염 경험이 제공하는 면역의 중요성을 시사하는 다양한 연구 결과들이 발표됐다.[7,8] 끊임없이 변이가 발생하는 바이러스가 야기하는 호흡기 감염병은 호흡기계 세포가 바이러스를 통째로 경험하는 자연 감염의 경험이 스파이크 단백질만 바로 체내로 주입하는 현재의 백신보다더 포괄적이고 강력한 면역을 제공한다. 이는 스웨덴과 같이 자연감염의 경험을 통한 수동적 집단면역이 높은 국가일수록 장기적으로 유행 관리에 유리하다는 의미이기도 하다.

| 수리모델링에서는 스웨덴을 어떻게 예측했을까? |

코로나19 유행 초기, 전 세계적으로 전면 락다운을 선택한 데는영국 임페리얼 칼리지의 닐 퍼거슨Neil Ferguson 교수의 수리모델링이 절대적인 역할을 했다.[9] 닐 퍼거슨 교수는 코로나19는 신종 감염병이므로 코로나19에 저항력이 있는 사람은 단 한 명도 없다는전제하에서 다양한 방역 시나리오를 가지고 수리모델링을 진행했다. 그 결과, 전면 락다운을 하지 않으면 전 세계적으로 엄청난수의 사망자가 발생한다고 추정했는데, 예를 들면 영국의 경우 약50만 명의 사망자가 발생할 것으로 예상했다. 이 예측치는 영국이2020년 3월 23일 전면 락다운을 선택하게 된 가장 큰 이유로 알려

7 https://m.dongascience.com/news.php?idx=49027.

8 Wang L, Zhou T, Zhang Y, Yang ES, et al.(2021). Ultrapotent antibodies against diverse and highly transmissible SARS-CoV-2 variants. Science 373.

9 Neil Ferguson, et al.(2020). Report 9: Impact of non-pharmaceutical interventions to reduce covid19 mortality and healthcare demand. Imperial College London, 10(77482):491-497.

졌다.

일단 전면 락다운을 선택하게 되면 이러한 수리모델링의 예측 정확도 평가는 불가능하다. 실제로 관찰된 사망자 수가 예측치보다 훨씬 적다 하더라도 이를 방역정책의 효과로 해석하기 때문이다. 그러나 서구권에서 유일하게 락다운을 선택하지 않았던 스웨덴의 결과는 현재 널리 사용되고 있는 감염병 수리모델링에 심각한 오류가 존재함을 시사한다. 닐 퍼거슨 교수의 수리모델링을 스웨덴에 적용하면 락다운을 하지 않을 경우 3개월 내에 약 8만5,000명의 사망자 발생이 예상되었다.[10] 그러나, 스웨덴의 코로나19 1차 유행 때, 관찰된 총사망자 수는 5,851명으로 예측치의 6~7% 정도에 그쳤다.

수리모델링의 예측치와 실제 관찰치 간 차이를 가져오는 가장 큰 이유는 현재 감염병 수리모델링에서 교차면역의 존재를 고려하지 못하기 때문이다. 코로나19에 저항력을 가진 사람은 전혀 없다는 수리모델링의 대전제와 달리, 현실에서는 많은 사람들이 교차면역을 통해 코로나19에 저항력을 가진다는 사실이 보고 되고 있다.[11] 예를 들면, 감기를 일으키는 흔한 코로나 바이러스나 사스나 메르스와 같이 과거 다른 코로나 바이러스에 노출 경험이 있는 경우, 교차면역을 통해 코로나19 바이러스에 저항력을 가질 수 있다. 또한 교차면역의 개념은 유사 계열이 아닌 다른 병원체에

---

10 https://www.thetimes.co.uk/article/sweden-was-right-to-put-two-fingers-up-to-us-2cc5gw286.

11 Doshi P.(2020). Covid-19: Do many people have pre-existing immunity? BMJ 370: m3563.

대한 노출 혹은 그와 유사한 생백신 접종에까지 광범위하게 확대된다. 교차면역의 존재는 오래전부터 알려져 있었으나, 코로나19 유행 중에 전혀 고려되지 못했다. 18세기 에드워드 제너가 천연두 예방을 위해 우두에 감염된 사람의 진물을 이용한 것은 교차면역 개념을 이용한 시술로 볼 수 있으며, 2009년 신종플루가 유행했을 때에도 교차면역에 대한 많은 연구 결과가 발표됐다.

교차면역은 항체가 아닌 T림프구 세포성 면역이나 선천 면역계가 핵심적인 역할을 하므로, 그 수준을 정량적 수치로 객관적으로 평가하기가 불가능하다. 따라서 항체 유무나 항체 양성률로 개인이나 집단의 면역력을 평가하고, 그 결과로 방역정책을 결정하는 것은 부적절하다. 예를 들면, 우리나라의 경우 항체 양성률이 매우 낮으므로 대부분 국민들이 코로나19 감염에 취약하고 따라서 강력한 사회적 거리두기가 필요하다는 식의 논리를 펼쳐 왔으나, 이는 교차면역이 현실에서 어떻게 작동하는지 이해가 부족하기 때문이다. 또한 교차면역은 감염 예방이 아닌 질병 심각도를 낮추는 방향으로 주로 작용하므로, 무증상자와 경한 증상자들을 대상으로 하는 광범위한 PCR 선제 검사를 재고해야 한다는 의미이기도 하다.

현재 감염병 수리모델링은 우리나라를 포함해 각 국가의 방역정책에 지대한 영향을 미친다. 그러나 교차면역을 고려하지 않고 시행되는 수리모델링의 한계와 위험성을 정확히 인지해야 한다. 최근 몇몇 지역에서 관찰된 실제 유행 곡선과 교차면역을 통한 저항력이 존재한다는 조건하에서 시행된 수리모델링의 예측치를 비교한 연구가 시행됐다.[12] 그 중 스웨덴 스톡홀름을 대상으로 분석한 결과에 의하면, 인구 집단의 약 62%에서 교차면역을 통한 저항력이 존재한다는 조건하에서 수리모델링을 적용했을 때 관찰치와 예측치가 일치했으며, 사회적 거리두기와 같은 방역정책이 미치는 영향은 거의 없었다.

또한 특정 감염병의 교차면역 수준은 지역에 따라 다를 것으로 추정된다. 코로나19 유행 전반에 걸쳐 동아시아권의 코로나19 사망률은 서구권에 비해 수십 배 이상 낮았는데, 현재 이 결과는 일찍부터 봉쇄전략으로 대응했던 동아시아권 방역정책의 효과로 해석되고 있다. 그러나 유행 초기부터 PCR 검사를 제한적으로 시행했던, 따라서 무증상자가 많은 코로나19 특성상 광범위한 지역사회 전파가 예상되는 일본의 사망률조차 매우 낮다는 점은 방역정책이 아닌 생물학적 이유가 존재할 가능성을 시사한다. 동아시아권은 21세기에 발생한 2번의 코로나 바이러스 팬데믹의 발원지로서, 약 2만 년 전 동아시아권에 코로나19와 유사한 감염병이 휩쓸고 갔다는 연구 결과가 보고됐다.[13] 즉, 동아시아권은 코로나 혹은 유사한 바이러스에 노출된 경험이 다른 지역보다 더 흔할 가능성이 있으며, 이는 동아시아권의 높은 교차면역 수준으로 이어질 수 있다.

---

12 Carlsson M, et al.(2021) Mathematical modeling suggests pre-existing immunity to SARS-CoV-2. medRxiv.

13 https://www.dongascience.com/news.php?idx=47487.

| 스웨덴이 선택하지 않았던 방역정책들, 과연 얼마나 효과 있었을까? |

최근 코로나19 유행에서 방역의 역할을 과대평가했다는 다양한 분석들이 나오고 있다. 예를 들면, 전면 락다운과 같은 방역정책이 전파 억제에 효과가 컸다는 초기 연구 결과와는 달리,[14] 재분석 결과에서는 그 효과가 뚜렷하지 않았다고 보고됐다.[15,16] 실제로 [그림2]에서 수차례 전면 락다운과 함께 마스크 의무화 정책을 시행했던 많은 유럽권 국가들과 스웨덴의 코로나19 유행 곡선은 유사함을 확인할 수 있다. 코로나19 유행 전 인플루엔자 팬데믹에 대한 WHO의 표준 대응 프로토콜에서도 전면 락다운이나 접촉자 추적 및 강제 격리와 같은 방역정책을 권장하지 않았음을 고려하면,[17] 이는 충분히 예상 가능한 결과였다.

오히려 전파 억제에 초점을 맞춘 방역정책이 장기화되면 정신 및 육체 건강에 광범위한 악영향을 준다는 점이 간과되었다.[18] 예를 들면 락다운은 우울, 자살, 약물 중독의 위험을 높이는 동시에 암 조기진단과 각종 만성병 관리에도 부정적인 영향을 준다. 뿐만 아니라 운동 부족, 부적절한 식습관, 비만 인구 증가 등이 대

---

14 Nouvellet P, Bhatia S, Cori A, Ainslie KEC, et al.(2021). Reduction in mobility and COVID-19 transmission. Nat Commun 12: 1090.

15 Bendavid E, Oh C, Bhattacharya J, Ioannidis JPA.(2021). Assessing mandatory stay-at-home and business closure effects on the spread of COVID-19. Eur J Clin Invest 51: e13484.

16 Berry CR, Fowler A, Glazer T, Handel-Meyer S, et al.(2021). Evaluating the effects of shelter-in-place policies during the COVID-19 pandemic. Proc Natl Acad Sci U S A 118.

17 https://apps.who.int/iris/bitstream/handle/10665/329438/9789241516839-eng.pdf

18 Joffe AR.(2021). COVID-19: Rethinking the Lockdown Groupthink. Front Public Health 9: 625778.

부분 국가에서 관찰되고 있으며, 학교 폐쇄로 인한 학업 손실과 실업률 증가로 인한 장기적 피해 규모는 추산이 불가능할 것으로 추정된다.

또한 스웨덴은 코로나19 유행 전 기간에 걸쳐 마스크 착용을 의무화하지 않은 거의 유일한 서구권 국가다. 방역 책임자인 안데스 테그넬 박사는 마스크 착용이 유행 관리에 도움이 된다는 과학적 증거가 부족하다는 입장을 여러 번 밝혔다.[19] 실험실이나 단기간 특정 장소에서의 마스크 착용 효과는 의문의 여지가 없으나, '일상생활 속에서 이루어지는 장기간 마스크 착용'의 효과는 테그넬 박사의 주장처럼 증거가 그리 뚜렷하지 않다. 독감 팬데믹 시 무작위배정으로 시행된 다수의 임상시험 결과, 병원이 아닌 지역 사회에서의 마스크 착용은 바이러스 감염을 의미있게 막지 못했으며,[20] 코로나19 유행 중 덴마크에서 시행된 무작위 배정 임상시험에서도 유사한 결과가 확인됐다.[21]

스웨덴에서는 코로나19 유행 기간 동안 노마스크로 보육시설과 학교를 계속 열어 두었음에도 불구하고, 영유아와 어린이 및 교사들에게 미치는 영향은 미미했으며 지역 사회에서 의미있는

19 https://fortune.com/2020/06/26/sweden-anders-tegnell-covid-face-masks/.

20 Xiao J, Shiu EYC, Gao H, Wong JY, et al.(2020). Nonpharmaceutical Measures for Pandemic Influenza in Nonhealthcare Settings-Personal Protective and Environmental Measures. Emerg Infect Dis 26: 967-75.

21 Bundgaard H, Bundgaard JS, Raaschou-Pedersen DET, von Buchwald C, et al. (2021). Effectiveness of Adding a Mask Recommendation to Other Public Health Measures to Prevent SARS-CoV-2 Infection in Danish Mask Wearers : A Randomized Controlled Trial. Ann Intern Med 174: 335-43.

전파원으로서 역할을 하지도 않았다.[22] 또한 방역정책과 마찬가지로 마스크 착용 기간이 장기화되면 건강에 부정적인 영향을 미칠 수 있다.[23] 특히 영유아와 어린이들의 장기간 마스크 착용은 다양한 미생물에 대한 노출을 막아 호흡기 면역계 훈련 기회를 박탈하고,[24] 언어, 사회성, 정서, 인지 발달 저하 등을 초래할 수도 있다.

스웨덴이 우리에게 주는 교훈은 무엇일까?

2020년 10월 발표된 그레이트 배링턴 선언문Great Barrington Declaration에서는 바이러스 전파 최소화에 초점을 맞춘 방역정책의 폐해를 지적하면서 스웨덴과 유사한 정책을 대안으로 제시한 바 있다.[25] 즉, 전체 사회의 피해를 최소화하기 위해서는 고위험군은 집중 보호하되, 저위험군은 일상으로 돌아가야 한다는 주장이었다. 그러나 이에 반대하는 연구자들이 백신 개발 전까지는 최대한 전체 사회의 바이러스 전파를 억제해야 한다고 주장하는 존 스노우 비망록John Snow Memorandum을 발표하면서[26] 스웨덴은 그레이트 배링턴 선언문과 함께 다시 한번 거센 비난의 대상이 됐다.

---

22 Ludvigsson JF, Engerstrom L, Nordenhall C, Larsson E.(2021). Open Schools, Covid-19, and Child and Teacher Morbidity in Sweden. N Engl J Med 384: 669-71.

23 Kisielinski K, Giboni P, Prescher A, Klosterhalfen B, et al.(2021). Is a Mask That Covers the Mouth and Nose Free from Undesirable Side Effects in Everyday Use and Free of Potential Hazards? Int J Environ Res Public Health 18.

24 https://www.bbc.com/news/uk-wales-politics-58665441

25 https://gbdeclaration.org/.

26 Alwan NA, Burgess RA, Ashworth S, Beale R, et al.(2020). Scientific consensus on the COVID-19 pandemic: we need to act now. Lancet.

존 스노우 비망록에서는 전면 락다운이 아닌 신속한 검사-추적-격리 시스템을 장기간 유지 가능한 전파 억제 정책으로 제안했는데, 이는 K-방역과 상당히 유사하다. 그러나 코로나19와 같이 무증상 감염자 비율이 높은 감염병일 경우, 지역사회 전파가 광범위하게 발생한 뒤에도 K-방역과 같은 추적 시스템을 유지하게 되면 그 효과도 의문이지만 사회적으로도 매우 위험한 정책이 된다. 즉, 특정 개인과 특정 집단이 유행 확산의 원인으로 지목돼 사회적 희생양이 될 가능성이 높아진다. 또한 우리나라의 최신 정보기술을 이용한 추적 시스템은 사생활 혹은 인권 침해 논란을 야기할 수밖에 없어 대부분 자유민주주의 국가에서는 채택하기 어려운 정책이다.

또한 존 스노우 비망록의 주장은 백신만 나오면 모든 문제를 일시에 해결할 수 있다는 기대에 기반했다. 그러나 코로나19와 같이 지속적으로 변이가 발생하는 호흡기계 바이러스의 경우 백신이 모든 것을 해결해 줄 수는 없다. 초기부터 백신 접종률을 높였던 이스라엘, 영국, 싱가포르에서 델타변이가 우세종이 되면서 코로나19 확진자 수가 다시 급증했다. 또한 백신의 중증과 사망 예방 효과와는 달리, 감염과 전파 방지 효과가 시간이 지나면서 급속도로 소실된다.[27] 자연 감염이 백신보다 더 강력하고 광범위한 면역을 제공한다는 사실을 고려하면, 치사율 0에 수렴하는 건강한 사람들은 일상생활을 하면서 교차면역과 자연 감염을 경험하

---

27 https://www.dongascience.com/news.php?idx=49711

는 게 장기적인 감염병 유행 관리에 더 도움이 될 수 있다.

유행 초기부터 락다운을 선택하지 않은 스웨덴을 두고 '무모한 실험'이라고 비난하는 목소리가 높았다. 그러나 스웨덴이 선택한 완화 전략은 실험이 아니라 팬데믹 선언이 된 바이러스를 대응하는 교과서적인 방법에 가깝다. 코로나19 1차 유행 때, 노인요양 시설 보호 실패와 같은 정책 실행 과정의 오류는 존재했지만, 의료시스템 과부하가 발생하지 않는 선에서 대응하고자 했던 스웨덴의 지향점은 정확했다고 판단된다. 오히려 코로나19 바이러스가 가진 성격과 팬데믹이라는 상황을 고려하지 않고, 확진자 수최소화라는 비현실적인 목표를 가지고 장기간 봉쇄 전략으로 대응한 국가들이 더욱 무모한 실험을 했다고 볼 수 있다.

| 맺으며 |

스웨덴과 같은 방역정책은 1인 가구, 재택근무가 보편화 된 사회 환경에서는 가능하나, 인구 밀도가 높고 다인 가구가 많은 동아시아권에서는 위험하다는 견해도 있다. 그러나 유행 초기부터 코로나19에 높은 저항력을 보여온 동아시아권은 스웨덴과 같은 완화 전략을 일찍부터 고려했어야 했다. 완화 전략의 구체적인 내용은 각 국가의 의료시스템 준비 정도, 인구 구조, 거주 환경에 따라 다양할 수 있으며, 유행 상황에 따라 강도를 조절해 가면서 유연하게 대처하면 된다. 중요한 것은 '방역정책의 방향성'으로, 우리나라와 같이 지역사회 전파가 광범위하게 발생한 상황에서 전파 방지에 초점을 맞춘 봉쇄 전략을 장기간 고수하면 감염병보다 방역 정책으로 인한 피해가 훨씬 더 커진다.

우리나라에서는 스웨덴이라고 하면 '집단면역 하다가 망한 나라'로 기억하는 사람들이 대부분이다. 그러나 스웨덴은 코로나19 유행에서 공포가 아닌, 이성에 기반하여 대응한 거의 유일한 국가다. 수많은 비판과 조롱에도 불구하고, 하나의 감염병에 대한 과다한 집중이 아닌 광범위한 신체 및 정신 건강, 교육, 경제, 기본권 등 삶이 가지고 있는 포괄적 가치에 균형 잡힌 접근을 했다는 점은 그 자체로 우리에게 많은 시사점을 던진다.

K-진단의 명과 암[1]

박승민[2]

| K-방역의 정수: K-진단 |

한국은 사회적 거리두기, 마스크 쓰기, 진단 및 격리, 예방접종으로 코로나 팬데믹을 관리해왔다. 그러나 팬데믹 초기에 중국 발 감염 유입을 차단하지 않았기 때문에 가장 빠르게 확진자가 증가하던 나라 중 하나였다. 신천지 사태로 대표되는 초창기의 폭발적인 증가세 때문에 다른 나라에 비해 상대적으로 코로나 검사 건

1 본 장의 집필에 한양대학교 경영전문대학원 최성진 교수, 서울 송도병원 원대연 센터장, 일본 와세다대학 정치경제학부 정훈 교수가 큰 도움을 주셨다. 이 자리를 빌려 심심한 감사의 말씀을 드린다.

2 서울대학교 자연과학부를 물리전공으로 졸업한 후(2002) 코넬대학교에서 응용물리로 공학박사를 받았다(2008). 캘리포니아 버클리대학교에서 생명공학으로 박사후 과정을 보냈고(2014), 스탠퍼드 의과대학 영상의학과에서 강사, 수석연구원을 지낸 후 2021년 현재, 스탠퍼드 의과대학 비뇨의학과 강사로 재직 중이다. 지난 10여 년간 질병 진단에 관련된 여러 연구를 진행했고 스탠퍼드대학 내 미국 보건부 산하 국립보건원(National Institute of Health)에서 직접 지원을 받는 Cancer Center for Nanotechnology Excellence - Translational Diagnostics (나노초기술 중개진단 암센터) 연구를 진행 중이다. 공학적 지식을 가지고 진단 기기를 개발하고, 개발한 진단 기기를 환자에 적용하는 중개 연구를 수행하고 있다.

수가 많았고, 보건복지부와 질병관리본부(이후 질병관리청으로 승격)의 발 빠른 대처는 압도적인 검사 물량전으로 대 팬데믹 전쟁에서 유리한 고지를 차지하는 데 기여했다.

복지부동으로 표상되던 정부 기관의 이례적인 '발 빠른' 대처는 코로나 팬데믹이 발발하기 수 년 전인 2015년에 메르스MERS를 겪었던 몇 안되는 나라 중의 하나가 한국이었다는 점이 크게 작용했다. 치사율이 약 33%에 이르는 메르스[3] 당시에 3년간 발병자 숫자가 1,000명이 조금 넘었는데 중동권을 제외한 다른 나라에서는 메르스가 많이 발병하지 않았다. 그런데 2015년에 갑자기 대한민국이 발병의 근원지(즉, 메르스의 '우한')가 됐다. 두 달 남짓했던 기간 동안 메르스 사태를 겪은 덕분에 한국은 방역 대책을 점검하고 보완할 계기를 마련했다. 감염병에 관련된 다양한 정보를 망라한 백서를 대한감염학회에서 편찬했고, 국민들의 직·간접 경험을 통해 코로나 팬데믹 초기에 유리한 고지를 먼저 차지할 수 있었다.

코로나 팬데믹 초기 대응에서 가장 큰 역할을 한 부분은 코로나19 진단키트(K-진단)의 신속한 개발과 보급을 통한 물량전이다. 정부는 기기 승인에 걸리는 시간을 일주일 정도로 단축한 '긴급사용승인제도'나 환자가 차에서 나오지 않고도 검사를 받을 수 있는 '드라이브스루 검사법'을 통해 신속한 진단 검사법을 널리 보급했고 진단 검사를 기준으로 전반적인 방역 대책을 세웠다. 이런 K-진단은 K-방역의 핵심이며 앞으로 '위드 코로나'나 '단계적 일상

---

3 Zhang et al.(2021), "Epidemiology and evolution of Middle East respiratory syndrome coronavirus, 2012-2020", Infectious Diseases of Poverty, volume 10, Article number: 66.

회복'으로 상황이 바뀌더라도 K-진단은 여전히 중요한 역할을 하리라 기대된다.

| 코로나 진단 방법 |

진단(診斷)은 환자의 증상과 징후가 어떠한 질병 때문에 발생했는지 확인하는 방법이다. 한편 선별검사 또는 스크리닝screening은 겉으로 건강해 보이는 사람을 대상으로 비교적 간단한 방법을 이용해 질병에 걸렸다고 의심되는 대상을 골라내는 과정이다. 현재 발열이나 인후통같은 증상의 유무로 코로나19 선별검사를 실시한다. 발열이나 인후통이 있는 환자가 모두 코로나에 걸린 상태는 아니더라도 코로나19에 감염된 대부분의 환자는 발열이나 인후통 증상을 경험한다. 물론 코로나19에 감염된 시점부터 완치되는 시점까지 별다른 증상이 없는 일부 무증상 감염자 때문에 코로나19의 선별검사는 어렵다.

코로나19는 어떻게 진단할까? 가장 간단한 방법은 인체 내 코로나19 바이러스가 있는지 없는지 판별하는 방식이다. 그러나 코로나19 바이러스 입자 1개의 무게는 수백 아토그램attogram, 10^{-18} gram으로 매우 작다. 코로나19 감염자는 10^9에서 10^{11}개의 코로나19 바이러스 입자에 감염된다. 즉 코로나19 감염자는 인간 난자 하나의 무게와 비슷한 1 마이크로그램에서 100 마이크로그램

정도의 바이러스 입자를 갖고 있다.[4] 그래서 아주 민감한 진단 방법을 쓰지 않고는 코로나19 바이러스를 검출하기 쉽지 않다.

원하는 유전물질의 양을 기하급수적으로 증폭하는 기법인 '중합효소연쇄반응PCR, Polymerase Chain Reaction[5]은 코로나19를 진단하는 데 좋은 방법이다. PCR은 한 번의 사이클로 본래의 유전물질을 두 배로 증가시킨다. 유전물질을 몇 차례 증폭했을 때 코로나19 바이러스가 검출되는지를 분석해 코로나19를 진단한다. 예를들어 코로나19의 판단 기준치[6]를 35로 설정했다면, 코로나19 바이러스의 유전물질을 35차례 증폭시키기 이전 코로나19 바이러스의 존재가 확인되면 양성으로 해석한다. 유전물질이 증폭되는 과정에서 나오는 형광물질의 밝기를 광학 센서로 분석하면 증폭된 유전물질의 양을 확인할 수 있다. 즉 미량의 코로나19 바이러스의 유전물질DNA[7]을 특정 프라이머[8]를 이용해 증폭하고, 이 과정에서 형광 신호가 몇 사이클 내에 검출되는지를 측정해 코로나19 바이러스의 감염 유무를 판별한다.

PCR 과정은 한 사이클에 1분에서 1분 30초 정도 소요된다.

---

4 Sender et al.(2021), "The total number and mass of SARS-CoV-2 virions", Proc Nat Acad Sci, 118 (25) e2024815118.

5 PCR은 1983년 미국에서 캐리 멀리스(Kary Mullis)가 개발한 실험 기법이다. 캐리 멀리스는 개발 공로로 1993년 노벨화학상을 수상했으며, PCR은 유전공학과 분자생물학 분야 연구에서 널리 이용되어왔다.

6 판정 기준치인 CT value(Cycle Threshold value)는 PCR 검사법에서 유전물질을 몇 차례 증폭시킬 때 바이러스 감염을 확정할 수 있는지를 수치화한 값이다. 코로나19 진단키트의 CT value는 나라마다 진단키트마다 다르다.

7 코로나 바이러스는 RNA 바이러스이기 때문에 유전물질을 증폭시키기 위해서는 코로나바이러스를 DNA로 역전사시키는 과정이 필요하다. DNA를 역전사시키는 효소가 Reverse Transcriptase이기 때문에 코로나19 검사방법을 RT-PCR 검사방법이라 부른다.

8 DNA 중합의 시작점이 되는 짧은 유전자 서열: 포워드 프라이머와 리버스 프라이머가 존재한다.

RNA를 DNA로 역전사 하는 데 약 15분 정도 소요되므로, 코로나 19 바이러스 검출 과정은 아무리 빨라도 1시간 내외다. 여기에 검체를 채취한 비인두 면봉의 처리 과정, 샘플 채취 시간, 그리고 하나의 샘플로는 PCR을 수행하지 않기 때문에 여러 샘플을 취합하는 시간까지 더하게 되면 총 6시간 정도 소요된다. PCR 검사의 소요시간을 줄이기 위해 초고속 PCR\ultrafast PCR, 등온 증폭isothermal amplification 기술이 개발돼 현장에서 쓰이고 있다. 그러나 아직까지는 PCR이 가장 많이 쓰인다.

또 다른 코로나 진단방법에는 '항체검사법'이 있다. 감염원이 인체에 들어오면 몸 안에서 항체를 만드는데 이 항체의 유무를 보고 진단하는 방법이다. 대규모 장비가 필요하지 않고 현장에서 신속한 진단을 할 수 있어 선별검사에 주로 사용되는 방법이다. 항체검사법은 수십 분 내로 진단이 가능해 일명 신속키트Rapid Kit 라고도 불린다. 하지만 면역 반응은 개인의 편차가 심하기 때문에 항체검사법은 결과의 정확성이 상대적으로 떨어진다.

| K-진단의 성공 요인 |

K-진단은 팬데믹 초기 압도적인 검사 숫자로 우세를 점하는 '물량전'으로 팬데믹과 전투에서 유리한 고지를 선점하며 세계의 이목을 끌었다. 일부 선진국에서 우리나라의 코로나19 진단 전략을 벤치마킹하기도 했다. 과연 한국은 월등한 과학 기술로 K-진단에 성공했을까?

PCR은 약 40년 전에 개발돼 이미 보편적으로 사용되는 기술이다. 코로나19 진단에서 중요한 코로나19 바이러스의 염기서열도 중국 연구자들이 먼저 공개했다(2020.01.11). 즉 보편화된 기술과 공개된 정보를 이용해 코로나19 바이러스 검출에 필요한 PCR 염기 증폭 프라이머를 구성하기는 어렵지 않다. 이미 메르스로 한 차례 '홍역'을 치른 한국에 이 정도의 프라이머를 디자인하는 일은 땅 짚고 헤엄치기였다. 한국이 진단 기술력에서 월등히 앞섰던 게 아니라면, 과연 K-진단은 어떻게 성공했을까?

　K-진단이 성공했던 이유는 다음과 같다. 첫째, 한국의 코로나19 검사는 '무료'였다. PCR 검사는 다른 항체·항원검사보다 월등히 비싸다. PCR 기기 한 대당 가격은 천만원을 훌쩍 넘고, 자동화·대량화된 PCR 기기는 가격이 억대다. 미국에서는 개인적인 이유(해외여행 등)로 코로나19 검사를 받으면 결과를 받기까지 1~3일 정도 소요되고, 검사 비용은 약 199~400달러 사이이다. 물론 미국도 의료보험으로 검사비를 적극 지원하고 있고, 의료보험이 없는 경우에는 미국 당국이 검사비를 보증한다(이 경우 검사 결과가 2~5일 정도로 늦어진다). 한국에서 개인적인 이유로 병원에서 코로나19 검사를 받는 경우 PCR 검사비는 약 14만 원 정도지만, 보건소나 선별진료센터에서 검사를 받으면 무료다. K-진단이 성공할 수 있었던 이유 중 하나는 한국의 국민건강보험 덕분이다.

　둘째, 한국에는 PCR 검사를 수행할 수 있는 숙련된 기술자와 시험자가 충분했다. 기술자를 키우는 데에는 교육 시스템의 역할이 중요하다. 고대 그리스 신화의 영웅 중 헤라클레스는 불멸자가 될 자격을 얻기 위해 12가지 과업을 수행했다. 이와 비슷하게 한국에서 생명과학 분야를 공부하는 대학원생은 졸업을 위해 웨스턴 블랏Western Blot[9] 예쁘게 찍기, 겔 전기영동Gel Electrophoresis[10] 예쁘게 내리기, PCR 결과 예쁘게 뽑기 같은 과업을 수행한다. PCR은 감도가 매우 민감해서 시험자의 역량에 따라 큰 오차가 발생한다. 심지어 같은 시험자가 똑같은 샘플을 사용해 여러 번 PCR을 시행해도 샘플을 섞는 횟수, 시약을 섞는 순서, 또는 주변 환경의 미묘한 차이에 따라 검사 결과의 차이가 발생한다. 샘플 위로 숨 한 번만 잘못 쉬어도 결과값이 달라진다. 특히 코로나 바이러스에서 검출되는 RNA는 DNA에 비해 불안정해 주변 환경에 매우 민감하다. 그러므로 안정된 증폭 곡선(예쁜 결과)을 얻고, 이 곡선에서 진단 정보를 분석하려면 일정 기간 교육이 필요하다. 대학원 과정부터 PCR 검사에 충분한 실무 경험을 쌓을 수 있는 한국은 PCR 진단 기술자 양육이라는 측면에서 좋은 교육 시스템을 보유해왔다. 팬데믹 이전부터 과학기술 분야 경력단절 여성이나 새로 일하기를 추진하는 한국여성과학기술인육성재단의 세 가지 프로그램 중 하나가 '분자진단 전문인력 양성과정'[11]일 정도로, 분자진단 관련 교육 프로그램이 흔했다.

셋째, 한국은 코로나19 검사 허브를 운영하기에 적절한 영토

---

9 특정 단백질을 검출하기 위해 사용하는 분자생물학 기술이다.

10 겔을 사용해 전류를 통해 DNA, RNA, 단백질 등을 분리하는 기술이다.

11 나머지는 '품질관리 전문인력 양성과정', '특허 빅데이터 전문가 양성과정'. https://www.wiset.or.kr/contents/saeil_01.jsp (2021.10.31. 접속)

크기와 배송 시스템을 갖췄다. 코로나19 PCR 검사는 여러 검사소에서 채취한 검체를 한 곳(코로나19 검사 허브)으로 보내 진행한다. 따라서 PCR 검사 시스템이 제대로 작동하려면 배송이 원활해야 한다. 미국같이 큰 나라에서는 효율적인 배송 시스템을 구현하기 어렵다. 한국은 영토가 작고 효율적인 배송 시스템을 이미 갖추고 있어, 검체를 신속히 코로나19 검사 허브로 이송할 수 있었다.

▎K-진단의 한계 ▎

한국이 코로나19 진단에 성공했던 이유에서 과학기술은 제외됐다. 이 점은 상당 부분 한국에 아직 노벨상 수상자가 없다는 사실과도 관련 있다. 이웃 나라 일본에서는 2021년에도 도쿄대학에서 이학박사를 받은 마나베 슈쿠로[12]가 노벨 물리학상을 공동수상했다. 반면에 한국에는 아직 노벨 과학상을 수상한 사람이 없다. 반도체, 선박, 철강 분야에서 세계적인 기술을 보유한 한국이지만, 아직 노벨 과학상을 배출하지 못한 이유는 새로운 기술을 '개발'하기보다는 존재하는 기술의 '개량'과 '발전'에 중심을 두는 학문적 풍토 때문이다.

한국은 외국에서 개발한 원천기술에 감염병 진단을 의존하고 있다. 당연히 진단 기술 관련 특허의 수도 미미하다. 한국과학기술기획평가원이 얼마 전 발표한 보고서에 의하면, 한국이 지난

---

12 2021년 현재 미국 프린스턴대학에서 선임연구원으로 재직 중이다.

30년간(1990~2019년) 미국에 등록한 감염병 관련 특허는 39건으로 감염병 진단 전체 특허 3,548건 중 1.1% 정도이다.[13] 이 수치는 일본의 4%와 비교했을 때 매우 낮다. 미국의 감염병 기술을 1이라고 할 때 한국은 0.88 수준으로 중국(0.89)보다도 낮다. 게다가 헬스케어의 미래를 선도할 진단검사의 최첨단 기술 격인 액체생검 liquid biopsy,[14] 유전체 프로파일링genome profiling, 웨어러블wearable, 디지털 헬스digital health와 같은 신의료기술에서 한국이 선도하는 분야는 없다. 특히 백신과 관련해 화이자나 모더나사의 전달체 기술인 지질나노입자기술은 한국에서 시도조차 못하고 있다.

이러한 실정이다 보니 K-방역이 조금이라도 독창적인 방법—비록 기술 수준이 높지 않더라도—을 선보이면 한국 사람은 열광한다. 2020년 팬데믹 초기의 드라이브스루 검사법[15]이 한국에서 크게 성공해 한국에서는 물론 전 세계에서도 이목을 끌었다. 하지만 스탠퍼드대학교에서는 이미 2009년에 팬데믹으로 번질 뻔한 돼지 독감Swine flu H1N1 검사를 위해 드라이브 스루 검사법을 개발하고 모의 훈련까지 했다. 《스탠퍼드 뉴스》 2009년 6월 12일 자에[16] 버젓이 '스탠퍼드 병원, 국내 최초 드라이브 스루 전염병 훈련

---

13 엄익천·김봉진(2020). "우리나라 감염병 진단 분야의 기술경쟁력 분석과 발전방안", 한국과학기술기획평가원 KISTEP Issue Paper, 2020-13(통권 제 291호).

14 혈액 샘플을 이용해 암에 대한 다양한 정보를 얻는 기술—조직 검사 없이 혈액만 가지고 암에 관련된 검사할 수 있다.

15 한국일보(2020.02.27). "해외가 놀란 '드라이브 스루' 선별 진료소 탄생 뒷얘기", 오마이뉴스(2020.03.19). "세계가 놀란 '드라이브 스루' 검사법, 논문도 나왔다", 한겨레(2020.3.20). "세계가 도입하고 있는 '고양 드라이브스루' 어떻게 탄생했을까?".

16 스탠퍼드 뉴스(2009.06.12). 스탠퍼드 병원, 국내 최초 드라이브 스루 전염병 훈련 실시(Stanford Hospital does nation's first drive-through pandemic exercise). https://news.stanford.edu/news/2009/june17/drive-thru-pandemic-screening-061709.html.

실시'라는 기사가 실려있다. 이 기사에 의하면 미국은 돼지 독감 발발 이후 팬데믹 상황을 가정해 40명의 '가짜' 환자와 50여 명의 '진짜' 의료진을 드라이브 스루 검사에 투입해 진단·치료까지 과정을 모두 기록하고, 각 과정이 얼마나 시간이 걸리는지 분석해 효율적으로 드라이브 스루 모의 훈련을 진행했다. 2020년 미국에서도 코로나 환자가 폭발적으로 늘자 스탠퍼드 병원은 2020년 3월 15일부터 바로 드라이브 스루 방식의 코로나검사를 시행했다. 스탠퍼드 미식축구 경기장 앞의 주차장을 통째로 드라이브스루 검사소로 이용하고 있다. 미국의 드라이브 스루 검사 관련 기사에 한국의 드라이브 스루 검사법은 언급되지 않았다. 물론 한국은 스탠퍼드에서 개발한 검사법과 독립적으로 드라이브 스루 검사법을 개발했을 수 있다.

2021년 현재 한글 위키피디아에서 (코로나) 드라이브 스루 검사를 다음과 같이 설명한다. "이 방안이 처음 제안된 것은 2009년 신종 플루 사태 당시 미국 스탠퍼드대학교에서다. 단, 이때는 실험에 그치고 공식적으로 시행된 것은 아니었다." 스탠퍼드대학교에서 진행한 모의 훈련에 대해 넌지시 '실전'이 아니었음을 강조하는, 다분히 국수주의적 기술로 보인다. 만약 스탠퍼드대학교나 병원에서 드라이브 스루 모의 훈련에 '특허'라도 출원해 그 권리를 행사했다면, 한국은 스탠퍼드대학교에 많은 로열티를 지불해야 했을 것이다.

K-진단은 2021년 상반기에 FDA의 집중 조명을 받았다. 미국 현지 시각 2021년 5월 25일, 한국 정부의 진단검사 성과를 분석

한 미국 보건당국의 보고서 『대한민국의 코로나19 대응』이 출판됐다.[17] 이 보고서는 한국이 어떻게 초기 방역에 성공했는지 설명한다. 필자가 지적했듯 이 보고서 또한 메르스 사태의 대응 경험이 이번 코로나19 사태 대응에 큰 공헌을 했다고 말한다. 한국 정부가 전염병 진단기술의 상업적 이용에 투자를 많이 했다는 점역시 성공적인 초기 방역에 큰 요인으로 지적했다. 또한 한국이 미국의 긴급사용허가EUA, Emergency Use Authorization 제도를 본받아, 발빠르게 코로나19 진단검사에 긴급사용승인제도를 도입한 것이 주효한 성공 요인이라 분석했다.

한국이 신용카드 거래, CCTV를 이용해 시행한 대규모 감염자 추적 프로그램이 효과적이었다고 판단했지만, 그럼에도 불구하고, 한국의 진단 시스템을 권고하거나 채택하지는 않았다. 대규모 감염자 추적 프로그램이나 CCTV, 신용카드 거래를 이용한 확진자 동선 파악은 미국에서는 상상도 못할 일이다. 물론 구글이나 애플에서도 확진자의 동선과 자신의 동선이 겹칠 경우 알려주는 '컨택트 트레이싱'Contact tracing(감염 등의 접촉자 추적조사)이라는 플랫폼을 개발했다. 컨택트 트레이싱이 한국 정부가 시행한 동선 추적 프로그램과 다른 점은 첫째, 민간 기업의 개발 플랫폼이며, 둘째, 철저한 익명성과 사생활을 보장한다는 것이다. 즉, K-진단의 성공은 FDA에서도 인정할만큼 분명하지만, 전세계적으로 통하기에는 너무 '토속적'이다.

---

17 https://www.fda.gov/medical-devices/coronavirus-covid-19-and-medical-devices/south-koreas-response-covid-19(2021.10.14. 접속)

┃K-진단을 둘러싼 잡음들┃

강우석 감독의 2002년 영화 〈공공의 적〉을 보면 다음과 같은 장면이 나온다. 가상 회사인 유진 바이오텍이 개발 중이던 신약이 미국 FDA의 승인을 받아 회사가 상장하자 작품의 '공공의 적'인 조규환(이성재 분)이 투자한 20억 원이 상장 후 예상가가 370억 원이 된다. 물론 FDA 승인 사실이 18.5배 수익을 창출한 원인의 전부는 아니겠지만, 대중들도 일반적으로 'FDA 승인 = 대박 혹은 성공'이라 인식한다. 이렇게 의료기기나 치료제 개발의 성공을 가름하는 FDA가 팬데믹 초기에 K-진단에 대해 혹평을 하는 일이 발생했고, 한국 사회는 일대 혼란에 빠졌다.

코로나19 팬데믹 초반 미국의 관리개혁위원회 청문회장에서 의사 출신이자 테네시주 하원의원(공화당)인 마크 그린Mark Green은 다음과 같이 발언했다(2020.03.12).

> "미국은 미국보다 빨리 검사를 진행한 한국과 (왜 그들처럼 빨리 하지 못하느냐고) 많이 비교돼 왔다. 한국의 진단기기를 평가한 FDA의 의견서를 입수했는데, 한국의 진단기기는 미국에서 적합하지 않다는 내용이다. 한 회사가 한국 진단기기를 수입해 미국에서 판매하기를 원했지만 FDA는 응급상황에서조차 사용을 허가해줄 수 없다고 답했다. 의견서가 여기 있으니 필요하면 공개 가능하다."[18]

---

18 "On the South Korean tests, we had a lot of comparisons of how they've done testing much faster than us. I have a letter from the FDA that says that the South Korean test, I wanna make sure this is on the record, the South Korean test is not adequate. A vendor wanted to purchase it and sell it and use it in the United States, and the FDA said 'I am sorry. We will not even do an emergency use authorization for that test.' I have that letter if anybody wants to see it."

전후 맥락을 살펴보면 그린 의원 발언은 '왜 미국은 한국만큼 빠르게 코로나 검사를 하지 않느냐'라는 민주당의 정치적 공격에 그 당시 대통령이던 트럼프 행정부를 비호하려던 공화당의 방어로 보인다. 전 세계적으로 공신력 있는 기관인 미국 FDA에서 받은 서면을 방패로 한국 진단기기는 아예 쓰지 못할 물건으로 매도한 것은 '정치적 공세'였을 수도 있다.

그런데도 의사 출신인 그린 의원[19]이 K-진단을 혹평하자, 한국 사회 전체가 출렁였다. 한국 정부가 홍보해 왔던 방역의 '정수'가 인정받지 못했다는 사실에 격분한 일부 국민들은 그린 의원의 발언을 자신의 SNS에 소개했던 전직 의료기자를 '가짜 뉴스'의 '수퍼 전파자'로 낙인찍었다. 그린 의원의 발언 자체가 거짓 정보에 근거한 발언이라는 주장도 제기됐다.

한국 정부와 대한진단검사의학회에서 반박한 바에 따르면, 그린 의원이 문제 삼은 키트는 한국에서도 승인받지 못한 제품이다. 대한진단검사의학회는 "미국 FDA가 서면에서 언급했다는 진단키트는 국내에서 사용하는 유전자검출검사법이 아닌 항체검사법"이라면서 "따라서 국내에서 현재 사용 중인 진단키트의 정확성은 문제가 없다"고 강조했다.[20] 질병관리본부(현 질병관리청)에서도 해당 논란을 공식적으로 반박하며 한국 진단키트의 정확도에는 문제가 없다고 발표했다(2020.03.15).

---

19 그린 의원의 약력을 살펴보면, 의사로서 자질을 심히 의심할 만한 행동도 많이 했다. 그린 의원은 의사이지만 백신 접종을 반대하고, '홍역 백신이 자폐증을 유발한다'라고 주장해왔던 사람이다. CNN(2018.12.12). "Rep.-elect, who's also a doctor, falsely links vaccines to autism at town hall".

20 News1(2020.03.15). '진단의학회 "한국 현 진단키트 문제없다"…미의회 엉뚱한 제품 시비건듯'.

정황상 그린 의원이 내세웠던 FDA 서면은 항체 진단키트에 관한 내용일 가능성이 있다. 하지만 그린 의원의 문제 발언 하루 전 청문회에서도 비슷한 발언을 한 그린 의원에게 질병예방통제국 CDC 로버트 레드필드 국장은 "한국이 사용하는 것은 콧속 시료의 유전체를 측정하는 '분자진단법'이라는 기술"이라며 "(그린 의원이) 언급한 내용은 '혈청학적 진단'이라는 다른 기술"이라고 그린 의원 발언을 직접 정정했다(2020.03.11). 그 다음날 열린 공청회에 그린 의원이 FDA 서면을 들고 나왔다는 점을 고려해보면 FDA 서면이 분자진단에 관한 내용일 가능성도 있다.

그린 의원의 발언을 처음 한국사회에 소개했던 필자는, 그린 의원이 언급한 FDA 서면을 확인하기 위해 미국의 FDA 정보자유법FOIA, Freedom of Information Act을 이용해 2020년 3월 말에 서면의 정보공개를 요구했다. 하지만 이 프로세스는 매우 느려 2021년 10월 초에 확인한 결과, FDA로부터 "2022년 2월 말까지는 서면을 공개하겠다"라는 답변을 들었다. 즉 지금까지 이 서면의 원본을 공개적으로 확인해 본 사람은 적어도 한국에는 없다.

결국 그린 의원의 발언을 '팩트를 확인하지 않은 가짜 뉴스'라고 맹비난하던 한국 정부와 대한진단검사의학회도, 청문회 내용을 분석해 '유추'하고 반박을 했던 것으로 그들이 금과옥조처럼 여기는 '팩트'를 기반으로 한 것은 아니다. 반면 그린 의원의 발언을 SNS에 올려 '수퍼 전파자'로 낙인 찍혔던 전직 의료기자는 단순히 그린 의원의 발언을 자신의 SNS에 게재한 사실과 '이게 사실이면 심각한 의문이 제기될 판'이라고 기술했던 이유로, 거의

'매장'에 가까운 사회적 린치[21]를 경험했다. 사회적 린치의 대부분은 현 정부에 우호적인 네티즌들이 가했고, 수많은 인신공격성 발언 때문에 이 기자는 자신의 SNS의 활동을 접게됐다.

《한국일보》[22]는 그린 의원의 발언을 기사화한 이유로 여론의 뭇매를 맞았으며 친정부 매체에 의한 십자포화[23]로 '독자 여러분께 알립니다'를 통해 '유감'을 표명했다(2020.03.17). 오히려 발언자인 그린 의원보다 글을 자신의 사회 관계망 서비스에 올린 전직 의료기자가 더 욕을 먹는 상황이 됐고, 팩트 체크라는 미명하에 사회적 린치가 가해졌다. K-진단, 더 나아가 K-방역은 그 자체가 우상화돼 버려, 한 줌의 비판도 허용하지 않는 '성역'[24]이 돼버렸다.

그린 의원의 발언으로 시작된 논란 외에도 한국 진단 키트와 관련한 다른 논란들이 존재한다.[25] 2020년 9월 《중앙일보》에서 "코로나19로 특수를 누리고 있는 한국산 진단키트(K-진단키트)가 양적으로는 성장했지만, 질적 수준은 높지 않다는 주장이 관련

---

21 린치(lynch)는 법적 절차 없이 폭력을 가하는 것을 말한다. 특히 린치의 희생자는 소속된 사회에서 소외된 자인 경우가 많다. (출처: https://ko.wikipedia.org/wiki/%EB%A6%B0%EC%B9%98)

22 한국일보(2020.03.15). 한국 진단키트 신뢰성 논란, 미 의원 "적절치 않다" vs 질본 "WHO 인정한 진단법". 원 제목은 "미국 FDA '한국 코로나키트, 비상용으로도 적절치 않다"였다.

23 교차사격(交叉射擊), 또는 십자포화(十字砲火, Crossfire)란 대개 돌격소총이나 기관단총 등의 자동화기 화선이 교차하도록 배치하는 것이다. 제 1차 세계 대전 당시 만들어진 군사 용어이며 지뢰, 저격수, 유자철선, 항공지원을 조합한 교차사격은 20세기 초 격파하기 힘든 전술이었다. (출처: https://ko.wikipedia.org/wiki/%EA%B5%90%EC%B0%A8%EC%82%AC%EA%B2%A9)

24 문자 그대로 신성한 지역을 의미한다. 일반적으로 종교 시설을 성역으로 간주한다. 종교적 성역과 비슷하게 함부로 침범할 수 없는 사람, 지역, 단체 등을 비유하거나 비꼬는 말로도 쓰인다. (출처: https://namu.wiki/w/%EC%84%B1%EC%97%AD)

25 한국경제(2020.03.16). '韓 기준엔 없는 N유전자, 美 "가장 정확한 지표"…코로나 진단법 논란', 동아사이언스(2020.03.16). "정부 '긴급사용승인 한 달내 공개' 규정 불구 코로나 진단키트 성능 공개 안했다".

업계에서 제기됐다. K-진단키트가 '한철 장사'로 끝날 수 있다는 우려가 나온다"라는 의견을 기사화했다.[26] 그리고 몇 개월 후에는 메릴랜드주에 수출했던 국내산 진단키트에 대한 논란이 발생했다.[27]

국내 어느 의사가 언급한, "환자가 빠르게 증가하는 게 아니라 환자를 빠르게 찾아내고 있다"라는 팬데믹 초기의 발언은 당시 K-진단의 우수성을 홍보함과 동시에 환자 폭증의 정부 책임을 희석하는 정치적으로 포장된 수사라고 생각한다. 팬데믹 초기에 100명 언저리의 일일 확진자 수를 '빠르게 찾아내는 것'이라고 표현했다면, 4차 대유행인 현재(2021년 10월) 2,000명의 일일 확진자 수는 우리 의료진과 국산 진단 키트가 환자를 '우사인 볼트' 급으로 찾아내는 걸까? 위 발언을 한 의사도 미국의 그린 의원처럼 자신이 지지하는 정권을 위해 코로나 환자가 늘어나는 본질적인 이유를 보지 못한 채 정치적 발언을 하지 않았을까? 요컨대 과학·의학의 영역에 '정치'가 개입하면, 과학·의학 기술의 중요성은 사라지고 정치 논리만 남는다. 주마가편이라는 고사성어처럼 K-진단이 잘한 부분은 칭찬하고 미진한 부분은 보완하되 잘못한 부분은 과감히 고쳐야 한다.

---

26 중앙일보(2020.09.25). "코로나로 뜬 K-진단키트, 한철 장사로 끝나나".

27 연합뉴스(2020.11.21). 'WP, 美 메릴랜드주, 한국산 코로나 진단키트 결함 발견돼 교환', 연합뉴스(2020.12.16). '美 메릴랜드주, 한국산 코로나19 진단키트 모두 사용', MBC News(2020.12.16). '트럼프 "호건이 사온 한국산 키트는 불량품"…사실은?'.

| 맺으며 |

현재 표면적인 한국의 코로나 진단 능력과 인프라는 세계 최고의 수준이지만, 그에 따른 원천 기술은 부족하다. 2019년 한·일 무역 분쟁 후 불화수소와 포토레지스트에 대한 국산화를 진행했듯[28] 이번 코로나 팬데믹을 기점으로 (분자)진단 원천기술과 미래선도 진단 기술(예: 액체생검) 개발에 그 어느 때보다도 과감한 투자를 해야 한다.

이번 코로나19 팬데믹이 한국 사회에 공헌한 점을 꼽자면, 대중의 과학적 이해와 인식을 높였다는 사실이다. 예를들어 대부분의 사람들이 PCR 검사법, mRNA 백신이 무엇인지 알게 되었다. 미디어에서 쏟아져 나오는 백신, 진단, 치료에 관한 뉴스는 지속적으로 대중 교육에 혁혁한 공을 세웠다.

이제는 높아진 시민 의식과 한국의 튼튼한 의료 시스템에 걸맞는 정치적 성숙도 필요한 때이다. 과학과 의학은 정치적 유·불리를 계산해 발전하는 학문이 아니다. 영국의 철학자이자, 대표적인 경험주의자인 프랜시스 베이컨은 "학문은 상처투성이의 논쟁을 통해서 발전한다"라고 말했다. 정치 논리에 오염되지 않은 K-진단, 나아가 K-방역을 위해서는, K-방역의 주체들은 그 어떠한 '과학적', '의학적' 논쟁도 겸허히 수용, 분석, 반영해야 한다. 프랑스의 철학자 볼테르Voltaire가 남겼다고 전해지는 말로 마무리한다.

---

28 일본은 2019년 7월 1일 국내 기업에 대한 수출규제 강화를 발표했고, 2019년 7월 4일부터 반도체 디스플레이 등에 활용하는 폴리이미드, 포토레지스트, 불화수소(HF) 3종에 대해 한국 기업을 포괄적 수출 허가제에서 제외했다.

"나는 당신이 하는 말에 동의하지 않지만, 당신이 말할 권리를 위해서라면 목숨을 걸고 싸워주겠다I disapprove of what you say, but I will defend to the death your right to say it."[29]

---

[29] 볼테르가 한 말이라고 전해 내려오지만, 실제로는 후세의 역사학자 이블린 홀의 저서 『볼테르의 친구들』(1906)에 나오며, 홀이 한 말이라고 한다. (출처: 뉴스톱(2019.10.29). "[가짜명언 팩트체크] 동의하지 않지만 말할 권리를 위해 싸우겠다? 볼테르 발언 아니다")

4부

공저자 대담

● **기획 및 정리:** 홍예솔, 원정현, 이형기

● **일시:** 2021년 11월 25일

● **사회:** 이형기(교수, 서울대학교)

● **참석(가나다 순)**

권인호(교수, 동아대학교) / 박승민(강사, 스탠퍼드대학교) / 배훈천(대표, 커피루덴스)

서민(교수, 단국대학교) / 신평(변호사, (사)공정세상연구소)

원정현(석박사통합과정, 서울대학교 융합과학기술대학원) / 유영찬(학생, 두루고등학교)

윤영호(재영 작가) / 윤주흥(교수, 피츠버그대학교) / 이덕희(교수, 경북대학교)

이재태(교수, 경북대학교) / 임무영(변호사, 법률사무소 임무영)

장부승(교수, 일본관서외국어대학교) / 정기석(교수, 한림대학교)

홍예솔(석박사통합과정, 서울대학교 융합과학기술 대학원)

K-방역은 과연 존재했나?

이형기 반갑습니다. 오늘 대담 'K-방역은 과연 존재했나?', 사회를 맡은 이형기입니다. 2020년 2월 11일에 세계보건기구가 코로나19 팬데믹을 선언했습니다. 국내에는 2003년 사스와 2015년 메르스에 이어, 지난 20년 동안 세 번째로 창궐한 역병입니다. 코로나19 팬데믹이 우리의 일상을 어떻게 바꿔 놨는지, 우리는 어떻게 대응했는지, 잘한 것과 못한 것은 무엇인지, 그리고 앞으로 어떻게 준비해야 하는지 대화를 나눠 보겠습니다. 우선 지난 2년 동안 한국의 코로나 확진자 수 동향과 방역수칙의 변화를 정리해 볼까요?

원정현 네, 한국의 코로나19 팬데믹은 2020년 1월 30일에 시작해 이후 4차례의 큰 유행으로 이어졌습니다. 1차는 대구와 경북을 중심으로, 2차는 학원가와 대규모 집회를 중심으로, 3차는 2020

년 성탄절을 중심으로 발생했습니다. 4차 유행은 2021년 7월에 시작해 코로나19 일일 확진자 수가 연일 평균 1,000여 명대를 기록했습니다. 한국 정부는 사회적 거리두기 정책을 중심으로 방역수칙을 펼쳐 왔는데요, 2020년 3월 시행됐던 사회적 거리두기 정책은 '생활 속 거리두기—사회적 거리두기—강화된 사회적 거리두기'였습니다. 이후 단계별 명칭, 기준과 방역수칙이 조금씩 변경돼 시행됐고, 2021년 6월 말부터 거리두기 조치는 4단계로 나뉘고 '사적 모임 제한' 기준이 포함됐습니다.

정부는 2021년 11월 1일부터 신중하고 안정적으로 국민의 일상 회복을 위해 나아가겠다고 밝히며 '단계적 일상 회복 이행 계획'을 발표했습니다. 유흥 시설을 제외한 모든 다중 이용시설의 운영 시간제한 조치를 풀었고, 사적 모임은 코로나19 백신 미접종자 최대 4인을 포함해 수도권 10인, 비수도권은 12인까지 허용합니다. 그러나, 코로나 사태 이전의 일상으로 돌아간다는 기대와 달리 1,000명대로 유지되던 코로나19 일일 신규 확진자 수는 위드코로나 방역 조치 시행 후 현재(2021년 11월 25일)까지 연일 3,000명을 넘으며 코로나19 확진자 수가 급증했습니다. 위드코로나 방역 조치로 인해 코로나19의 4차 대유행이 끝나지 않거나 혹은 상황이 악화될까 우려하는 목소리도 커지고 있습니다.

이형기 정리, 고맙습니다. 위드코로나 조치가 잘 정착해야 할 텐데 걱정입니다. 이재태 교수님, 코로나19로 가장 큰 혼란과 공포를 겪은 도시는 대구가 아닐까 합니다. 체계적인 방역 체계가 수립되기 전인 2020년 2월과 3월 코로나19 집단감염이 발생하면서 대구의 시민과 의료진이 겪은 어려움은 감히 상상할 수 없었는데 요, 당시 대구의 분위기는 어땠나요?

이재태 팬데믹이란 용어는 알고 있었습니다. 하지만 팬데믹은 근 대 이전 전설 속에만 존재하는 이야기로 생각했습니다. 제가 처 음 경험한 대규모 집단감염은 상상 이상이더군요. 2020년 2월 대 구에서 종교단체를 중심으로 코로나19 집단감염이 발생하자, 우 선은 '나와 가족이 여기에서 무사할 수 있을까?'하는 생각이 제일 먼저 들었습니다. 불과 10일 만에 수천 명 이상의 코로나19 환자 가 발생하자, 전 도시가 갑자기 얼어붙었습니다. 폭발적으로 증가 한 환자 수 때문에 대구의 병원들은 코로나19 환자를 수용할 수 있는 병상이 부족했고, 환자 중 일부가 병원으로 이송되지 못하 고 가정에서 대기 중 사망하는 일까지 발생해 대구 시민이 느끼 는 공포가 극대화됐습니다. 마스크 공급이 원활하지 못하다 보니, 공기 전파 감염을 걱정한 사람들은 외출을 자제했습니다. 놀이터 에서 아이들이 뛰어노는 소리조차 사라지며 사방이 적막했고, 차 량 통행이 감소해 길거리도 한적했습니다. 어느 날 조심스럽게 찾 아갔던 넓은 식당에도 손님은 우리 부부 밖에 없었습니다. 주인은 준비해둔 식재료와 반찬을 모두 사회 보호시설로 보내고 다음 날 부터 기약 없이 문을 닫는다고 하더군요. "혹시 식당이 다시 문을 열게 되면 여러분을 꼭 다시 부르겠다"고 얘기하는 식당 사장님 의 얘기에 비장한 모습으로 눈물을 삼키던 중년의 여종업원 모습이 생생합니다. 처음 마주하는 미지의 감염병에 맞서 우리 스스로를 방어할 수 있는 그 어떤 무기도 없다는 사실이 믿어지지 않았습니다. TV 뉴스에서는 어려운 이웃들의 소식만 전해지고, 대구를 봉쇄한다는 소식까지 들려오니 더욱 절망스러웠어요. 마침 총선을 앞두고 정치권 리더들이 앞장서서 지역 차별을 선동하고 국민들을 절망케 하는 편가르기를 하니 더욱 화가 났습니다. 그렇다고 개인이 절망스러운 이 상황을 타파할 수 있는 능력도 없으니 무력감이 찾아왔습니다.

병원의 상황을 말씀드리면, 새로운 감염병의 특성도 이해하지 못한 상황에서 발열 환자가 응급실에 내원하고 코로나19 확진을 받자 응급실은 바로 폐쇄됐습니다. 이로 인해 코로나19 진료 핵심인력인 감염내과, 호흡기내과와 응급의학과 교수를 비롯한 80명의 의료진 전체가 2주간 자가격리 됐습니다. 대구의 3차 종합병원 5곳 중 4곳의 응급의료센터가 폐쇄되는 일이 벌어진 것이지요. 인구 250만 대도시의 전체 의료시스템이 순식간에 무너지는 모습을 지켜보니 섬뜩했어요. 무엇보다 한 달 이상을 귀가하지 못하고 기숙사나 장례식장에 격리당하며 방역복 차림으로 힘들게 근무해도 앞으로 팬데믹 상황을 어떻게 헤쳐 나가야 할지 구체적인 방법도 모르고, 언제 이 상황이 나아진다는 기약도 없어 모든 의료진이 '공황 상태'였습니다.

이형기 환자와 의료진 모두 얼마나 힘들었을지 충분히 상상이 갑니다. 그렇다면 대구가 코로나19와 힘겨운 싸움을 벌이는 동안 중앙이나 지방 정부는 긴급사태에 대응해 적절한 지원을 했나요?

이재태 아쉬운 점은 있지만 정부와 방역 당국도 나름 총력을 다했다고 생각합니다. 집단감염이 발생하자 대구시 상황본부와 질병관리본부가 중심이 되어, 코로나19 관련 정보를 공개하고 국민들에게 협조를 구한 점은 매우 적절했습니다. 그러나 초기에는 방역복, 마스크, 이동식 호흡기 등의 공급이 원활하지 않아 미지의 바이러스와 싸우는 전장에 투입된 의료진이 극심한 스트레스를 받았습니다. 사실 정부가 나서서 주요 방역 물품들의 수출을 막고 국내 분배에 집중해야 했어요. 질병관리본부(질본)가 방역 체계의 사령탑이 돼야 하는데 질본이 정부와 보건복지부에 인사와 예산 등을 비롯한 많은 부분의 통제를 받는 산하기관이다 보니 질본의 본부장도 주도적으로 정책을 수립·집행하기 어려웠을 겁니다.

초기 코로나 상황에서 대구시장이 신천지 교단의 전수검사에 적극적이지 않아 비난을 많이 받았습니다. 이는 선거에 즈음한 정략적인 공격이기도 했으나, 감염을 차단하고 시민들을 안심시키기 위해서도 보다 단호한 조치가 필요했다고 생각합니다. 이번 사태로 광역 지방자치단체도 대단위 전염병 발생에 대비한 공공의료 체계를 점검하고 물자와 인력 운용계획을 평소에 마련해 두어야 한다는 교훈을 얻었습니다. 또한, 생활치료센터에 입소한 환자들의 원내처방을 허용하지 않은 것이나 한의사가 허가받지 않은 의약품을 투약한 일들이 재발되지 않도록 제도 개선도 계속돼야 합니다.

이형기 아이고, 고생이 많으셨네요. 정말 수고하셨습니다. 사실 병원 내 방역수칙이 강화되면서 열이 난다는 이유로 병원에서 진료를 거부당한 사례가 많았다고 하더라고요. 반면에 코로나19 사태가 장기화하자 의료진은 육체적·정신적 한계에 직면하며 탈진 직전까지 가기도 했는데요, 권인호 교수님, 코로나19 대응을 위해 정부가 제공한 의료기관용 방역지침과 병원 내 시스템은 잘 부합했나요?

권인호 코로나19와 관련해 방역 당국이 제시한 의료기관용 방역지침은 그리 많은 내용을 담지 못했습니다. 대형 종합병원은 정부의 의료기관용 방역지침 내용만으로 충분한 방역을 유지하기 어려워 기관별로 훨씬 강화된 지침들을 만들어 사용했습니다. 그러다 보니 기관별로 이루어진 방역 조치는 통일성이 없었고, 기관별로 방역수칙 세부 사항이 달라서 다른 기관들과 갈등이 유발된 면이 없지 않습니다. 이러한 부분이 소방재난본부와의 갈등을 유발한 주요 원인 중 하나라고 할 수 있습니다.

이형기 코로나19 사태 때문에 드러난 국내 응급의료시스템의 문제는 없었나요? 어떻게 보완할 수 있을까요?

권인호 여러가지 문제점을 지적할 수 있겠습니다만, 그중 세 가지만 얘기하겠습니다. 첫째, 직접적인 응급의료시스템의 문제는 아니지만 중요하게 짚고 넘어가야 하는 부분이 응급의료기관에 대한 국민의 인식입니다. 많은 국민이 큰 병원 즉 대학병원 혹은 상급종합병원 응급실을 이용하고 싶어합니다. 단순한 질환이라도 큰 병원에서 진단받고 싶어하죠. 코로나19로 인해 응급의료자원이 많이 부족해진 상황에서도 국민들은 큰 병원에서 진료를 받으려 했고 이는 코로나19 환자를 수용할 병상 부족으로 이어졌습니다. 둘째, 이번 코로나19 사태 때 '응급의료기관과 119구급대의 갈등'이 표출됐습니다. 응급의료기관과 119구급대는 우리나라에서 응급의료체계를 구성하는 주요 요소입니다. 병원은 코로나19 환자를 수용할 병상이 부족했는데 소방 당국은 마치 병원이 고의적으로 환자를 수용하지 않는다고 받아들였습니다. 경기도 소방당국이 한 언론 보도에 사용한 '살인'이라는 표현이 바로 그 사례라고 할 수 있습니다. 응급의료시스템을 지탱하는 가장 중요한 두 축이 갈등을 빚는 것은 바람직하지 않습니다. 서로를 동반자로 인지하고 상호 협조해 나가야 합니다. 마지막으로, 메르스 사태 이후 많이 개선됐다고는 하나 대한민국 응급의료기관은 여전히 감염병 대응에 취약한 구조입니다. 응급의료기관의 병상을 모두 개별 독립 병상으로 운영하는 것이 최선이지만 우리나라 응급의료체계는 그만큼의 자원과 인력을 투입할 여력이 없습니다. 하지만, 코로나19도 그랬듯 모든 감염병은 예기치 못하게 발생합니다. 감염병에 대응 가능한 응급의료체계 구축을 위해 모든 병상을 독립병상으로 운영하지는 못하더라도 독립 병상 수를 늘려나가야 합니다.

이형기 네, 말씀 감사합니다. 이번 코로나 사태로 우리나라 응급의료시스템이 한 단계 더 발전하길 바랍니다. 앞서 살펴본 대로 정부는 거의 2년 동안 강력한 사회적 거리두기 정책에 집중한 방역 조치를 시행해 왔습니다. 그런데 사회적 거리두기 조치로 직격탄을 맞은 집단은 소상공인과 자영업자가 아닐까 합니다. 배훈천 대표님, 정부의 다중이용시설 영업 제한 및 허용 인원 제한이 업종별로 형평에 맞게 적절히 이뤄졌다고 생각하시는지요? 정부가 소상공인을 보조하기 위해 시행한 조치들이 실제로 도움이 됐는지도 궁금합니다.

배훈천 업종별 형평성이 문제가 아니라 자영업 전반에 대한 무시가 문제라고 생각합니다. 코로나 팬데믹이라는 국가 재난 상황이니 정부의 방역조치에 따르고 그로 인한 피해를 감수하는 것은 어쩔 수 없다고 생각할 수도 있는데요, 그 피해가 보편적인 수준을 초과해서 자영업계로 지나치게 집중되지 않았습니까? 소상공인 자영업자로서는 정부의 방역조치에 큰 불만을 가질 수밖에 없습니다. 영업을 제한당하고 통제의 대상이 되면서도 합당한 보상은 없었으니, 조직화되지 않은 자영업의 비애를 느낄 수밖에요. 직접적으로 경제적인 피해를 입지 않은 국민들에게도 '재난 지원금'을 뿌리면서 직접적인 피해를 당한 소상공인에게는 위로금 수준의 인색한 구제 정책을 시행하는 것을 보며 "나라에 돈이 없는 것이 아니고, 자영업에 대한 차별이 있구나"라고 생각했습니다. 사회의 일부가 사회 전체를 위해 감당한 그 피해에 대해서는 충분한 보상이 있어야 합니다.

이형기 예, 충분히 공감이 가는 말씀입니다. 그런데 말이죠, 코로나 같은 팬데믹이 또 닥치면 그때에도 여지없이 소상공업자나 자영업자에게 피해가 집중되는 방역 정책이 남발되지 않을까요? 자영업 전반에 대한 국가의 무시에도 서운함을 토로하셨는데, 어떻게 하면 이런 식의 불평등을 최소화할 수 있을까요?

배훈천 또 다른 팬데믹이 온다면 방역 정책이 아니더라도 '대면사업 위주의 자영업'과 '취약계층'에 피해가 집중될 수밖에 없을 겁니다. 그나마 이번에 '손실보상법'이라는 제도적인 장치가 마련돼서 불합리하고 억지스러운 방역지침들은 많이 줄어들지 않을까 생각합니다. 부족하지만 이런 손실보상법이 마련될 수 있었던 것은 자영업자들의 고통이 누구도 외면할 수 없을 만큼 컸기 때문이었죠. 자영업자들의 죽음을 사회적 타살로 받아들인 여론에 의해 만들어질 수 있었다고 봅니다. 앞으로 또 다른 팬데믹이 올 경우 소상공인 자영업과 취약계층의 피해는 불가피할 것입니다. 이런 국가적인 재난을 맞을 경우 평균적인 수준 이상의 피해를 당한 계층을 찾아 집중적으로 보상하고 구제하는 전통이 확립되면 좋겠습니다. '손실보상법'은 정부의 방역 정책에 따라 직접적인 피해를 입은 분들을 위한 최소한의 피해구제이기 때문입니다. 팬데믹 상황 그 자체에 의해 피해가 집중되는 자영업자와 프리랜서 등의 특수형태근로자·저소득층에게 보다 폭넓은 지원이 이루어져야 합니다. 전 국민 재난 지원금 같은 여유를 부리는 대신 피해계층을 직접적으로 두텁게 지원할 수 있도록 우리 사회가 이성을 발휘한다면 재난 상황에서의 불평등 문제가 최소화될 수 있지 않을까 싶습니다. 다시 말해, 손실과 피해에 대한 국가 배상 책임을 확실히 해야 형평성과 실효성 논란이 생기는 불요불급한 방역 정책을 남발하지 않게 될 것입니다.

이형기 소상공인과 자영업자분들의 희생이 크셨겠습니다. 고생하셨습니다. 한편, 코로나19 확산을 막기 위해 정부가 제시한 방역수칙의 상당 부분은 사적 모임 인원 제한, 집합 금지, 특정 시간 이후 상업 시설 이용 금지와 같이 개인의 활동을 제한하는 내용이었습니다. 임무영 변호사님, 팬데믹과 같은 국가 비상 상황에서 공동체의 이익과 집단 방역을 위해 어느 정도까지 개인이 희생을 감수하는 것이 필요할까요? 국가가 나서서 개인의 자유를 제한하는 조치가 합당할까요?

임무영 원칙적으로 국가는 개인의 자유를 적게 침해할수록 좋습니다. 가장 이상적인 것은 개인의 자유를 전혀 침해하지 않는 것이겠지요. 개인의 자유란 타인의 자유와 권리를 침해하지 않는 한도 내에서는 무제한적으로 인정돼야 합니다. 하지만 그런 판단을 개인이 내릴 수 없기 때문에 국가가 개입하는 것뿐입니다. 따라서 국가가 개인의 자유를 제한하는 조치는 최대한 소극적으로 행사하는 게 좋고, 그런 관점에서 이번 팬데믹 사태에 우리나라 정부가 휘둘렀던 각종 강압적 조치들은 정당성을 인정받기 굉장히 어렵습니다.

이형기 그렇군요, 임 변호사님, 그럼 둘 사이에 타협점은 없을까요?

임무영 균형점을 찾기는 어려울 겁니다. 우리나라 역대 정부는 자유에 대한 기본 개념을 보유한 적이 없기 때문에 가능한 한 국가권력을 확대하려고 시도해 왔고, 좌파정권은 특히 더 그랬습니다. 그리고 우리 국민은 자유를 위해 저항해본 경험이 없습니다. 선진 제국은 혁명적 상황을 한번 겪고 나서야 균형점에 대한 사회적 합의 비슷한 것이 생겼는데 우리나라는 앞으로 이 점에 대한 사회적 합의를 찾기 위해 진지한 노력을 할 필요가 있습니다. 다만, 그런 필요성을 인식하는 사람이 얼마나 있을지 의문입니다.

이형기 잘 알겠습니다. 한편, 코로나19 때문에 학생들도 정상 등교를 하지 못했습니다. 유영찬 학생은 대면 수업과 비대면 수업을 모두 경험했죠? 비대면 수업, 할 만하던가요? 비대면 수업을 통해서도 충분히 학습이 가능했나요?

유영찬 제가 겪은 비대면 수업을 한마디로 표현하자면 '아수라장'이었습니다. 여러 가지 문제점으로 인해 하루에도 몇 번씩 학교 시간표를 따르는 것에 차질이 생겼고, 그럴 때마다 선생님과 통화를 주고받다 보니 나중에는 교과 선생님들의 전화번호를 거의 다 외울 지경이었습니다. 혼란스럽고 어렵게 진행했던 비대면 수업이었지만, 수업의 질이 높지 않았던 탓에 학습효과가 별로 없다고 느껴 안타까웠습니다. 주변 학생들을 보니 비대면 수업의 질에 만족하지 못해 비대면 수업 강의를 휴대폰으로 틀어놓고, 학원에 가서 학습하는 경우가 많더군요. 사실상 비대면 수업의 학습효과는 미미했다고 생각합니다.

이형기 유영찬 학생은 교육부 관계자에게도 학교에서 K-방역이 잘 안 되는 이유를 따져 물으셨다고 들었는데, 그러다가 대학 입시에 불이익을 받는 것은 아닌가요? (모두 웃음) 등교 정책과 관련, 왜 교육부가 그렇게 갈팡질팡했다고 생각하시나요?

유영찬 코로나 상황에 교육부가 너무 낙천적인 태도로 일관한 것과 유은혜 교육부 장관의 성급한 태도가 문제였다고 생각합니다. 교육부는 절대 학교 내에서는 감염이 발생하지 않는다는 입장을 내세워 학생, 학부모, 교직원의 코로나 감염에 대한 우려의 목소리를 사실상 무시했습니다. 등교 개학 관련해서 방역 당국과 협의되지 않은 내용을 많은 사람들 앞에서 공개해 혼란을 초래했습니다. 뿐만 아니라 등교 수업에 대한 가이드라인조차 논의하지 않은 채로 성급하게 등교 개학을 시행하겠다고 발표해 교육부와 등교 개학에 대한 신뢰를 땅에 떨어뜨렸습니다.

이형기 유영찬 학생, 코로나 팬데믹 중에 수업 참석하느라 수고 많았어요. 지금까지 사회적 거리두기에 집중한 한국의 방역 조치와 코로나19 때문에 일상생활에 어떤 영향을 받았는지 얘기 들어봤습니다. 그렇다면 이 시점에서 서민 교수님께 여쭤보고 싶습니다. 방역 정책을 결정하는 과정에 참여하는 외부 전문가는 여러 분야를 아우르도록 적절히 구성됐다고 생각하시나요?

서민 전혀 그렇지 않습니다. 팬데믹이 발생하면 청와대가 컨트롤 타워가 되는 게 맞습니다. 그런데 코로나19 국내 첫 환자가 발생한 게 2020년 1월 21일인데, 그로부터 1주일 후에야 청와대가 대처방안을 마련합니다. 2019년 12월부터 중국 우한에서 환자가 나오고 있다는 보도가 있었으니 국내에서 환자가 발생하기 전에 대책반이 구성되는 게 맞지요. 시기도 늦었지만 방안을 마련한답시고 이진석 국정상황실장이 청와대 비서관, 행정관들과 일일 상황점검 회의를 주재한 게 더 문제입니다. 이 실장은 스스로 밝혔듯이 '장롱면허', 즉 오랜 기간 환자를 본 적이 없는 의료관리학 교수입니다. 이런 분이 의사가 아닌 참모들과 회의를 매일 한다고 뭐가 나아질까요? 이 실장도 이를 의식해 "감염학회 등 전문가들의 의견을 청와대에 전달하고 있다"고 합니다. 이럴 거면 차라리 감염내과 의사를 회의에 참여시키거나 아니면 직접 회의를 관장하게 하고, 이 실장은 거기서 결정된 사항을 청와대에 전달하는 게 맞지 않나요? 게다가 이 실장이 외부 전문가 의견을 제대로 경청한 것 같지도 않습니다. 이 실장이 의료계의 입장을 청와대에 전한 결과가 '중국인 전면 입국금지는 실효성이 적고 득보다 실이 크다'였다는데, 당시 감염학회나 의사협회는 중국인 입국금지를 주장했거든요. 이 실장이 학회 차원의 건의를 묵살하고 자기가 듣고 싶은 얘기를 해주는 사람만 접촉한 것 같아요. 지금 또 다시 코로나 사태가 중국에서 발생한다 생각해 보세요. 입국금지는 너무도 당연한 거잖아요? 그 뒤에도 유진홍, 천은미, 정기석 교수 등이 개별적으로 언론이나 SNS를 통해 목소리를 냈을 뿐 감염내과 의사들이 포함된 위원회 같은 게 만들어졌다는 얘기를 들은 적이 없습니다. 우리가 왜 백신 구하는 게 늦었겠어요? 진짜 전문가들의 의견을 제대로 듣지 못해서 그런 거예요.

이형기 결국 정부 입맛에 맞는 말을 해 주는 전문가 얘기만 들었다는 말씀이네요. 서민 교수님, 그런데 코로나 팬데믹 와중에 크게 뜬(?) 분이 기모란 교수잖아요. 청와대의 신설 방역정책관도 됐고요. 이 분 어떻게 이렇게 금방 출세(?)한 것인가요? (모두 웃음)

서민 그건 정말 미스터리한 일입니다. 기모란 교수처럼 매번 틀린 얘기를 한 분이 방역의 컨트롤타워로 중용되는 걸 보면 그 배경에 주목할 수밖에 없어요. 그분이 통혁당 사건으로 복역했던 기세춘의 딸이어서 그랬다거나, 남편이 더불어민주당에서 공천을 받았던 정치인이라서 그랬다 등의 말이 도는 건 너무 당연하죠. 제가 기 교수였다면 부끄러워서라도 거절했겠지만, 그분은 무슨 생각인지 방역기획관 자리를 수락하더라고요. 뭐 '논란이 있더라도 일만 잘하면 되는 거다'라고 넘어가려는데, 그 뒤 코로나 유행이 계속됐고 7월 13일부터 짧고 굵게 하겠다는 4단계가 무려 석달 반을 갔잖아요. 이런 상황에선 누군가는 책임을 져야 합니다. 이해하기 힘들지만 기 교수는 백신 확보도 시급하지 않다고 말했죠. 당연히 기 교수를 경질해야 하지만 여전히 청와대에 계시네요? 그래서 다시 의심할 수밖에 없습니다. 기세춘의 딸이어서, 혹은 이재영 전 대외경제정책연구원장의 부인이어서 그런 게 아니냐고요.

이형기 백신 얘기가 나왔으니 말인데, 국내 백신 접종 상황도 알려주시죠. 외국과 비교해 어떤가요?

홍예솔 네, 2021년 11월 25일 기준으로 답변 드리겠습니다. 우리나라의 코로나19 백신 접종은 2021년 2월 26일부터 시작됐는데요. 현재 백신 접종 완료율, 즉 2차까지 접종을 마친 사람은 인구 대비 79%입니다. 해외 주요 국가의 백신 접종 완료율을 살펴보면, 전 세계에서 가장 많은 코로나19 백신을 보유하고 있는 미국은 2020년 12월부터 백신 접종을 시작했고, 현재 백신 접종 완료율은 58%입니다. 또 다른 백신 개발국인 영국은 2021년 1월부터 백신 접종을 시작했으며, 현재 전 국민의 68%가 접종을 완료했습니다. 우리나라는 미국, 영국 보다 약 세 달 정도 늦게 백신 접종을 시작했는데요. 그럼에도 불구하고 높은 백신 접종 완료율을 달성했습니다. 그러나 우리나라의 높은 백신 접종 완료율이 안정적인 접종 시스템 확립과 성공적인 백신 수급을 대변하지는 않습니다. 우선, 코로나19 백신 예약 사이트는 신청 당일 오류가 발생해 백신 예약이 원활히 이루어지지 않았습니다. 제 경우에는 잔여 백신을 신청해 화이자 백신을 맞았는데요. 1차 접종 이후 2차 접종까지 권고되는 접종 간격이 21일이지만, 아무런 통보 없이 2차 접종일이 1차 접종일의 41일 뒤로 일방적으로 연기됐습니다. 코로나19 팬데믹 상황에서 정부는 자국민의 안전을 위해 백신 확보에 최선을 다해야 하는데요. 실제로, 유럽연합은 2020년 11월 11일, 화이자 백신의 3상 임상시험 결과가 발표된 지 이틀만에 2억 도즈, 그리고 필요하면 추가로 1억 도즈의 백신을 공급받기로 화이자와 합의했습니다. 영국도 모더나 백신의 3상 임상시험 결과 발표 단 하루 만인 2020년 11월 17일에 지속적으로 백신을 공급받기로 모더나와 합의했습니다. 이스라엘은 초반에 화이자 백신을 충분히 확보했기 때문에 아스트라제네카 백신은 환불을 요청하기도 했습니다. 우리나라 정부는 모더나로부터 백신 공급을 늦추겠다는 일방적인 통보를 받고 급히 대표단을 미국에 보내 항의한 끝에 약속한 물량을 받아낸 해프닝도 있었죠. 백신 확보를 위해 총력을 기울인 다른 나라의 모습과 비교할 때, 우리 정부가 백신 확보를 서두르지 않았기 때문에 발생한 대표적인 사건이었다고 생각합니다.

이형기 시작이 늦었고 중간에도 공급이 원활하지는 않았다. 하지만 백신 수용율은 높아서 비교적 빠르게 접종율을 높일 수 있었다? 알겠습니다. 그럼 왜 이렇게 백신 확보가 늦어졌나요? 신평 교수님께서 하실 말씀이 있을 것 같군요. 한국 정부가 백신 확보를 위해 충분한 노력을 기울였다고 생각하시나요?

신평 코로나가 창궐하기 시작한 2020년 봄부터 시작하여 세계 각국은 백신 확보를 위해 전쟁 같은 치열한 확보전을 치릅니다. 그런데 우리는 거짓말처럼 아무 노력도 하지 않고 방치해버립니다. 이것이 2020년 11월 말까지 계속됩니다. 상식으로는 이해할 수 없는 일이 벌어졌지요. 그러다가 2020년 12월 들어 갑자기 정신이 들어 백신 확보를 위해 사방팔방으로 나섰으나 불리한 계약조건으로 간신히 들여오기 시작했지요.

이형기 신 교수님은 변호사이시기도 한데 백신처럼 팬데믹 종식에 정말 중요한 수단을 국가가 서둘러 확보하지 않아 국민의 생명에 위협을 받은 경우, 이게 법적인 측면에서는 어떻게 되나요?

신평 우리 헌법재판소는 국민의 생명권을 기본권의 하나로 인정합니다. 만약 정부의 잘못으로 국민의 생명이나 안전이 심대하게 침해되었다면 이 기본권의 침해가 문제로 될 수 있지요. 그런데 생명권의 침해가 인정되기 위해서는 '과소보호금지의 원칙'이라고 하여, '국가가 적절하고 효율적인 최소한의 보호조치를 취하였는가'하는 기준을 충족시켜야 합니다. 그래서 과거 미국산 쇠고기 수입금지 조치와 세월호 사건에서 적절한 조치를 취하지 못한 행위가 생명권침해에 해당하지 않는다고 헌법재판소가 판시했습니다. 그러나 아직 드러나야 할 점도 있으나 지금까지 드러난 여러 가지 사실만으로도 2020년 11월 말까지 정부가 백신 확보를 전혀 하지 않은 것은 국민의 생명권 침해에 해당될 가능성이 아주 높다고 봅니다. 왜냐하면 그토록 백신이 중요하다는 내외의 평가에도 불구하고 정부는 장기간 완전히 손을 놓고 있었고, 또 그로 인해 국민에게 엄청난 피해를 안겨주었기 때문이지요.

이형기 백신 확보가 늦은 게 국민 기본권을 침해했을 가능성이 있다는 말씀이시군요. 한편, 정부는 코로나19 방역에서 질병관리본부의 역할이 중요하다고 판단해 질병관리본부를 질병관리청으로 격상했습니다. 나름대로 잘한 조치로 보입니다. 정기석 교수님, 메르스 사태 이후에 질병관리본부장을 역임하셨고, 또 조직의 승격을 위해 애를 많이 써 오셨기 때문에 감회가 새로우실 것 같습니다. 한 말씀 부탁드릴게요.

정기석 2015년에 메르스라는 감염병을 겪으면서 정부와 국민은 감염병 하나가 사회를 마비시킬 수 있다는 사실을 깨달았지요. 이에 후속 조치로 선진국의 여러 방역 제도를 도입했고, 질병관리본부도 1급 실장급에서 차관급 기관으로 격상했고, 제가 초대 기관장으로 들어가게 되었습니다. 막상 일을 해보니 전문가들로 이루어진 질병관리본부 조직이 외풍에 상당히 취약하다는 사실을 알게 돼 독립성과 전문성이 절실히 필요했습니다. 따라서 질병청이나 질병처로의 격상을 국회와 정부에 건의하고 다녔지요. 당시에는 이루지 못했으나 막상 청으로 승격하고 나니 감개무량합니다. 이제부터 시작이라는 각오로 질병청이 차분히 발전해 가기를 바랍니다.

이형기 그렇군요. 그런데 정 교수님, 이번 코로나19 방역에서 컨트롤타워를 두고 논란이 있었는데 질병관리청이 컨트롤타워의 역할을 잘 수행했다고 평가하시나요? 만약, 질병관리청이 코로나19 방역의 컨트롤타워가 아니었다면 누가 그 역할을 했나요? 비전문가가 방역처럼 전문적인 영역의 컨트롤타워를 맡아도 되나요?

정기석 컨트롤타워의 역할이 중요하다는 사실은 이번 코로나 팬데믹 대응을 통해서도 나타났습니다. 초기에는 뭘 몰라서 혼선이 있다고 해도 적어도 2020년 여름의 2차 유행 전부터는 제대로 된 컨트롤타워가 작동했어야 합니다. 현장 방역과 정책이 따로 논의되고 결정되는 형국이니 현장 상황의 반영이나 정책의 일관성이 없어지는 것을 피할 수 없게 됐지요. 그러니 전문성은 물론이고 형평성, 시의성, 결단력, 포괄성 등등 방역 정책이 갖추어야 할 여러 요소들이 결여됐습니다. 향후 다른 팬데믹이 오기 전에 방역 컨트롤타워 문제는 해결해야 할 큰 과제입니다. 특히 정부 내 타 부처 비전문가의 지나친 개입과 검증되지 않은 민간 전문가의 선부른 참여를 이번처럼 그냥 두면 안 됩니다. 이를 위해서는 보건부 설립이 가장 효율적인 방법입니다.

이형기 '검증되지 않은 민간 전문가의 섣부른 참여를 막아야 한다'… 매우 울림이 큰, 뼈아픈 지적입니다. 그런데 한국의 코로나19 대응을 객관적으로 평가하기 위해서 다른 나라의 상황도 살펴봐야 할 것 같습니다. 외국의 주요 국가와 우리나라 방역 조치는 무엇이 달랐는지 궁금한데요. 윤주흥 교수님, 미국의 방역 조치와 한국의 방역조치를 비교하면 어떤 차이점이 있을까요? 양국 방역 조치의 차이가 발생한 근본적인 원인은 무엇이라고 생각하시는지요?

윤주흥 코로나 극초기에 미국과 한국 정부의 대응 차이는 각 정부가 중국 정부와의 관계를 의식하는 정도에서 발생한 차이였다고 생각합니다. 미국과 달리 한국이 중국발 입국을 봉쇄하지 않았던 결정에 한국 정부는 확실한 근거를 제시하지 못했어요. 지리적 근접성과 교류의 규모를 고려할 때 이해는 됩니다. 하지만 과학적인 근거에 따라 방역정책을 폈다면 '감염원 차단'이 가장 중요했을 겁니다. 이후 방역 시스템을 일관성 있게 확장하는 과정에도 차이가 있었는데요, 한국이 몇 년 전에 메르스를 경험해서 그런지 국민들이 정부의 원칙을 따르는 순응도가 미국보다 나았습니다. 미국에서 한국의 시스템을 보면서 감탄하고 부러워했던 기억도 납니다.

하지만 그 이후 1년여 동안 한국을 바라보면서 답답하고 안타까운 적도 많았습니다. 미국은 전문가를 기용해 과학적 증거에 입각한 정책 결정과 집행을 했다면, 한국은 전문가가 방송에 출연해 여러 조언을 할 뿐 직접 정책의 결정에 기여하지 않았습니다. 정책은 여전히 행정가의 몫이었죠. 미국은 바이든 행정부 이후 팬데믹 기간에 일어난 정치, 종교, 문화적 차이에 따른 갈등을 통합하려는 노력을 기울이고 있는 반면, 한국은 팬데믹 위기로 드러난 정치, 종교, 문화적 차이를 이용해 정권을 안정시키고 지지율을 보존하려고 노력했습니다. 여러 결정들도 과학적이지 않았어요. 백신을 조기에 확보하지 않은 이유도 과학적 근거가 없었다고 봅니다. 무증상 환자의 시설 격리도 과학적이지 않고요. 중국산 시노백처럼 아주 낮은 효과의 백신을 맞은 접종자에게 백신 자체에 대한 검증 없이 일괄 격리 면제를 한 것도 과학적이지 않았습니다. 사실 여러 국가가 감염병을 정치적 수단으로 이용하는 현실 속에서 우리도 그리 하는 게 무슨 대수냐고 할 수도 있습니다. 하지만 많은 국가들이 그렇게 한다고 해서 그게 옳은 건 아닙니다. 종합하자면 '한국 정부의 방역 시스템은 좋았지만, 과학적이고 객관적인 결정을 하는 능력 혹은 용기가 없었다'라는 생각입니다.

이형기 윤주흥 교수님 말씀을 들어 보니 두 나라의 차이를 더 잘 이해하겠습니다. 그런데 윤 교수님, 미국은 코로나 확진자나 사망자 수에서도 세계 1위이고 또 백신이나 치료제 개발도 1위 국가잖아요. 이런 모순은 어디에서 나오나요?

윤주흥 신기하죠. 얼핏 보기에 모순처럼 느껴지는 게 사실입니다. 결론만 보면 높은 미국의 사망자 수는 당황스러울 정도로 정부의 말을 듣지 않는 국민들 때문이라고 오해할 수도 있지요. 그런데 철학적으로 보면, 미국 국민들의 태도가 조금은 이해가 됩니다. 미국인은 자유를 다른 무엇과도 바꿀 수 없는 가장 숭고한 가치로 생각합니다. 미국은 건국될 때부터 종교의 자유, 부당한 납세로부터의 자유를 추구했고, 지난 200여년 간 수많은 민족들이 이러저러한 억압에서 자유를 찾아 미국 땅을 밟았죠. 이러한 면이 이번 코로나 팬데믹에서도 여지없이 드러났다고 봅니다. 일부 미국인들은 정부의 방역 조치를 구속이라 생각하고 전혀 따르지 않았죠. 타인의 결정과 상관없이 자기 스스로 판단을 하고 결정에 책임을 질 자유를 중요하게 생각한 겁니다. 물론 모든 미국인이 그런 건 아닙니다. 결론적으로, 미국에서는 코로나19 확산세가 쉽게 꺾이지 않았고, 미국 정부는 많은 코로나19 환자를 치료할 의료시스템을 마련하고 막대한 자금을 들여 상공인의 생존을 지원해야 했죠. 코로나19로 인해 드러난 일련의 상황은 미국이라는 나라의 정체성을 보여줬다고 생각합니다.

백신과 치료제의 개발에서 미국은 선두를 달렸는데 여기에도 여전히 '자유'라는 키워드가 적용됩니다. 마치 1, 2차 세계대전 때 미국으로 이주해 온 유태인 과학자의 도움으로 자유 진영이 세계대전에서 승리했듯이, 냉전 시대 즈음 학문적 자유와 번영을 찾아 미국으로 이주해 온 수많은 과학자가 현재 미국이 보유한 과학기술을 견인하는 주축이 됐지요. 미국으로 이주를 선택한 전문가들의 열정과 다민족 국가 특유의 사고의 유연성이 결합돼 미국 과학기술의 혁신적인 진보가 짧은 시간 내에 가능했다고 생각합니다. 이번 팬데믹에 미국이 개발한 mRNA 백신의 핵심기술을 처음 고안한 헝가리계 카리코Kariko 박사도 냉전이 한창이던 1985년 연구의 자유를 찾아 미국으로 이주한 과학자였습니다.

이형기 그렇군요. 한편 일본은 코로나19 팬데믹 상황에서 2020 도쿄올림픽을 개최했습니다. 그래서 더욱 일본의 방역 조치에 세계의 이목이 집중됐는데요. 장부승 교수님, 일본의 방역 조치를 어떻게 평가하십니까? 일본과 한국의 방역 조치를 비교했을 때 가장 큰 차이점은 무엇인지요?

장부승 일본의 방역에 대해 비판할 점도 있고 개선할 점도 물론 있겠지만 2020년 초부터 지금까지의 방역성적을 객관적으로 봤을 때 저는 일본이 '선방'했다고 평가합니다. 제가 G7 국가 중에 인구가 1억 미만인 5개국, 그러니까, 독일, 영국, 프랑스, 이탈리아, 캐나다가 되겠죠. 그리고 한국, 일본, 거기에 아시아에서 비교적 선진산업경제 국가에 속하는 대만, 싱가포르, 이렇게 해서 총 9개국을 놓고 비교를 해봤는데요. 2021년 11월 기준으로 100만 명당 누적 사망자 수로 보면 일본이 4등입니다. 한국, 싱가포르, 대만을 제외하고는 가장 좋은 성적인데요. 유럽이나 북미 국가들에 비하면 사망자가 현격히 적어요. 100만 명당 누적 확진자로 보면 3등입니다. 한국, 대만을 제외하고 가장 잘 막은 겁니다. 다른 대규모 선진산업국가들에 비해 확진자 숫자가 훨씬 적고, 싱가포르에 비해 3분의 1도 안 됩니다.

특히 일본의 경우에는 일일 사망자나 확진자 규모의 변동폭이 다른 나라에 비해 작습니다. 이것은 코로나19 상황을 비교적 안정적으로 관리해왔다는 것을 의미합니다. 일본의 경우에 이러한 수치가 더 의미를 갖는 이유는 일본의 고령화 정도와 인구밀집도 때문입니다. 지금까지 밝혀진 바에 따르면 코로나 사망자는 주로 고령자층, 그리고 인구가 밀집한 도시에서 발생하고 있습니다. 그런데 일본의 고령자 비율과 인구밀집도는 세계 최고입니다. 그러니까 일본은 처음부터 코로나19 방역에 불리한 조건을 안고 있었다는 것이죠. 그럼에도 불구하고 다른 산업국가들에 비해 코로나19 사망자, 확진자 수를 낮게 유지했다는 것은 그만큼 방역성적이 좋은 것이라 봐야죠.

게다가 방역과정에서 주요 산업국가들 대부분이 심각한 경제침체를 경험했는데요. 이 측면에서도 일본은 비교적 선방했습니다. 미국 달러 경상가격으로 9개국 GDP를 계산해서 2019년과 2020년 사이 변동률을 보면요. 대만을 제외하고 모두 마이너스이긴 하지만 그 마이너스의 폭은 일본이 가장 낮습니다. 마이너스 0.32%이거든요. 일본은 원래가 저성장국가입니다. 연간 경제성장률이 대개 0%에서 1% 사이를 오가던 나라거든요. 그러니까 방역으로 인한 경제적 피해 면에서도 일본은 '선방'했다고 볼 수 있다는 거죠. 그래서 '방역'과 '경제' 양 측면에서 주요 산업국가들과 비교해 종합적으로 봤을 때, 일본은 '선방'했다는 결론을 내리는 겁니다.

이형기 아, 많은 이들이 '일본이 방역을 잘못했다'라고 알고 있는 게 사실이 아니었군요. 그런데 장 교수님, 한국 사람은 일본과 관련된 것이라면 무조건 이겨야 하잖아요. 문재인 정권도 '방역에서 일본을 이겼다'라는 주장을 하는데, 정말 그런가요?

장부승 같은 기준으로 한국을 평가해 봤을 때, 한국도 성적이 나쁘진 않아요. 인구 100만 명당 누적 사망자로는 2위고요. 인구 100만 명당 누적 확진자 기준으로도 2위입니다. 경제성장률로 보면 일본에 이어서 세번째로 하락 폭이 낮습니다. 대략 마이너스 1% 정도 됩니다. 그러니까 한국 역시 '선방'했다는 평가가 가능하다고 봅니다. 방역과 경제라는 두 측면을 비교해 봤을 때, '한국이 일본을 이겼다'라기보다는 '막상막하'로 보는 것이 더 정확하지 않을까 싶어요.

그런데 한·일 양국의 차이는 방역 성적표보다는 방역을 수행하는 방식에서 두드러집니다. 한국의 경우에 초기 방역 전략의 핵심이 '대량검사'였거든요. 그러니까 'PCR 검사를 많이 해서 코로나19 감염자를 최대한 찾아내고, 또 추적도 대규모로 해서, 이렇게 파악된 확진자들을 격리하고 치료한다'라는 것이 초기 전략의 골자인데요. 이걸 보통 퇴치elimination 전략이라고 부릅니다. 그런데 사실 이 전략이 알고 보면 되게 위험합니다. 앞서 이재태 교수님께서도 말씀하셨다시피 대구에서도 코로나 초기에 3차 종합병원 5곳 중 4곳이 일거에 응급치료센터 문을 닫게 되잖아요. 의료진이 감염돼서 그렇거든요. 대량검사를 하게 되면 그 과정에서 사람이 모이게 되고 자칫하면 대량감염, 특히 의료진 감염 사태가 일어날 수 있어요. 게다가 PCR 검사라는 걸 절대 맹신하면 안 되는 것이 PCR 검사에는 위음성 결과라는 게 있어요. 검사 결과를 보면 일정 비율로, 사실은 감염이 됐는데, '음성'이라고 결론이 나는 경우가 있어요. 대량검사를 하게 되면 이 '위음성' 숫자도 같이 올라가게 되죠. '위음성' 판정받은 사람들이 대규모가 되면 이 자체로 방역의 구멍이 될 수 있거든요. 게다가 코로나19에 감염이 된 경우에도 대부분은 무증상이나 경증에 그치기 때문에 대량검사로 의료자원을 다 써버리기보다는 중증환자 중심으로 의료자원을 집중해야 한다고 보는 전문가도 많습니다. 사실 일본을 비롯해서 유럽, 북미 대부분의 의료 선진국들이 대량검사 중심의 퇴치 전략이 아니라 중증환자 대응 중심의 소위 '완화mitigation' 전략을 택한 데에는 이런 배경이 있는 것입니다. 그런데 그런 배경이나 고민을 모르고 한국에서는 '왜 일본이나 유럽에서는 PCR 검사를 못 받게 하느냐'면서 다른 나라 방역은 '완패'했다느니 '실패'했다느니 섣부른 평가를 내렸거든요.

그리고 또 하나 중요한 대목이 K-방역의 성과를 칭찬한 나라들도 대부분 그 수행방식을 구체적으로 알고 나서는 K-방역을 선택하지 않았다는 겁니다. 독일이나 영국에서 K-방역식의 퇴치 전략을 도입하자는 논의가 없었던 게 아닙니다. 그런데 결과적으로는 대부분 국민들이 강하게 반발해서 채택을 못했어요. 왜냐하면 K-방역은 인권, 개인정보, 개인 사생활의 침해 정도가 매우 큽니다. 일본이나 유럽, 북미의 선진국가들 중에 우리나라처럼 방역한다고 개인 신용카드 기록 들여다보고, 스마트폰 GPS나 CCTV로 추적까지 하는 나라는 없습니다. 자가격리 잘하는지 확인한다고 구청 직원이 밤에 불시에 집에 와서 문 두드리는 경우도 없어요. 다른 나라에서 그런 식으로 하려고 들었다가는 '전체주의적 발상' 소리 들어요. 그러니까 K-방역의 성공 이면에는 우리나라 국민들의 낮은 인권 감수성도 한몫했다는 사실을 잊어선 안 됩니다.

그리고 또 끝으로 지적할 것이 일각에서 K-방역은 정부가 잘해서 성공한 것이고, J-방역은 '정부의 실패에도 불구하고 국민들이 잘해서 성공한 거다'식으로 평가하시는 분들도 있던데요. 실제로 한국의 데이터를 보면 정부의 어떤 대책이 구체화되기 전에 이미 일반 시민들의 자발적인 자체 방역 행동이나 사회적 거리두기가 발생하는 패턴이 보입니다. 또 대량검사라는 위험한 전략을 선택했는데도 그나마 우리 의료체계가 그 부담을 견뎌낼 수 있었던 것도 소위 '갈아 넣는다'라고 표현할 정도로 의사, 간호사 여러분들의 어마어마한 자발적 희생과 헌신이 있었기 때문이거든요. 이런 측면을 본다면 한국이야말로 '정부 주도'로 잘 했다기보다는 '국민 주도'로 해서 그나마 선방한 것이 아닌가, 이렇게 평가할 수 있다고 생각합니다.

이형기 정부 주도의 K-방역과 국민 주도의 K-방역, 참 재미있는 비교입니다. 그럼 이제 영국 얘기도 해 보죠. 영국은 위드코로나를 선언한 후에도 일일 코로나19 확진자 수가 지속적으로 3만 명이 넘는 상황입니다. 윤영호 작가님께서는 오랜 기간 영국에서 사셨잖아요? 과연 영국의 위드코로나 선언은 시기적절했을까요? 영국 정부의 위드코로나 선언을 영국 국민은 어떻게 받아들이고 있는지 생생한 현장 상황 말씀 부탁드립니다.

윤영호 정부의 선언이라는 게 정부의 선언으로 인해 세상이 변하는 것보다는 사람들이 이미 그런 상태이기 때문에 정부가 그렇게 선언할 수밖에 없는 면이 있잖아요. 앞에서 장부승 교수님 지적처럼 일본을 포함해 어느 나라나 그런 경향이 있지만, 영국은 더욱 그런 것 같아요. 영국 정부가 선언한 방역 정책은 소셜 디스턴싱 social distancing(사회적 거리두기) 규칙을 강제하지 않겠다는 것인데 사실 이미 무력화된 상태였어요. 약간 찝찝한 마음을 가지고 지키지 않던 것을 이제는 마음 놓고 지키지 않게 된 것이죠. 공연장, 운동장 등 사람들이 많이 모이는 장소에서 거리두기는 찾아보기 어려워졌죠. 코로나 영향으로 남아 있는 것은 마스크를 쓰는 사람이 종종 있다는 정도입니다. 마스크라는 것이 가지는 사회심리적 특징이 있는 것 같아요. 마스크는 코로나 시대의 니캅niqab(눈만 내놓는 이슬람 여성 의상) 같은 의미를 가진다고 생각해요. 니캅이 자신의 신앙을 드러내는 의상인 것처럼, 마스크는 코로나를 대하는 자신의 태도를 불특정 다수에게 드러내는 의상처럼 느껴집니다. 그래서 마스크를 쓰면 코로나 감염 측면에서 안도감을 가질 수 있고 자신을 감출 수 있어서 편안하지만, 사회적 의상의 측면에서는 부지불식간에 신앙고백을 하고 있는 것 같아 꺼려지기도 합니다. 코로나를 의식하는 것 자체가 비사회적인 것으로 비치는 시기가 온 것 같아요.

이형기 마스크와 니캅의 비유, 참 재미있네요. 역시 유명 작가다운 통찰입니다. 그런데 얼마 전에 영국 정부가 자국의 코로나 방역 조치가 성공적이지 못했다는 내용의 보고서를 발표했잖아요. 그래도 영국은 백신도 개발했고 접종 시작도 빨랐는데, 이렇게 스스로 정부가 잘못을 인정해도 되나요? (웃음)

윤영호 네, 사회자 말씀처럼 영국 의회에서 채택한 보고서는 영국 방역 조치의 실패와 성공에 대해 적나라하게 다뤘죠. 의원내각제 나라인 영국에서 여야 합의로 채택한 의회보고서는 그 어떤 기관의 보고서보다 높은 권위를 가집니다. 이 보고서는 영국 정부가 바이러스의 추적, 백신의 개발과 승인, 치료제 개발과 승인 과정에서 전 세계에서 가장 크게 공헌했다는 점을 자화자찬합니다. 그러나 그러한 성공이 영국 정부가 범했던 수많은 실수를 덮어서는 안 된다는 점도 강조하고 있죠. 그런 솔직한 보고서는 다른 팬데믹을 위한 좋은 교훈이 될 것입니다. 영국의 장점이자 단점은 지나치게 유연하다는 것, 너무 자주 유턴U-turn을 한다는 것, 그래서 매사가 좌충우돌로 보인다는 것입니다. 그러한 문제점도 보고서에 잘 드러나 있습니다. 일관적이고 지속적인 대응이라는 측면에서 영국은 스웨덴의 방역 정책을 심도 있게 연구분석 중입니다.

이형기 스웨덴 이야기가 나왔으니까, 이덕희 교수님, 스웨덴의 코로나 방역 얘기를 좀 해 주시죠. 방금 윤영호 작가님도 영국 정부가 스웨덴의 방역 정책을 연구 중이라고 했는데요. 스웨덴의 방역 정책은 다른 나라하고 많이 달랐죠? '스웨덴의 방역 정책은 실패했다'고 주장하는 사람들도 있는데 이 교수님의 생각은 어떠신지요?

이덕희 방역 정책도 달랐지만 다른 상황들도 큰 차이가 있었기 때문에 군이 스웨덴을 다른 국가와 비교할 필요는 없을 듯해요. 오히려 스웨덴 상황은 '노마스크, 노락다운으로 대응했음에도 불구하고 2020년 총 사망률이 예전과 큰 차이가 없었다'로 요약하는 편이 더 적절해요. 스웨덴의 코로나19 사망자 수가 1만5,000명에 가까운데 어떻게 이런 일이 가능할까 싶을 수 있을 텐데요, 가능합니다. 코로나19와 같이 고령자에서 사망자가 주로 발생하는 감염병은 사망률 치환 현상이 광범위하게 발생하기 때문에 항상 거시적으로 문제를 볼 필요가 있어요. 스웨덴의 방역 조치는 실패했다고 주장하시는 분들은 한 번도 스웨덴에 대한 자료를 스스로 찾아본 적이 없는, 언론에 나오는 뉴스만 보신 분들일 겁니다. 저는 스웨덴을, 광기가 지배한 세상에서 유일하게 이성을 가지고 대응한 국가라고 보는 쪽이죠. 물론 세부적으로야 스웨덴도 다른 국가들과 마찬가지로 정책 실행 과정 중에 실패라고 볼 수 있는 부분도 있었겠지만, 고위험군과 저위험군을 구분해서 접근했던 스웨덴의 방역 정책이 가졌던 방향성은 옳았다고 봅니다. 그런데 세계 평화를 생각한다면 스웨덴은 실패해 줘야 하는 국가입니다. 만약 스웨덴의 상황이 그리 나쁘지 않았다는 것이 알려지면 수차례 전면 락다운을 했던 그 많은 국가들에서 책임소재 공방부터 시작될 것 같거든요. (웃음)

이형기 정말 달랐던 스웨덴의 방역 정책이네요. 이 교수님, 그런 차원에서 락다운을 하지 않은 스웨덴의 실제 사망 환자 수가 수리모델링 예측과는 달리 매우 작았다고 하는데 그 얘기 좀 더 해 주실 수 있을까요?

이덕희 2020년 3월 영국 임페리얼 칼리지의 닐 퍼거슨 교수가 발표한 코로나19 수리모델링을 스웨덴에 적용했을 때, 당장 락다운을 하지 않으면 3개월 내에 약 8만 5,000명의 사망자가 발생할 것으로 예측됐어요. 그런데 락다운을 하지 않았던 스웨덴에서 1차 유행 시 관찰된 총 사망자 수는 예측치의 6~7% 정도밖에 안 됐어요. 다른 국가들도 관찰치가 예측치보다 훨씬 작았는데, 이런 국가들은 모두 모델링 결과에 놀라서 전면 락다운을 즉시 시행했기 때문에 락다운 덕분에 그 정도에 그친 것이라고 해석했죠. 그러나 노락다운으로 대응했던 스웨덴이 없었더라면 우리는 아직도 수리모델링의 오류가 얼마나 심각한지 모르고 있었을 겁니다. 현재 수리모델링의 예측치와 관찰치 사이에 엄청난 차이가 난 이유는 교차면역으로 인하여 많은 사람들이 처음부터 코로나19에 대한 저항력을 가지고 있었다는 사실을 고려하지 못했기 때문이에요. 스웨덴의 경우, 인구집단의 약 62%가 처음부터 저항력이 있었던 것으로 가정하고 수리모델링을 적용하면 예측치와 관찰치가 일치하는 것으로 나옵니다. 우리나라와 같은 동아시아권의 교차면역 수준은 스웨덴보다 훨씬 더 높을 것으로 예상되고요. 현재 감염병 수리모델링은 한 국가의 방역 정책을 결정하는 데 핵심적인 역할을 하고 있는데요, 교차면역을 고려하지 못하고 시행하는 모델링의 위험성에 대하여 대부분 방역 전문가들, 심지어 모델링을 직접 하는 전문가들조차 모르고 있는 듯해요.

이형기 교차면역, 매우 흥미로운 가설이네요. 한편 이번 코로나 팬데믹 상황에서 빛을 발한 분야도 있습니다. 신속하고 정확하다고 평가받는 K-진단 시스템과 진단키트가 그 주인공입니다. 박승민 교수님, 우리나라가 정확하고 빠르게 코로나19 진단을 할 수 있었던 이유는 무엇이라고 생각하시는지요?

박승민 네, 아무래도 2015년 메르스를 겪었던 것이 어찌 보면 우리나라의 방역에 있어 '백신' 역할을 했다고 봅니다. 팬데믹이 민간 기업들이 바이오 산업에 투자를 하려고 하는 시점과 맞물려서 K-진단 시스템과 진단키트를 양적으로 성장시킬 수 있었던 기회였습니다.

이형기 그럼에도 불구하고 한국 회사가 개발한 코로나 진단키트가 개선해야 할 점이 있을까요?

박승민 우리나라 노벨상 수상 문제와 비슷하다고 봅니다. K-진단의 원천 기술들은 아직도 외국 기술에 의존합니다. 불화수소, 포토레지스트처럼 진단에 관련된 원천 기술, 그리고 첨단 기술에 대한 과감한 투자가 필요합니다.

이형기 고맙습니다. 이제 끝으로, K-방역의 점수를 매겨 보죠. 0점에서 100점 사이로 점수를 주시고, 가장 잘한 것과 잘못한 것 하나씩을 골라 주십시오. 없으면 없다고 답변하셔도 돼요. (모두 웃음)

권인호 사실 잘한 부분과 잘못한 부분이 공존하고 있습니다만, 전체적으로는 과락을 면할 수 없다고 봅니다. 굳이 점수로 이야기하자면 59점밖에 줄 수 없습니다. 가장 잘한 부분은 빠른 진단체계의 개발을 이야기하고 싶습니다. 덕분에 초기 방역을 상대적으로 잘할 수 있었습니다. 가장 잘못한 부분은 백신의 늑장 확보부터 시작해서 수시로 바뀐 백신 접종 정책이라고 봅니다. 백신 접종률을 바탕으로 위드코로나 전환을 했는데 위드코로나 정책도 의료 기관에게만 부담을 전가하는 형태이기 때문에 앞으로 코로나19 사태의 추이를 예의주시해야 합니다.

박승민 저는 상대 점수와 절대 점수를 주고 싶습니다. 상대 점수는 다른 나라들과 비교했을 때 진단 관련 분야는 그나마 선방했다고 생각해 60점 정도를 주고 싶습니다. 하지만 절대 점수는 아직도 원천 기술과 첨단 기술이 미비해 35점 정도 생각하고 있습니다. 가장 잘한 점은 대중의 팬데믹에 대한 인식을 높였다는 점을 꼽고 싶고, 가장 못한 점은 정치 논리가 방역을 좌지우지했다는 점을 꼽고 싶습니다.

배훈천 높은 백신 접종률과 11월 위드코로나로 전환한 것을 감안하여 70점 드립니다. 가장 잘한 것은 개인 방역 캠페인, 가장 못한 것은 백신 늑장 확보입니다.

서민 제 점수는 20점입니다. 가장 잘못한 것은 확진자 숫자에만 매몰된 보여주기식의 방역을 했다는 점입니다. 그리고 그 숫자를 빌미로 '우리나라가 제일 방역을 잘했다, K-방역의 위대한 힘이다'라며 자화자찬을 했지요. '방역을 잘했다, 못했다'는 판단은 사태가 모두 종료된 후 국민들이 하는 겁니다. 그런데 우리 정부는 다른 나라보다 확진자가 적다며 코로나 초창기부터 K-방역을 떠들어댔습니다. 그 결과가 어떻습니까? 다른 나라가 다 일상으로 돌아간 뒤에도 여전히 마스크를 쓰고, 3명만 돼도 약속을 취소해야 하는 통제된 상황이 이어졌습니다. 그 와중에 자영업자들의 삶은 도탄에 빠졌습니다. 세계 어느 나라도 이렇게 자영업자만 선택적으로 죽이는 방역은 하지 않았습니다. 정부가 잘한 거요? 말 잘 듣는 국민들을 가진 것이죠.

신평 저는 41점을 주겠습니다. 보통 40점을 기준으로 그 밑이면 과락이라고 하여, 다른 어떤 과목의 점수를 아무리 잘 받아도 합격하지 못하는 것 아니겠어요? 과락은 면했으나, 백신 확보를 상당 기간에 걸쳐 전혀 하지 못해 너무나 심각한 결과가 초래됐지요. 이것은 엄청난 판단 착오였습니다. 아니, 판단 착오라고 하기보다는 무엇에 홀린 듯 완전히 손을 놓아버린 것이었지요.

원정현 저는 60점 드립니다. 잘한 점은 높은 백신 접종률을 달성한 것과 다양한 프로그램으로 확진자 동선을 추적해 밀접 접촉자를 찾아낸 것입니다. 못한 점은 국민의 희생만 강요한 방역수칙을 펼친 것과 '젊은 층의 방심으로 코로나19 재확산'과 같이 특정 인구집단을 겨냥한 갈라치기 발언을 자주 했던 것이라고 생각합니다.

유영찬 가장 잘한 것은 비록 관리는 소홀했지만, 비대면 수업이나 백신 예약 시스템을 구축할 때 IT 기업과 정부 간에 신속하게 협력한 일이라고 생각합니다. 가장 잘못한 것은 방역을 정치적 목적으로 이용하기 위해 지난 과오를 반성하지 않으려 드는 정부의 태도입니다. 제 점수는 30점입니다.

윤영호 저는 잘했다고 생각합니다. 그런데 정부가 잘했다는 것보다는 개인이 스스로 잘한 것이 많다고 생각합니다. 그게 모두 개인의 배려와 희생 그리고 스트레스를 참아낸 결과라고 생각합니다. 전체적으로 저는 90점을 주고 싶습니다. 방역을 정치적으로 이용하려는 것, 방역 과정에서 사회적 불신을 조장한 것, 방역을 애국심과 연결시키려고 한 정부의 태도가 가장 눈살이 찌푸려지는 부분입니다. 그러나 정부 관계자의 고생 또한 잘 알기에 모두에게 박수를 보내고 싶은 마음에 높은 점수를 드립니다.

윤주흥 일단 코로나 팬데믹이 끝나지 않았기 때문에 지금 2021년 11월 기준으로 점수를 매기기에는 조금 이른 감은 있습니다. 국민들의 인내와 일선 공무원·의료진의 노고에는 제가 감히 점수를 매길 수 없습니다. 하지만 정부 정책에 대해서만 점수를 드리자면 50점 정도나 될까요? 낮은 점수의 원인에는 여러 가지가 있지만, 개인적으로는 너무도 당연히 이해하고 있어야 할 과학의 발전에 따른 '백신 개발 가속화'와 '생산 파이프라인 예측', '백신의 배포'에 대한 경제학적 이해가 전혀 없었던 것이 가장 크지 않았나 생각합니다. 어쨌거나 지금 결과가 다른 나라들과 비교해 그나마 좋아 보여서 그렇지 코로나의 감염력과 치명률이 더 높았으면 한국은 그 몰이해 하나만으로도 상황이 훨씬 안 좋을 수 있었어요.

이덕희 점수는 너무 잔인해서(웃음), 저는 성공/실패Pass/Fail로 할게요. 당연히 실패고요. 저는 K-방역은 첫날부터 오류였으며 시간이 갈수록 오류가 확대 재생산됐다고 보는 쪽이기 때문에 잘한 점을 찾는 게 불가능해요. 가장 잘못한 것 하나만 이야기할게요. 동아시아권의 코로나19에 대한 위험도 평가를 제대로 하지 않고 계속 '사과와 오렌지를 비교'하면서, 즉 전혀 다른 성격의 것을 비교하는 우를 범하면서 K-방역을 정당화한 것이죠.

이재태 100점 만점에 70점 주겠습니다. '국민들의 인내력'이 최고 점수를 받아야 하고, '방역의 정치화'가 최하 점수입니다.

임무영 저는 10점을 주겠습니다. 초기 단계에서 중국으로부터의 유입을 차단하지 않은 것만으로도 무조건 낙제 기준인 40점을 넘을 수 없습니다. 그 이후 방역과정에서 유일하게 잘했다고 평가할 수 있는 부분은 사실은 전임 이명박, 박근혜 정부가 사스, 메르스 사태를 겪으면서 기초를 닦아 놓은 매뉴얼을 따라간 것인데, 그나마도 상황 변화에 따른 대응이 전혀 없었다는 점에서 칭찬할 구석이 하나도 없습니다. 가장 잘못한 점은 코로나 방역과정을 국민의 집회의 자유를 막는 정치적 도구로 사용했다는 사실입니다. 국민의 자유를 죄책감 없이 억압하는 과정에서 이 정부의 전체주의적 본질이 드러났다고 볼 수 있습니다.

장부승 70점입니다. 한·일 양국 모두에 주는 점수입니다. 다만, 이 점수는 정부에만 해당되는 것은 아니고, 자발적으로 방역에 참여한 우리 국민들 그리고 헌신과 희생으로 방역에 이바지한 우리 의료진들까지 포함해서 드리는 점수입니다. 잘한 점은 도시 대량 사망을 막았다는 점입니다. 일본보다는 낮지만 한국도 도시화와 인구밀집도가 매우 높은 나라입니다. 그럼에도 불구하고 도시 대량사망 발생을 막았다는 것은 평가할만하다고 봅니다. 다만, 대량검사와 대량추적, 대량격리와 감시 시스템을 만드는 과정에서 인권과 프라이버시에 대한 침해가 너무 컸습니다. 게다가 그런 침해가 다른 나라에 비해 대단히 크다는 점에 대한 문제의식 자체가 없는 것 같아요.

그리고 앞에서 배훈천 대표님과 서민 교수님께서 말씀하신 부분에 전적으로 동의합니다. 코로나 방역으로 인한 경제적 피해의 특징은 그 피해가 전 국민보다는 특정 계층과 집단에 집중된다는 겁니다. 사회적 거리두기를 강화하다 보면 자영업자, 소상공인, 대면접촉 중심 산업 분야, 비정규직 근로자들에게 피해가 집중되거든요. 그래서 세계 주요 산업국가 대부분이 코로나19 피해 보상체계를 짤 때 집중피해를 본 분들에게 집중적으로 보상이 가도록 설계를 합니다. 그런데 우리나라는 왜 이리 '전 국민' 지원을 좋아하는지 모르겠습니다. 소비 진작 때문이라고 하는데, 지금까지 연구된 바에 따르면 그렇게 전 국민 지원금 줘봤자 그 돈의 대략 30% 정도만 소비되고, 나머지는 다들 저축하거나 빚 갚는 데 씁니다. 돈 쓴 만큼 소비 진작 효과를 기대하기 어려워요. 방역과정에서 인권침해를 어떻게 최소화할 것인가, 방역으로 인한 경제적 피해 보상을 어떻게 실시할 것인가. 이것이 앞으로 K-방역이 직면한 중요 과제들이라고 생각합니다.

정기석 제 점수는 65점입니다. 가장 잘한 점은 발생 초기 진단검사와 역학조사의 신속성과 정확성이고, 가장 못한 점은 컨트롤타워 부재로 인한 전문성 및 일관성 결여로 국민에게 지나친 방역 부담을 준 점입니다.

홍예솔 저는 60점 주겠습니다. 코로나 검사의 높은 접근성 확보는 잘했지만, 방역 조치 대부분이 국민의 희생을 요구한 점이 아쉽습니다.

이형기 아이고, 전반적으로 점수가 그리 높지는 않네요. 아무튼 잘 알겠습니다. 오늘 대담, 'K-방역은 과연 존재했나?'에 참여해 주신 모든 분께 감사드립니다. 코로나 팬데믹 때문에 우리가 모두 '언택트' 시대를 살게 됐는데요. 오늘 말씀해 주신 것처럼 한국의 방역 정책의 성공과 실패를 냉정하게 평가하고 보완한다면 혹시 다음에 유사한 역병이 또 창궐하더라도, 물론 그러지 않기를 바라지만, 모두 '컨택트' 할 수 있지 않을까요? 이상 오늘 대담을 마치겠습니다. 고맙습니다.

K-방역은 없다

지 은 이 이형기 외 15명

펴 낸 날 1판 1쇄 2021년 12월 17일

대표이사 양경철
편집주간 박재영
진　　행 배혜주
편　　집 유은경
디 자 인 박찬희

펴 낸 곳 골든타임
발 행 처 ㈜청년의사
출판신고 제2013-000188호(2013년 6월 19일)
주　　소 (04074) 서울시 마포구 독막로 76-1(상수동, 한주빌딩 4층)
전　　화 02-3141-9326
팩　　스 02-703-3916
전자우편 books@docdocdoc.co.kr
홈페이지 www.docbooks.co.kr

ISBN 979-11-971678-4-3 (03300)

책값은 뒤표지에 있습니다.
잘못 만들어진 책은 서점에서 바꿔드립니다.